中等职业教育国家规划教材
全国中等职业教育教材审定委员会审定

企业财务会计

（第5版）

主编　程运木　黄董良

中国财经出版传媒集团
中国财政经济出版社

图书在版编目（CIP）数据

企业财务会计 / 程运木，黄董良主编. --5版. --
北京：中国财政经济出版社，2020.9（2024.2重印）
中等职业教育国家规划教材
ISBN 978-7-5095-9817-7

Ⅰ.①企… Ⅱ.①程… ②黄… Ⅲ.①企业管理-财务会计-中等专业学校-教材 Ⅳ.①F275.2

中国版本图书馆CIP数据核字（2020）第082446号

责任编辑：田明晖　　　　责任校对：徐艳丽
封面设计：华乐功

中国财政经济出版社出版
URL：http：//www.cfeph.cn
E-mail：cfeph @ cfeph.cn

社址：北京市海淀区阜成路甲28号　邮政编码：100142
营销中心电话：010-88191537　编辑部门电话：010-88190670
北京密兴印刷有限公司印刷　各地新华书店经销
787×1092毫米　16开　20.25印张　490 000字
2020年9月第5版　2024年2月北京第5次印刷
定价：40.00元
ISBN 978-7-5095-9817-7
（图书出现印装问题，本社负责调换）
本社质量投诉电话：010-88190744
打击盗版举报热线：010-88191661　QQ：2242791300

第5版前言

为贯彻落实《国家职业教育改革实施方案》，我们参考《中等职业学校会计专业教学标准（试行）》，对中等职业教育国家规划教材进行了修订。以满足中等职业学校财经类专业教学的需要。

本书的编写坚持以新的会计理论、会计方法和最新修订的《企业会计准则》（具体准则）及其应用指南等财会、税收法规为依据，充分考虑中等职业教育层次的教学要求，结合《全国会计专业技术初级资格考试大纲》，以强化专业基础知识、培养学生的实践能力为重点，比较完整地阐述财务会计的基本理论、基本方法和基本技能，重实务、突出职业教育的特色；在内容上从必需、够用出发，考虑弹性需求和适用教学实际需要；在编写体例上，力求主辅分明、结构新颖，有利于教学互动和增强学生的学习兴趣。

本书在内容、知识点及难易程度上尽可能与会计初级职称考试大纲相衔接，可有利于学生以后参加职称考试，也可将本书作为会计初级职称考试的参考用书。

为了便于教师组织教学和帮助学习者巩固知识、增强动手能力，本书编有配套的《企业财务会计习题与实训（第5版）》，并提供教学课件和参考答案。

本书由杭州财税会计学校程运木和浙江财经大学黄董良担任主编，负责拟定全书的编写提纲，对全书进行修改总纂。参加本书编写的人员有：杭州财税会计学校程运木（第一章、第五章、第七章、第八章）；贵州省财政学校肖燕（第二章、第十一章）；温州市财税会计学校池白桦（第四章）；青岛大学臧红文（第三章、第六章）；江苏财经职业技术学院杨步刚（第九章、第十章）；杭州财税会计学校叶小丹（第十二章）。

本书的编写参考并吸收了有关法规制度、教材和书籍的相关内容，并请有关部门的同志进行了审稿，谨此说明并向有关同志表示衷心地感谢！

限于编者理论水平、实践经验以及对新修订的《企业会计准则——具体准则》的理解程度，书中难免有不足之处，恳请读者批评指正。

编者

2020年6月

目 录

第一章　概述 …………………………………………………………（1）
第一节　企业财务会计的特点和目标 ……………………………………（1）
第二节　企业财务会计的工作内容和会计信息质量要求 ………………（4）
第三节　企业财务会计规范 ………………………………………………（7）

第二章　货币资金 ……………………………………………………（13）
第一节　货币资金概述 ……………………………………………………（13）
第二节　库存现金 …………………………………………………………（16）
第三节　银行存款 …………………………………………………………（19）
第四节　其他货币资金 ……………………………………………………（34）
第五节　外币交易 …………………………………………………………（37）

第三章　应收及预付款项 ……………………………………………（42）
第一节　应收账款 …………………………………………………………（42）
第二节　应收票据 …………………………………………………………（45）
第三节　预付账款和其他应收款 …………………………………………（49）
第四节　应收款项减值和坏账 ……………………………………………（52）

第四章　存货 …………………………………………………………（57）
第一节　存货概述 …………………………………………………………（57）
第二节　存货的收发计量 …………………………………………………（60）
第三节　原材料 ……………………………………………………………（67）
第四节　周转材料 …………………………………………………………（80）
第五节　库存商品 …………………………………………………………（86）
第六节　委托加工物资 ……………………………………………………（91）
第七节　存货清查和存货期末计价 ………………………………………（93）

第五章　投资 ……………………………………………………（99）
第一节　投资概述 ……………………………………………………（99）
第二节　交易性金融资产 ……………………………………………（101）
第三节　债权投资 ……………………………………………………（104）
第四节　长期股权投资 ………………………………………………（111）
第五节　投资性房地产 ………………………………………………（120）

第六章　固定资产 …………………………………………………（124）
第一节　固定资产概述 ………………………………………………（124）
第二节　固定资产的取得 ……………………………………………（129）
第三节　固定资产折旧 ………………………………………………（135）
第四节　固定资产的后续支出 ………………………………………（141）
第五节　固定资产租赁 ………………………………………………（143）
第六节　固定资产处置、清查和减值 ………………………………（147）

第七章　无形资产和长期待摊费用 ………………………………（157）
第一节　无形资产 ……………………………………………………（157）
第二节　长期待摊费用 ………………………………………………（169）

第八章　流动负债 …………………………………………………（173）
第一节　流动负债概述 ………………………………………………（173）
第二节　短期借款和应付款项 ………………………………………（175）
第三节　应付职工薪酬 ………………………………………………（182）
第四节　应交税费 ……………………………………………………（199）

第九章　非流动负债 ………………………………………………（215）
第一节　非流动负债概述 ……………………………………………（215）
第二节　长期借款 ……………………………………………………（219）
第三节　应付债券 ……………………………………………………（222）
第四节　长期应付款 …………………………………………………（226）
第五节　债务重组 ……………………………………………………（229）

第十章　所有者权益 ………………………………………………（235）
第一节　所有者权益概述 ……………………………………………（235）

第二节　投入资本 …………………………………………………………………… (237)
第三节　资本公积 …………………………………………………………………… (240)
第四节　留存收益 …………………………………………………………………… (243)

第十一章　收入、费用及利润 ……………………………………………………… (248)
第一节　收入 ………………………………………………………………………… (248)
第二节　费用 ………………………………………………………………………… (265)
第三节　利润和利润分配 …………………………………………………………… (274)

第十二章　财务会计报告 …………………………………………………………… (288)
第一节　财务会计报告概述 ………………………………………………………… (288)
第二节　资产负债表 ………………………………………………………………… (291)
第三节　利润表 ……………………………………………………………………… (298)
第四节　现金流量表 ………………………………………………………………… (302)
第五节　所有者权益变动表 ………………………………………………………… (308)
第六节　财务报表附注 ……………………………………………………………… (311)

第一章 概述

学习目标

通过本章学习，要求了解会计的分类；了解企业财务会计的目标；了解企业常用的会计科目。理解企业财务会计的特点；理解企业财务会计的工作内容。掌握企业财务会计信息的质量要求；掌握企业财务会计规范的层次和基本内容。

本章重点：企业财务会计的特点；企业财务会计的工作内容；企业财务会计规范的基本内容。

第一节 企业财务会计的特点和目标

一、会计分类

会计是一种应用广泛的管理活动，企业单位的经济业务活动无不需要会计为之服务。根据具体的应用范围和服务对象，会计可以分为不同的类别。

（一）企业会计与非营利组织会计

企业与非营利组织的区别，在于是否以营利为目的。企业是以营利为目的的经济组织，所以，企业会计必然会涉及资本投入、生产运营、收入取得、利润分配的全过程。非营利组织也称非企业组织，业务营运的目的在于提供某种公共或准公共的服务。如政府机关、学校、医院、科研机构、社会团体等。

与上述相适应，为其服务的会计也就可以分为企业会计和非营利组织会计。非营利组织会计，如政府会计、民间非营利组织会计等。由于企业与非营利组织的目的、特征等有所不同，使之在会计要素、核算原则、处理方法、信息报告等方面也存在着较大的差别。

（二）企业会计的分类

企业会计按其服务对象和工作内容的不同，可以进一步分为财务会计和管理会计。

财务会计是以确认、计量、记录、报告交易或事项对企业财务状况与经营成果的影响为中心内容，并主要向外部提供财会信息的一种专业会计。财务会计应用于不同行业，就形成了各个行业的财务会计，但各行业会计之间有相当大的共性。所以，财务会计一般可以理解为不分行业、带有普遍性的企业财务会计。

管理会计是以资金的预测、规划和控制为中心，向企业内部提供经营决策管理活动所需信息的会计。管理会计的重点是对企业未来的生产经营活动进行事先规划，以便对未来生产经营活动进行控制，属于“经营型会计”。

相关链接

美国会计学者奎因坦斯于1922年在《管理的会计：财务管理入门》一书中第一次提“管理的会计”术语。后经西方会计学者近30年的研究、归纳和总结，于1952年在英国伦敦举行的会计师国际代表大会上正式命名。我国于20世纪70年代末从西方引进了“管理会计”这一概念。我国改革开放以来管理会计在企业的运用从起步，走向提升。

财政部于2014年10月印发《关于全面推进管理会计体系建设的指导意见》，并于2016年6月印发了与其配套的《管理会计基本指引》，为在新形势下深入推进会计强国战略，全面推进管理会计体系建设提出了指导意见。

财务会计信息主要为企业外部提供信息，管理会计信息主要用于内部管理。管理会计是财务会计提升和更高层次的运用，管理会计的计量与分析也会运用一些财务会计的方法。

企业财务会计是基础会计的专业化，集中反映企业经济业务事项的会计核算与处理，在会计学科体系中处于核心地位。会计学科体系及构成，如图1－1所示。

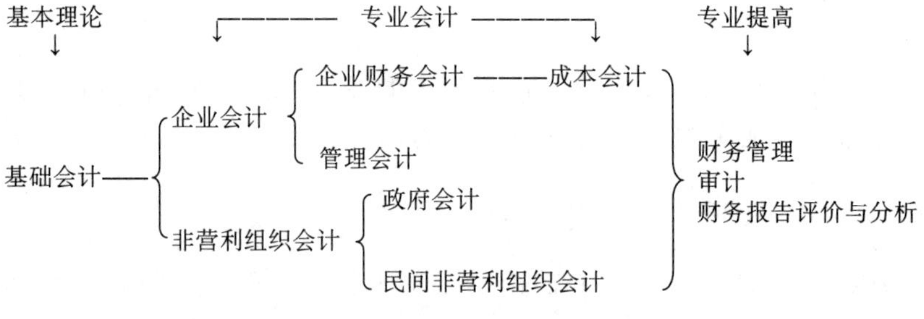

图1－1　会计学科体系的基本构成

二、企业财务会计的目标

企业财务会计的目标是向会计信息使用者提供有用的会计信息。企业财务会计的这一目标分为三个层次：一是向谁提供信息；二是为何提供信息；三是提供何种信息。具体可以分解为以下几个方面，如图1－2所示。

- 企业财务会计目标
  - 向谁提供信息——企业会计信息使用者
    - 投资者（股东）
    - 内部经营管理者
    - 政府有关部门
    - 债权人（贷款银行等）
    - 企业职工、社会公众等
  - 为何提供信息——服务于会计信息使用者的意图
    - 经营状况、决策分析
    - 评价考核、改进管理
    - 宏观管理、决策调控
    - 资金安全、偿还能力
    - 就业选择、投资选择等
  - 提供何种信息——能帮助会计信息使用者做出选择
    - 企业财务状况
    - 经营成果
    - 现金流量

图 1－2　企业财务会计目标的具体内容

三、企业财务会计的特点

与管理会计相比，企业财务会计的主要有以下特点：

（1）主要对外提供会计信息。从服务对象看，企业财务会计直接的服务对象主要是企业外部的有关方面，当然也会为企业内部管理服务，但其落脚点在于对外提供会计信息。

（2）遵循传统会计模式。从核算过程看，企业财务会计遵循“凭证——账簿——报表”这一传统会计模式。按照规定的会计程序和方法体系，以货币为主要计量单位综合反映企业各项经济业务事项，定期提供企业过去和现在的经济活动情况及其结果的会计信息。可见，企业财务会计是以提供历史信息为主的。

（3）提供规范统一的会计信息。从提供信息的特点看，企业财务会计应遵循《中华人民共和国会计法》《企业会计准则》等财会法规，其提供的信息应该是规范统一的。

（4）报告形式固定、定期。从信息报告形式看，企业财务会计的报告有规定或公认的格式和内容，并且要定期编制，如资产负债表、利润表、现金流量表等，都有固定的格式、内容和编制要求，而且需要按期编报。

企业财务会计与非营利组织会计相比较，还具有核算营利的特点。企业财务会计的最终目的，是通过核算与监督，使企业以最少的投入与耗费，取得最大的经济效益。而政府会计的目的在于体现预算收支的执行情况，而不在于核算营利。

综上所述，企业财务会计是：企业财务会计是运用会计的基本理论和方法，对企业交易或者事项进行核算与监督，并将企业的财务状况和经营成果报告给相关信息使用者的经济管理活动。

提示：企业财务会计的属性：是一种经济管理活动。

企业财务会计的手段：运用会计的基本理论和方法。如会计假设、会计核算要求等会计理论，复式记账、填制和审核凭证、编制会计报表等会计核算方法等。

企业财务会计的对象：企业的交易或者事项。具体反映为资产、负债、所有者权益、收入、费用和利润六大会计要素。

企业财务会计的基础：权责发生制。

企业财务会计的基本职能：核算与监督。

企业财务会计的目标：向信息使用者提供会计信息。

企业财务会计提供的主要信息：企业财务状况、经营成果和现金流量。

第二节　企业财务会计的工作内容和会计信息质量要求

一、企业财务会计的工作内容

企业财务会计是以货币为主要计量单位，连续、系统地反映企业已发生的交易或事项，为信息使用者提供会计信息。企业财务会计的工作过程，也就是对企业会计要素进行确认、计量、记录和报告的过程，具体包括以下几个方面：

（一）企业财务会计确认

企业财务会计确认，是指将交易或事项是否作为财务会计要素加以记录和列入财务会计报表的过程。企业发生的交易或事项，并不是都可以登记入账的；能登记入账的，也不能随意记成什么，或随便什么时候记的，而是需要事先进行识别、判断，这就是确认。所以，企业财务会计的确认主要解决某项交易或事项“是什么？是否应当在财务会计上反映？”的问题。进行企业财务会计确认是有确认标准的，确认一个会计项目应符合四项基本的标准：

- 符合某一会计要素的定义——确认按定义（《企业会计准则》）
- 具有可计量性——可以用货币表示（是计量的前提）
- 具有相关性——与信息使用者的需求有关（保证信息有用）
- 具有可靠性——是真实的、可验证的（能如实反映）

想一想：“企业发生的所有交易或者事项，都需要确认入账。”这种说法正确吗，为什么？

企业有哪些交易或者事项是不必确认入账的？如员工的学历层次提高；专业技术人员职称的晋升；企业与当地高校达成人才培养意向等需要确认入账吗？

满足了上述四个基本标准，还要进一步考虑成本效益原则和重要性要求，即考虑确认该项目所花费的成本是否低于其信息所带来的效益，这些信息对使用者是否重要等因素。综合考虑各因素后，再决定是否在财务会计上确认该项目。

提示：确认属于会计行为中的识别、判断和选择，只有正确确认，才能正确记录和报告，才能产生对信息使用者有用的会计信息。实际工作中对每一项目的确认需要根据体现上述确认四项标准的企业会计准则和会计制度等规定进行。同时会计事务中的识别、判断和选择体现会计工作水平。

（二）企业财务会计计量

企业财务会计计量，是用货币或其他量度单位计量各项交易或事项和结果的过程。企业财务会计的确认，是明确某一项目属于什么会计要素的问题，而计量则是进一步明确该项目的数额是多少，即主要解决某项交易或事项在会计上“反映多少”的问题，体现会计信息的定量化特点。企业财务会计计量结果构成了确认、记录和报告的内容，所以，计量问题是财务会计的核心问题。

企业财务会计计量包括计量单位和计量属性两个方面的内容。计量单位是指计量尺度的量度单位。《中华人民共和国会计法》规定“会计核算以人民币为记账本位币”，企业财务会计的计量单位是相对稳定的名义货币单位。计量属性是指要予以计量的某一会计要素的品质或方面。计量属性包括历史成本、重置成本、可变现净值、现值、公允价值等。为了保证会计信息质量，企业一般应当采用历史成本为计量属性。如果采用其他计量属性，应当保证所确认的会计要素的金额能够取得并能可靠计量。

课堂讨论： 公司购入汽车一辆，支付货款 20 万元（不含增值税）；一年后同样款式汽车的市场价格为 22 万元（不含增值税）；而公司如果将上述汽车出售（购入 1 年后）可得货款 18 万元。请问该汽车的历史成本是多少？1 年后该固定资产的账面记录需要调整吗？

（三）企业财务会计记录

企业财务会计记录是指采用专门的方法在会计凭证、账簿、报告体系中登记经济业务事项的过程。它主要是解决某项交易或事项在会计上“如何登记”的问题。企业财务会计记录包括记账方法、记录文字、账证和报告格式及要求等内容。实际工作中，财务会计确认、财务会计计量、财务会计记录是紧密结合、同步进行的。

> **相关链接**
>
> （1）《企业会计准则——基本准则》第十一条规定：“企业应当采用借贷记账法记账。”（2）《中华人民共和国会计法》第二十二条规定：“会计记录的文字应当使用中文。在民族自治地方，会计记录可以同时使用当地通用的一种民族文字。在中华人民共和国境内的外商投资企业、外国企业和其他外国组织的会计记录可以同时使用一种外国文字。”

（四）企业财务会计报告

企业财务会计报告就是编制企业财务会计报告，对外输出会计信息的过程。这一过程是财务会计核算工作的重要环节，它包括编制依据、编制要求、提供对象、提供期限、签章审核程序等。企业财务会计报告提供的会计信息必须要符合真实、完整的质量要求，这就要求财务会计报告应当依据会计账簿记录和有关资料编制，财务会计报告的编制要求、提供对象、提供期限应当符合法定要求，财务会计报告的签章、审核程序必须规范有效。

企业财务会计的工作内容、过程及其相互联系，如图 1－3 所示。

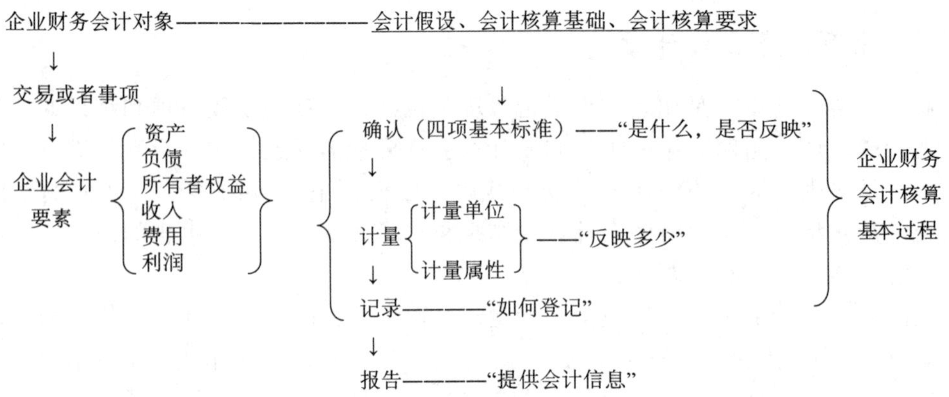

图1－3　企业财务会计的工作内容、过程及其联系

二、企业财务会计信息质量要求

为了保证企业财务会计信息具备规定的质量特征，企业财务会计要以会计主体、持续经营、会计分期和货币计量为基本假设，以权责发生制为核算基础进行确认、计量和报告，并要保证财务会计信息质量要求要求。这一要求也称为会计核算要求，具体见表1－1。

表1－1　企业财务会计信息质量要求

序号	质量要求	具体内容
第一	可靠性（真实性）	企业应当以实际发生的交易或者事项为依据进行会计确认、计量和报告，以保证会计信息真实可靠、内容完整。(是重要基础和关键所在)
第二	相关性	企业提供的会计信息应当与财务会计报告使用者的经济决策需要相关，有助于财务会计报告使用者对企业过去、现在或者未来的情况作出评价、预测和决策。
第三	可理解性	企业提供的会计信息应当清晰明了，便于投资者等会计信息使用者理解和使用。
第四	可比性	企业提供的会计信息应当具有可比性。同一企业不同时期发生的相同或者相似的交易或者事项，应当采用一致的会计政策，不得随意变更；不同企业发生的相同或者相似的交易或事项，应当采用规定的会计政策，确保会计信息口径一致、相互可比（也称为“纵向一致，横向可比”）。
第五	实质重于形式	企业应当按照交易或者事项的经济实质进行会计确认、计量和报告，不应仅以交易或者事项的法律形式为依据（法律形式是外在的，不一致时实质为重）。
第六	重要性	企业提供的会计信息应当反映与企业财务状况、经营成果和现金流量等有关的所有重要交易或者事项（包含着“重要应该从细，次要可以从简”的含义）。
第七	谨慎性	企业对交易或者事项进行会计确认、计量和报告应当保持应有的谨慎，不应高估资产或者收益，低估负债或者费用（是为应对市场经济的风险和不确认性）。
第八	及时性	企业对于已经发生的交易或者事项，应当及时进行会计确认计量和报告，不得提前或者延后（及时性包括对会计信息的：及时收集、及时处理和及时传递）。

第三节 企业财务会计规范

企业财务会计规范，既是约束企业财务会计行为的标准，也是对财务会计工作进行评价的依据。国家通过制定和实施财务会计法规制度来规范、制约企业的财务会计行为，保证财务会计信息的质量。现阶段我国的财务会计规范主要包括《中华人民共和国会计法》（以下简称《会计法》）、《企业会计准则》和其他会计规章等，并已形成了以《会计法》为核心，以《企业会计准则》为基本内容，专业性财会法规为补充的法律规范体系。

一、《会计法》

《会计法》是调整我国经济生活中会计关系的法律总规范。《会计法》是规范会计行为的基本法律，它为保证会计资料的真实、完整设定了行为规则，是其他会计规范制定的基本依据。所以，《会计法》在我国的会计规范体系中处于最高层次，是指导会计工作的根本大法。凡是在我国境内的所有企业、行政事业单位和其他组织都必须依照《会计法》的规定办理会计事务。

相关链接

《中华人民共和国会计法》于 1985 年 1 月由全国人民代表大会常务委员会通过，并于同年 5 月 1 日起实施；1993 年 12 月进行了修改；1999 年 10 月按程序对会计法进行了修订。修订后的《会计法》包括总则、会计核算、公司企业会计核算的特别规定、会计监督、会计机构和会计人员、法律责任和附则共七章五十二条。修订后的《会计法》于 2000 年 7 月 1 日起实施。2017 年 11 月《会计法》进行新一轮的修正，相关内容从 11 月 5 日起施行。

二、企业会计准则

企业会计准则是关于企业会计核算工作的基本规范，是企业处理会计实务，进行会计确认、计量和报告的标准和要求。企业会计准则的制定和完善，与会计理论与实践的丰富和发展密切相关，同时又受社会、政治和经济环境等多方面因素的影响和制约。我国的企业会计准则是在总结多年以来企业会计改革经验，借鉴国际通行惯例的基础上建立起来的。企业会计准则体系包括基本会计准则、具体会计准则和会计准则应用指南三个层次。这一企业会计准则体系与我国社会主义市场经济发展进程相适应，又与国际财务报告准则相趋同，涵盖各类企业各类经济业务，可以独立实施。

（一）《企业会计准则——基本准则》

基本会计准则是企业处理会计事务，进行会计核算，编制财务会计报告的准绳和标准。它主要就会计核算的一般要求和会计核算的主要方面所作出的原则性规定，并为制定具体准则和应用指南提供依据。我国于1993年7月1日起实施第一个会计基本准则，2006年2月颁布新的《企业会计准则——基本准则》，于2007年1月1日起实施。2014年7月和2019年1月分别对相关内容进行了修改。这一基本会计准则共有十章五十条，内容包括：①总则；②会计信息质量要求；③会计要素的定义和确认；④会计计量；⑤财务会计报告；⑥附则。

基本会计准则在整个会计准则体系中起统驭作用，是设立在中华人民共和国境内的所有企业（包括公司，下同）都必须共同遵守的会计基本规范。

（二）《企业会计准则——具体准则》和《小企业会计准则》

具体会计准则和《小企业会计准则》是根据基本会计准则的要求，对对应企业各会计要素和具体的交易或者事项的会计处理方法和程序作出的具体规定。它主要是规范企业各类交易或者事项的会计处理，为企业处理会计实务问题提供具体而统一的处理和应用方法。

1998年我国颁布实施了第一个具体会计准则，随后陆续颁布实施了一系列的具体会计准则。2006年2月财政部重新修订和完善了《企业会计准则》体系及其内容，颁布了38项具体会计准则，从2007年1月1日起在上市公司实施，鼓励其他企业实施，我国目前实施具体会计准则共有42项，在内容上是与国际会计准则趋同的。

为了适应小企业经营规模小，不承担社会公众责任的特点，财政部于2011年10月颁布了《小企业会计准则》。《小企业会计准则》对小企业的会计核算予以适当简化，减少职业判断的内容和要求，并尽可使企业会计处理与税法规定一致起来。这一准则从2013年1月1日起，在符合条件的小企业实施。

具体会计准则和《小企业会计准则》是《企业会计准则——基本准则》框架下的两个子系统，分别适用于大中型企业（上市公司）和小企业。其关系如图1－4所示。

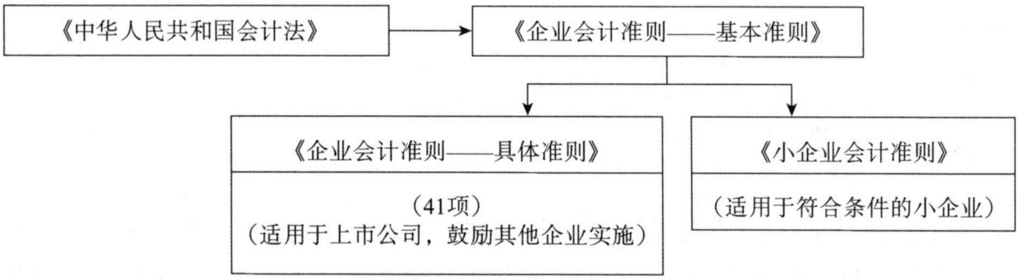

图1－4　具体会计准则和《小企业会计准则》的关系

（三）《企业会计准则——应用指南》

企业会计基本准则和具体准则，均制定和颁布相应的应用指南。会计准则应用指南主要包括具体准则解释和会计科目、主要账务处理等。它为企业执行会计准则提供了操作性规范。

提示：(1) 由于企业的多样性，目前还有《企业会计制度》《村集体经济组织会计制度》等企业会计制度。

(2)《企业会计制度》适用于上市公司、小企业、村集体经济组织以外的大中型企业(逐步退出)。所以说，目前仍然是“准则”和“制度”并存。

(3)《企业会计准则——基本准则》的实施范围是在我国境内的所有企业；42 项具体会计准则的实施范围是上市公司，鼓励其他企业实施，以后逐步全面推开；《小企业会计准则》的实施范围是符合条件的小企业。

三、专业性财会法规

我国财会法规中还包括一些专业性财会法规，如：《企业财务通则》（2007.1.1)、《会计基础工作规范》(1996.6)、《会计档案管理办法》（2016.1.1)、《会计人员继续教育规定》(2013.10.1)、《企业产品成本核算制度》（2014.1.1)、《现金管理暂行条例》(1988.10.1)、《企业内部控制基本规范》(2009.7.1）等专业性会计法规。

企业财务会计工作，还应遵循公司法、税收法规、证券法、票据法等相关法规制度的规定。

还需说明，企业应当按照适用的企业会计准则或企业会计制度，结合企业实际情况，设置和使用会计科目，所以，不同类型企业设置和使用的会计科目是有所不同的。根据现实情况，为了有利于适应各类会计考试，本教材按照新颁布（修订）的《企业会计准则——具体准则》及其应用指南设置和运用会计科目。企业常用的会计科目，见表 1-2。

表 1-2 企业常用会计科目表

顺序号	编号	会计科目名称	顺序号	编号	会计科目名称
一、资产类			14	1401	材料采购
1	1001	库存现金	15	1402	在途物资
2	1002	银行存款	16	1403	原材料
3	1012	其他货币资金	17	1404	材料成本差异
4	1101	交易性金融资产	18	1405	库存商品
5	1121	应收票据	19	1406	发出商品
6	1122	应收账款	20	1407	商品进销差价
7	1123	预付账款	21	1408	委托加工物资
8	1124	合同资产	22	1411	周转材料
9	1125	合同资产减值准备	23	1421	消耗性生物资产
10	1131	应收股利	24	1471	存货跌价准备
11	1132	应收利息	25	1481	持有待售资产
12	1221	其他应收款	26	1482	持有待售资产减值准备
13	1231	坏账准备	27	1491*	应收退货成本

续表

顺序号	编号	会计科目名称	顺序号	编号	会计科目名称
28	1501	债权投资	60	2401	递延收益
29	1502	债权投资减值准备	61	2501	长期借款
30	1503	其他债权投资	62	2502	应付债券
31	1504	其他权益工具投资	63	2701	长期应付款
32	1511	长期股权投资	64	2702	未确认融资费用
33	1512	长期股权投资减值准备	65	2711	专项应付款
34	1521	投资性房地产	66	2801	预计负债
35	1531	长期应收款	67	2901	递延所得税负债
36	1601	固定资产	三、所有者权益类		
37	1602	累计折旧	68	4001	实收资本（股本）
38	1603	固定资产减值准备	69	4002	资本公积
39	1604	在建工程	70	4003	其他综合收益
40	1605	工程物资	71	4101	盈余公积
41	1606	固定资产清理	72	4103	本年利润
42	1701	无形资产	73	4104	利润分配
43	1702	累计摊销	四、成本类		
44	1703	无形资产减值准备	74	5001	生产成本
45	1801	长期待摊费用	75	5101	制造费用
46	1811	递延所得税资产	76	5201	劳务成本
47	1901	待处理财产损溢	77	5301	研发支出
二、负债类			78	5401	工程施工
48	2001	短期借款	79	5402	工程结算
49	2101	交易性金融负债	80	5501	合同履约成本
50	2201	应付票据	81	5502	合同履约成本减值准备
51	2202	应付账款	82	5503	合同取得成本
52	2203		83	5504	合同取得成本减值准备
53	2204	合同负债	五、损益类		
54	2211	应付职工薪酬	84	6001	主营业务收入
55	2221	应交税费	85	6051	其他业务收入
56	2231	应付股利	86	6101	公允价值变动损益
57	2232	应付利息	87	6111	投资收益
58	2241	其他应付款	88	6115	资产处置收益
59	2245	持有待售负债	89	6117	其他收益

续表

顺序号	编号	会计科目名称	顺序号	编号	会计科目名称
90	6301	营业外收入	96	6603	财务费用
91	6401	主营业务成本	97	6701	资产减值损失
92	6402	其他业务成本	98	6702	信用减值损失
93	6403	税金及附加	99	6711	营业外支出
94	6601	销售费用	100	6801	所得税费用
95	6602	管理费用	101	6901	以前年度损益调整

注：第三类会计科目系共同类科目（编号首位数为3），如“衍生工具”“套期工具”科目等，因不常用，此略。

四、企业内部会计制度

企业内部会计制度是各个企业根据会计法、企业会计准则和企业会计制度等法规制度的规定，结合企实际情况和内部管理的需要而制定的企业内部会计工作规范。企业内部会计制度应当符合国家统一财会法规制度的要求，体现本单位生产经营、业务管理的特点和要求。

企业内部会计制度一般包括：①会计人员岗位责任制；②账务处理程序；③内部控制要求；④稽核制度；⑤原始记录管理、定额管理、计量验收、财产清查等制度；⑥财务收支审批程序和规定；⑦成本费用核算制度；⑧财务分析制度等内容。为保证财务会计工作规范有效，每个企业均应制定适合企业实际情况的内部财务会计制度。

企业财务会计法规体系的层次，如图1－5所示。

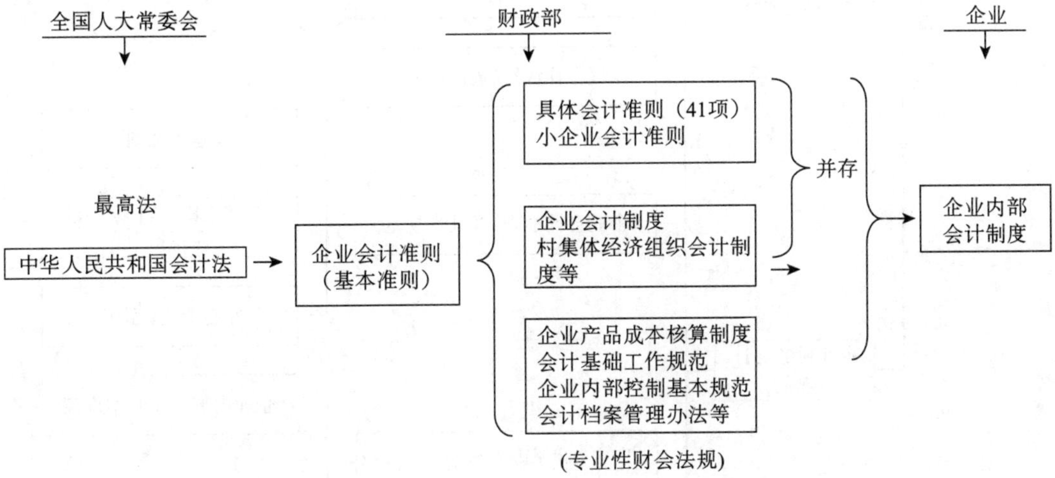

图1－5 企业财会法规体系

本章知识结构图

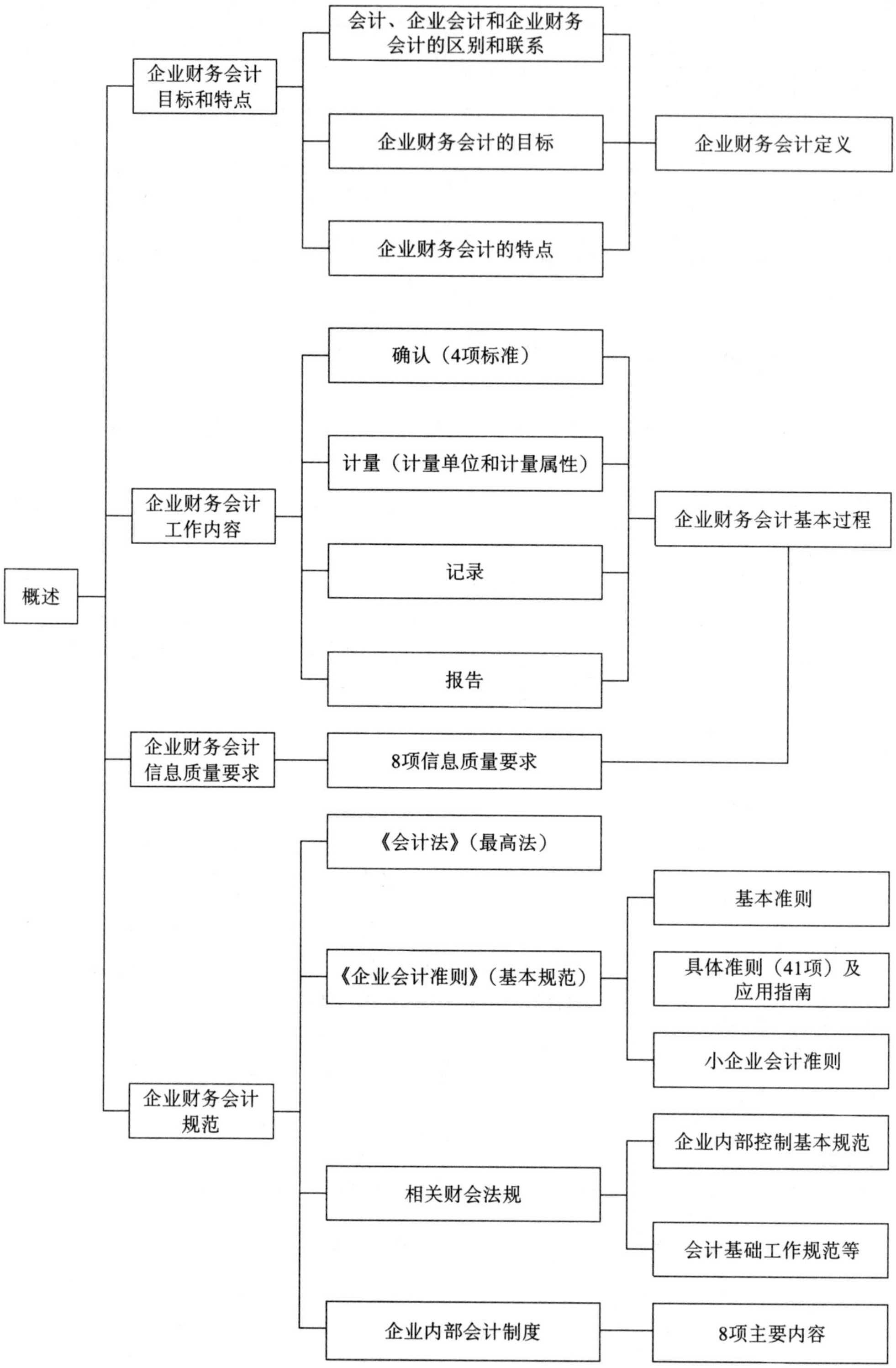
概述
企业财务会计目标和特点
会计、企业会计和企业财务会计的区别和联系
企业财务会计的目标
企业财务会计的特点
企业财务会计定义
企业财务会计工作内容
确认（4项标准）
计量（计量单位和计量属性）
记录
报告
企业财务会计基本过程
企业财务会计信息质量要求
8项信息质量要求
企业财务会计规范
《会计法》（最高法）
《企业会计准则》（基本规范）
基本准则
具体准则（41项）及应用指南
小企业会计准则
相关财会法规
企业内部控制基本规范
会计基础工作规范等
企业内部会计制度
8项主要内容

第二章 货币资金

学习目标

了解货币资金的概念和内容；了解企业外币交易的基本内容和主要账务处理；了解银行支付结算方式的种类、适用范围和基本规定。理解库存现金和银行存款管理的基本要求；理解其他货币资金的主要内容和基本账务处理。掌握货币资金内部控制的一般要求和基本方法；掌握库存现金和银行收支业务的核算；掌握库存现金和银行存款清查核对的方法及其账务处理。

本章重点：货币资金的内容；货币资金内部控制的一般原则；库存现金和银行存款的日常核算与清查；主要银行支付方式的种类和基本规定。

第一节　货币资金概述

一、货币资金的概念和内容

货币资金是企业生产经营过程中处于货币形态的资产，也简称为现金资产。货币资金是唯一能够直接转化为其他任何资产形态的资产，并是能够代表企业现实支付能力的资产，所以，它是流动性最强的流动资产。根据存放的地点和用途不同，货币资金包括：库存现金、银行存款和其他货币资金三大类。

1. 库存现金

现金有狭义和广义之分。狭义的现金是指存放于企业财会部门，由出纳员经管的人民币和外币。广义的现金除了库存现金、随时支用的银行存款和其他货币资金以外，还包括现金等价物。本章所述现金为狭义的现金，即库存现金。

2. 银行存款

银行存款是指企业存入银行或其他金融机构的货币资金。

3. 其他货币资金

其他货币资金是指企业除库存现金、银行存款以外的各种货币资金。

提示：(1) 库存现金≠现金（广义现金和狭义现金）
银行存款≠随时支用的银行存款
(2) 现金（广义）≠库存现金+银行存款
≠库存现金+银行存款+其他货币资金
(3) 货币资金≠货币性资产（包括应收款项）
≠库存现金+银行存款+其他货币资金

二、货币资金的内部控制

加强对货币资金的管理和控制，对于确保资产的安全完整，防止货币资金被挪用、侵吞以及提高货币资金的使用效果都具有重要意义。企业应根据有关法规制度，建立适合企业自身特点和管理要求的货币资金内部控制制度。

（一）货币资金内部控制的一般要求

1. 严格岗位分工，明确工作职责

货币资金业务应在会计人员和出纳人员分工的基础上，对其收支的审核、审批、收付款、记录等各个环节的工作由不同的人员完成，形成严密的内部牵制，使货币资金的收付过程中的舞弊行为难以发生。一般应根据不相容岗位（职务）分离的要求，明确职责分工：①货币资金的保管（出纳）和货币资金的总分类核算（会计）应分离，即所谓“管钱不管账，管账不管钱”；②经办销售业务人员不得同时办理货币资金的收款业务；③货币资金支出的经办、审核、审批应由不同的人员来完成。④办理货币资金的业务人员应当定期进行岗位轮换。

相关链接

2001年6月，财政部发布了《内部会计控制规范——基本规范（试行）》和《内部会计控制规范——货币资金（试行）》。这是我国企业内部货币资金控制的法律依据和货币货币监管制度初步建立。

2008年6月财政部等五部委联合发布了《企业内部控制基本规范》（2009.7.1实施），并于2010年4月发布系列的企业内部控制配套指引。这是企业内部控制制度的正式实施与完善。这一规范是在上市公司、大中型企业实施，其他企业参照执行。2017年6月财政部制定发布了《小企业内部控制基本规范（试行）》，此规范从2018年1月1日起在小企业实施。

2. 规范票据及财务印章的管理

企业应明确与货币资金业务相关的票据（如支票等）的购买、保管、领用、背书转让、注销等环节的职责权限和程序，并进行专项登记，防止空白票据的遗失和被盗用；财务专用章应由专人保管；法人名章应由本人或其授权人保管；严禁一人保管支付款项所需的全部印章、网银U盾；货币资金业务在发生或完成时，有关负责人必须严格履行签字或盖章手续。

3．加强对货币资金收支的控制和监督

企业必须按国家规定在银行或其他金融机构开户，自觉接受开户银行的监督，严格执行有关的货币资金管理法规和支付结算制度；企业货币资金的支付应按规定程序办理，在银行支付结算办法规定的结算起点金额以上的，都必须使用票据或其他结算方式办理结算；企业必须按开户银行规定限额控制库存现金；企业的货币资金收入业务和货币资金支出业务应分开处理，防止将货币资金收入直接用于货币资金支出的“坐支”行为。

4．建立健全内部审核、审批制度

对于货币资金的支付业务，企业应当建立申请、审批、复核制度；做到责职分明，多重监督和控制货币资金的支付行为；对于重大的货币资金支付业务，应实行集体决策和审批，并建立责任追究制度；企业还应当建立健全内部审计制度，对所有货币资金收付业务进行定期和不定期的检查监督；以保证企业货币资金收付的行为规范。

（二）货币资金内部制度的内容和方法

货币资金的内部控制主要应从货币资金收入和货币资金支出两个方面进行控制和管理。

1．货币资金收入的内部控制

货币资金收入控制的目的是要保证全部货币资金收入都无一遗漏地入账，其基本要点有：

（1）货币资金收入必须当天入账，并及时送存银行。

（2）一切货币资金收入都应开具收款凭据，并加盖“转账收讫”或“现金收讫”戳记。

（3）控制收款收据和发票的数量和编号。领用时要登记数量和起讫号，并由领用人签收，已领用尚未使用的空白发票、收据要定期查对；已使用的收据和发票要清点、登记、封存和保管，并按规定程序审批后销毁。

（4）签发货币资金收款收据与收款应由不同人员经办，以有效地防止舞弊行为和差错的发生。

（5）开出的收据应与已入账的收据联按编号逐张核对金额，确保收款全部入账。

2．货币资金支出的控制

企业货币资金支付办理程序应包括：支付申请、支付审批、支付复核和支付办理四个环节。货币资金支出控制的目的是要保证企业货币资金支付都要按程序办理，并做到审批规范、手续齐全、凭证完整有效，其基本要点有：

（1）支付申请。企业有关部门或个人用款时，应当提前向审批人提交货币资金支付申请，注明款项的用途、金额、预算、支付方式等内容，并附有效的经济合同或相关证明。

（2）支付审批。审批人根据其职责、权限和相应程序对支付申请进行审批，对不符合规定的货币资金支付申请，审批人应当拒绝批准。

（3）支付复核。复核人应当对批准后的货币资金支付申请进行复核，复核货币资金支付申请的批准范围、权限、程序是否正确，手段及相关单证是否齐备，金额计划是否准确，支付方式、支付单位是否妥当等。复核无误后，交由出纳员办理支付手续。

（4）办理支付。出纳员应当根据复核无误的支付申请，按规定办理货币资金支付手续，已付款的凭证，要加盖“转账付讫”或“现金付讫”章，防止重复付款，并及时登记相关货币资金日记账。

第二节 库存现金

一、库存现金的管理

（一）库存现金的收付范围

1. 库存现金的收入范围

根据《现金管理暂行条例》的规定，企业可以在下列范围内收取现金：①剩余差旅费和归还备用金等个人交款；②收取不能转账的单位或个人的销售收入；③不足转账起点的小额收入等。

2. 库存现金的支付范围

根据《现金管理暂行条例》的规定，企业可以在下列范围内使用现金：①职工工资、各种工资性津贴；②个人劳动报酬；③根据国家规定颁发给个人的科学技术、文化艺术、体育等各种奖金；④各种劳保、福利费用以及国家规定的对个人的其他支出；⑤向个人收购农副产品和其他物资支付的款项；⑥出差人员随身携带的差旅费；⑦结算起点（现金支付限额1 000元人民币）以下的零星支出；⑧中国人民银行确定需要支付现金的其他支出。

（二）库存现金限额

库存现金的限额是指为了保证企业日常零星开支的需要，允许企业留存现金的最高数额。这一限额一般由开户银行根据企业3～5天的日常零星开支的需要核定，边远地区和交通不便地区可以多于5天，但最多不得超过15天的日常零星开支。限额一经核定，企业必须严格遵守。库存现金不足限额应及时补足，超过限额的现金于当日终了前存入银行；需要增加或减少现金库存限额，企业应向开户银行提出申请，由开户银行核定。

提示：（1）正确理解现金的收付范围的规定。这一规定过时了吗？是不是不切实际？

（2）库存现金限额是由开户银行核定的，不是由中国人民银行、财政部门、公安部门、税务部门、主管部门等核定的，也不能由企业自行确定。

（三）库存现金日常收支管理

（1）不得“坐支”现金。所谓“坐支”现金，是指企业从现金收入中直接支付现金的行为。按《现金管理暂行条例》的规定，企业支付现金可以从企业库存现金限额中支付，也可以从开户银行提取，但不得擅自坐支现金，如有特殊情况需坐支现金，应事先报经开户银行审查批准。

（2）不得擅自挪用、借出现金。企业支付和借出现金必须按照规定程序进行审核与审批。

（3）不得编造和谎报用途套取现金。企业从开户银行提取现金时，应如实写明提取现金的用途，按规定程财会部门负责人及审批人员签批后，办理支付。

（4）不得“白条抵库”。即不能用借条、白条等不符合财会制度的凭证顶替库存现金。

（5）不得向他人出租、出借银行账户，代替他人存入或支取现金。

（6）不得保留账外现金，不能设立“小金库”；不得将单位收入的现金作为个人储蓄存入银行，即不得“公款私存”，也不得“私款公存”。

（7）主管人员、内部审核人员要定期或不定期地对库存现金进行核查。

二、库存现金收付业务的核算

企业库存现金的收付核算，首先由出纳人员取得或填制原始凭证，由会计人员对原始凭证进行审核，并根据审核无误的原始凭证填制收、付款凭证。出纳人员办理库存现金收付款项时，必须要进行复核，当面清点，收款后应在凭证上加盖“现金收讫”戳记，付款后在凭证上加盖“现金付讫”戳记。

（一）库存现金的总分类核算

企业库存现金，应设置“库存现金”账户进行核算。该账户借方登记现金的增加数，贷方登记现金的减少数，期末余额在借方，反映企业持有的库存现金。

【例2－1】大明公司2月5日发生如下库存现金的收付业务：

（1）出售产品5件，价款600元，增值税78元，收到现金678元。账务处理为：

借：库存现金	678	
贷：主营业务收入		600
应交税费——应交增值税（销项税额）		78

（2）职工王平生活遇到困难，公司决定发给补助1 500元，以现金支付。账务处理为：

借：应付职工薪酬——职工福利	1 500	
贷：库存现金		1 500

（3）职工李红以现金归还欠款500元。账务处理为：

借：库存现金	500	
贷：其他应收款——其他应收暂付款（李红）		500

库存现金总分类账应由出纳员以外的会计人员进行登记。不同会计核算形式下，登记库存现金总分类账的方法也不同，可以根据收款凭证、付款凭证直接登记，也可以根据科目汇总表、汇总记账凭证等定期进行登记。

（二）库存现金收付的序时核算

企业应设置“库存现金日记账”进行库存现金的序时核算。有外币现金的企业，应按不同币种分别设置“库存现金日记账”。“库存现金日记账”必须采用订本式账簿，可以选择“三栏式”或“多栏式”账页。该账簿应由出纳人员根据审核无误的收付款凭证及所附的原始凭证，按照现金收付业务发生的先后顺序逐日逐笔进行登记。

每日终了，应当结计当日的现金收入合计数、现金支出合计数和结余额，并将结余额与实际库存现金额核对，做到账款相符。如果发现账款不符，应及时查明原因进行处理。企业的库存现金总账是由会计人员登记的，因此，月份终了，出纳员登记的“库存现金日记账”的余额，应与会计人员登记的“库存现金总分类账”的余额核对相符。

三、库存现金的清查

为了加强对库存现金的管理，保证现库存现金的安全与完整，必须对库存现金进行清查。库存现金清查包括出纳人员每日的清点核对和清查小组定期、不定期的库存现金盘点清查。库存现金清查的方法是实地盘点法。

库存现金清查，出纳人员应完整登记结计账目，清点整理好现款，并在现场汇报说明相关情况。库存现金清查的主要内容主要是：库存现金收支是规范；是否存在挪用库存现金；是否有白条抵库；库存现金留存是否超限额；库存现金账款是否相符等情况。

库存现金清查的结果，应编制“库存现金盘点报告表”进行报告。这一报告表应注明库存现金溢缺、库存现金管控情况等，并由出纳人员、清查人员签章确认。清查发现超限额留存的现金应及时送存银行；如果有挪用库存现金、白条抵库情况的，应按要求和领导意见进行处理；情节严重，数额较大的，应按法律规定追究相关人员的责任。

对于清查发现库存现金短缺或溢余情况的，应分两步进行处理：

1. 发现库存现金短缺或溢余

应根据“库存现金盘点报告表”将发现的短缺或溢余计入“待处理财产损溢”账户，其中，发现的短缺，应借记“待处理财产损溢”账户；发现的溢余，应贷记“待处理财产损溢”账户。这样处理后使库存现金达到账款相符。

【例2-2】 大明公司于7月末和9月末，分别进行库存现金的清查，根据“库存现金盘点报告表”发现的情况，分别作如下账务处理：

（1）7月末清查，发现库存现金短缺500元。账务处理为：

借：待处理财产损溢——待处理流动资产损溢	500	
贷：库存现金		500

（2）9月末清查，发现库存现金溢余390元。账务处理为：

借：库存现金	390	
贷：待处理财产损溢——待处理流动资产损溢		390

2. 查明原因及审批后的处理

清查发现的库存现金短缺或溢余，应及时查明原因，并按照规定程序进行报批确认，然后，根据审批意见进行账务处理。

库存现金清查发现的短缺，属于多付或少收的，应从有关人员或单位予以追回，款项暂未收到的，计入“其他应收款”账户；因出纳员工作责任造成的，应由其赔偿，款项暂未收到的，也是计入“其他应收款”账户；出纳员赔偿不足的及无法查明原因追回的，报经批准后计入“管理费用”账户。

库存现金清查发现的溢余，属于多收或少付的，应退还给有关人员或单位，款项暂未付出的，计入“其他应付款”账户；无法查明原因的库存现金溢余，报经批准后计入“营业外收入”账户。

【例2－3】 大明公司7月末和9月末库存现金清查发现的短缺和溢余，原因经查实，并按照规定程序报经批准，其账务处理分别为：

（1）7月末库存现金清查发现的短缺500元，经查实，300元短缺由出纳员王新工作失误造成，应由其赔偿，款项尚未收到；200元无法查明原因，经批准列为管理费用。记：

借：其他应收款——应收赔偿款（王新） 300
　　管理费用 200
　　贷：待处理财产损溢——待处理流动资产损溢 500

（2）9月末库存现金清查发现的溢余390元，经查实，300元为多收A公司货款，应予退还，款项待领；其余90元无法查明原因，经批准作为营业外收入。记：

借：待处理财产损溢——待处理流动资产损溢 390
　　贷：其他应付款——其他应付暂收款（A公司） 300
　　　　营业外收入 90

想一想：（1）有人说“库存现金清查就是为了检查核实库存现金是否账款相符”。这一说法正确吗？

（2）库存现金清查审批后的处理：无法查明原因的短缺，是列为管理费用的；无法查明原因的溢余，是列为营业外收入。这是为什么？

第三节　银行存款

银行存款是企业存放在银行或其他金融机构的货币资金，包括人民币存款和外币存款。

一、银行存款的管理

（一）银行存款账户的开设

根据中国人民银行《支付结算办法》的规定，企业应在当地银行开立账户，办理存款、取款以及各种收支转账业务的结算。企业应按中国人民银行《银行账户管理办法》的规定开立、使用账户。银行存款账户可分为四类，其名称及用途见表2－1。

（二）银行支付结算办理的原则和要求

根据《支付结算办法》的规定，单位、个人和银行在办理支付结算过程中应当遵守的原则是：

表2-1

名称	概念（含义）	使用范围	数量及有效期	开立要求
基本存款账户	存款人办理日常转账结算和现金收付的账户。是存款人的主办账户	办理日常经营活动资金收付及其工资、奖金和现金的支取	只能开立一个 无期限限制	①向所在地商业银行的分支机构申请开立；②提供营业执照（“三证合一”）、法定代表人和经办人身份证、法定代表人授权书（或法定代表人亲自到场办理）；③预留印鉴章：单位公章、财务专用章、法定代表人私章
一般存款账户	存款人借款或其他结算需要在基本存款账户开户银行以外的银行营业机构开立的账户	办理借款转存、借款归还和其他结算的资金收付。可以办理现金缴存，不能支取现金	无数量限制 无期限限制	①向商业银行的分支机构申请，实行备案制；②借款需要的，出具借款合同；其他需要出具有关证明；③提供其开立基本存款账户信息（其他同前②③）
临时存款账户	存款人因临时需要并在规定期限内使用而开立的账户	办理临时机构以及存款人临时经营活动的资金收付。可以办理转账结算，也可以按规定办理现金收付	依账户性质有限制（“一地一个”，“一项一个”） 最长不超过两年	①向商业银行的分支机构申请，实行核准制；②提供异地临时经营、设立临时机构等证明文件；③提供基本存款账户信息（其他同前②③）
专用存款账户	存款人按法规，对其特定用途资金进行专项管理和使用而开立的账户	粮、棉、油收购资金，社保资金，党、团费等账户，可按规定办理现金收付。基建资金、政策性开发资金等的现金支取需中国人民银行批准收入汇缴账户，只收不付；业务支出类账户只付不收	同一证明，只能开立一个 无期限限制	①向商业银行的分支机构申请，预算单位核准制，其他备案制；②提供相关批文或证明资料；③提供基本存款账户信息（其他同前②③）

（1）恪守信用，履约付款。支付结算当事人必须依照双方的约定享有权利和承担义务，尤其是对付款当事人而言，应强调诚实守信，按照约定的金额和日期履行付款义务。

（2）谁的钱进谁的账，由谁支配。银行在办理支付结算过程中，应当尊重存款人的资金支配自主权，根据委托人的意志，做到是谁的钱就进谁的账，不介入当事人之间的交易纠纷，确实保障当事人存款的正常支付。

（3）银行不垫款。银行是结算活动的中介机构，责任在于办理资金在结算当事人之间的转移手续，不为结算当事人中的任何一方垫付资金。这一原则旨在划清银行资金与结算当事人存款资金的界限，防止透支和盲目扩大信贷资金。

企业办理支付结算要求做到：①办理支付结算应当按照规定开立、使用银行账户；②办理支付结算必须使用中国人民银行统一规定的票据和结算凭证；③票据和结算凭证上的签章和其他记载事项应当真实，不得伪造、变造；④填写票据和结算凭证应当做到要素齐全、数字正确、字迹清晰、防止涂改；⑤按要求及时与开户银行、对方单位进行账目核对。

二、银行支付结算方式

按照现行银行结算制度的规定，除了《现金管理条例》中规定可以使用现金进行结算的事项外，企业单位之间发生的商品交易、劳务供应、款项划拨等，都应当通过银行办理转账结算。银行支付结算，也称银行转账结算，是指企业通过开户银行进行划转货币资金的结算方式。

由于收付单位所在地不同，可以分为同城结算和异地结算。同城结算是指收付款双方在同一城镇（同一票据交换区，下同）的结算；异地结算是指收付款双方不在同一城镇的结算。银行结算方式的种类及其分类，如图 2－1 所示。

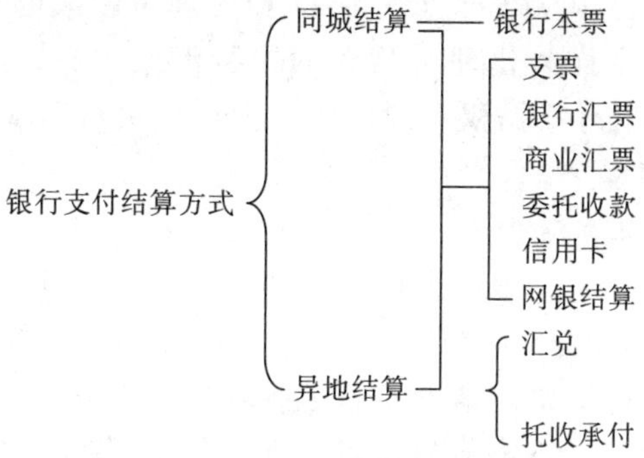

图 2－1　银行支付结算方式

（一）银行汇票结算方式

银行汇票是出票银行签发的，由其在见票时按照实际结算金额无条件支付给收款人或持票人的票据。银行汇票结算是指申请人将款项交存银行（或账户有存款），由银行签发汇票给申请人，申请人持汇票办理转账结算或支取现金的一种结算方式。银行汇票由银行签发，具有票随人到，用款及时，付款有保证，使用灵活的特点。银行汇票式样如图 2－2 所示。

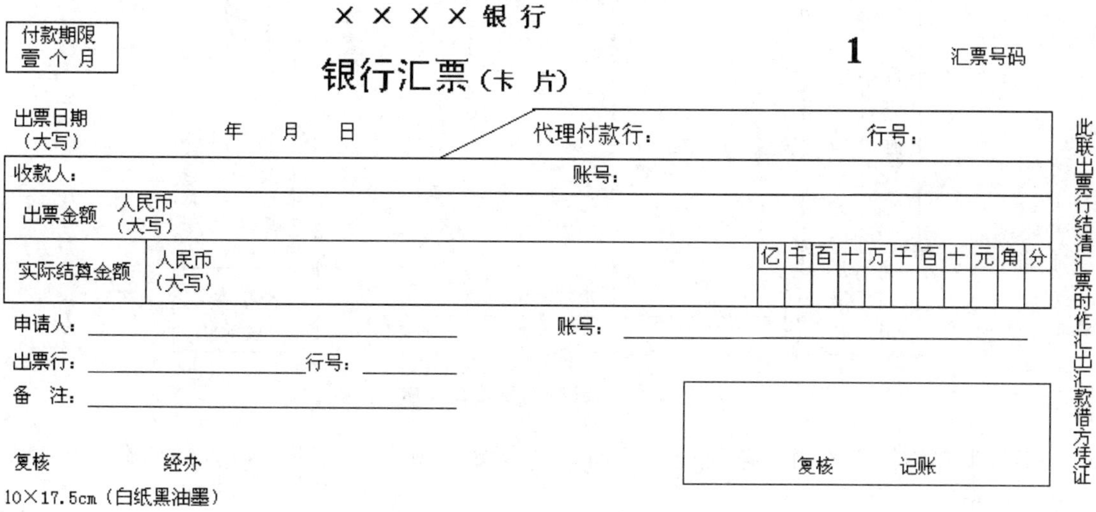
××××银行

付款期限 壹个月

1　汇票号码

银行汇票（卡　片）

出票日期（大写）　年　月　日	代理付款行：	行号：
收款人：	账号：	
出票金额	人民币（大写）	
实际结算金额	人民币（大写）	亿 千 百 十 万 千 百 十 元 角 分

申请人：＿＿＿＿　账号：＿＿＿＿

出票行：＿＿＿＿行号：＿＿＿＿

备　注：＿＿＿＿

复核　经办　　　复核　记账

此联出票行结清汇票时作汇出汇款借方凭证

10×17.5cm（白纸黑油墨）

图 2－2　银行汇票式样

1. 银行汇票结算的基本规定

银行汇票结算方式的规定主要有：

（1）单位和个人的各种款项结算，均可使用银行汇票。

（2）银行汇票可以用于转账，填明“现金”字样的可以支取现金；

（3）银行汇票的提示付款期限自出票日起1个月（按次月对日计算）。

（4）银行汇票可以背书转让，填明“现金”字样的银行汇票和未填写实际结算金额或实际结算金额超出出票金额的银行汇票不得背书转让。

（5）银行汇票可以分次支取；也可以在收款人和用途不变的情况下转汇；银行汇票逾期或其他原因要求退款的，可以办理退汇。

（6）银行汇票丧失：已填明“现金”字样和代理付款人的银行汇票，失票人可以挂失止付；未填明“现金”字样和代理付款人的银行汇票丧失，不得挂失止付，但失票人可以凭人民法院出具的其享有票据权利的证明，向出票银行请求付款或退款。

2. 银行汇票结算的流程

银行汇票结算方式的基本流程为：

（1）申请办理银行汇票时，申请人应向出票银行填写“银行汇票申请书”，填明相关事项并签章，签章为其预留银行的签章。

（2）出票银行受理银行汇票申请书，收妥款项后签发银行汇票。

（3）申请人持票购物等，将银行签发的汇票和解讫通知书交给汇票上记明的收款人办理货款或债务结算。

（4）收款人填写进账单在办理进账。收款人持有“现金”字样的银行汇票，收款人需到指定银行提取现金。当汇票金额超过实际结算金额时，余额由银行退给申请人或汇款人账户。

银行汇票结算方式的程序，如图2－3所示。

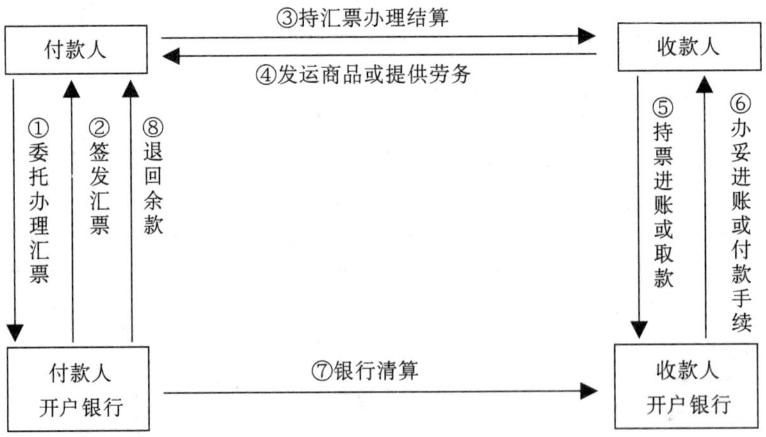

图2－3 银行汇票结算程序

银行汇票结算方式的账务处理，是通过“其他货币资金”账户进行的，具体内容见本章第四节。

（二）银行本票结算方式

银行本票是银行签发的，承诺自己在见票时无条件支付确定的金额给收款人或持票人的票据。银行本票结算是指申请人将款项交存银行（或账户有存款），由银行签发黄银行本票给申请人，凭以办理转账结算或支取现金的一种结算方式。银行汇票由银行签发，具有票随人到，见票付款，支付功能强，信誉度高的特点。银行本票式样如图 2－4 所示。

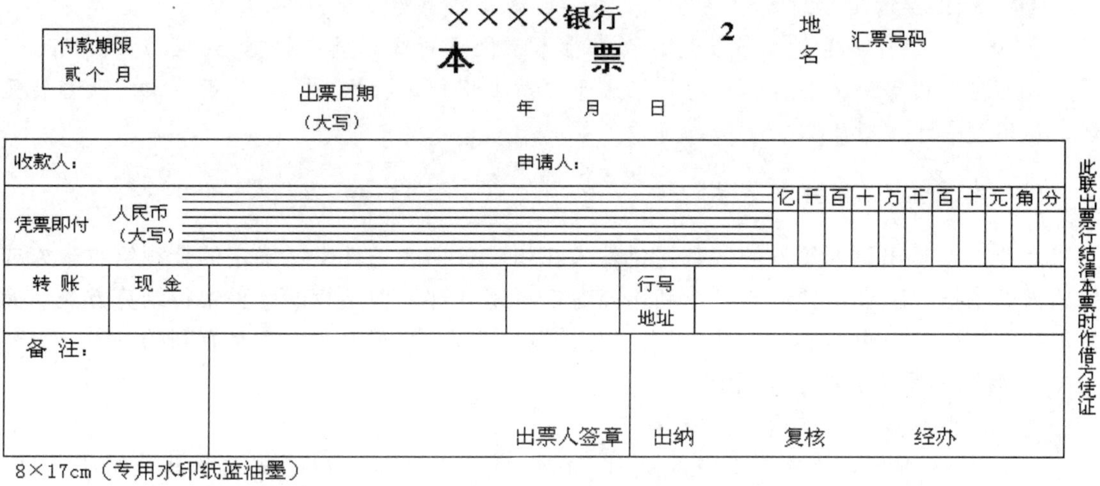
付款期限 贰个月
××××银行
本 票
2
地名
汇票号码
出票日期（大写） 年 月 日
收款人： 申请人：
凭票即付 人民币（大写）
亿 千 百 十 万 千 百 十 元 角 分
转账 现金
行号
地址
备注：
出票人签章
出纳 复核 经办
此联出票行结清本票时作借方凭证
8×17cm（专用水印纸蓝油墨）

图 2－4 银行本票式样

1. 银行本票结算的基本规定

银行本票结算方式的规定主要有：

（1）单位和个人在同一票据交换区域需要支付各种款项，均可使用银行本票。

（2）银行本票可以用于转账，注明“现金”字样的银行本票可以用于支取现金。

（3）银行本票的提示付款期限自出票日起最长不得超过 2 个月。超过提示付款期限不获付款的，在票据权利时效内向出票银行作出说明，并提供单位证明，可持银行本票向银行请求付款。

（4）银行本票收款人可以将银行本票背书转让给被背书人。

（5）申请人因银行本票超过提示付款期限或其他原因要求退款时，应将银行本票提交到出票银行，出具证明，出票银行将款项转入原申请人账户（或退款）。

（6）银行本票丧失：填明“现金”字样的银行本票丧失，失票人可以挂失止付；未填明“现金”字样的银行本票丧失，不得挂失止付，但失票人可以凭人民法院出具的其享有票据权利的证明，向出票银行请求付款或退款。

2. 银行本票结算的流程

银行本票结算方式的基本流程为：

（1）申请银行本票时，申请人应向出票银行提交“银行本票申请书”，填明相关事项并签章。签章为其预留银行的签章。

（2）出票银行受理银行汇票申请书，收妥款项后签发银行本票。

（3）申请人取得银行本票，持票向填明的收款单位办理购货和债务结算。

（4）收款人在收到银行本票后，在银行本票背面加盖预留银行印鉴，同时填写进账单办理转账等。

银行本票结算方式的结算程序与银行汇票程序基本一致。

银行本票结算方式的账务处理，也是通过“其他货币资金”账户进行的，具体内容见本章第四节。

提示：银行汇票结算方式与银行本票结算方式的主要区别有：

①银行汇票的提示付款期限为1个月，而银行本票为2个月；

②银行汇票同城异地均可使用，而银行本票仅限同城（同一票据交换区）使用；

③两种信用等级不一样，银行汇票属于汇款办理凭证，银行本票系银行内款项划转凭证，信用度高于银行汇票。

（三）商业汇票结算方式

商业汇票是出票人签发的，委托付款人在指定日期无条件支付确定的金额给收款人或持票人的票据。商业汇票结算是指利用商业汇票来办理款项结算的一种银行结算方式。商业汇票结算方式，可以利用延期付款，促进商品交易，对买卖双方都是有利的。

1. 商业汇票结算的基本规定

商业汇票结算方式的规定主要有：

（1）商业汇票在同城异地均可使用，在银行开立存款账户的法人及其他组织之间，必须具有真实的交易关系或债权债务关系，才能使用商业汇票。

（2）商业汇票的签发人可以是付款人或收款人；必须经承兑，承兑人可以是付款人或银行，前者为商业承兑汇票，后者为银行承兑汇票。

（3）商业汇票的付款期限，最长不得超过6个月；提示付款期限，自汇票到期日起10日。

（4）商业汇票可以背书转让；持票人可持未到期的商业汇票向银行申请贴现。

（5）已承兑的商业汇票丧失，可以由失票人通知付款人或者代理付款人挂失止付。

2. 商业汇票结算的流程

商业汇票有商业承兑汇票和银行承兑汇票两类。其结算的流程是有所不同的：

（1）商业承兑汇票结算的办理流程。商业承兑汇票的式样如图2－5所示。①签发和承兑。商业承兑汇票可以由付款人签发并承兑，也可以由收款人签发后交由付款人承兑。承兑应在汇票正面记载“承兑”字样和承兑日期并签章；拒绝承兑的必须出具拒绝承兑的证明。②收款人收款。收款人或被背书人将要到期的商业承兑汇票送交开户银行办理收款手续。③到期兑付。付款人收到开户银行的付款通知，应在当日通知银行付款；3日内未通知银行付款的，视同付款人承诺付款，银行应于付款人接到通知的次日起第4日上午开始营业时，将票款划给持票人。若付款人存款账户不足支付的，银行填制付款人未付票款通知书，连同商业承兑汇票邮寄持票人开户银行转交持票人。商业承兑汇票结算的流程如图2－6所示。

商业承兑汇票（卡　片）　　1

出票日期（大写）　　年　月　日　　汇票号码

付款人	全　称		收款人	全　称		
	账　号			账　号		
	开户银行			开户银行		
出票金额	人民币（大写）				亿 千 百 十 万 千 百 十 元 角 分	
汇票到期日（大写）			付款人开户行	行号		
交易合同号码				地址		
出票人签章			备注：			

此联承兑人留存

10×17.5cm（白纸黑油墨）

图 2－5　商业承兑汇票式样

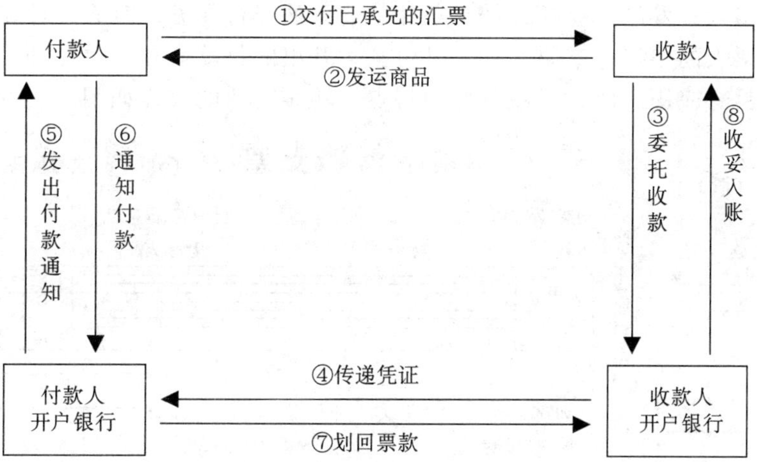

图 2－6　商业承兑汇票结算流程

（2）银行承兑汇票结算的办理流程。银行承兑汇票结算流程与商业承兑汇票基本相似：①签发和银行承兑；②收款人收款；③到期兑付三个步骤。主要区别有：第一，银行承兑汇票应由承兑申请人（付款人）持汇票和购销合同向其开户银行申请承兑，银行审核同意后签订承兑协议，并按票面金额的万分之五收取手续费。第二，银行承兑汇票的出票人（付款人）应于汇票到期日前将票款足额交存其开户银行，承兑银行在汇票到期日或到期日后的见票当日支付票款。若出票人（付款人）在汇票到期日未能足额存款时，承兑银行应向汇票持票人无条件付款，承兑银行将出票人（付款人）尚未支付的汇票款视为逾期贷款，并按每天万分之五计收利息。银行承兑汇票的结算流程如图 2－7 所示。

企业销货等取得的商业汇票，应通过“应收票据”账户进行核算，具体内容见第三章第二节；企业购货等承兑的商业汇票，应通过“应付票据”账户进行核算，具体内容见第八章第二节。

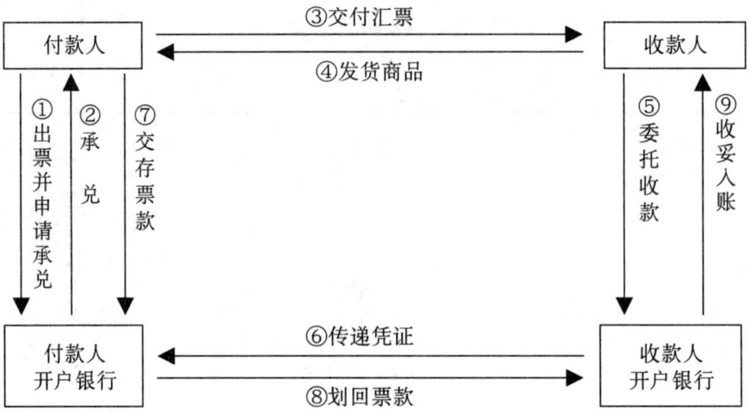

图2-7　银行承兑汇票结算流程

（四）支票结算方式

支票是出票人签发的，委托办理支票存款业务的银行在见票时无条件支付确定的金额给收款人或持票人的票据。支票实际上是付款人开出的付款通知。单位和个人各种款项的支票结算方式具有应用广泛，灵活方便的特点。转账支票的式样如图2-8所示。

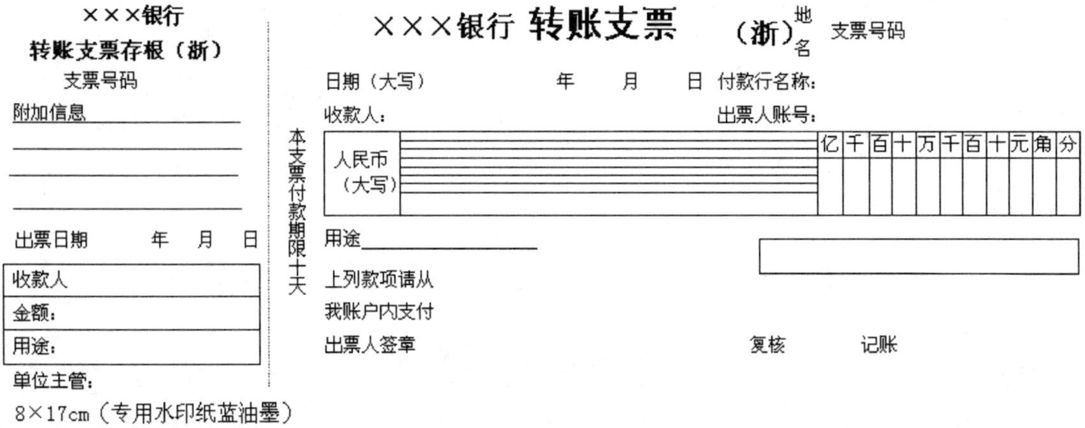

图2-8　转账支票的式样

1. 支票结算的基本规定

支票结算方式的规定主要有：

（1）支票有三种：支票上印有“现金”字样的为现金支票，它只能用于提取现金；支票上印有“转账”字样的为转账支票，它只能用于转账；支票上未印有“现金”或“转账”字样的为普通支票，它可以用于转账，也可以用于提取现金。在普通支票左上角划两条平行线的，为划线支票，划线支票只能用于转账，不得支取现金。

（2）出票人签发支票，应用碳素墨水或墨汁正确填写各项目（日期需大写）。金额、出票或签发日期、收款人名称不得更改，更改的票据无效；更改的结算凭证，银行不予受理。支票的金额、收款人名称，可以由出票人授权补记。

（3）签发支票的金额不得超过付款时在付款人处实有的存款金额。禁止签发空头支票，不得签发支付密码错误的支票，不得签发与其预留银行签章不符的支票。

（4）转账支票可以背书转让，支取现金的支票不得背书转让。

（5）支票的提示付款期限，自出票日起10天。超过提示付款期限的，持票人开户银行不予受理，付款人不予付款。

（6）支票丧失，可以由失票人通知付款人或者代理付款人挂失止付。

2. 支票结算的流程

现金支票和转账支票的结算流程是不同的：

（1）现金支票的结算流程。现金支票的结算流程是：①签发现金支票（加盖预留银行印鉴）交给收款人（或经办人）；②收款人（或经办人）持票向开户银行办理取款手续；③开户银行审核后付款。

（2）转账支票的结算流程。①签发转账支票（加盖预留银行印鉴）交给收款人；②收款人审核，连同进账单交其开户银行办理入账；③银行间款项划拨；④收款人开户银行下收款通知（进账单回单）。转账支票的一般结算流程如图2-9所示。

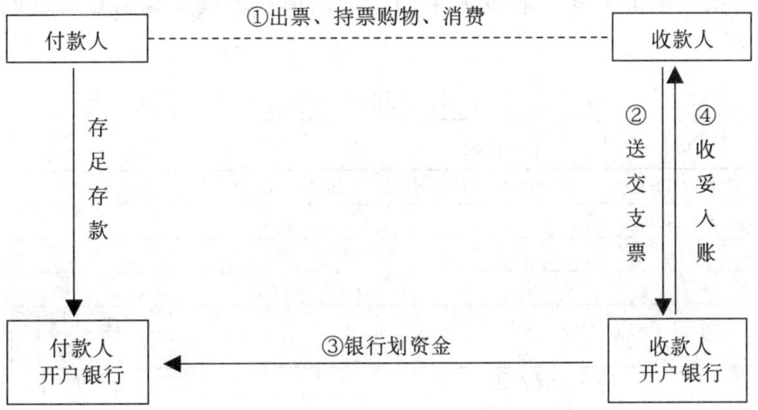

图2-9　转账支票的一般结算流程

转账支票也可以由签发人交签发人开户银行办理结算：①签发转账支票（加盖预留银行印鉴）连同进账单交其开户银行办理转账；②银行间款项划拨；③收款人开户银行下收款通知。

付款人签发支票，根据支票存根和有关凭证，借记有关账户，贷记“银行存款”账户。收款人将支票送交开户银行办理收款，根据进账单回单和有关凭证，借记“银行存款”账户，贷记有关账户。

（五）汇兑结算方式

企业购货或接受了劳务，怎么把钱付给外地的供货人呢？汇兑结算是一种方式。

汇兑是汇款人委托银行将其款项支付给收款人的结算一种方式。汇兑结算是一种传统的结算方式，使用灵活。

1. 汇兑结算基本规定

汇兑分为信汇、电汇两种；异地的单位和个人各种款项的结算，均可采用汇兑结算方式；收款人为个人的，需要到汇入银行领取汇款的，在汇兑凭证上注明“留行待取”字样的即可办理；汇款凭证上加盖“转汇”戳记，可以办理转汇；可以以收款人名义在汇入银行开立临时存款账户进行分次支付。

2. 汇兑结算的流程

汇兑结算方式的流程可分别付款人（汇款人）和收款人进行说明：

（1）付款人（汇款人）的流程是：①填单，委托开户银行办理汇款；②开户银行受理汇兑；③通知收款人收款。

（2）收款人的流程是：①审核汇款凭证；②收取款项，办理入账或转汇等。

付款人以汇兑方式汇出款项的账务处理有两种情况：一是汇往异地开立采购专户的，形成“其他货币资金——外埠存款”账户，具体见本章第四节；二是当即用于支付款项的，应借记有关账户，贷记“银行存款”账户。

（六）委托收款结算方式

委托收款是收款人委托银行向付款人收取款项的结算方式。这是一种收款人主动委托其开户银行办款项收取的方式。收款人主动，适用面广是其主要特点。托收凭证式样如图2－10所示。

托收凭证(受理回单)　　1

委托日期　　年　月　日

业务类型	委托收款（□邮划、□电划）　托收承付（□邮划、□电划）				
付款人	全称		收款人	全称	
	账号			账号	
	地址			开户银行	
金额	人民币（大写）				亿 千 百 十 万 午 百 十 元 角 分
款项内容		托收凭证名称		附寄单证张数	
商品发运情况			合同名称号码		
备注： 复核　记账		款项收妥日期 年　月　日		收款人开户银行签章 年　月　日	

此联作为收款人开户行给收款人的受理回单

10×17.5cm（白纸黑油墨）

图2－10　托收凭证式样

1. 委托收款结算的基本规定

委托收款结算方式的规定主要有：

（1）委托收款适用于单位和个人凭已承兑商业汇票、债券、存单等付款人债务证明办理款项的结算。

（2）同城异地均可以使用，收取公用事业费限于同城，并应签合同。

（3）委托收款结算款项的划回方式，分邮寄和电报划回两种。

2. 委托收款结算的流程

委托收款结算方式的一般流程和相关要求为：

（1）托收。收款人委托银行收款时，应完整规范地签发委托收款凭证，并向银行提交有关债务证明资料。托收成立的标志是办妥托收手续。

（2）承付。付款人收到开户银行交来债务证明，应签收并于接到付款通知当日书面通知银行付款。若付款人在银行发出通知的次日起 3 日内未通知银行付款的，视作同意付款，银行在发出通知的次日起第 4 日，将款项划给收款人。

（3）拒绝付款。付款人审查有关债务证明后，对收取的款项需要拒绝付款的，应在付款人接到通知的次日起 3 日内提出拒付理由，并将拒绝证明、债务证明和有关凭证送交开户银行，通过委托银行转交收款人。

（4）延期付款。银行在办理划款时，付款人存款账户不足支付的，付款人开户银行通过委托银行向收款人办理转退手续，将债务证明、未付款项通知书转交收款人。委托收款方式的结算流程如图 2－11 所示。

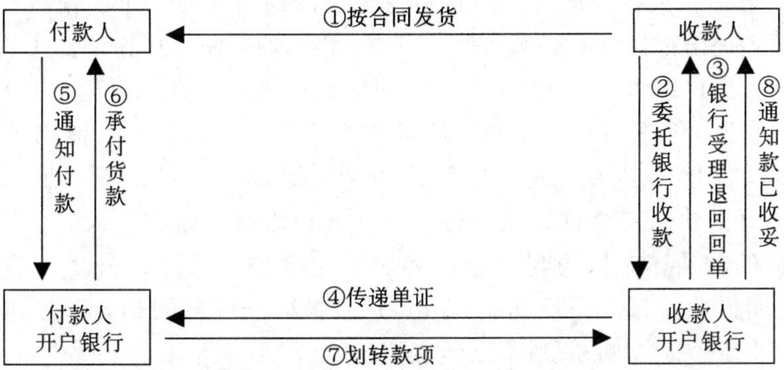

图 2－11　委托收款结算程序

付款人承付货款时，借记有关账户，贷记“银行存款”账户。收款人办妥托收手续时，借记“应收账款”账户，贷记有关账户；收到银行的入账通知时，借记“银行存款”账户，贷记“应收账款”账户。

（七）托收承付结算方式

托收承付是根据购销合同由收款人发货后委托银行向异地付款人收取款项，由付款人向银行承认付款的结算方式。托收承付结算方式严谨规范，银行有一定监督权，能较好地保证购销双方的权益，所以其适用范围有限制的。托收承付使用凭证与委托收款凭证是合用的，凭证式样如图 2－11 所示。

1. 托收承付结算的基本规定

托收承付结算方式的规定主要有：

（1）使用托收承付结算方式的收款单位和付款单位，必须是国有企业，供销合作社以及经营管理较好，并经开户银行审查同意的城乡集体所有制工业企业。

（2）托收承付结算每笔的金额起点为 10 000 元。托收承付结算款项的划回方法，分邮寄和电报两种。

（3）办理托收承付结算的款项，必须是商品交易，以及因商品交易而产生的劳务供应的款项，并且收付双方应签有规范的购销合同。

2. 托收承付的结算流程

托收承付结算方式的一般流程为：

（1）托收。收款人按照购销合同发货后，应将托收凭证并附发送证件或其他符合托收承付结算的有关凭证和交易单证送交银行办理托收。企业办妥托收手续则为托收成立。

（2）承付。付款人收到开户银行交来托收凭证及其附件后，应在承付期内审查核对，并安排资金进行承付。承付货款分为验单付款和验货付款两种方式：

验单付款。验单付款期为3天，从付款人开户银行发出承付通知的次日算起（承付期内遇法定休假日顺延）。付款人在承付期内，未向银行表示拒绝付款，银行即视作承付，并代付款人划款给收款人。

验货付款。验货付款的承付期为10天，从运输部门向付款人发出到货通知的次日算起，付款人收到提货通知后，应立即向银行交验提货通知。

（3）拒绝付款。付款人在承付期内有不符合条件的情况时，可向银行提出全部或部分拒绝付款。付款人提出拒付时，必须填写“拒绝付款理由书”并签章，注明拒付理由。付款人开户银行审查拒付理由后，同意部分或全部拒绝付款的，在拒付理由书上签注意见，并将拒绝付款理由书连同拒付证明和拒付商品清单，邮寄收款人开户银行转交收款人。

（4）延期付款。付款人在承付期满日，如无足够资金支付，其不足部分，按逾期付款处理，付款人开户银行应将此情况通过收款人开户银行转告收款人。付款人开户银行对付款人逾期支付的款项，应按逾付款金额和逾期天数，每天计万分之五的赔偿金（转交收款人）。对逾期付款付款人一旦有款，由其开户银行按规定的扣款顺序执行扣款（扣款期限为3个月，期满无法扣足的则予以转退）。

托收承付结算方式的账务处理与委托收款结算方式基本一致（略）。

提示： 托收承付与委托收款差别不大，两者使用凭证、结算程序、账务处理基本一致。但托收承付在适用范围、收款内容上比委托收款方式要窄，在银行监督上比委托收款要强。

（八）信用卡结算方式

信用卡是商业银行向个人和单位发行的，凭以向特约单位购物、消费和向银行存取现金，且有消费信用的特制载体卡片。信用卡结算的特点是结算快速、使用简便、资金安全。

1. 信用卡的基本规定

信用卡结算方式的规定主要有：

（1）信用卡按使用对象分为单位卡和个人卡；按信誉等级分为金卡和普通卡。

（2）凡开立基本存款账户的单位可申请单位卡。单位卡可申领若干张，持卡人资格由申领单位法定代表人或其委托代理人书面指定和注销。发卡银行可根据申请人的资信程度，要求其提供担保。

（3）单位卡账户的资金一律从基本存款账户转入，不得交存现金，不得将销售收入的款项存入，也不能支取现金。

（4）单位卡不得用于10万元以上的商品交易、劳务供应款项的结算。

（5）信用卡可以在限额内透支。信用卡遗失，应及时通过发卡银行挂失。

2. 信用卡结算的流程

信用卡结算方式的基本流程为：

（1）单位申领信用卡，应经领导研究决定，应按规定填制申请表，连同有关资料一并送交发卡银行。

（2）发卡银行审核，根据申请人的资信程度，要求其交存一定金额的备用金或提供担保。符合条件银行为申领人开立信用卡存款账户，并发给信用卡。

（3）根据需要，持卡人可持信用卡在特约单位购物、消费，并按规定取得相关凭证。

（4）单位、持卡人不需要继续使用信用卡的，持信用卡到发卡银行办理销户。销户时，单位卡账户余额转入其基本存款账户，不得提取现金；

企业信用卡存款属其他货币资金，其转存、支付结算的账务处理见本章第四节。

相关链接

关于银行卡和信用卡：银行卡是指经批准由商业银行向社会发行的具有消费信用、转账结算、存取现金等功能的信用支付工具。银行卡按是否给予授信额度分为信用卡和借记卡。所以，信用卡是银行卡的一种。

借记卡：先存款，后使用，不能透支。即在卡上存入 2 000 元，才能消费 2 000元。

单位银行卡需注意：①资金一律从“基本存款账户”转账存入；②不得用于 10 万元以上的商品交易和劳务供应款项的结算；③不得支取和交存现金，不得将销货收入的款项存入卡内；④销户资金余额转入其“基本存款账户”。

企业银行支付结算还有网银结算，关于网银结算可扫二维码。

各种银行结算方式的主要内容见表 2－2。

表 2－2

<table>
<tr><th colspan="2">结算方式</th><th>类型</th><th>用途</th><th>区域</th><th>起点</th><th>期限</th><th>提示付款期</th><th>出票人</th><th>是否可提现</th><th>是否可背书转让</th><th>会计核算</th></tr>
<tr><td rowspan="5">票据</td><td>银行汇票</td><td></td><td>各种款项</td><td>同城异地均可</td><td></td><td>1 个月</td><td>出票日起 1 个月内</td><td>开户银行</td><td>注明现金字样的可提现</td><td>可以（注明现金字样的不可）</td><td>通过“其他货币资金”账户</td></tr>
<tr><td>银行本票</td><td></td><td>各种款项</td><td>同一票据交换区（同城）</td><td></td><td>2 个月</td><td>出票日起 2 个月内</td><td>开户银行</td><td>注明现金字样的可提现</td><td>可以（记载“不得转让”的不可以，下同）</td><td>通过“其他货币资金”账户</td></tr>
<tr><td rowspan="2">商业汇票</td><td>银行承兑汇票</td><td rowspan="2">具有真实交易关系或债权债务</td><td rowspan="2">同城异地均可</td><td rowspan="2"></td><td rowspan="2">最长 6 个月</td><td rowspan="2">到期日起 10 日</td><td rowspan="2">付款人或收款人</td><td rowspan="2"></td><td rowspan="2">可以</td><td rowspan="2">收：应收票据
付：应付票据</td></tr>
<tr><td>商业承兑汇票</td></tr>
<tr><td>支票</td><td>现金支票
转账支票
普通支票</td><td>各种款项</td><td>同城异地均可</td><td>起点 100 元</td><td></td><td>出票日起 10 日</td><td>存款人</td><td>提现
转账
提现、转账均可</td><td>可以</td><td>通过“银行存款”账户</td></tr>
</table>

续表

结算方式	类型	用途	区域	起点	期限	提示付款期	出票人	是否可提现	是否可背书转让	会计核算
汇兑	电汇	各种款项	异地	无起点限制			付款人主动	留行待取可提现		一般："银行存款"
	信汇									其他货币资金（外部存款）
委托收款		各种款项	同城异地均可	无起点限制		承付期3天	收款人委托			托收成立：应收账款
托收承付		订有经济合同的商品交易及其劳务供应	异地	一般1万元		验单付款3天 验货付款10天	收款人委托			托收成立：应收账款
信用卡（单位）		10万元以下的款项	同城异地均可	无起点限制				不得用于提现		通过"其他货币资金"账户
网银结算		各种款项		无起点限制						通过"银行存款"账户

三、银行收支业务的核算

（一）银行存款的总分类核算

企业银行存款，应设置"银行存款"账户进行核算。该账户借方登记银行存款的增加数，贷方登记银行存款的减少数，期末借方余额，反映企业存在银行或其他金融机构的各种款项。

【例2-4】 大明公司接开户银行通知，A公司转入的前欠的货款2万元已到账。公司账务处理为：

借：银行存款　　20 000

　　贷：应收账款——A公司　　20 000

【例2-5】 大明公司购入不需安装的设备一台，专用发票所列的货款为15万元，增值税19 500元，款项通过网银汇付。公司的账务处理为：

借：固定资产　　150 000

　　应交税费——应交增值税（进项税额）　　19 500

　　贷：银行存款　　169 500

银行存款总分类账也应由出纳员以外的会计人员进行登记，其格式和登记方法与库存现金总分类账基本相同。

（二）银行存款的序时核算

企业应按开户银行、存款种类、币种等设置“银行存款日记账”，进行银行存款的序时核算。银行存款日记账必须是订本账，可采用三栏式或多栏式账页。银行存款日记账由出纳人员根据审核无误的收付款凭证及所附的原始凭证，按经济业务发生的先后顺序逐日逐笔登记。每日终了，应计算出银行存款的结余数。月份终了，出纳登记的“银行存款日记账”余额应与会计登记的“银行存款总分类账”余额核对相符。

课堂讨论：（1）企业“银行存款日记账”有几本？出纳人员是管“钱”的，为什么可以登记企业“银行存款日记账”？

（2）企业“银行存款日记账”账”和“银行存款总分类账”的登记人员是不同的，但登账的依据是一致的。这一说法正确吗？

四、银行存款的清查

（一）清查的内容和方法

为了及时、准确地掌握银行存款实际金额，防止银行存款账目发生差错，企业应按期对账。银行存款账目的核对主要包括三个环节：一是银行存款日记账与银行存款收、付款凭证要互相核对，做到账证相符；二是银行存款日记账与银行存款总账要互相核对，做到账账相符；三是银行存款日记账与开户银行开出的对账单要互相核对，以便做到账款相符，并能准确地掌握企业可运用的银行存款实有数。将银行存款日记账与银行对账单应定期进行核对，至少每月核对一次。企业银行存款日记账余额与银行对账单余额不一致，应及时查找原因。属记账差错的，应立即更正，除记账错误外，还可能是未达账项引起的。

（二）未达账项的概念及种类

未达账项，是指企业与银行之间由于凭证传递上的时间差，一方已登记入账，而另一方尚未入账的账项。它主要有以下四种情况：

（1）企业已经收款入账，而银行尚未收款入账；

（2）企业已经付款入账，而银行尚未付款入账；

（3）银行已经收款入账，而企业尚未收款入账；

（4）银行已经付款入账，而企业尚未付款入账。

（三）银行存款余额调节表的编制

为了消除未达账项对企业和银行双方存款余额的影响，企业应编制“银行存款余额调节表”进行调节。调节的基本方法是将“未达账项”看作“已达账项”，即在双方余额的基础上，加上应收的“未达账项”，减去应付的未达账项，结出调节后的余额。如调节后双方余额相等，一般说明没有差错。

【例 2－6】 大明公司 5 月 31 日，银行存款日记账余额为 58 000 元，银行转来对账单的余额 63 000 元，经逐笔核对，发现以下未达账项：①企业送存转账支票 34 000 元，已登记银行存款增加，但银行尚未记账；②企业开出转账支票12 000元，但持票人尚未到银行办理转账手续，故银行尚未记账；③企业委托银行代收某公司货款32 000元，银行已收妥并登记入账，但企业尚未收到收款通知，尚未记账；④银行代扣供电局托收的电费5 000元，银行已登记企业存款减少，但企业未收到银行付款通知，尚未记账。根据上述资料，编制“银行存款余额调节表”，见表2－3：

表2－3　　银行存款余额调节表

20×9年5月31日　　单位：元

项　目	金额	项　目	金额
企业银行存款日记账余额	58 000	银行对账单余额	63 000
加：银行已收，企业未收	32 000	加：企业已收，银行未收	34 000
减：银行已付，企业未付	5 000	减：企业已付，银行未付	12 000
调节后的余额	85 000	调节后的余额	85 000

“银行存款余额调节表”只是为了核对账目，并不能作为记账的依据，对于因未达款项而使双方账面余额出现的差异，无须进行账面调整，待结算凭证到达后再进行账务处理，登记入账。

提示：(1)“银行存款对账单”和“银行存款余额调节表”都不是会计核算的原始凭证，但它们都是重要的会计资料。

(2)“银行存款余额调节表”中调节后的余额，反映企业银行存款的实有数。

另外，对于企业存在银行或其他金融机构的款项已经部分不能收回或全部不能收回的，应当查明原因进行处理，有确凿证据表明无法收回的，应当根据企业管理权限报经批准后，借记“营业外支出”账户，贷记“银行存款”账户。

第四节　其他货币资金

一、其他货币资金的内容

企业有些货币资金的存款地点和用途与库存现金和银行存款不同，有特殊性，我们把这些除库存现金和银行存款以外的货币资金称为其他货币资金。其他货币资金主要包括以下内容，如图2－12所示。

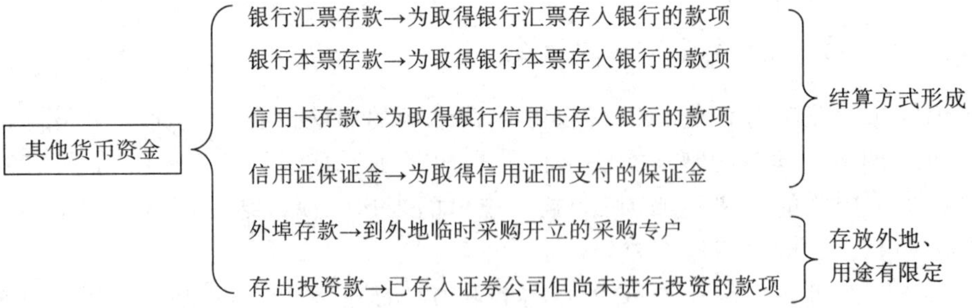

图2－12　其他货币资金的内容

二、其他货币资金的账务处理

企业的其他货币资金应设置“其他货币资金”账户进行核算。该账户的借方登记其他货币资金的增加数，贷方登记其他货币资金的减少数，期末余额在借方，反映企业持有的其他货币资金。该账户可按银行汇票或本票、信用证的收款单位，外埠存款的开户银行，分别“银行汇票”“银行本票”“信用卡”“信用证保证金”“存出投资款”“外埠存款”等进行明细核算。

（一）外埠存款

企业到外地采购物资，如果供应单位分散，采购次数零星，时间较长，可将资金汇往采购地银行开立采购专户进行结算。采购完毕，应将结存外地银行的多余存款转回企业所在地存款账户。

【例2-7】大明公司为从广州采购材料，由基本账户汇款20万元至工行广州三江支行开立临时采购专户。发生有关业务及其账务处理为：

（1）汇出款项开立采购专户时，记：

借：其他货币资金——外埠存款（工行广州三江支行） 200 000

　　贷：银行存款 200 000

（2）从广州钢铁公司购入钢材一批，专用发票所列货款为16万元，增值税为20 800元，材料验收入库，记：

借：原材料 160 000

　　应交税费——应交增值税（进项税额） 20 800

　　贷：其他货币资金——外埠存款（工行广州三江支行） 180 800

（3）收到退回的余款19 200元，记：

借：银行存款 19 200

　　贷：其他货币资金——外埠存款（工行广州三江支行） 19 200

（二）银行汇票存款和银行本票存款

企业申请签发的银行汇票和银行本票，应从存款户中予以划转，借记“其他货币资金——银行汇票存款（或银行本票存款）”账户，贷记“银行存款”账户。企业使用银行汇票或银行本票办理款项结算时，应根据票据结账联和有关账单，借记有关账户，贷记“其他货币资金——银行汇票（或银行本票）”账户。

【例2-8】大明公司从银行结算户划款79 100元，申请签发银行汇票，用于采购工程物资。发生的有关业务及其账务处理为：

（1）申请取得银行汇票时，记：

借：其他货币资金——银行汇票 79 100

　　贷：银行存款 79 100

（2）企业持银行汇票购入工程物资一批，专用发票所列的货款为7万元，增值税为9 100元，物资收到并交付使用。记：

借：工程物资　　70 000

　　应交税费——应交增值税（进项税额）　　9 100

　　贷：其他货币资金——银行汇票　　79 100

提示：银行本票存款的核算在“其他货币资金——银行本票存款”账户进行，其账务处理与银行汇票基本一致。

（三）信用卡存款

企业按规定填制信用卡申请表，并从结算存款户划款取得信用卡时，借记“其他货币资金——信用卡存款”账户，贷记“银行存款”账户。企业持卡购货或支付有关费用时，借记有关账户，贷记“其他货币资金——信用卡存款”账户。

【例2-9】 大明公司填制“信用卡申请书”，申请开立的信用卡，从基本账户转入款项5万元。发生有关业务及其账务处理为：

（1）开立公司信用，转入款项时，记：

借：其他货币资金——信用卡存款　　50 000

　　贷：银行存款　　50 000

（2）购买办公用品一批，普通发票所列总价款为3 000元，用信用卡结算款项，报支此项支出时，记：

借：管理费用　　3 000

　　贷：其他货币资金——信用卡存款　　3 000

（四）存出投资款

企业从存款户划款至证券公司，准备用于投资时，借记“其他货币资金——存出投资款”账户，贷记“银行存款”账户。企业以存入证券公司的专款购买股票、债券等进行投资时，借记“交易性金融资产”“债权投资”等账户，贷记“其他货币资金——存出投资款”账户。

【例2-10】 大明公司从公司结算账户转款15万元至金通证券公司，用于开展证券投资。发生有关业务及其账务处理为：

（1）从结算账户划款至证券公司时，记：

借：其他货币资金——存出投资款（金通证券公司）　　150 000

　　贷：银行存款　　150 000

（2）公司用存入金通证券的款项购买“强生控股”股票一批，准备随时用于出售，实际支付金额为9万元。假定不考虑其他因素，记：

借：交易性金融资产——股票投资（强生控股）　　90 000

　　贷：其他货币资金——存出投资款（金通证券公司）　　90 000

第五节　外币交易

一、外币交易概述

随着市场的国际化，企业在经营活动中也会有一些外币收支业务。在我国境内设立的企业，其会计核算应以人民币为记账本位币。业务收支以人民币以外的货币为主的企业，可以选定其中一种外币作为记账本位币。记账本位币一旦确定，对发生的外币业务除按原币记账外，还应同时按规定汇率将非记账本位币折算为记账本位币进行记账。

所以，外币交易是指企业的记账本位币以外的其他货币进行款项收付、往来结算的经济业务、事项，如企业购汇和售汇、购买和销售以外币计价的商品或劳务、借入外币借款、承担或清偿以外币计价的债务等。

提示：(1) 外币不能理解为外国货币，而是指人民币以外的货币，港币、澳门元、台币可以说是外币，但不能称为外国货币。

(2) 会计中所指外币是指记账本位币以外的货币，而不仅指外国货币。

(3) 企业外币业务包括外币交易和外币财务报表折算。在此主要介绍外币交易

(一) 汇率及其种类

汇率又称汇价，是指用一种货币单位表示另一种货币单位的价格，它是两种货币之间的比价。

1. 汇率标价方法

(1) 直接标价法，是指按一定单位（如 100 元）的外国货币为标准折算成若干单位的本国货币的标价方式。我国汇率采用直接标价法，例如，100 美元 = 698 元人民币（即 1:6.98）。

(2) 间接标价法，是指按一定单位（如 100 等）的本国货币为标准折算成若干单位的外国货币的标价方式。如：1 英镑 = 1.45 美元。

2. 汇率的种类

(1) 买入价，是指银行向客户买入外汇时所采用的汇率。企业卖出外汇，即银行买入外汇，就要按买入价结算。

(2) 卖出价，是指银行向客户出售外汇时所采用的汇率。企业买入外汇，即银行卖出外汇，就要按卖出价结算。

(3) 市场汇率，是指中国人民银行根据前一日银行外汇市场交易价格为基础，参照国际金融市场重要货币的变动情况，所公布的人民币对其他主权货币的汇率。

(二) 外币交易会计处理的一般规定

1. 记账汇率

记账汇率，是企业发生外币业务时记账所采用的汇率。企业发生外币交易时，应将相

关的外币金额，采用记账汇率折算为记账本位币金额进行记账。记账汇率可以采用交易发生日的即期汇率，也可以采用即期汇率近似的汇率折算。即期汇率，通常是指中国人民银行公布的当日人民币外汇牌价的中间价；即期汇率近似的汇率，是指按照系统合理的方法确定的，与交易发生日即期汇率近似的汇率，通常采用当期平均汇率或加权平均汇率等。企业采用的记账汇率一经确定，不得随意变动。

2. 外币货币性项目和外币非货币性项目

外币货币性项目是指企业持有的外币货币资金和将以固定或可确定的金额收取的资产或偿付的负债。外币货币性资产包括外币库存现金、银行存款、应收账款、其他应收款、长期应收款等；外币货币性负债包括外币应付账款、短期借款、长期借款、应付职工薪酬、其他应付款、长期应付款等。

外币非货币性项目是指外币货币项目以外的项目，包括存货、长期股权投资、固定资产、无形资产等。

提示： 外币货币性项目（外币账户）需在期末按汇率进行调整。

外币非货币性项目，在交易日按记账汇率折算入账，入账后不再因汇率变动而改变其原记账本位币金额。如：进口一项设备支付价款20万美元，记入“固定资产”账户折合人民币为138万元，入账后无论汇率怎么变，入账金额138万元不再变动。

3. 外币账户的期末调整

会计期末各种外币账户（货币性项目）的外币金额，应当按照期末即期汇率折合为记账本位币。按期末即期汇率折合为记账本位币金额与原账面记账本位币金额之间的差额，作为汇兑损益。

4. 汇兑损益

汇兑损益是企业在进行外币交易处理时，由于采用不同的汇率折算为记账本位币而产生的差额。一般有两种情况：一是外汇兑换中因外汇买入价、卖出价与记账汇率不同而产生的差异；二是持有外币债权、债务和外币性货币资金因汇率变动而引起的价值变动。企业的汇兑损益，应根据不同的情况进行处理：

（1）筹建期间发生的汇兑损益，不能直接归属于资本化条件资产的，列为开办费，计入管理费用。

（2）与购建或生产可直接归属于符合资本化条件资产的，应当予以资本化，计入相关资产成本。

（3）除上述情况外，汇兑损益均计入当期财务费用。

二、外币交易的账务处理

企业发生的外币交易，应当采用交易发生日的采用即期汇率或与交易发生日即期汇率近似的汇率将外币金额折算为本位币金额。并分别外币货币性项目和外币非货币性项目进行会计处理。企业在核算外币业务时，应当设置的外币账户包括：外币现金、外币银行存款以及外币结算的债权和债务账户等。

外币账户应当在记账本位币所设立总分类账户下按不同币种设立明细账。外币账户一般应采用“三栏式”和复式币记载，即分别登记原币、汇率和本位币的金额，其格式见表2－4。

表 2－4 “应收账款——大明公司”（美元户）明细账

日期	凭证	摘要	借方			贷方			余额		
			原币	汇率	本位币	原币	汇率	本位币	原币	汇率	本位币
1/8		月初余额							50 000	6.90	345 000
20/8	89	销货，款未收	15 000	7.06	105 900				65 000		450 900
27/8	123	收款				30 000	7.02	210 600	35 000		240 300
31/8		月末调整			4 700				35 000	7.00	245 000
31/8		本月合计	15 000		110 600	30 000		210 600	35 000	7.00	245 000

（一）外币兑换业务

外币兑换业务是指企业从银行等金融机构购入外币或向银行等金融机构卖出外币。

1. 购入外币

企业购入外币时，要按银行卖出价折算应向银行支付的记账本位币，同时按即期汇率（中间价）或即期汇率近似的汇率，将买入外币折算为记账本位币，二者的差额作为汇兑损益计入财务费用。

【例 2－11】大明公司以人民币为记账本位币，外币交易采用交易发生日的即期汇率折算。8 月 10 日公司用人民币购入 1 万美元，当日美元卖出价为 1:7.10 元，当日市场汇率（中间价，下同）为 1:7.05，款项存入美元户存款户。账务处理为：

借：银行存款——美元户（10 000 美元） 70 500（10 000 × 7.05）
　　财务费用 500
　　贷：银行存款——人民币户 71 000（7.10 × 10 000）

2. 售出外币

企业卖出外币时，要按银行买入价折算实际收到的记账本位币，同时按记账汇率将卖出外币折算为记账本位币，二者的差额作为汇兑损益计入财务费用。

【例 2－12】8 月 15 日，大明公司将 6 000 美元到银行兑换为人民币，当日的美元买入价为 1:6.95，当日市场汇率为 1:7.03。账务处理为：

借：银行存款——人民币户 41 700（6 000 × 6.95）
　　财务费用 480
　　贷：银行存款——美元户（6 000 美元） 42 180（6 000 × 7.03）

（二）外币购销业务

企业从国外或境外购进材料或引进设备，向境外销售商品时，按照即期汇率或即期汇率近似的汇率和外币金额折算为记账本位币，作为购进货物、销售收入和外币账户的入账价值。

【例 2－13】8 月 18 日，大明公司从国外购入工业原料一批，价款为 2 万美元，当日市场汇率为 1:7.08 元人民币，材料已入库，款项暂欠，另以人民币支付国内运杂费 12 000元和进口环节增值税 18 408 元。账务处理为：

借：原材料 153 600（20 000 × 7.08 + 12 000）
　　应交税费——应交增值税（进项税额） 18 408

贷：应付账款——美元户（20 000美元） 141 600

银行存款——人民币户 30 408

【例2-14】8月20日，大明公司向美国日新公司出口商品一批，价值15 000美元，当日的市场汇率为1:7.06，贷款尚未收到。账务处理为：

借：应收账款——美元户（15 000美元） 105 900

贷：主营业务收入 105 900

提示：企业商品出口增值税税率为零，所以此项业务不存在增值税的“销售税额”。

【例2-15】8月27日，大明公司接银行通知，美国日新公司转来的应收货款3万美元已到账，当日美元市场汇率为1:7.02。账务处理为：

借：银行存款——美元户（30 000美元） 210 600（30 000×7.02）

贷：应收账款——美元户（30 000美元） 210 600

（三）外币借款业务

企业借入外币时，应当按照借入外币时的即期汇率或即期汇率近似汇率折合为记账本位币入账，同时按借入外币的金额登记相关的外币账户。

【例2-16】大明公司8月26日向中国银行借入短期外币借款10万美元，款项暂存银行，当日市场汇率为1:6.98。账务处理为：

借：银行存款——美元户（100 000美元） 698 000

贷：短期借款——美元户（100 000美元） 698 000

【例2-17】8月27日，大明公司以存款偿还外币借款8万美元，当日市场汇率为1:7.01。账务处理为：

借：短期借款——美元户（80 000美元） 560 800

贷：银行存款——美元户（80 000美元） 560 800

（四）外币账户的期末调整

资产负债表日，企业各种外币账户的余额，应当按照期末市场汇率（即期汇率）折合为记账本位币；并将其与账面记账本位币金额的差额作为汇兑损益计入有关账户。

【例2-18】8月31日，大明公司调整前外币（美元）账户原币及人民币余额见表2-4。市场汇率为1:7.00。根据期末市场汇率折算的人民币及汇兑损益见表2-5。账务处理为：

表2-5 外币账户余额调整表 2×20年8月

项目	8月31日余额（调整前）		按期末汇率折算的人民币	汇兑损益
	原币（美元）	账户人民币余额	（原币×7.00）	
银行存款（借方）	90 000	620 800	630 000	9 200（收益）
应收账款（借方）	35 000	240 300	245 000	4 700（收益）
应付账款（贷方）	30 000	206 800	210 000	-3 200（损失）
短期借款（贷方）	20 000	137 200	140 000	-2 800（损失）

借：银行存款——美元户 9 200

应收账款——美元户 4 700

贷：财务费用——汇兑损益		13 900
借：财务费用——汇兑损益	6 000	
贷：应付账款——美元户		3 200
短期借款——美元户		2 800

提示： 按照《企业会计准则——外币折算》的规定，企业收到投资者以外币投入的资本，无论是否有合同约定汇率，无法不得采用合同应当汇率和即期近似汇率折算，而是采用交易日即期汇率折算。这样，外币投入资本与相应的货币性项目的记账本位币金额相等，不产生外币资本折算差额。

本章知识结构图

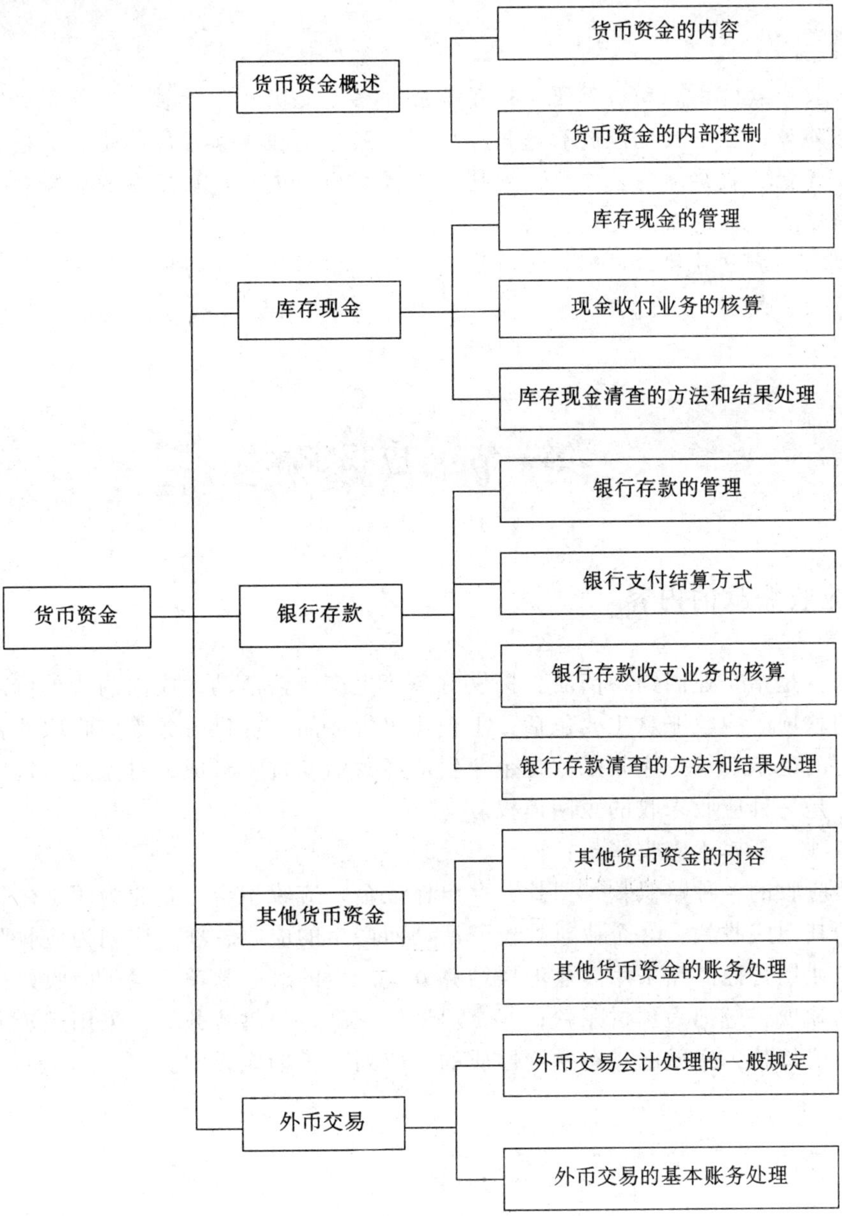

第三章
应收及预付款项

学习目标

了解应收账款的内容和核算要求；了解应收票据的确认和计量。理解预收账款的核算内容及账务处理；理解其他应收款的核算内容和账务处理。掌握应收账款的确认、计量和账务处理；掌握应收票据的基本账务处理。掌握坏账损失和坏账准备的含义和确认；掌握坏账和坏账准备计提的账务处理。

本章重点：应收款项的内容；应收账款、应收票据的确认与账务处理；坏账、坏账准备的确认与账务处理。

第一节　应收账款

一、应收账款的内容

应收账款是指企业因销售商品、提供劳务等生产经营活动，应向购货单位或接受劳务单位收取的款项。应收账款主要包括：①企业出售商品、提供劳务等应收取的款项；②代购货方垫付的运杂费等。应收账款是企业生产经营活动过程形成，对象是购货单位或接受劳务单位，是一种应收未收的短期债权。

下例各项，不属于应收账款：

①企业应收的各种赔偿款、罚款，存出保证金，应收租金，企业为职工垫付各种款项等，应列为其他应收款；②企业对外投资活动而产生的应收款项，应列为应收股利或应收利息；③企业销售商品品采用商业汇票结算方式产生的应收款项，属于应收票据；④按照合同预付的款项，应列为预付账款；⑤企业销售商品、提供劳务等，采用递延方式应收取的合同或协议价款，实质上具有融资性质的，应列为长期应收款。

二、应收账款的确认与初始计量

（一）应收账款的确认

应收账款通常是由企业赊销活动所引起的，因此，应收账款的确认一般应与收入的确认一致，即以收入确认的时间作为应收账款的入账时间。关于收入实现的具体条件将在第十一章介绍。

（二）应收账款的初始计量

应收账款的初始计量，是指应收账款入账金额的确定。企业对外销商品或提供劳务形成应收债权，通常按从购货方应收的合同或协议价款作为初始确认金额。实际工作中一般为发票确认的实际发生金额，包括销售商品、提供劳务应收取的货款、增值税以及代购货单位垫付的运杂费、包装费等。

由于商品销售有时会实行折扣办法，这就有可能涉及应收账款和相应销售收入的计量，所以，企业应收账款的计量，还需要考虑商业折扣和现金折扣等销售折扣因素的影响。

1. 商业折扣

商业折扣是指企业在商品交易时，根据市场供需情况，或针对不同的顾客，在商品标价上给予的扣除。商业折扣是企业常用的促销手段，通常用百分比来表示，如5%、10%等。例如，购买10件以上的商品可给予客户5%的折扣，或客户每购买10件送1件。这是企业为了促销或尽快出售商品，而采取降低销售价格的销售方式。商业折扣一般是在交易发生时即已确定，它仅仅是确定实际销售价格的一种方式。所以，会计核算上商业折扣的处理是：

应收账款的入账价值——扣除商业折扣后的实际销售金额（含增值税）

原因 ：确认应收账款时商业折扣是可以确定的，商业折扣是销售金额的一种事先扣除

2. 现金折扣

现金折扣又称销货折扣，是指债权人为鼓励债务人在规定的期限内尽早付款，而向债务人提供的债务扣除。现金折扣通常发生在以赊销方式销售商品、提供劳务的交易中。企业为了鼓励客户在一定时期内早日付款，通常与债务人达成协议，债务人在不同期限内付款可享受不同比例的折扣。现金折扣一般用符号“折扣/付款期限”表示。例如，“3/10，1/20，n/30”表示买方在10天内付款可按售价给予3%的折扣；在20天内付款可按售价给予1%的折扣；在30天内付款，则没有折扣。

企业商品销售，确认销售收入时还不能确定相关的现金折扣，现金折扣是否发生、发生多少，应视购买方的付款情况而定。所以，附有现金折扣条件的销售业务的处理是：

应收账款的入账价值——未扣减现金折扣的总价金额（含增值税），称总价法所以，现金折扣不影响应收账款

原因：确认应收账款时现金折扣的多少无法确定

发生时——实际产生的现金折扣列为财务费用（相当于筹资费用）

三、应收账款的账务处理

企业应收账款，应设置“应收账款”账户进行核算。该账户借方登记应收账款的增加数，贷方登记应收账款收回、结转及核销的减少数额。期末借方余额，反映企业尚未收回的应收账款；期末如为贷方余额，反映企业预收的账款（负债）。所以，该账户属于双重性账户。“应收账款”账户可按债务人进行明细核算。

不单独设置“预收账款”账户的企业，发生的预收账款在“应收账款”账户进行核算。

（一）应收账款的形成

企业发生应收账款时，按应收金额，借记“应收账款”账户，按实现的销售收入，贷记“主营业务收入”等账户，按应计的增值税额，贷记“应交税费——应交增值税（销项税额）”等账户，按企业代购货单位垫付的运杂费、包装费等，贷记“银行存款”等账户。

【例3-1】 大明公司9月5日向光明公司销售A产品一批，开出发票上注明货款为15万元，增值税额为19 500元，双方商定的付款条件为5/10，2/20，n/30。另外，大明公司以银行存款代垫应由光明公司承担的运杂费900元。账务处理为：

借：应收账款——光明公司　　170 400
　　贷：主营业务收入——A产品　　150 000
　　　　应交税费——应交增值税（销项税额）　　19 500
　　　　银行存款　　900

（二）应收账款的收回

企业收回应收账款时，借记“银行存款”等账户，贷记“应收账款”账户。

【例3-2】 承［例3-1］资料。大明公司于9月13日收到光明公司的价税款，因未超出10天的优惠付款期，享受5%的现金折扣。账务处理为：

借：银行存款　　162 900
　　财务费用　　7 500（150 000×5%）
　　贷：应收账款——光明公司　　170 400

如果，公司于9月20日收到价税款，已超出10天但未超出20天的优惠付款期，享受2%的现金折扣。账务处理则为：

借：银行存款　　167 400
　　财务费用　　3 000（150 000×2%）
　　贷：应收账款——光明公司　　170 400

如果，公司9月30日收到价税款，已超出双方商定的优惠付款期，不享受折扣。账务处理为：

借：银行存款　　170 400

贷：应收账款——光明公司　　170 400

（三）应收账款转为应收票据

如果企业应收账款改用商业汇票结算，在收到已承兑的商业汇票时，按票面价值，借记“应收票据”账户，贷记“应收账款”账户。

【例3-3】 承［例3-1］资料，假定9月10日大明公司收到一张面值为170 400元，为期2个月，对方已承兑的商业承兑汇票，用以抵付此款项。账务处理为：

借：应收票据——光明公司　　170 400

　　贷：应收账款——光明公司　　170 400

第二节　应收票据

一、应收票据的确认与初始计量

应收票据是指企业销售商品、提供劳务等而收到的商业汇票。商业汇票按承兑人不同，分为银行承兑汇票和商业承兑汇票两种；按是否带息，分为带息商业汇票和不带息商业汇票。不带息商业汇票到期时，承兑人只按票面金额向收款人或被背书人支付款项，而带息商业汇票到期时，承兑人必须按照票面金额加上应计利息向收款人或被背书人支付票款。

企业应在收到的商业汇票时确认应收票据，企业收到的商业汇票，应是已承兑的。

企业收到的商业汇票无论是否带息，均按应收票据的票面金额进行初始计量。带息应收票据的利息收入，应在收到时计入当期损益。

二、应收票据的账务处理

企业收到应收票据，应设置“应收票据”账户进行核算。该账户借方登记收到商业汇票的票面金额，贷方登记到期收回、转让、贴现及到期无法收回等而转出商业汇票的票面金额；期末借方余额，反映企业持有的商业汇票的票面金额。该账户可按开出、承兑商业汇票的单位进行明细核算。

企业应当设置“应收票据备查簿”，逐笔登记商业汇票的种类、号数和出票日期、票面金额、交易合同号和付款人、承兑人、背书人的姓名或单位名称、到期日、背书转让日、贴现日期、贴现率、贴现净额以及收款日期和收回金额、退票情况等资料。应收票据到期结清票款或者退票的，应当在备查簿中予以注销。

（一）应收票据的取得

企业因销售商品、提供劳务等而收到已承兑的商业汇票，按应收票据的面值，借记“应收票据”账户，按实现的营业收入，贷记“主营业务收入”等账户，按应计的增值税额，贷记“应交税费——应交增值税（销项税额）”账户。

【例3-4】 8月7日，大明公司向W公司销售A产品一批，发票上注明货款为10万元，增值税13 000元。价税款收到W公司签发并承兑的为期3个月面值为113 000元的不带息商业承兑汇票一张。账务处理为：

借：应收票据——W公司　　113 000
　　贷：主营业务收入——A产品　　100 000
　　　　应交税费——应交增值税（销项税额）　　13 000

企业收到的如为带息应收票据，取得的账务处理与不带息应收票据一致，但带息票据，按应收票据的票面金额和规定利率计算确定利息，并应在收到时列为当期损益，计入“财务费用”账户。票据利息的计算公式为：

应收票据利息＝应收票据票面金额×票面年利率÷12×计息月数

或＝应收票据票面金额×票面年利率÷360×计息天数

【例3-5】 9月1日，大明公司销售一批B产品给H公司，货已发出，发票上注明的货款为20万元，增值税为26 000元。当日收到H公司签发并承兑的商业承兑汇票一张，期限为6个月，票面利率为5%。账务处理为：

提示：（1）利率有年利率、月利率、日利率三种表示方式，计算时必须与期限相对应；（2）期限是指签发日至到期日的时间间隔（指有效期限）。票据期限按月表示的，应以到期月份中出票日相同的那天（对日）作为到期日，利率应换算为月利率计算利息；票据期限按日表示的，应从出票日起按实际天数计算，计算实际天数时按照“算头不算尾”或“算尾不算头”的规则进行。与此同时，利率应换算为日利率计算利息。

借：应收票据——H公司　　226 000
　　贷：主营业务收入——B产品　　200 000
　　　　应交税费——应交增值税（销项税额）　　26 000

提示：带息应收票据为什么不进行应计利息的账务处理？主要原因是：应收票据正常期限在6个月以内，实际收到时确认利息收入符合会计信息质量的谨慎性要求。

（二）应收票据的背书转让

背书是指收款人以转让票据权利为目的，在汇票上签章并作必要的记载所作的一种附属票据行为。应收票据背书转让就是企业为取得所需物资或劳务，而放弃持有的未到期的应收票据。

企业将持有的应收票据背书转让取得所需物资时，按取得物资的成本，借记“原材料”“库存商品”等账户，按应计的增值税，借记“应交税费——应交增值税（进项税额）”账户，按应收票据的账面价值，贷记“应收票据”账户，按实际收到或支付的差价金额，借记或贷记“银行存款”等账户。

【例3-6】 9月7日，大明公司向某企业购入原材料一批，取得专用发票上注明货款为12万元，增值税15 600元。大明公司用W公司8月7日（［例3-4］）签发并承兑的为期3个月，面值为113 000元的不带息商业承兑汇票抵付原材料款，差额款22 600元以存款支付，原材料已验收入库。账务处理为：

借：原材料　120 000
　应交税费——应交增值税（进项税额）　15 600
　贷：应收票据——W 公司　113 000
　　银行存款　22 600

【例 3 -7】 大明公司 12 月 1 日向某公司购入原材料一批，发票上注明的货款为 20 万元，增值税为 26 000 元。大明公司用 H 公司本年 9 月 1 日（[例 3 -5]）签发的，期限为 6 个月，票面利率为 5% 的商业承兑汇票抵付原材料款，差额款（3 个月的应计利息）收存银行。账务处理为：

应收票据的应计利息：226 000 ×5% ÷12 ×3 =2 825（元）

借：原材料　200 000
　应交税费——应交增值税（进项税额）　26 000
　银行存款　2 825
　贷：应收票据——H 公司　226 000
　　财务费用　2 825

（三）应收票据贴现

企业如果出现资金短缺，可以持未到期的商业汇票向其开户银行申请贴现，以便凭票据获得所需的货币资金。贴现是指商业汇票的持票人在汇票到期前，为了取得货币资金，贴付一定利息将票据权利转让给银行的票据行为。贴现的实质是企业以票据为抵押向银行融资（借款）的一种方式。票据贴现得款的计算公式为：

贴现得款 = 票据面值（到期价值） - 贴现利息

贴现利息 = 票据面值（到期价值） × 贴现利率（月利率、日利率） × 贴现期（月、天）

企业持应收票据向银行申请贴现，按实际收到的金额（扣除贴现利息的净额），借记“银行存款”账户，按贴现利息，借记“财务费用”账户，按应收票据的票面金额，贷记“应收票据”（不附追索权的）或“短期借款”（附追索权的）账户。

相关链接

追索权，是指持票人在汇票到期未获付款，向其前手请求偿还票据金额以及相关损失的票据权利，是法律上为补充付款请求权而设定的第二次请求权。

已贴现的商业汇票到期时，银行作为持票人向出票人的付款行发起委托收款以获得汇票票面约定的金额，这时行使的是付款请求权，但是如果银行未获收款，可以行使追索权，向汇票的前手（包括贴现企业以及前面一系列转让方等票据债务人）进行追讨，即第二次请求权。银行在与贴现企业签订贴现申请协议中，会考虑是否附有追索条款。

不附追索权贴现票据到期时，承兑人的无论是否支付，都与贴现企业无关；而附追索权贴现票据到期时，承兑人无力付款，贴现银行则向贴现企业等退票追款。

【例 3 -8】 承［例 3 -4］的资料。假设同年 9 月 14 日，大明公司将持有 W 公司的不带息票据向银行申请贴现，该票据出票 8 月 7 日，为期 3 个月，到期日 11 月 7 日，票据面值 113 000 元，贴现年利率为 6.2%，取得贴现款存入银行。贴现协议约定银行有追索权。账务处理为：

贴现天数：17天（9月）+31天（10月）+6天（11月）=54（天）

贴现利息=113 000×54×6.2%÷360=1 050.90（元）

贴现得款=113 000-1 050.90=111 949.10（元）

借：银行存款	111 949.10	
财务费用	1 050.90	
贷：短期借款——大明公司		113 000

想一想：应收票据贴现，贴现得款一定小于票据面值吗？

（四）应收票据到期

1. 应收票据到期收到票款

应收票据到期收到票款的，按实际收到的金额，借记“银行存款”账户，按应收票据的票面金额，贷记“应收票据”账户。如为带息票据，按其差额即票据利息，贷记“财务费用”账户。

【例3-9】 承［例3-5］资料，大明公司上年9月1日收到H公司的票面金额为226 000元，年利率为5%，期限为6个月的商业汇票，到期收到票据本息存入银行。账务处理为：

借：银行存款	231 650（226 000+5 650）	
贷：应收票据——H公司		226 000
财务费用		5 650（226 000×5%÷12×6）

2. 应收票据到期付款人无力付款

企业持有的商业汇票到期，如果付款人无力付款，应分两种情况进行处理：①系银行承兑汇票，由承兑银行支付票款，这对收款企业是没有直接影响的；②系商业承兑汇票，企业收到银行退回的票据、单证等，按应收票据的票面金额，借记“应收账款”账户，贷记“应收票据”账户。

提示：（1）商业承兑汇票到期付款人无力付款的，也可以应收未收的票款保留在“应收票据”账户，然后，根据其时间和能够收回的可能性，按应收款项减值或坏账损失的核算方法进行会计处理。

（2）商业汇票的取得、转让、贴现、到期付款人无力付款等，应根据相关资料在“应收票据备查簿”中进行登记。

3. 已贴现的商业汇票到期，付款人无力付款的

已贴现的商业汇票到期，付款人无力付款的，应区别几种情况进行处理：

（1）系银行承兑汇票的，由承兑银行支付票款，对贴现企业（收款人）是没有直接影响的；

（2）系商业承兑汇票，银行附有追索权的，贴现银行要向贴现企业退票扣款。贴现企业收到银行退回的票据等资料时，按应付金额，借记“短期借款”账户，贷记“银行存款”账户，同时，借记，“应收账款”账户，贷记“应收票据”账户。如果贴现企业的存款账户余额不足，银行作逾期贷款处理（“短期借款”不减少），借记“应收账款”账户，贷记“应收票据”账户。

【例3-10】承［例3-4］、［例3-8］的资料。假定大明公司8月7日收到9月11日申请贴现的商业承兑汇票，11月7日到期，W公司因财务状况不佳，无力支付票款。此项贴现票据银行有追索权，贴现银行将票据退还给大明公司，同时从大明公司账户中扣款113 000元。公司的账务处理为：

借：短期借款 113 000

贷：银行存款 113 000

同时：借：应收账款——W公司 113 000

贷：应收票据——W公司 113 000

如果大明公司无款可扣，则账务处理仅为：

借：应收账款——W公司 113 000

贷：应收票据——W公司 113 000

想一想：（1）银行退票扣款为什么是113 000元，而不是111 949.10元？

（2）上述第一步为什么是借记“短期借款”账户？

（3）系银行不附追索权的贴现票据到期，承兑人无论是否支付，都与贴现企业无关，则不必进行账务处理。

第三节 预付账款和其他应收款

一、预付账款

（一）预付账款的内容

预付账款是企业根据购货合同规定，预先支付给供应单位的款项。预付账款是预先支付的，从资金角度就得收回，是一项应收款，所以，预付账款属于企业的短期性债权。企业预付账款主要有：①预付购货款。②购货、接受劳务预付的定金（或订金）。③在建工程项目预付的工程价款等。

下列各项不能列为预付账款：①预付性费用支出，如企业预付一年以内的报刊订阅费、租金等，应直接列为当期损益；超过一年的预付性费用支出，应列为长期待摊费用。②企业内部部门或个人预借的款项，应列为其他应收款。

（二）预付账款的账务处理

企业的预付账款，一般应设置“预付账款”账户进行核算。该账户借方登记预付款项和收货后补付的款项，贷方登记结算应付的购货款和对方退回多付的款项。期末借方余额，反映企业预付的款项；期末如为贷方余额，则反映企业尚未补付的款项（负债）。该账户可按供应单位进行明细核算。

企业预付的款项，借记“预付账款”账户，贷记“银行存款”账户；收到所购的原材料或商品等货物时，按应支付的金额，借记“原材料”“应交税费”等账户，贷记“预付账款”账户；补付价款时，借记“预付账款”账户，贷记“银行存款”账户；退回多付的货款时，借记“银行存款”账户，贷记“预付账款”账户。

【例3－11】 大明公司于3月15日按合同预付给大众公司购货款5万元；4月10日，收到大众公司发来的原材料，材料已验收入库，专用发票列明货款为6万元，增值税额7 800元；4月15日以存款补付上述差价款。账务处理为：

（1）3月15日，预付购货款时：

借：预付账款——大众公司	50 000	
贷：银行存款		50 000

（2）4月10日，收到所购材料时：

借：原材料	60 000	
应交税费——应交增值税（进项税额）	7 800	
贷：预付账款——大众公司		67 800

（3）4月15日，补付价款时：

借：预付账款——大众公司	17 800	
贷：银行存款		17 800

提示：（1）假定［例3－11］中，大明公司4月10日收到所购材料后，因缺乏货币资金，差价款无力补付，“预付账款”账户为贷方余额19 600元，表示应付未付的款项（负债）。

（2）如果大明公司的预付账款是并入“应付账款”账户核算的，则上述账务处理中“预付账款”账户，均改为“应付账款”账户。

企业进行在建工程预付的工程价款，借记“预付账款”账户，贷记“银行存款”等账户，按工程进度结算工程价款，借记“在建工程”账户，贷记“预付账款”“银行存款”等账户。

预付款项不多的企业，可以不设“预付账款”账户，而将预付的款项并入“应付账款”账户进行核算。

二、其他应收款

（一）其他应收款的内容

其他应收款是指除应收票据、应收账款、预付账款、应收利息、应收股利等以外的其他各种应收、暂付款项。主要包括：①应收赔偿款、罚款；②应收租金；③存出保证金；④应向职工收取的各种垫付款项；⑤备用金；⑥其他各项应收、暂付款项。

想一想：（1）所有企业的应收租金都应列为其他应收款吗？

（2）应收款项和暂付款项一样吗？

（二）其他应收款的账务处理

企业的其他应收款，应设置“其他应收款”账户进行核算。该账户借方登记其他应收款项的发生数额，贷方登记收回或转销的其他应收款项。期末借方余额，表示企业尚未收回的其他应收款项。该账户应按照其他应收款的项目和对方单位（或个人）进行明细分类核算。

1．一般其他应收款的账务处理

企业发生其他应收款时，借记“其他应收款”账户，贷记有关账户；收回或转销其他应收款时，应借记有关账户，贷记“其他应收款”账户。

【例3－12】 大明公司向甲公司购买物品，租用包装物一批，以银行存款支付包装物押金5 600元。账务处理为：

借：其他应收款——存出保证金（甲公司）　　5 600

　　贷：银行存款　　5 600

以后退还包装物，收回押金存入银行时：

借：银行存款　　5 600

　　贷：其他应收款——存出保证金（甲公司）　　5 600

【例3－13】 大明公司因自然灾害造成材料毁损，保险公司已确认赔偿损失3.8万元。公司账务处理为：

借：其他应收款——应收赔偿款、罚款（某保险公司）　　38 000

　　贷：待处理财产损溢——待处理流动资产损溢　　38 000

2．备用金的账务处理

备用金是企业拨付给内部用款单位或职工个人作为零星开支的备用款项。企业的备用金，一般应通过“其他应收款——备用金”账户进行核算，也可单独设置“备用金”账户进行核算。

（1）定额备用金制度。定额备用金制度是指根据用款单位的实际需要，由财会部门会同有关用款单位核定备用金定额并拨付款项，同时规定其用途和报销期限，待用款单位实际支用后，凭有效单据向财会部门报销，财会部门根据报销数用现金补足备用金定额的制度。待该用款单位撤销或不再采用定额备用金制度，收回拨付的备用金时，再计减“其他应收款——备用金”账户余额。

这种方法便于企业对备用金的使用进行控制，并可减少财会部门日常的核算工作。定额备用金制度适用于使用备用金比较频繁，有经常性费用开支的内部用款单位和个人。

【例3－14】 大明公司行政科实行定额备用金制度，财会部门根据核定的备用金定额2 500元，开出现金支票拨付。公司的账务处理为：

借：其他应收款——备用金（行政科）　　2 500

　　贷：银行存款　　2 500

【例3－15】 行政科报销日常办公用品购置费、业务招待费等1 860元（取得普通发票），经审核有关单据后，同意报销，以现金补足其定额。公司的账务处理为：

借：管理费用　　1 860

　　贷：库存现金　　1 860

（2）非定额备用金制度。非定额备用金制度，也称借款报账制，是指用款单位或个人需要使用备用金时，按需要逐次借用和报销的制度。

这种方法方便灵活，并可以减少和控制单位内部和个人备用金资金的占用。但采用这一制度会增加备用金日常核算的工作量。

【例3－16】大明公司采购员钱业3月1日因出差借支差旅费3 000元，通过公司网银转账付给。4月15日，钱业出差回来报销差旅费3 900元，包括：专用发票所列的住宿费1 000元，增值税60元；机票款2 725元；其他115元。差额900元以现金付给。账务处理为：

（1）3月1日，预借差旅费时：

借：其他应收款——备用金（钱业）　　3 000

　　贷：库存现金　　3 000

（2）4月26日，出差回来报销差旅费时：

借：管理费用　　3 615

　　应交税费——应交增值税（进项税额）

　　　　285 ｛60＋［2 725÷（1＋9%）×9%］｝

　　贷：其他应收款——备用金（钱业）　　3 000

　　　　库存现金　　900

相关链接

根据相关规定，从2019年4月1日起，一般纳税人购进国内旅客运输服务可以抵扣的增值税进项税额（不受增值税专用发票限制），其计算方法为：

火车票（注明旅客信息的铁路车票）	票面金额÷（1＋9%）×9%
飞机票（注明旅客身份信息的航空电子客票行程单）	（票价＋燃油附加费）÷（1＋9%）×9%
客票（注明旅客身份信息的公路、水路等其他客票）	票面金额÷（1＋3%）×3%
增值税电子普通发票	发票上注明的税额

第四节　应收款项减值和坏账

一、应收款项减值的确认

企业应当在资产负债表日对应收款项的账面价值进行检查，有客观证据表明该应收款项发生减值的，应当确认其减值损失，计提坏账准备。应收款项发生减值的客观证据，主要包括下列各项：

（1）债务人发生严重财务困难；

（2）债务人违反合同条款，如发生违约或逾期等；

（3）债权人出于经济或法律等方面因素的考虑，对发生财务困难的债务人作出让步；

（4）债务人很可能倒闭或进行其他财务重组；

（5）债务人支付能力逐步恶化，或债务人所在国家或地区失业率提高、担保物在其所在地区的价格明显下降、所处行业不景气等；

（6）其他表明应收款项发生减值的客观证据。

二、应收款项减值（坏账准备）的核算方法

企业确认的应收款项减值应采用备抵法进行核算。备抵法是采用一定方法按期估计坏账损失，形成坏账准备，当某一应收款项全部或部分被确认为坏账时，根据其金额冲减坏账准备，同时转销相应的应收款项金额的一种方法。企业应收款项应按《企业会计准则第22号——金融工具确认和计量》的要求计提坏账准备。

（一）计提坏账准备的范围

企业各项应收款项包括应收账款、应收票据、预付账款、其他应收款、长期应收款等，确认发生减值的，均应按规定计提坏账准备。

（二）计提坏账准备的方法

企业计提坏账准备的方法主要有个别认定法和应收款项余额百分比法等。

1. 个别认定法

个别认定法是指对应收款项明细账上的客户逐一进行分析，据以估计可能的坏账损失，确定本期期末坏账准备的应有余额及应计提的坏账准备的方法。

企业对于单项金额重大的应收款项，应当单独进行减值测试。有客观证据表明该应收款项发生减值的，应当根据其未来现金流量现值低于其账面价值的差额，确认减值损失，计提坏账准备。

2. 应收款项余额百分比法

应收款项余额百分比法是根据会计期末应收款项的余额与估计的坏账率，估算当期发生的减值损失，计提坏账准备的方法。

对于单项金额非重大的应收款项可以单独进行减值测试，也可以与经单独测试后未减值的应收款项一起按类似信用风险特征划分为若干组合，再按这些组合在资产负债表日余额的一定比例计算确定减值损失，计提坏账准备。

三、坏账及坏账损失的确认

企业的应收款项可能会发生不能全部收回的情况，即可能会发生坏账。坏账是指企业确实无法收回或收回可能性很小的应收款项。企业由于产生坏账而发生的损失称为坏账损失。

企业应遵循会计核算的信息质量的谨慎性要求，具体分析各项应收款项的特征、金额大小、信用期限、债务人的信誉和当时的生产经营情况等因素，对应收款项的可收性进行评价，并预计可能产生的坏账及其损失。

企业应收款项有确凿证据表明确实无法收回（或收回可能性很小）的，应按照程序确认为坏账。判断应收款项无法收回或收回可能性很小的情况主要有：

（1）债务人死亡或破产，其破产财产或遗产清偿后，仍然无法收回的；

（2）因债务单位撤销、资不抵债或现金流量严重不足，确实无法收回的；

（3）因发生严重自然灾害导致债务单位停产而在短期内无法偿付债务，确实不能收回的；

（4）债务人逾期未履行其偿债义务超过3年，并有足够的证据表明无法收回或收回的可能性很小的等。

企业应收款项确认为坏账的，应按管理权限和程序进行报批，报经批准后才能予以核销。备抵法下，企业确认的坏账，应列入“坏账准备”账户。

四、应收账款减值（坏账准备）的账务处理

企业计提、转销的坏账准备，应设置“坏账准备”账户进行核算。该账户是应收款项的备抵账户，贷方登记按期计提的坏账准备和已核销又收回的坏账，借方登记已确认坏账和转回多计提坏账准备。期末贷方余额，反映企业已计提但尚未转销的坏账准备。“坏账准备”账户可按应收款项类别进行明细核算。

应收款项属于金融工具，确认的减值损失应列为信用减值损失。企业计提坏账准备时，按应计提的坏账准备，借记“信用减值损失”账户，贷记“坏账准备”账户。冲减多计提的坏账准备，借记“坏账准备”账户，贷记“信用减值损失”账户。

对于确实无法收回的应收款项（坏账），按管理权限报经批准后，借记“坏账准备”账户，贷记“应收账款”“其他应收款”等账户。

已确认并转销的坏账以后又收回的，应按实际收到的金额，借记“应收账款”“其他应收款”等账户，贷记“坏账准备”账户；同时，借记“银行存款”账户，贷记“应收账款”“其他应收款”等账户。也可以按照实际收回的金额，借记“银行存款”账户，贷“坏账准备”账户。

企业坏账准备是在会计期末实行调整计提的，各期计提坏账准备的计算公式为：

当期应计提的坏账准备 = 当期按应收款项计算的坏账准备金额 －（或＋）“坏账准备”账户的贷方（或借方）余额

【例3－17】假设2×19年之前，大明公司因应收账款未发生过减值而未计提过相应的坏账准备。2×19年12月31日，大明公司的应收账款余额为80万元，计提坏账准备的比例为3%；2×20年4月，大明公司确认发生坏账3万元，年末应收账款余额为89万元；2×21年7月，上年已核销的坏账收回2万元，年末应收账款余额为90万元。账务处理为：

（1）2×19年年末，提取坏账准备时：

按应收款项计算应计提的坏账准备 = 800 000×3% =24 000（元）

借：信用减值损失——计提的坏账准备	24 000	
贷：坏账准备——应收账款		24 000

（2）2×20年4月，确认坏账3万元时：

借：坏账准备——应收账款	30 000	
贷：应收账款		30 000

（3）2×20年年末，计提坏账准备时：

按应收账款余额计算应计提的坏账准备 = 890 000 × 3% = 26 700（元）

本期末应调整计提坏账准备 = 26 700 －（24 000 － 30 000）= 32 700（元）

借：信用减值损失——计提的坏账准备　　32 700

　　贷：坏账准备——应收账款　　32 700

（4）2 × 21 年 7 月，收回已核销的坏账 2 万元，款已转存银行时：

借：应收账款　　20 000

　　贷：坏账准备——应收账款　　20 000

同时：借：银行存款　　20 000

　　贷：应收账款　　20 000

（5）2 × 21 年年末，计提坏账准备时：

按应收账款余额计算应计提的坏账准备 = 900 000 × 3% = 27 000（元）

本期末应调整计提坏账准备 = 27 000 －（26 700 + 20 000）

= －19 700（元）（负数应冲减）

借：坏账准备——应收账款　　19 700

　　贷：信用减值损失——计提的坏账准备　　19 700

【例 3 – 18】 大明公司本年初其他应收款余额为 20 万元，坏账准备的计提比例为 5%，本年 5 月经批准确认其他应收款发生坏账 12 000 元，本年 10 月收回已核销的坏账 8 000 元。本年末其他应收款余额为 10 万元。本年度有关的账务处理为：

（1）5 月份确认坏账 12 000 元时：

借：坏账准备——其他应收款　　12 000

　　贷：其他应收款　　12 000

（2）10 月份收回已核销坏账 8 000 元，款项转存银行：

借：其他应收款　　8 000

　　贷：坏账准备——其他应收款　　8 000

借：银行存款　　8 000

　　贷：其他应收款　　8 000

（3）本年末应调整计提的坏账准备：

“坏账准备”账户年初贷方余额为：200 000 × 5% = 10 000（元）

年末计提坏账准备前，“坏账准备”账户余额为贷方余额：6 000 元（10 000 － 12 000 + 8 000）

年末应调整计提坏账准备 = 100 000 × 5% － 6 000 = －1 000（元）

借：坏账准备——其他应收款　　1 000

　　贷：信用减值损失——计提的坏账准备　　1 000

本章知识结构图

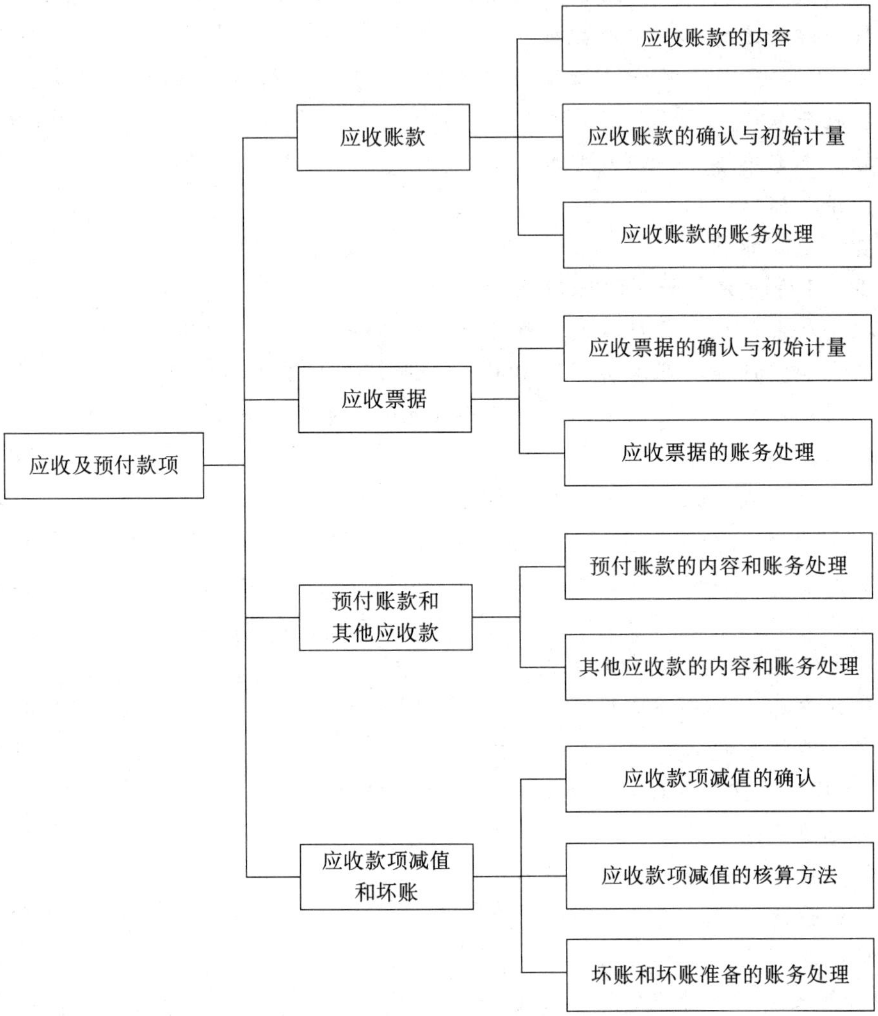
应收及预付款项
应收账款
应收账款的内容
应收账款的确认与初始计量
应收账款的账务处理
应收票据
应收票据的确认与初始计量
应收票据的账务处理
预付账款和其他应收款
预付账款的内容和账务处理
其他应收款的内容和账务处理
应收款项减值和坏账
应收款项减值的确认
应收款项减值的核算方法
坏账和坏账准备的账务处理

第四章 存货

学习目标

通过本章学习，要求了解存货的分类、存货盘存制度和存货的核算要求；了解出租、出借包装物的账务处理。理解存货的内容和确认；理解原材料按计划成本核算的账户设置和账务处理；理解低值易耗品和包装物的核算内容；理解委托加工物资的计价和账务处理；理解存货清查的账务处理；理解期末存货价值的确定及存货减值的账务处理。掌握存货取得和发出的计价方法；掌握原材料按实际成本核算的账户设置和账务处理；掌握低值易耗品摊销的主要方法及其账务处理；掌握库存商品核算内容和账务处理。

本章重点：存货的构成内容，存货取得和发出的计价，原材料按实际成本计价收发存的核算。

第一节 存货概述

一、存货的定义及确认

（一）存货的定义

存货是指企业在日常活动中持有以备出售的产成品或商品、处在生产过程的在产品、在生产过程或提供劳务过程中耗用的材料或物料等。存货主要包括库存的原材料、产成品、外购商品、自制半成品等；加工中的在产品、半成品；在途的各类材料、商品；周转使用包装物、低值易耗品；还有委托加工物资、委托代销商品和消耗性生物资产等。

存货属于流动资产，存货与其他资产相比，具有以下特点：

（1）存货具有实物形态。存货属于有实物形态的资产。

（2）存货具有较强的流动性。存货经常处于不断销售、耗用、购买或重置之中。

（3）存货具有发生潜在损失的可能性。存货可能因存量或需求等原因，变为积压物资或者需降价销售。

（4）持有存货的目的在于准备在日常活动中予以出售或者耗用。

（二）存货的确认

企业一项货物能否确认为存货，首先，要符合存货的定义；其次，要满足存货确认的两个条件：

第一，是该存货包含的经济利益很可能流入企业。拥有所有权是其重要标志。

第二，是该存货的成本能够可靠的计量。

一般情况下，盘存日期内其所有权归属企业的，不论其存放地点，均属于企业存货，具体包括：

（1）存放在本企业仓库的存货，如库存材料、库存商品、库存自制半成品等。

（2）正在加工中的存货，如在产品、生产车间的半成品等。

（3）存放在本企业门市部、陈列室和展览馆的存货。

（4）已发运但尚未办妥托收手续的存货，以及商品已经交付购货方，但其所有权没有转移给对方的存货。

（5）购入后不需经过本企业仓库，直接发给购货单位或加工单位的存货。

（6）委托其他单位加工或代销的存货。

（7）消耗性生物资产，是指企业（农、林、牧、渔业）生长中的大田作物、蔬菜、用材林以及存栏待售的牲畜等。

（8）已购入但尚未完成入库手续的在途存货等。

下列各项不属于存货：①企业已经销售的存货，因其所有权已经移交给购买方，不论其是否已经发运（提货），均不属于本企业存货；②受托加工来料、受托代销商品，也不属于本企业存货，应列为代管物资；③专项用于固定资产建设的专用材料、专用物资，应列为工程物资；④生产性生物资产，视同固定资产单独进行核算。

课堂讨论： 下列哪些内容属于企业存货？

①为建造厂房等各项工程而储备的各种材料、物资；②汽车制造厂生产的汽车；③一般企业管理用的汽车；④已经运出企业用于委托代销的商品和用于展览的商品；⑤代制品、代修品；⑥生产车间的半成品；⑦存放在仓库的生产工具；⑧房地产企业建造完成等待销售的房屋。

二、存货的分类

（一）存货按其经济用途，可以分为以下三类

（1）以备出售的存货。是指企业在正常的经营过程中处于待销售状态的各种物品，如工业企业的库存产成品，商品流通企业的库存商品等。

（2）生产过程中的存货。是指为了最终出售但目前尚处于生产加工过程中的各种物品，如工业企业的在产品和自制半成品等。

（3）以备消耗的存货。是指企业为产品生产或提供服务过程中耗用而储存的各种物品，如工业企业为生产产品耗用而储存的原材料、燃料、包装物、低值易耗品等。

（二）按存货的存放地点，可以分为以下四类

（1）库存存货。是指已经运到企业，并已验收入库的各种材料、商品以及已验收入库的自制半成品和产成品等。

（2）在途存货。它包括运入在途存货和运出在途存货。前者指已经付款，正在运输途中或尚未验收入库的存货；后者指按合同规定已经发出或送出，但尚未确认销售收入的存货（发出商品）。

（3）加工中的存货。是指企业自行生产加工以及委托外单位加工中的各种存货。

（4）委托代销存货。是指存放在受托单位，并委托其代为销售的存货。

（三）按存货的来源分类

可以分为外购存货、自制存货、委托加工存货、投资转入存货、接受捐赠存货等。

三、存货盘存制度

存货核算的关键是如何正确确定存货的数量和合理选择存货的计价方法，其中，正确确定存货数量是关键。企业存货数量需要通过盘存来确定，常用的存货数量盘存主要有永续盘存法和实地盘存法两种方法。

（一）永续盘存法

永续盘存法是指通过设置详细的存货明细账，逐笔或逐日记录存货收入、发出的数量、金额，以随时结出结余存货的数量、金额的一种存货盘存方法。采用这一盘存法，应对存货分品种、规格等设置详细的明细账，逐笔或逐日记录存货收入、发出的数量、金额，并结出期末存货的数量和金额。其基本等式为：

期末结存数 = 期初结存数 + 本期收入数 − 本期发出数

由于永续盘存法手续比较严密，有利于对存货的管理，企业存货一般均应采用这一方法。

（二）实地盘存法

实地盘存法是指会计期末通过对全部存货进行实地盘点，以确定期末存货的数量，然后分别乘以各项存货的盘存单价，计算出期末存货的总金额，记入各有关存货账户，倒轧出本期已耗用或已销售存货成本的一种方法。其基本等式为：

本期发出数 = 期初结存数 + 本期收入数 − 期末实存数

由于采用“以存计耗”和“以存计销”倒挤发出成本，可能使非正常销售或耗用的存货损失、差错等原因所引起的短缺，全部挤入耗用或销货成本中，容易掩盖存货管理中存在的问题。因此，这一方法通常使用于那些自然损耗较大、数量不稳定的鲜活商品等。

四、存货核算的基本要求

存货通常在流动资产或全部资产中占有很大的比率，企业应当加强存货的管理与核算。应做到：

（1）切实搞好存货收发与结存的数量核算，保护企业财产物资的安全与完整，防止丢失和毁损。

（2）正确核算外购存货和确定自制存货的成本，反映购货资金的使用情况，促进购货成本的降低和购货资金的节约。

（3）合理采用存货计价方法，正确计算发出存货成本和期末存货价值，为正确计量收益，如实反映企业资产价值和经营成果提供必要条件。

第二节 存货的收发计量

存货计量是存货核算的关键，包括存货的初始计量、发出存货成本的确定和存货的期末计量三个方面。

一、存货的初始计量

存货初始计量是指取得存货入账价值的确定。企业取得存货，应当按照成本进行初始计量。存货按成本进行初始计量，是因为成本是基于过去的交易或事项而获得的，具有可靠性和可验证性。存货成本是指存货取得过程中发生的全部支出。存货成本包括采购成本、加工成本和其他成本三种类型。存货取得的途径不同，其成本的构成也有所不同。

（一）外购存货

外购存货的成本是其采购成本，构成内容包括下列各项：

1. 购买价款

是指购入存货发票账单所列的价款，不包括按规定可以抵扣的增值税。

2. 采购费用

包括运杂费、运输途中的合理损耗和其他可以归属于存货采购成本的费用等。具体有：

（1）运杂费，是指存货购买后运达企业过程中发生的各项费用，包括运输费、包装费、装卸费、途中保险费等。但不包括按规定可以抵扣的增值税。

（2）运输途中的合理损耗，是指存货在运输过程中因商品性质、自然条件等客观原因而发生的自然或不可避免的正常损耗。运输途中因客观原因带来的合理损耗，应由验收入库的存货来负担。这类损耗并不影响购进货物的总成本，只是相对提高入库存货的单位成本。

（3）其他可以归属于存货采购成本的费用，包括采购过程中发生的仓储费、入库前的挑选整理费用等。入库前的挑选整理费用是指存货运达企业入库前，进行挑选、分类整理中发生的工、费支出和必要的损耗，并扣除回收的下脚废料的价值。

提示：（1）外购存货以采购成本为入账成本；自制存货以加工成本为入账成本，是加工过程中的直接材料、直接人工和制造费用。其他成本是采购成本、加工成本以外的，使存货达到目前状态发生的其他支出。

（2）企业采购人员差旅费、入库后的整理挑选费用，验收入库后的仓储经费和入库后发生的短缺损耗均不能列入存货成本。

（3）商品流通企业购入商品的进货费用，如运输费、装卸费、保险费等，不一定是计入商品采购成本的，具体处理有三种方法，详见本章第五节的相关内容。

3. 相关税费

企业购入存货，除了支付买价和采购费用，还要按规定交纳或支付相关税金，如增值税、消费税、资源税和关税等。这些税金是否构成存货的入账价值，要视具体情况而定：

（1）价内税。价内税是价格的组成部分的税金，如消费税、资源税等，取得存货支付的包含在价格之内的税费，自然构成存货的成本。

（2）价外税。价外税主要是增值税，应区别情况处理：

第一，小规模纳税人企业，其采购货物支付的增值税，无论是否取得增值税专用发票，也无论是否在发票账单上单独列明，一律记入所购货物的采购成本。

第二，一般纳税人企业，采购货物支付的增值税，取得增值税专用发票或完税凭证的，不计入购进货物的采购成本，而列为“进项税额”进行抵扣；用于非应纳增值税项目或免征增值税项目，以及未能取得增值税专用发票或完税凭证的，其支付的增值税，应计入购进货物的采购成本。

第三，一般纳税人企业收购农产品，不论是否取得增值税专用发票，按规定可将其收购价格的一定比例（用于加工生产增值税率为13%，货物的扣除率为10%，其余扣除率为9%）列为增值税的“进项税额”，扣除这部分“进项税额”后的价款为购入货物的采购成本。

（3）进口货物的关税、消费税。进口货物交纳的关税、消费税，应计入进口货物的采购成本。

一般纳税人企业，外购存货的成本构成如图4－1所示。

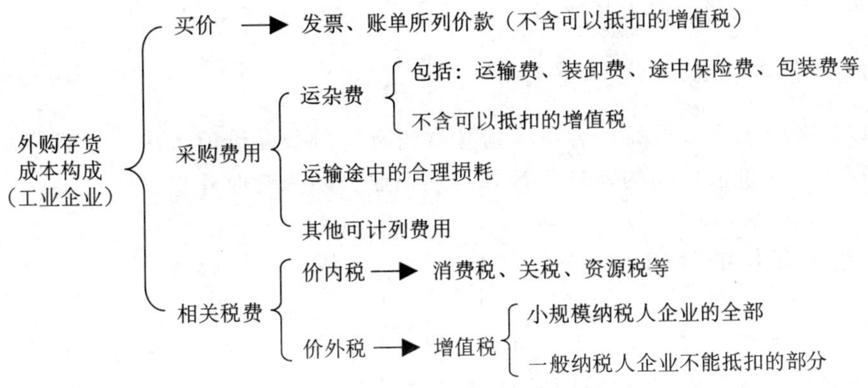

图4－1 外购存货成本构成

课堂讨论： 某企业（一般纳税人）购进原材料一批，支付增值税专用发票所列的买价是20万元，增值税26 000元；支付增值税专用发票所列的运输费3 000元，增值税270元；运输途中自然损耗10kg，按买价计为成本为200元；入库前发生取得普通发票整理费用500元。采购此项材料发生采购人员差旅费1 500元。请问该批存货的入账成本为多少？若上述企业为小规模纳税人，则该批原材料成本为多少？

（二）自制存货

企业自制存货主要是产成品、自制半成品和在产品，还包括自制原材料、包装物和低值易耗品等。自制存货成本是其制造过程中发生的加工成本，包括在制造过程中发生的直接材料、直接人工和制造费用等的各项支出。

提示： 经过相当长时间的购建或者生产活动才能达到可使用或可销售的存货，其符合资本化条件的借款费用，计入存货成本。但不包括直接计入当期损益的管理费用、财务费用。

（三）委托加工存货

委托外单位加工完成的存货，应以实际耗用的原材料或者半成品的成本，支付的加工费、往返运输费、装卸费、保险费及按规定应计入成本的税金，作为存货成本。但不包括按规定可以抵扣的增值税。

（四）投资者投入存货

投资者投入存货，应按照投资合同或协议约定的价值作为存货成本（不包括按规定可以抵扣的增值税），但合同或协议约定价值不公允的除外。

（五）接受捐赠存货

企业接受捐赠存货，按以下规定确定其实际成本：

（1）捐赠方提供了有关凭据（如发票、报关单、有关协议）的，按凭据上标明的金额加上应支付的相关税费（不包括按规定可以抵扣的增值税），作为其成本。

（2）捐赠方没有提供有关凭据的，应参照同类或类似存货的市场价格估计的金额，加上应支付的相关税费，作为其成本。

（六）以债务重组方式取得存货

企业以债务重组方式取得的存货，应按取得存货的公允价值入账。重组债权的账面余额与取得存货公允价值之间的差额，计入当期损益，列为营业外收支等。

二、发出存货的计价

企业存货的核算，有实际成本计价和计划成本计价两种方式。采用计划成本计价核算的，会计期末只需将发出存货的计划成本调整为实际成本，不存在发出存货的计价方法的问题。按实际成本计价核算情况下，是存在发出存货的计价方法问题的。

发出存货的计价方法是指对发出存货和结存存货的成本计算确定方法。由于企业存货品种繁多，收发频繁，相同存货的单价会因为取得的方式和采购时间、地点的不同而有所不同。这样，每次发出存货时，就会产生如何选择单位成本来计算确定成本的问题，即用什么方法在发出存货与结存存货之间进行成本的分配。企业可以采用的发出存货成本的计价方法有个别计价法、月末一次加权平均法、移动平均法、先进先出法等。

（一）个别计价法

个别计价法，又称具体辨认法，是指对发出和结存的每一特定货物或每一批特定货物的个别成本加以认定的一种方法。这是假设存货具体项目的成本流转与实物流转相一致的，按照各种存货逐一辨认各批发出和期末结存货的收入批别，分别按其所属的单位成本计算发出和结存存货成本的方法。采用此方法，一般需具备两个条件：一是存货项目必须是可以辨别认定的；二是必须要有详细的记录，包括每种存货的品种规格、入账时间、单位成本、存放地点等情况。

【例4-1】大明公司6月份存货甲材料的收、发、存数据资料见表4-1。

表4-1　　甲材料收、发、存资料表

日 期	摘 要	收 入		发 出		结存数量（件）
		数量（件）	单位成本（元）	数量（件）	单位成本（元）	
6月1日	结存					1 200（单价10元）
6月8日	购入	800	11			2 000
6月15日	发出			1600		400
6月20日	购入	1 200	12			1 600
6月28日	发出			800		800
6月30日	购入	800	15			1 600

经具体认定，若6月15日发出的甲材料中，属于期初结存的有1 000件，属于6月8日购入的有600件，6月28日发出的甲材料中，属于期初结存的有200件，属于6月20日购入的有600件。6月份A材料的发出实际成本和期末结存成本可计算如下：

本期甲材料发出实际成本 $=1\ 000\times10+600\times11+200\times10+600\times12=25\ 800$（元）

期末甲材料结存成本 $=200\times11+600\times12+800\times15=21\ 400$（元）

方法评价

个别计价法能准确计算发出存货和期末存货的成本。但分批认定和记录存货的批次及各批的单价和数量，工作量较大；可能出现企业利用此方法随意选用较高或较低价格的存货以调节当期利润的情况。这种方法适用于容易识别、存货品种数量不多、单位成本较高的存货，如房产、船舶、珠宝、名画等贵重物品。企业不能替代使用的存货、为特定项目专门购入或制造的存货以及提供劳务也可以采用这种方法。

（二）月末一次加权平均法

月末一次加权平均法，是指以月初存货数量加上本月全部进货数量作为权数，去除月初存货成本加上本月全部进货成本，计算出存货的加权平均单位成本，以此为基础计算本月存货发出成本和月末结存存货成本的一种方法。计算公式如下：

$$加权平均单位成本=\frac{月初结存存货成本+本月全部进货成本}{月初结存存货数量+本月全部进货数量}$$

本月发出存货成本 = 本月发出存货数量×加权平均单位成本

月末结存存货成本＝月末结存存货数量×加权平均单位成本

如果计算出加权平均单位成本不是整数（除不尽），就要将小数点后二位以下的数字四舍五入，为了保持账面数字之间的平衡关系，也便于核对账目，可以采用倒挤成本法计算本月发出存货的成本，即：

月末结存存货成本＝月末结存存货数量×加权平均单位成本

本月发出存货成本＝月初结存存货成本＋本月收入存货成本－月末结存存货成本

【例4－2】 仍以［例4－1］资料为例，采用加权平均法计算甲材料本期发出成本和期末结存成本。见表4－2。

表4－2 存货明细账

名称及规格：甲材料

金额单位：元

××年		摘要	收入			发出			结存		
月	日		数量	单价	金额	数量	单价	金额	数量	单价	金额
6	1	结存							1 200	10	12 000
6	8	购入	800	11	8 800	1 600			2 000		
6	15	发出							400		
6	20	购入	1 200	12	14 400				1 600		
6	28	发出							800		
6	30	购入	800	15	12 000	800			1 600	11．80	18 880
6	30	本月合计	2 800	\	35 200	2 400	11.80	28 320	1 600	11.80	18 880

表4－2中有关资料的计算如下：

$$加权平均单价=\frac{12\ 000+35\ 200}{1\ 200+2\ 800}=11.8（元）$$

月末结存材料成本＝1 600×11.80＝18 880（元）

本月发出材料成本＝2 400×11.80＝28 320（元）

或＝（12 000＋35 200）－18 880＝28 320（元）

方法评价

月末一次加权平均法只在月末一次计算加权平均单位成本，有利于简化核算工作；在市场价格变动较大情况下单位成本是平均化的，对存货成本的分摊较为折中。但是，这种方法只能到期末才能计算出加权平均单位成本，从而存货发出和结存成本的计算工作集中在月末，影响存货核算的及时性；同时，平时无法从明细账反映发出和结存存货的单价和金额，不利于对存货及成本的日常管理与控制。一般存货均可采用此方法。

（三）移动平均法

移动加权平均法是指每次收到存货以后，根据结存存货的数量和总成本，计算出新的平均单位成本，并对发出存货进行计价的一种方法。移动平均法与全月一次加权平均法的计算原理基本相同，只是要求在每次收入存货时重新计算加权平均单位成本。具体计算方法如下：

$$\text{移动平均单位成本}=\frac{\text{原有结存存货成本}+\text{本次进货成本}}{\text{原有结存存货数量}+\text{本次进货数量}}$$

发出存货成本 = 本次发出存货数量 × 移动平均单位成本（本次发货前存货的单位成本）

月末存货成本 = 月末结存存货数量 × 移动平均单位成本（期末存货单位成本）

【例 4 - 3】 仍以［例 4 - 1］资料为例，采用移动平均法计算甲材料发出成本和结存成本。见表 4 - 3。

表 4 - 3　　存货明细账

名称及规格：甲材料　　计量单位：件

××年		摘要	收入			发出			结存		
月	日		数量	单价	金额	数量	单价	金额	数量	单价	金额
6	1	结存							1 200	10	12 000
6	8	购入	800	11	8 800				2 000	10.4	20 800
6	15	发出				1 600	10.4	16 640	400	10.4	41 600
6	20	购入	1 200	12	14 400				1 600	11.6	18 560
6	28	发出				800	11.6	9 280	800	11.6	9 280
6	30	购入	800	15	12 000				1 600	13.3	21 280
6	30	本月合计	2 800		35 200	2 400		25 920	1 600	13.3	21 280

表 4 - 3 中有关资料的计算如下：

$$\text{第一批购货后的平均单位成本}=\frac{12\ 000+8\ 800}{1\ 200+800}=10.40\ (\text{元})$$（第二、第三批计算略）

本月发出材料成本 $=1\ 600\times10.40+800\times11.60=16\ 640+9\ 280=25\ 920$（元）

月末结存材料成本 $=1\ 600\times13.3=21\ 280$（元）

方法评价

移动平均法存货明细账的记录是及时完整的，便于存货的日常管理；存货核算工作分散在平时进行，能减轻月末的工作量；而且计算的平均单位成本及发出和结存存货的成本较客观。但是，由于每次收入存货都要重新计算一次加权平均单位成本，计算工作量较大。移动平均法主要适用于各月进货次数不多的存货。

（四）先进先出法

先进先出法是指以先入库的存货应先发出（销售或耗用）这样一种存货实物流转程序假设为前提，对发出存货和结存存货进行计价的一种方法。采用这种方法，进货时，逐笔登记入库存货的数量、单价和金额；发出存货时，按照先入库存货的单位成本先转出的方法逐笔计算发出和结存存货的成本。

【例4－4】 仍以［例4－1］资料为例，采用先进先出法计算甲材料发出成本和结存成本，见表4－4。

本月发出材料成本 $=(1\ 200\times10+400\times11)+(400\times11+400\times12)$

$=25\ 600$（元）

月末结存材料成本 $=12\ 000+35\ 200-25\ 600=21\ 600$（元）

表4－4 **存货明细账**

名称及规格：甲材料 计量单位：件

××年		摘要	收入			发出			结存		
月	日		数量	单价	金额	数量	单价	金额	数量	单价	金额
6	1	结存							1 200	10	12 000
6	8	购入	800	11	8 800				1 200 800	10 11	12 000 8 800
6	15	发出				1 200 400	10 11	12 000 4 400	400	11	4 400
6	20	购入	1 200	12	14 400				400 1 200	11 12	4 400 14 400
6	28	发出				400 400	11 12	4 400 4 800	800	12	9 600
6	30	购入	800	15	12 000				800 800	12 15	9 600 12 000
6	30	本月合计	2 800		35 200	2 400		25 600	800 800	12 15	21 600

方法评价

先进先出法，可以随时结转存货发出成本，期末存货成本比较接近存货的市场价格。但是，在存货收发业务频繁和单价经常变动的情况下，存货计价的工作量较大；

当物价持续上涨时，用早期较低的成本与现行收入相配比，会高估当期利润；反之，则低估当期利润。这种方法适用于收发业务不频繁，价格比较稳定的存货。

发出存货成本的确定，应选择使成本与其相关联的收入实现较好配比的计价方法。发出存货计价方法一经确定，不得随意变更。确实需变更的，应将变更的内容和理由、变更的累积影响数以及累积影响数不能合理确定的原因等，在财务报表附注中予以说明。

第三节 原材料

一、原材料核算的内容

原材料是指企业在生产过程中经过加工改变其形态或性质并构成产品主要实体的各种原料、主要材料和外购半成品，以及不构成产品实体但有助于产品形成的辅助材料。原材料主要包括：

（1）原料及主要材料。是指直接用于产品制造，经过加工后构成产品主要实体的各种原料和材料。原料是指直接取自于自然界的劳动对象，如纺纱用的棉花、炼铁用的矿石等；材料是指已被加工过的劳动对象，如织布用的棉纱、机械制造用的钢材等。

（2）辅助材料。是指不构成产品的主要实体，但直接用于产品生产有助于产品形成的各种材料。如工业生产用的催化剂、染料等，维护生产设备的润滑油、砂轮等。

（3）外购半成品。是指从外部购入需要本企业进一步加工或装配的已完成一定生产步骤的半成品。如果外购半成品数量不大时，可并作原料及主要材料。

（4）修理用备件。是指为修理本企业的机器设备等从外部购入的专用零部件。

（5）包装材料。是指包装产品用的，除包装物以外的各种材料。如纸、绳、铁丝等。

（6）燃料。是指在工艺技术过程中用于燃烧取得热能的各种材料。包括各种固体、液体和气体燃料，如煤炭、汽油、天然气。

原材料的日常核算分为按实际成本计价和按计划成本计价两种方法，企业可以根据自身生产经营特点及管理要求确定日常核算的计价方法。

提示： 注意区别存货、材料、原材料的不同。存货概念最大，三者是从属关系，具体是：

- 存货
  - 材料
    - 原材料——原料及主要材料、辅助材料、外购半成品、修理用备件
      包装材料、燃料六大项
    - 周转材料
      - 包装物
      - 低值易耗品
  - 在产品（半成品）
  - 产成品（库存商品）
  - 委托加工物资、发出商品
  - 消耗性生物资产

注意：①包装物≠包装材料
②产成品≠库存商品
③外购半成品≠自制半成品

二、原材料按实际成本计价

原材料按实际成本核算的特点是：材料从收发凭证到明细分类账和总分类账全部均按实际成本进行计价。

（一）账户设置

1.“原材料”账户

该账户核算企业库存的各种材料的实际成本，其结构如图4－2所示。该账户可按材料的保管地点（仓库）、材料的类别、品种和规格进行明细核算。

2.“在途物资”账户

该账户核算企业采用实际成本（或进价）进行材料、商品等物资的日常核算、货款已付尚未验收入库的在途物资的采购成本，其结构如图4－2所示。该账户可按供应单位和物资品种进行明细核算。

借方	“在途物资”账户　　贷方
已付款材料、商品的采购成本	验收入库材料、商品的采购成本
期末余额：在途材料、商品的采购成本	

→

借方	“原材料”账户　　贷方
收入原材料实际成本	发出原材料实际成本
期末余额：库存原材料的实际成本	

图4－2　“原材料”“在途物资”账户的结构

（二）材料收入的账务处理

1.外购材料

外购材料，由于结算方式和采购地点的不同，材料入库和货款的支付在时间上不一定完全同步，其账务处理也有所不同。

（1）货款已付，同时收料。企业购入材料货款已经支付或开出、承兑商业汇票，同时材料收到，并验收入库的，应根据发票账单和收料单等确定的材料实际成本，借记“原材料”账户，根据取得增值税专用发票上注明的税额，借记“应交税费——应交增值税（进项税额）”账户，根据实际付款金额，贷记“银行存款”“其他货币资金”等账户，或根据已开出、承兑商业汇票的票面价值，贷记“应付票据”账户。

【例4－5】大明公司从本地购入甲材料一批，专用发票所列的货款4万元，增值税5 200元。发票账单等结算凭证已收到，材料已验收入库，价税款用银行汇票支付。账务处理为：

借：原材料——原料及主材料（甲材料）　　40 000

　　应交税费——应交增值税（进项税额）　　5 200

　　贷：其他货币资金——银行汇票存款　　　　45 200

（2）付款在先，收料在后。企业购入材料，收到发票账单，并据以付款或开出承兑商业汇票，但材料尚未收到或尚未验收入库的，应将这部分材料作为在途物资处理，待收到材料并验收入库后，再由在途物资转为库存材料。

【例4－6】大明公司从上海远大公司购入乙材料一批，专用发票所列的货款20万元，增值税26 000元；专用发票所列的运输费1万元，增值税900元；普通发票所列的保险费400元。全部价税款以存款支付，但材料尚未收到。公司在付款时的账务处理为：

借：在途物资——上海远大公司　　210 400（200 000 + 10 000 + 400）

　　应交税费——应交增值税（进项税额）　　26 900

　　贷：银行存款　　237 300

上述材料验收入库时的账务处理为：

借：原材料——原料及主材料（乙材料）　　210 400

　　贷：在途物资——上海远大公司　　210 400

（3）收料在先，付款在后。这类业务，具体应分两种情况处理：

第一，材料已验收入库，发票账单也已到达，款项未支付。这种情况一般是由于企业货币资金不足而暂未付款，其表明企业因购入材料已占用了供应单位的资金，形成了应付账款，企业应在收到材料和发票账单时进行账务处理。

【例4-7】 假设［例4-5］中购入材料的业务，材料已验收入库，发票等结算凭证也已收到，但企业货币资金不足无力支付价税款。账务处理为：

借：原材料——原料及主材料（甲材料）　　40 000

　　应交税费——应交增值税（进项税额）　　5 200

　　贷：应付账款　　45 200

第二，材料验收入库时，因为发票账单未到，所以尚未付款。由于一般在短时间内发票账单就可能达到，为了简化核算手续，在月份内发生的，可以暂不进行总分类核算，只将收到的材料登记明细分类账，待收到发票账单时，再根据情况进行总分类核算。月末，对于那些结算凭证和发票账单仍尚未到达的入库材料，应按材料的合同价格或计划成本计价，暂估入账，借记“原材料”账户，贷记“应付账款——暂估应付账款”账户，下月初，用红字作同样的记账凭证，予以冲回，以便下月（或以后月份）收到凭证账单付款或开出、承兑商业汇票时，按正常程序进行处理。

【例4-8】 大明公司向美达公司购入丙材料一批，合同价款135 600元（其中增值税15 600元），本月27日材料收到并验收入库，但发票账单尚未到达，货款无法支付。至月末仍未收到发票账单。公司有关的账务处理为：

（1）本月27日材料验收入库时，只进丙材料的明细核算（填制入库单，登记明细账等）。

（2）本月末，按材料合同价款12万元（不含增值税）暂估入账：

借：原材料——原料及主要材料（丙材料）　　120 000

　　贷：应付账款——暂估应付账款　　120 000

（3）下月初，用红字冲销上月末的暂估入账：

借：原材料——原料及主要材料（丙材料）　　[120 000]

　　贷：应付账款——暂估应付账款（丙材料）　　[120 000]

（4）下月10日，收到美达公司转来的专用发票等，所列的货款125 000元，增值税16 250元。价税款以存款支付，则记：

借：原材料——原料及主要材料（丙材料）　　125 000

　　应交税费——应交增值税（进项税额）　　16 250

　　贷：银行存款　　141 250

课堂讨论：［例4-8］业务事项，下月初为什么要用红字冲销？如果不进行红字冲销对会计核算有什么影响？

（4）采用预付货款方式购入材料。企业采用预付账款方式购入材料业务，应通过“预付账款”或“应付账款”账户进行核算，具体账务处理在第三章第三节已作介绍，此略。

（5）购料短缺与损耗的处理。企业外购材料业务，对于采购材料在途中发生的短缺和毁损，应根据造成短缺和毁损的原因，分别情况进行处理：

第一，定额内合理的途中损耗，计入材料采购成本。

第二，能确定由供应单位、运输单位、保险公司或其他过失人负责赔偿的，应向有关单位或责任人索赔，从“在途物资”账户转入“应付账款”或“其他应收款”账户。

第三，凡尚待查明原因或需要报经批准才能转销处理的损失，应将其损失从“在途物资”账户转入“待处理财产损溢”账户，查明原因后再分别情况进行处理：属于应由供货单位、运输单位、保险公司或其他过失人负责赔偿的，将其损失从“待处理财产损溢”账户转入“应付账款”或“其他应收款”账户；属于自然灾害造成的损失，应按扣除残料价值和保险公司赔偿后的净损失，从“待处理财产损溢”账户转入“营业外支出——非常损失”账户；属于无法收回的其他损失，报经批准后，将其他“待处理财产损溢”账户转入“管理费用”账户。

提示： 购料途中短缺与损耗的处理

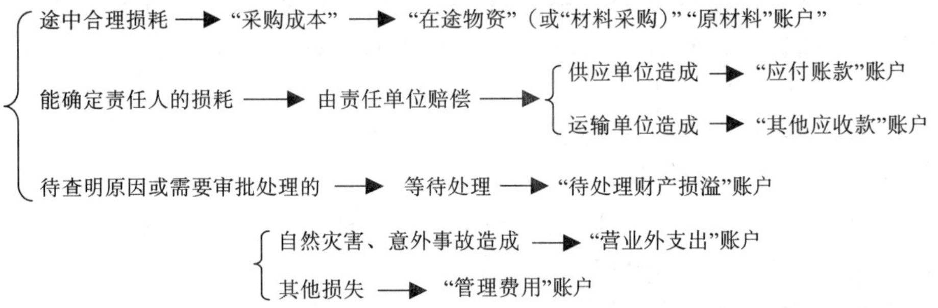

【例4-9】 大明公司上月末向光明公司购入丁材料2 000吨，每吨30元，增值税率13%，款已付，材料未收。现收到材料经验收发现短缺50吨，其余验收入库。

（1）若查明上述短缺系供应单位造成，应由其赔偿。收料并结转短缺的账务处理为：

借：原材料——原料及主要材料（丁材料）

58 500［（2 000－50）×30］

　　应付账款——光明公司　　1 695［30×50×（1＋13%）］

　　贷：在途物资——光明公司　　60 000

　　　　应交税费——应交增值税（进项税额转出）　　195

如收到光明公司补发材料经验收入库，账务处理为：

借：原材料——丁材料　　1 500

　　应交税费——应交增值税（进项税额）　　195

　　贷：应付账款——光明公司　　1 695

(2) 若短缺50吨系意外事故造成。收料并结转待处理意外损失的账务处理为：

借：原材料——原料及主要材料（丁材料） 58 500
　　待处理财产损溢——待处理流动资产损溢 1 695
　　贷：在途物资——光明公司 60 000
　　　　应交税费——应交增值税（进项税额转出） 195

如经确认应收保险赔款800元，其余经批准予以转销，账务处理为：

借：其他应收款——应收保险 800
　　营业外支出——非常损失 895
　　贷：待处理财产损溢——待处理流动资产损溢 1 695

(6) 购进免税农产品。企业购进免税农产品应按购入农产品的收购价和规定的扣除率（9%或10%）计算进项税额。材料的入账成本是收购价减去可以抵扣的增值税的差额。

【例4-10】 大明公司购进免税农产品一批，收购价8万元，增值税的扣除比率为9%。材料验收入库，价款以银行存款支付。账务处理为：

借：原材料——原料及主要材料（××农产品） 72 800
　　应交税费——应交增值税（进项税额） 7 200（80 000×9%）
　　贷：银行存款 80 000

(7) 小规模纳税人购入材料。小规模纳税人购入材料（货物）支付的货款、增值税额和采购费用均应直接计入有关材料（货物）的成本。

【例4-11】 某企业系小规模纳税人，本月购入A材料一批，货款2万元，增值税额2 600元，支付运杂费800元。材料已验收入库，价税款以银行存款支付。账务处理为：

借：原材料——原料及主要材料（A材料） 23 400
　　贷：银行存款 23 400

2. 自制材料和废料入库

企业生产车间自制材料，通过“生产成本”账户进行核算其发生的料、工、费支出。自制完成的材料验收入库时，应填制“材料交库单”，并按其实际生产成本，借记“原材料”账户，贷记“生产成本”账户。

企业回收的交库废料应填制“材料交库单”，办理入库手续。生产中回收的下脚废料，应借记“原材料”账户，贷记“生产成本”账户；低值易耗品报废交回的残料，应借记“原材料”账户，贷记“制造费用”或“管理费用”账户；对于固定资产报废清理回收的残料，应借记“原材料”账户，贷记“固定资产清理”账户。

企业收入材料除了上述情况外，还有委托加工收回、投资者投入、债务重组方式取得的，其账务处理将在以后有关章节中介绍。

企业收入材料的总分类核算，可根据不同情况确定总分类账的登记方法。对于材料收入业务较少的企业，收入核算的工作量不大，可以根据收料凭证逐日编制记账凭证，并据以登记总分类账；对于收料业务较多的企业，则可以根据收料凭证，整理汇总，定期（或月终一次）编制“收料凭证汇总表”，并据以编制记账凭证，登记总分类账，进行总分类核算。“收料凭证汇总表”一般格式见表4-5。

表4－5　　　　　　　　　　　　　　**收料凭证汇总表**　　　　　　　　　　　　单位：元

<table>
<tr><td colspan="2" rowspan="2">应借账户
应贷账户</td><td colspan="7">原　材　料</td><td rowspan="2">应交
税费</td><td rowspan="2">总计</td></tr>
<tr><td>原料及
主要材料</td><td>辅助
材料</td><td>外购
半成品</td><td>修理
用备件</td><td>包装
材料</td><td>燃料</td><td>合计</td></tr>
<tr><td rowspan="4">在
途
物
资</td><td>1－10日</td><td></td><td></td><td></td><td></td><td></td><td></td><td></td><td></td><td></td></tr>
<tr><td>11－20日</td><td></td><td></td><td></td><td></td><td></td><td></td><td></td><td></td><td></td></tr>
<tr><td>21－31日</td><td></td><td></td><td></td><td></td><td></td><td></td><td></td><td></td><td></td></tr>
<tr><td>小计</td><td></td><td></td><td></td><td></td><td></td><td></td><td></td><td></td><td></td></tr>
<tr><td colspan="2">生产成本</td><td></td><td></td><td></td><td></td><td></td><td></td><td></td><td></td><td></td></tr>
<tr><td colspan="2">……</td><td></td><td></td><td></td><td></td><td></td><td></td><td></td><td></td><td></td></tr>
<tr><td colspan="2">合计</td><td></td><td></td><td></td><td></td><td></td><td></td><td></td><td></td><td></td></tr>
</table>

（三）材料发出的账务处理

企业发出材料应按其用途，填制发料凭证办理出库手续，并据以进行发出材料的核算。由于发料业务频繁，发料凭证数量较多，为了简化核算工作，平时一般只根据发料凭证登记材料明细分类账，而不直接根据发料凭证填制记账凭证，而是在月末根据当月的发料凭证，按领用部门和用途进行归类汇总，编制“发料凭证汇总表”，据以进行材料发出的总分类核算，格式见表4－6。

表4－6　　　　　　　　　　　　　　**发料凭证汇总表**

××× 年 11 月　　　　　　　　　　　　单位：元

类别 用途	原料及主要材料	辅助材料	燃　料	外购半成品	合　计
车间生产产品领用	320 000	60 000		120 000	500 000
辅助生产车间领用	42 000	5 000	7 000		47 000
车间一般性消耗		2 000	6 000		9 000
厂部管理部门领用		20 000			26 000
在建工程领用		6 000			6 000
对外销售	10 000				10 000
合　计	372 000	93 000	13 000	120 000	598 000

（四）材料的明细分类核算

发出材料应根据不同用途借记有关账户，贷记“原材料”账户。主要包括：生产产品领用的应记入“生产成本——基本生产成本”账户；用于辅助生产领用的应记入“生产成本——辅助生产成本”账户；车间管理及一般消耗领用的应记入“制造费用”账户；厂部管理部门领用的应记入“管理费用”账户；专设销售机构领用的应记入“销售费用”账户；销售的记入“其他业务成本”账户；自行研究、开发无形资产领用的应借记“研发支出”账户；用于职工集体福利的记入“应付职工薪酬”账户；专项工程领用的应记入“在建工程”账户。

企业购入材料用于职工生活福利、用于非应税项目的，属购进货物改变用途，一般纳税人企业，应按使用材料的进货成本和适用税率，计算结转增值税的进项税额，借记“应付职工薪酬”等账户，贷记“应交税费 应交增值税（进项税额转出）”账户。

【例4-12】 大明公司11月份，根据发料凭证，汇总编制的“发料凭证汇总表”见表4-6，据以进行本月材料发出的总分类核算。

根据发料凭证汇表，公司发出材料的账务处理为：

借：生产成本——基本生产成本	500 000	
——辅助生产成本	47 000	
制造费用	9 000	
管理费用	26 000	
在建工程	6 000	
其他业务成本	10 000	
贷：原材料——原料及主要材料		372 000
——辅助材料		93 000
——燃料		13 000
——外购半成品		120 000

材料的明细分类核算包括数量核算和金额核算两部分。材料收发、库存的数量核算，由仓库保管人员负责，而金额核算由企业财会人员负责。根据这一要求，材料的明细分类核算通常有以下两种形式。

1.“两套账”形式

也称为“账卡分设”。即企业的仓库和财会部门各自设置一套材料账簿进行材料的明细分类核算。仓库设置“材料卡片”核算各种材料收发结存的数量，材料卡片的一般格式见表4-7。材料卡片根据品种规格设置，并按材料类别和编号顺序排列，或按类别装订成活页账，以便保管。财会部门设置材料明细账，核算各种材料收发结存的数量和金额。财会部门设置的材料明细账，应采用数量金额式明细账，按材料品种、规格设置，采用收、发、余三栏，分别记录“数量”“单价”和“金额”三项内容，其收入栏根据收料凭证序时逐笔登记；发出栏中的数量可根据发料凭证序时逐笔登记，但单价和金额应根据发出材料计价方法来加以确定，进行登记。材料明细账格式见上文表4-2、表4-3。

采用这种方式，优点是仓库和会计部门可以相互核对、互相制约；其缺点是核算工作量较大，存在重复记账的情况。

2.“一套账”形式

也称“账卡合一”，即将仓库设置的材料卡片与会计部门设置的材料明细分类账合并为一套数量金额式的“材料明细账”进行材料明细核算。这套账平时放在仓库，由仓库管理员根据收发凭证序时逐笔登记收、发数量并逐日结出结存数；会计部门材料会计定期到仓库稽核、收单，并在材料收发凭证上标价以及在材料明细账上登记金额。

这种方式的优点是可以避免材料明细核算的重复记账，简化核算工作量；其缺点是仓

表4－7　　材料卡片

材料账户：原材料　　材料编号：118　　最高储备量：

材料类别：原料及主要材料　　卡片编号：　　最低储备量：

材料名称规格：甲材料　　存放地点：　　计量单位：件

××年		凭证		收入数量	发出数量	结存数量	稽核	
月	日	名称	编号				日期	签章
6	1	略	略			1 200		
6	8			800		2 000	15	×××
6	15				1 600	400		
6	20			1 200		1 600		
6	28				800	800		
6	30			800		1 600	30	×××
6	30			2 800	2 400	1 600	30	×××

库和财会部门不能相互制约，不能进行相互核对。

上述两种方式，企业可以根据材料的重要程度和管理要求，选择确定其适合的方式。

三、原材料按计划成本核算

原材料按计划成本核算的特点是：材料收发凭证按预先确定计划成本计价，总分类账及明细分类账按计划成本登记；材料的实际成本与计划成本的差异，通过“材料成本差异”账户核算。月份终了，通过分配材料成本差异，将发出材料的计划成本调整为实际成本。

（一）账户设置

（1）“原材料”账户。该账户与按实际成本计价的核算内容相同。但该账户借方、贷方及余额均按照计划成本记账。

（2）“材料采购”账户。该账户核算企业采用计划成本进行材料日常核算而购入材料的采购成本。其结构如图4－3所示。该账户可按供应单位和材料品种进行明细核算。

（3）“材料成本差异”账户。该账户核算企业采用计划成本进行材料日常核算的材料实际成本与计划成本的差异。它是材料类账户的调整账户，其结构如图4－3所示。该账户可区分“原材料”“周转材料”等，按照类别或品种进行明细核算

（二）材料收入的账务处理

如同按实际成本计价的账务处理一样，企业收入的材料，都要根据不同的来源，采用的结算方式、付款及收料等不同情况进行账务处理。其核算内容包括三个方面：一是反映材料采购成本的发生；二是按计划成本反映材料验收入库；三是结转入库材料的成本差异。

1. 外购材料

计划成本计价核算情况下，外购材料业务是运用“材料采购”账户进行的，具体分

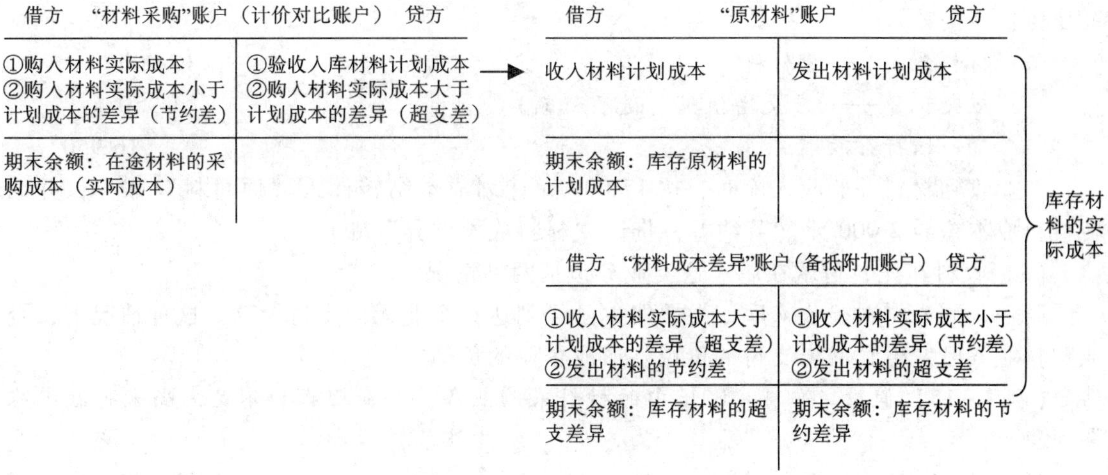

图 4－3　“材料采购”“材料成本差异”等账户的结构

为以下几种类型：

（1）货款付清，同时收料。企业购入材料支付价税款时，先借记“材料采购”“应交税费——应交增值税（进项税额）”账户，贷记“银行存款”等账户；然后根据验收入库材料的计划成本，借记“原材料”等账户，贷记“材料采购”账户，同时结转验收入库材料实际成本与计划成本的差异。如为实际成本大于计划成本的超支差异，借记“材料成本差异”账户，贷记“材料采购”账户；如为实际成本小于计划成本的节约差异，作相反的账务处理。

【例 4－13】 大明公司向天一公司购入 A 材料一批，专用发票所列的货款 20 万元，增值税 26 000 元。材料已验收入库，计划成本为 21 万元，价税款以存款支付。账务处理为：

（1）购入材料，支付价税款时：

借：材料采购——原材料　　200 000
　　应交税费—— 应交增值税（进项税额）　　26 000
　　贷：银行存款　　226 000

（2）材料验收入库时：

借：原材料——原料及主要材料（A 材料）　　210 000
　　贷：材料采购——原材料　　210 000

（3）结转入库材料成本差异：

借：材料采购——原材料　　10 000
　　贷：材料成本差异——原材料　　10 000

（2）付款在先，收料在后。这种情况下，企业购入材料支付价税款时，借记“材料采购”“应交税费——应交增值税（进项税额）”，贷记“银行存款”等账户。待以后材料验收入库时，再作按计划成本验收入库及结转材料成本差异的账务处理。若到月末材料仍未收到，则“材料采购”账户有借方余额，反映在途材料的实际成本。

【例 4－14】 大明公司采用汇兑结算方式购入 B 材料一批，专用发票所列的货款 15 000元，增值税 1 950 元。发票账单已收到，计划成本 17 000 元，材料尚未收到。账务处理为：

借：材料采购——原材料　　15 000

　　应交税费——应交增值税（进项税额）　　1 950

　　贷：银行存款　　16 950

企业收到材料并验收入库时，按17 000元计划成本结转计入“原材料”账户，并结转材料成本差异2 000元（节约差，贷记“材料成本差异”账户）。

（3）收料在先，付款在后。这类业务包括两种情况：

第一，购入材料验收入库，发票账单已经到达，企业无力支付价款。这种情况下，企业购料业务已发生，尚未支付的价税款形成企业的负债。

【例4－15】 假设［例4－14］中的材料采购业务，企业因存款不足，尚未付款，账务处理为：

借：材料采购——原材料　　200 000

　　应交税费——应交增值税（进项税额）　　26 000

　　贷：应付账款——天一公司　　226 000

结转验收入库材料计划成本21万元和材料成本差异1万元的账务处理同［例4－14］。

第二，购入材料验收入库，发票账单尚未到达，因而尚未支付价款。对于发票账单尚未收到的，平时（月份内）暂不进行账务处理，待收到发票账单时，再根据情况进行账务处理；至月末仍未收到发票账单的，按计划成本暂估入账，下月初用红字冲回，其账务处理与按实际成本计价的基本相同。下月付款或开出、承兑商业汇票后，按正常程序通过“材料采购”账户核算。

【例4－16】 大明公司采用委托收款结算方式从A公司购入丙材料一批，材料已验收入库，至月末发票账单尚未收到，计划成本为9万元。

月末按计划成本暂估入账时：

借：原材料——原料及主要材料（丙材料）　　90 000

　　贷：应付账款——估计应付账款（A公司）　　90 000

下月初用红字冲销：

借：原材料——丙材料　　90 000

　　贷：应付账款——估计应付账款（A公司）　　90 000

上述购入丙材料于次月或以后月份收到发票账单时，按正常程序进行账务处理。

（4）材料短缺和毁损的处理。材料验收入库时发现购入材料的短缺与损耗，其账务处理与按实际成本计价的大致相同。对于运输途中的合理损耗，应计入材料的实际成本；对于应由供应单位、外部运输机构或有关责任人负责赔偿的材料短缺与损耗，应按照材料的实际成本及负担的增值税，借记“应付账款”“其他应收款”等账户，贷记“材料采购”“应交税费——应交增值税”账户；尚待查明原因和需要报经批准才能转销的损失，先记入“待处理财产损溢”账户，查明原因后再作处理。

上述外购材料计划成本和成本差异的结转集中在月终进行。月份终了，财会部门根据仓库转来的收料凭证，将其中已经付款的，或已开出承兑商业汇票的部分，按计划成本和实际成本分别汇总，按汇总的计划成本借记有关材料账户，贷记“材料采购”账户；同时将实际成本大于计划成本的差异，借记“材料成本差异”账户，贷记“材料采购”账户；实际成本小于计划成本的差异，作相反的账务处理。

2. 自制材料和废料入库

企业收到自制材料和废料，应按计划成本借记“原材料”账户，按其实际成本贷记“生产成本”账户，同时结转材料成本差异，借记或贷记“材料成本差异”账户。

（三）材料发出的账务处理

为了简化日常核算工作，企业可于月终编制“发料凭证汇总表”，据以进行发出材料的总分类核算。在按计划成本计价的方式下，原材料发出的账务处理包括以下两方面内容：

1. 结转发出材料的计划成本

这是根据“材料发出汇总表”中材料的计划成本，按发出材料的用途进行分配。

2. 结转本月发出材料应分配的成本差异额

发出材料的成本差异额，是根据发出材料的计划成本和材料成本差异率计算确定的，分配的去向与材料计划成本的去向一致。结转发出材料成本差异额时，如为节约差异，应借记“材料成本差异”账户；如为超支差异，应贷记“材料成本差异”账户。

【例4－17】大明公司各部门本月领用A材料如下：基本生产车间制造产品领用18万元，车间管理部门领用2万元，企业管理部门领用1万元，出售5万元。材料成本差异率为－1%。账务处理为：

（1）借：生产成本——基本生产成本	180 000	
制造费用	20 000	
管理费用	10 000	
其他业务成本	50 000	
贷：原材料——A材料		260 000
（2）结转发出材料的成本差异		
借：材料成本差异——原材料（A材料）	2 600	
贷：生产成本——基本生产成本		1 800
制造费用		200
管理费用		100
其他业务成本		500

（注：上述成本费用的贷方记录，应用红字记入相应多栏式明细账的相关项目）

（四）材料的明细分类核算

采用计划成本计价核算材料，应对库存材料、材料采购、材料成本差异率分别进行明细分类核算。

1. 库存材料的明细核算

在按计划成本计价情况下，库存材料的明细核算与按实际成本计价的明细核算基本相同，由仓库管理人员和财会部门的材料核算员配合进行。所不同的是“账卡合一”的明细账和材料二级分类核算都是按计划成本计价反映的。同时，在明细账的登记上也有一定的差别，由于计划价格是一个单一的价格，所以，该账户平时只需登记材料收发的数量，至于其金额只需在期末结账时计算登记。其格式见表4－8。

表4－8　　材料明细账

材料类别：原材料　　存放地点：　　最高储备量：　　材料编号：

材料名称规格：丙材料　　最低储备量：　　计划单价：3元/千克

××年		凭证编号	摘要	收入数量	发出数量	结存	
月	日					数量	金额
10	1	略				2 000	6 000
	5		购入	8 000		10 000	
	10		领用		6 000	4 000	
	20		购入	5 000		9 000	
	25		领用		2 000	7 000	
	31		合计	13 000	8 000	7 000	21 000

2．材料采购的明细核算

材料采购明细核算，是通过"材料采购"明细账来进行的。"材料采购"明细账是用来提供外购材料的实际成本与计划成本的详细核算资料的。一般情况下，材料采购明细账可按材料的大类，如原材料、低值易耗品等设置；若材料储备量较大，材料费用在产品成本中所占的比重也较大，可按材料类别或品种设置。材料采购明细账的一般格式见表4－9。

表4－9　　材料采购明细账

明细账户：原材料　　××××年9月　　单位：元

××年		记账凭证号楼	发票账单	供应单位或采购人员姓名	摘要	借方（实际成本）				××年		记账凭证号数	收料凭证号数	摘要	贷方			
月	日					买价	运杂费	其他	合计	月	日				计划成本	成本差异	其他	合计
9	6			肖明钢铁厂	A钢材	28 100			28 100	×	6			入库	27 500	600		28 100
	10	（略）	（略）	胜利钢铁厂	B钢材	49 500	1 500		51 000	×	15	（略）	（略）	入库	53 500	-2 500		51 000
	22			宏伟钢铁厂	A钢材	6 000	400		6 400									
					本月发生额	83 600	1 900		85 500					本月发生额	81 000	-1 900		79 100
					月末余额（在途材料）				6 400									

材料采购明细账采用横线登记法（平行式）进行登记，即同一批外购材料的付款和收料业务在同一行中登记。登记的依据是审核后的发票账单和收料单等有关凭证。月终，将已在借方栏和贷方栏登记的材料成本差异结转到"材料成本差异"账户。对于只有借方金额而无贷方金额的，即已付款（或已开出、承兑商业汇票）尚未验收入库的在途材料，应逐笔转入下月材料采购明细账内，以便材料验收入库时进行账务处理。

3．材料成本差异的明细核算

为了计算各种材料成本差异率，反映各种材料实际发生的成本差异，将发出材料的计划成本调整为实际成本，应进行材料成本差异的明细核算。材料成本差异明细核算是通过“材料成本差异明细账”进行的。材料成本差异明细账与材料采购明细账的设置应该一致，一般也是按材料大类设置。材料成本差异明细账的一般格式见表4－10。

表4－10 材料成本差异明细账

明细账户：原材料： ××××年8月 单位：元

××××年		凭证号数	摘要	收入			发出			结存		
月	日			计划成本	借方差额（超支）	贷方差额（节约）	差异率（%）	计划成本	成本差异	计划成本	借方差额（超支）	贷方差额（节约）
8	1		期初余额							29 000	250	
	31		购入	81 000		1 900				110 000		1 650
	31		领用				－1.5	75 000	－1 125	35 000		525
			本月合计	81 000		1 900	－1.5	75 000	－1 125	35 000		525

材料成本差异明细账中本月收入和发出材料的计划成本，应分别根据收料凭证汇总表和发料凭证汇总表填列。本月收入和本月发出材料的成本差异，应分别根据有关凭证登记，实际成本大于计划成本的差额为超支，记在“借方差额”栏内；实际成本小于计划成本的差额为节约，记在“贷方差额”栏内。

发出材料的成本差异，应根据发出材料计划成本乘以材料成本差异率计算。材料成本差异率是指材料成本差异与计划成本之间的比率。超支差异用“＋”表示，节约差异用“－”表示。具体的计算公式为：

$$材料成本差异率=\frac{月初结存材料成本差异\pm本月收入材料成本差异}{月初结存材料计划成本+本月收入材料计划成本}\times100\%$$

发出材料应负担的成本差异＝发出材料的计划成本×材料成本差异率

发出材料的实际成本＝发出材料的计划成本±发出材料应负担的成本差异

结存材料的实际成本＝结存材料的计划成本±结存材料应负担的成本差异

【例4－18】 大明公司原材料成本差异明细账见表4－10，月初结存材料的计划成本为2.9万元元，本月收入材料的计划成本为8.1万元；月初结存材料的成本差异为超支差异250元，本月收入材料的成本差异为节约差异1 900元；本月发出材料的计划成本为7.5万元。则：

$$材料成本差异率=\frac{250-1\ 900}{29\ 000+81\ 000}\times100\%=-1.5\%$$

发出材料应分摊的成本差异＝75 000×（－1.5%）＝－1 125（元）

发出材料实际成本＝75 000－1 125＝73 875（元）

发出材料应负担的成本差异，也可以按上月的材料成本差异率计算。一般只有在物价较为稳定，各月材料成本差异变动幅度不大的情况下，才可以按上月材料成本差异率计算结转成本差异。但计算方法一经确定以后，就不得任意改变。

$$上月材料成本差异率=\frac{月初结存材料的成本差异}{月初结存材料的计划成本}\times100\%$$

提示：材料按计划成本计价，有利于简化材料核算的计价工作，能比较有效地避免按实际成本计价的不足。但由于材料成本差异一般只能按材料大类计算，所以会影响材料成本计算的准确性。从而影响企业成本费用与损益确定的正确性。这种计价方法适用于材料品种规格多，收发业务频繁，且具备材料计划成本资料的大中型企业。

第四节 周转材料

周转材料是指企业能够多次使用，逐渐转移其价值但仍保持原有形态，不能确认为固定资产的材料。包括包装物和低值易耗品以及施工企业的钢模板、木模板、脚手架等。本节主要讲述包装物和低值易耗品的核算。

一、低值易耗品的核算

（一）低值易耗品的内容与核算特点

1．低值易耗品的内容

低值易耗品是指不能作为固定资产的各种用具物品，如工具、管理用具、玻璃器皿以及在经营过程中周转使用的包装容器等。由于其价值较低，且易于损坏，为便于核算和管理，在会计上把它归入存货类，视同存货进行实物管理。低值易耗品的低值与易耗是相对固定资产而言的，其确认可以根据是否符合固定资产条件来判断，即不符合固定资产条件的劳动资料就可以确认为低值易耗品。

低值易耗品按其用途可以分为以下几大类：

（1）一般工具，是指生产中常用的工具，如刀具、量具、夹具、装配工具等。

（2）专用工具，是指专用于制造某一特定产品，或在某一特定工序上使用的工具、专用模具等。

（3）替换设备，是指容易磨损或为制造不同产品需要替换使用的各种设备。

（4）管理用具，是指在管理上使用的各种家具、用具，如办公用具等。

（5）劳动保护用品，是指为了安全生产而发给工人作为劳动保护用的工作服、工作鞋和各种防护用品等。

（6）其他，是指不属于上述各类的低值易耗品。

2．低值易耗品的核算特点

低值易耗品的核算主要有以下特点：

（1）性质上属于劳动资料，存在与固定资产一致的价值转移、使用过程的维修和报废残值处理等。

（2）低值易耗品具有价值较低、使用期限较短，价值转移不必采用折旧方式，而采用一定的方法进行摊销。

（3）作为存货低值易耗品的核算有必要建立与健全领用、报废、以废换新、定额管理等制度等，以加强对实物的管理。

低值易耗品的采购、收发、储存、清查等业务的处理，均与材料的核算基本相同。

（二）低值易耗品核算的账户设置

企业低值易耗品，一般应设置“周转材料——低值易耗品”账户进行核算。该账户的借方登记验收入库低值易耗品的成本；贷方登记领用、摊销的低值易耗品成本；期末余额在借方，反映企业在库低值易耗品的成本以及在用低值易耗品的摊余价值。该账户可按低值易耗品的种类，并分别“在库”“在用”和“摊销”进行明细核算。

低值易耗品采用计划成本计价核算的，还应设置“材料成本差异——低值易耗品”账户核算其成本差异。

（三）低值易耗品领用摊销的账务处理

低值易耗品采购、入库的核算，不论是按实际成本计价，还是按计划成本计价，均与原材料的账务处理基本相同，这里不再重述。

企业领用的低值易耗品，其价值可以根据低值易耗品的特点及企业的实际情况，分别采用“一次摊销法”“分次摊销法”和“五五摊销法”进行摊销。企业低值易耗品的摊销，应根据其使用部门，计入“制造费用”“管理费用”“销售费用”等账户。

1. 一次摊销法

它是指在领用低值易耗品时，就将其价值一次全部计入当期的成本费用中去的方法。

【例 4－19】 大明公司一般工具采用一次摊销法，本月部门领用一般工具一批，实际成本为：生产车间 5 000 元；厂部 1 000 元。账务处理为：

借：制造费用——低值易耗品摊销	5 000	
管理费用——低值易耗品摊销	1 000	
贷：周转材料——低值易耗品		6 000

一次摊销法下，低值易耗品报废，应按报废低值易耗品的残料价值，借记“原材料——辅助材料”等账户，贷记“制造费用”“管理费用”等账户。

方法评价

一次摊销法比较简便易行。低值易耗品的价值是一次转为成本费用，而它的实物形态并未随其价值转移而消失，这样就形成账外资产，不利于实物管理；成本一次结转也影响成本费用的均衡性。所以，这种方法适用于一次领用数量不多、价值较低、使用期限较短或者容易破损的低值易耗品的摊销。

2. 分次摊销法

也称分期摊销法，是将领用低值易耗品的成本按预计使用期限，分月摊入成本、费用的方法。分次摊销法下，“周转材料——低值易耗品”账户应设置“在库”“在用”“摊销”三个明细科目。领用时，先将低值易耗品账面成本，由“在库”转为“在用”；分次或分期摊销时，借记有关成本费用账户，贷记“周转材料——低值易耗品（摊销）”账户。低值易耗品报废时，按残料价值减冲相应的成本费用，并转销全部已计摊销额，借记“周转材料——低值易耗品（摊销）”账户，贷记“周转材料——低值易耗品（在用）”账户。

【例 4－20】 大明公司生产车间领用工具一批，实际成本 36 000 元，预计使用 2 年。

使用期满，工具报废，入库残料计价300元。账务处理为：

（1）领用时：

借：周转材料——低值易耗品（在用） 36 000

　　贷：周转材料——低值易耗品（在库） 36 000

（2）当月及以后各月摊销时：

借：制造费用——低值易耗品摊销 1 500（36 000÷24）

　　贷：周转材料——低值易耗品（摊销） 1 500

（3）报废时，按回收残料价值：

借：原材料——辅助材料 300

　　贷：制造费用 300

（4）结转全部摊销额：

借：周转材料——低值易耗品（摊销） 36 000

　　贷：周转材料——低值易耗品（在用） 36 000

> **方法评价**
>
> 分次摊销法克服了一次摊销法的缺点，各期成本费用的负担比较均衡；反映低值易耗品的“在用”和“摊销”，核算是严密的。但这种方法加大核算的工作量。主要适用于使用期限较长、单位价值较高或一次领用数量较大的低值易耗品。

3. 五五摊销法

是指在低值易耗品领用时，摊销其价值的50%，报废时再摊销剩余的50%的方法。即低值易耗品分两次各按50%进行摊销。五五摊销法下，应先将其账面成本由“在库”转为“在用”；同时，将其成本的50%转入有关成本费用。报废月份，再摊50%；报废回收的残料价值，冲减摊销的成本费用；然后，转销全部已提摊销额。

【例4-21】大明公司管理用具采用五五摊销法，厂部领用管理用具一批，实际成本12 000元。账务处理为：

（1）领用管理用具，并摊销50%时：

借：周转材料——低值易耗品（在用） 12 000

　　贷：周转材料——低值易耗品（在库） 12 000

借：管理费用——低值易耗品摊销 6 000

　　贷：周转材料——低值易耗品（摊销） 6 000

（2）使用期满，经批准该批低值易耗品报废，摊销剩余50%：

借：管理费用——低值易耗品摊销 6 000

　　贷：周转材料——低值易耗品（摊销） 6 000

（3）报废低值易耗品收回残料入库，作价350元：

借：原材料——辅助材料 350

　　贷：管理费用——低值易耗品摊销 350

（4）结转全部摊销额：

借：周转材料——低值易耗品（摊销） 12 000

　　贷：周转材料——低值易耗品（在用） 12 000

方法评价

五五摊销法，能反映“在用”和“摊销”，有利于加强对低值易耗品实物的控制与管理。但使用期内的价值分摊是不够均衡的。所以，它适用于各月领用、报废低值易耗品比较均衡的低值易耗品的摊销。

低值易耗品采用计划成本进行日常核算的，领用低值易耗品，还应在领用月份结转应分摊的成本差异。

二、包装物的核算

（一）包装物的内容

包装物是指为包装本企业商品而储备的各种包装容器，如桶、箱、瓶、坛、袋等。具体包括：①生产过程中用于包装产品作为产品组成部分的包装物；②随同商品出售而不单独计价的包装物；③随同商品出售而单独计价的包装物；④出租的包装物；⑤出借的包装物。下列各项，不属于包装物：

（1）各种包装材料，如纸、绳、铁丝、铁皮等，应在“原材料——辅助材料”账户核算。

（2）用于储存和保管商品、材料而不对外出售的包装物，应按其价值大小和使用年限长短，分别作为“固定资产”或“低值易耗品”进行管理和核算。

3．单独列作企业商品产品的自制包装物，这类包装物应作为库存商品进行核算。

（二）包装物核算的账户设置

企业各种包装物，应设置“周转材料——包装物”账户进行核算。该账户的借方登记验收入库包装物的成本，贷方登记领用、摊销、对外销售等而减少的包装物成本，期末余额在借方，反映企业在库包装物的成本和在用包装物的摊余价值。该账户可按包装物的种类，并分别“在库”“在用”和“摊销”进行明细核算。

（三）生产领用和随同商品出售的包装物

1．生产领用包装物

生产过程中领用的包装物，在包装产品后，就构成产品实体，成为产品的一部分，因此，应将其成本计入产品的生产成本。

【例 4－22】 大明公司生产车间为包装产品领用包装物一批，实际成本 2 万元。账务处理为：

借：生产成本——基本生产成本	20 000	
贷：周转材料——包装物		20 000

2．随同商品出售但不单独计价的包装物

随同商品出售但不单独计价的包装物，主要是为了确保销售商品的质量或提供良好的销售服务，也是一种促销手段，因此，应将这部分包装物的成本作为企业的销售费用处理。

【例4－23】大明公司商品销售过程中领用不单独计价的包装物一批，实际成本1万元，账务处理为：

借：销售费用　　10 000

　　贷：周转材料——包装物　　10 000

3．随同产品出售并单独计价的包装物

包装物随同商品出售并单独计价，实际上就是出售包装物，其账务处理与出售材料相同。出售包装物取得的收入计入“其他业务收入”账户，出售包装物的成本计入“其他业务成本”账户。

【例4－24】大明公司在商品销售过程中领用包装物一批，实际成本7 000元，该批包装物随同商品出售，单独计算售价为9 000元，应收取的增值税额1 170元，款项已收存银行。账务处理为：

（1）取得出售包装物收入时：

借：银行存款　　10 170

　　贷：其他业务收入　　9 000

　　　　应交税费——应交增值税（销项税额）　　1 170

（2）结转出售包装物成本时：

借：其他业务成本　　7 000

　　贷：周转材料——包装物　　7 000

（四）出租、出借包装物的账务处理

企业可将周转使用的包装物出租或出借给客户，并要求客户用毕后归还。出租的包装物，要求客户支付租金，该租金作为企业的其他业务收入；该包装物的损耗和相关支出也应列入其他业务成本。出借的包装物，因不向客户收取款项，没有业务收入，这也是一种促销方式，所以出借包装物的成本及相关支出等应列入销售费用。为了督促使用单位能按时归还，无论是出租还是出借包装物，一般都要收取一定数额的押金，包装物押金应通过“其他应付款”账户核算。

出租或出借的包装物在使用过程中发生的价值损耗，可根据包装物本身价值大小和使用期限的长短，采用不同的摊销方法。通常采用的方法有“一次摊销法”“五五摊销法”和分次摊销法等三种。

1．出租包装物的账务处理

包装物出租是指企业因销售产品，以出租方式有偿提供给购货单位暂时使用的包装物。出租包装物的租金收入、成本及包装物在出租过程中发生的各种费用、支出，应作为其他业务收支处理。销售过程中出租包装物的租金收入按税法规定，应随产品销售计征增值税等。

包装物逾期不能收回而将押金没收时，应借记“其他应付款”账户，贷记“其他业务收入”“应交税费——应交增值税（销项税额）”等账户。

【例4－25】大明公司在销售过程中，出租给和丰公司新包装物一批，实际成本7 000元，收取押金8 000元和租金1 130元（其中增值税130元）收存银行；租期1个月，期

满未能收回包装物，没收收取的押金；该批包装物采用一次摊销法。有关账务处理为：

（1）出租包装物时：

借：其他业务成本　　7 000
　　贷：周转材料——包装物（在库）　　7 000

（2）收到押金和租金存入银行时：

借：银行存款　　9 130
　　贷：其他应付款——存入保证金　　8 000
　　　　其他业务收入　　1 000
　　　　应交税费——应交增值税（销项税额）　　130

（3）逾期不能收回包装物，没收押金时：

借：其他应付款——存入保证金　　8 000
　　贷：其他业务收入　　7 079.65［8 000÷(1+13%)］
　　　　应交税费——应交增值税（销项税额）　　920.35（7 079.65×13%）

2．出借包装物的账务处理

出借包装物是企业因销售产品，以出借的形式无偿提供给购货单位的包装物。企业出借包装物的账务处理与出租包装物的账务处理大体相同，所不同的是，出借不会取得收入。出借包装物成本及相关费用应直接列为销售费用。

【例4-26】大明公司发出包装物一批，出借给A公司使用，包装物的实际成本6 000元，包装物采用五五摊销法。有关账务处理为（本题收取押金业务略）：

（1）出借包装物，结转成本，并摊销50%时：

借：周转材料——包装物（在用A公司）　　6 000
　　贷：周转材料——包装物（在库）　　6 000
借：销售费用——包装物摊销　　3 000
　　贷：周转材料——包装物（摊销）　　3 000

（2）假定此项包装物收回后，已不能正常使用，予以报废，摊销其余50%，并结转全部摊销：

借：销售费用——包装物摊销　　3 000
　　贷：周转材料——包装物（摊销）　　3 000
借：周转材料——包装物（摊销）　　6 000
　　贷：周转材料——包装物（在用A公司）　　6 000

（3）收回残料验收入库，作价200元：

借：原材料——辅助材料　　200
　　贷：销售费用——包装物摊销　　200

包装物采用计划成本进行日常核算的，领用发出的包装物，也应在领用发出月份结转应分摊的成本差异。

第五节 库存商品

一、库存商品的核算内容

库存商品是指企业库存的各种商品。它包括库存产成品、外购商品、存放在门市部准备出售的商品、发出展览的商品及寄存在外的商品等。

二、工业企业的库存商品

（一）工业企业库存商品的内容

工业企业的库存商品主要包括：

（1）产成品。工业企业的库存商品主要就是产成品。产成品是指企业已经完成全部生产过程并已验收入库合乎标准规格和技术条件，可以按照合同规定的条件送交订货单位，或者可以作为商品对外销售的产品。

（2）代制品、代修品。企业接受外来原材料加工制造的代制品和为外单位加工修理的代修品，在制造和修理完成验收入库后，也应视同企业的产成品。

（3）准备出售的自制半成品。自制半成品验收入库准备出售的，应列为产成品；

（4）可以降价出售的不合格品。这部分不合格品也作为产成品核算，但应与合格商品分别记账。

相关链接

自制半成品是指经过一定生产过程并已检验合格交付半成品仓库，但尚未制造完成为商品产品，仍需继续加工的中间产品。自制半成品是企业介于在产品和产成品之间的一种存货。有三种类型：

（1）生产车间直接转移到另一个车间继续进行加工的半成品，视同为在产品，在“生产成本——基本生产成本（××产品）”账户核算。

（2）验收入库准备继续加工用的半成品。应设置“生产成本——自制半成品”账户进行核算（包括入库、委托加工、领用）。

（3）验收入库准备出售的自制半成品。应列为库存商品（产成品）。

企业外购的半成品（外购件），应作为原材料处理，不属于自制半成品范畴。

（二）工业企业库存商品的计价方法

工业企业的产成品一般应按实际成本计价。由于产品生产成本是按月于月末计算的，所有，产成品收入和发出，平时只记数量不记金额；月度终了，产品生产成本计算确定后，验收入库产成品的实际成本也就可以确定，从而发出和销售的产成品，就可以采用先进先出法、月末一次加权平均法、移动平均法、个别计价法等方法确定其实际成本。

产成品的种类比较多的企业，也可以按计划成本计价。在这种计价方式下，企业还要单独设置“产品成本差异”账户，核算产成品的实际成本与计划成本的差额。

（三）产成品收发的账务处理

工业企业的产成品，应设置“库存商品——产成品”账户进行核算。该账户借方登记验收入库产成品的成本，贷方登记发出（售出）产成品的成本，期末余额在借方，反映库存产成品的实际成本。该账户可按品种、规格进行明细核算。

1. 产成品入库的账务处理

产成品制造完工经检验合格后，由生产车间填写“产成品入库单”，交仓库点收数量并登记明细账。月终，根据产成品入库单和成本计算资料编制“产成品入库汇总表”，并据以借记“库存商品”账户，贷记“生产成本”账户。

企业生产完工验收入库的产成品按成本计算单中确定的实际成本计价入账；代外单位制造、修理完工入库的代制品、代修品，应按发生的加工成本入账，其成本不包括代制品的原材料价值和代修品的原价值。

【例4－27】 大明公司月终汇总编制“产成品入库汇总表”，见表4－11。

表4－11 **产成品入库汇总表** 单位：元

产品名称	单 位	数 量	单位成本	总 成 本
甲产品	件	1 000	200	200 000
乙产品	件	600	100	60 000
合 计				260 000

根据上述“产成品入库汇总表”，账务处理：

借：库存商品——产成品（甲产品） 200 000

——产成品（乙产品） 60 000

贷：生产成本——基本生产成本 260 000

2. 产成品发出的账务处理

产成品发出主要是销售。为了汇总反映全月发出产成品的实际成本，便于进行产成品发出的总分类核算，还应根据各种产成品出库单所列出库数量和各产成品明细账所列发出产成品的实际单位成本，编制“产成品发出汇总表”作为编制记账凭证的依据。“产成品发出汇总表”的一般格式见表4－12。月终，结转发出和销售的产品成本。对未满足收入确认条件的发出商品，应借记“发出商品”账户，贷记“库存商品”账户。

【例4－28】 大明公司本月销售发出的“产成品发出汇总资料”，见表4－12。

表4－12 **产成品发出汇总表** 单位：元

产品名称	单 位	数 量	单位成本	总 成 本
甲产品	件	1 500	190	169 000
乙产品	件	800	120	96 000
合 计				265 000

根据表4－12，账务处理为：

借：主营业务成本　　265 000

　　贷：库存商品——产成品（甲产品）　　169 000

　　　　　　　——产成品（乙产品）　　96 000

（四）产成品的明细核算

产成品收发的明细核算包括两方面的内容，即数量核算和价值核算。企业应按照产成品的品种和规格设置明细账，进行明细核算。

实际工作中，为了简化核算工作，企业可以只在仓库设置一套既有数量又有金额的产成品明细账，由仓库保管人员根据产成品的收发凭证登记数量，会计人员定期到仓库进行稽核，同时签收产成品收发凭证，登记金额。产成品明细分类账，平时只登记数量不登记金额，月末再根据成本计算资料核算登记入库产成品的单位成本和金额，并计算发出和结存产成品的单位成本和金额。

三、商品流通企业的库存商品

（一）商品流通企业库存商品的核算内容

商品流通企业的库存商品主要是指外购或委托加工完成验收入库用于销售的各种商品。具体包括库存的外购商品、自制商品产品、存放在门市部准备出售的商品、发出展览的商品以及寄存在外的商品等。

（二）商品流通企业库存商品的计价方法

商品流通企业库存商品的计价有实际成本（进价）计价法和售价计价法两种方法。

1. 实际成本计价法

也称进价金额计价法，是指企业购入的商品，应按照商品采购成本计价入账的方法。商品采购成本包括购买价款，应负担的相关税费（不含可以抵扣的增值税）和商品采购过程中发生的进货费用。

商品采购过程中发生的进货费用，包括采购过程中发生的运输费、装卸费、保险费、包装费、仓储费、运输途中的合理损耗、入库前的整理挑选费用等。进货费用有三种处理方法：①直接计入商品采购成本；②先进行归集，期末根据所购商品的存销情况进行分摊；③采购商品的进货费用金额较小的，可以在发生时直接计入当期损益，列入“销售费用”账户。所以说，商品流通企业商品的采购成本可能包括进货费用（与工业企业一致），也可能不包括进货费用。

2. 售价计价方法

也称售价金额核算法，是指企业购进商品按照商品的售价计价入账，对商品售价与进价（实际成本）的差额，设置“商品进销差价”账户单独进行核算的方法。

（三）商品流通企业库存商品的账务处理

商品流通企业库存商品按进价金额核算的账务处理与前述原材料的收发核算基本相

同，这里主要介绍商品流通企业特有的售价金额核算法下的主要账务处理。

1. 账户设置

商品流通企业库存商品采用售价金额法核算，设置的账户主要有：

（1）“库存商品”账户。售价金额法核算法下，该账户的借方、贷方和余额均反映商品的售价。这里的售价是指商品的不含税销售价格（零售价）。

（2）“商品进销差价”账户。该账户用于核算商品售价与进价之间的差额。贷方登记入库商品售价大于进价的差额；借方登记分摊已销商品的进销差价和因商品发出加工等原因转出的进销差价；期末余额在贷方，反映库存商品的进销差价。

“商品进销差价”账户是“库存商品”账户的备抵调整账户。“库存商品”账户期末借方余额减去“商品进销差价”账户期末贷方余额的差额，就是期末库存商品的实际成本（进价）。该账户应按商品类别或实物负责人进行明细核算。

提示： 商品流通企业在商品采购过程中发生的进货费用，可以直接计入采购商品成本；也可以直接以计入销售费用；还可以设置“待摊进货费用”账户，先进行归集，然后在本期已销售商品和期末库存商品之间进行分摊。“待摊进货费用”账户，借方登记发生的进货费用，贷方登记销售商品摊销转出的进货费用，期末余额在借方，表示期末库存商品应负担的进货费用。企业应按月计算确定已销售商品应负担的进货费用，应计入“主营业务成本”账户；对于未售商品应负担的进货费用，期末应列计在相关存货成本之中。

2. 商品收入的账务处理

商品流通企业外购库存商品，应在验收入库时按售价，借记“库存商品”账户，按可以抵扣的增值税，借记“应交税费——应交增值税（进项税额）”账户，根据实际付款金额，贷记“银行存款”“其他货币资金”等账户，按其差额，贷记“商品进销差价”账户。外购商品价款已付，商品尚未验收入库的，应先通过“在途物资”账户核算。

【例4－29】 某零售商店为一般纳税人，本月6日向A公司购入洗衣机一批，专用发票所列商品价款20万元，增值税26 000元；专用发票所列运输费2 000元，增值税180元；普通发票所列保险费1 000元。价税款以银行汇票办理价款结算，商品尚未收到。该企业对进商品的进货费用，采用先归集后分摊的方法。账务处理为：

借：在途物资——A公司	200 000	
待摊进货费用——家用电器	3 000	
应交税费——应交增值税（进项税额）	26 180	
贷：其他货币资金——银行汇票		229 180

【例4－30】 上述向A公司购入的洗衣机，本月12日收到并验收入库，售价为30万元。账务处理为：

借：库存商品——家用电器	300 000	
贷：在途物资——A公司		200 000
商品进销差价——家用电器		100 000

提示： 根据［例4－29］资料：

（1）如果该商店对进货费用是直接计入商品采购成本的，则该购进商品业务的账务处理为：

借：在途物资——A公司　　203 000
　　应交税费——应交增值税（进项税额）　　26 180
　　贷：其他货币资金——银行汇票　　229 180

由此引起本批商品进销差价减少3 000元，期末不存在摊销进货费用的情况。

（2）如果，该商店认为本企业进货费用数额较小的，采用将进货费用直接计入当期损益（销售费用）方式的，则该购进商品业务的账务处理为：

借：在途物资——A公司　　200 000
　　销售费用　　3 000
　　应交税费——应交增值税（进项税额）　　26 180
　　贷；其他货币资金——银行汇票　　229 180

期末也不存在分摊进货费用的情况。

3. 商品销售的账务处理

商品流通企业销售商品的账务处理包括三个方面的内容：一是按商品售价反映主营业务收入和销货价税款的收取情况；二是按已销商品的售价结转主营业务成本并注销库存商品；三是月末采用一定的方法计算已销商品的进销差价，把按售价结转的主营业务成本调整为进价成本。计算本月已销商品进销差价的公式如下：

$$进销差价率=\frac{月末分摊前“商品进销差价”账户余额}{月末“库存商品”账户余额+本月“主营业务收入”账户贷方发生额}\times 100\%$$

本月销售商品应分摊的进销差价＝本月“主营业务收入”账户贷方发生额×进销差价率

【例4-31】 某零售商店本月10日商品销售家用电器收入为（含税）33 900元，销售款已于当日送存银行，增值税税率为13%。账务处理为：

（1）销售商品取得收入时：

借：银行存款　　33 900
　　贷：主营业务收入——家用电器　　30 000 [33 900÷(1+13%)]
　　　　应交税费——应交增值税（销项税额）　　3 900

（2）按售价结转销售成本时：

借：主营业务成本——家用电器　　30 000
　　贷：库存商品——家用电器　　30 000

【例4-32】 承［例4-31］，该零售商店家用电器柜组本月末有关账户资料为：“商品进销差价”账户月末摊销前余额为16.2万元；“待摊进货费用”账户余额为4.5万元；“库存商品”账户月末余额为34万元；“主营业务收入”账户本月贷方发生额为56万元。该商店无委托代销商品和发出商品。

（1）月末，结转已销商品进销差价的账务处理为：

进销差价率＝162 000÷(340 000＋560 000)×100%＝18%

本月已销商品应分摊的进销差价＝560 000×18%＝100 800（元）

借：商品进销差价——家用电器　　100 800
　　贷：主营业务成本——家用电器　　100 800

（2）月末，结转应摊销的进货费用的账务处理为：

本月销售商品应分摊的进货费用 = 45 000 ÷ (340 000 + 560 000) × 560 000
= 28 000（元）

借：主营业务成本——家用电器　　28 000
　　贷：待摊进货费用——家用电器　　28 000

（注：未摊销的“待摊进货费用”17 000 元，期末库存商品成本反映在“资产负债表”的“存货”项目中。）

4. 商品的明细分类核算

售价金额法下“库存商品”的明细核算与进价金额核算法基本一致。即按商品种类、名称、规格和存放地点（柜组）等设置明细账，只是计价为零售价。“商品进销差价”账户，应按商品类别或实物负责人（柜组）设置明细账，进行明细分类核算。

第六节 委托加工物资

一、委托加工物资的概述

委托加工物资是指将一些物资，如材料、半成品等委托外单位进行加工，制造成具有另一种性能和用途的存货。加工收回的此类存货可能是作为产品出售，也可能是作为原材料继续生产，还可能是作为周转材料自用。

委托加工物资虽然存放在外单位，但其所有权属委托企业，加工完成后要收回。加工收回的物资不仅实物形态、性能会发生变化，而且在其加工过程中要消耗原材料，还要发生各种费用支出等，从而使其价值相应增加。企业进行委托加工物资的核算就是要保证加工物资的安全完整和成本计算的准确。

委托加工物资应按实际成本计价核算，其实际成本包括：发出加工材料、半成品或商品的实际成本，支付的加工费用及加工物资的往返运杂费，应负担的相关税费（不含可以抵抵扣的增值税）等。

二、委托加工物资核算的账户设置

企业委托外单位加工的各种材料、商品等物资，应设置“委托加工物资”账户进行核算。该账户的结构如图 4 - 4 所示。

“委托加工物资”应按加工合同、委托加工单位以及加工物资的品种进行明细核算。其明细账，应反映加工单位名称、加工合同号数、发出加工物资的名称、数量、发生的加工费和运杂费、退回剩余物资的数量、实际成本以及加工完成物资的数量、实际成本等资料。

借方	“委托加工物资”账户 贷方
①发出加工物资的成本 ②支付的加工费 ③支付往返运杂费 ④应负担的其他税费	①退回剩余物资的实际成本 ②加工完成收回物资的实际成本
期末余额：委托外单位加工尚未完成物资的实际成本	

图4－4 “委托加工物资”账户的结构

三、委托加工物资的账务处理

委托加工业务在会计处理上，主要包括发出加工物资，支付加工费用、运杂费和相关税费，收回加工物资和剩余的物资等几个环节。

（一）发出委托加工物资

企业发出委托外单位加工的物资时，应将发出物资的实际成本由“原材料”“库存商品”等账户转入“委托加工物资”账户，即借记“委托加工物资”账户，贷记“原材料”“库存商品”等账户，如果发出物资采用计划成本（或售价）核算的，还应同时结转成本差异（或商品进销差价）。

（二）支付加工费用、运杂费

企业支付加工费用、运杂费等，应计入委托加工物资成本。借记“委托加工物资”等账户，贷记“银行存款”等账户。支付委托加工物资加工费用、运杂费的增值税应区别不同情况处理：一般纳税人企业取得专用发票的增值税，计入“应交税费——应交增值税（进项税额）”账户；一般纳税人企业加工物资收回后用于非应税项目或免征增值税项目的，以及未取得专用发票的或小规模纳税人企业，其增值税均列为加工物资成本，计入“委托加工物资”账户。

（三）应交纳的消费税

委托加工物资属于应纳消费税的应税消费品，应由受托方在向委托方交货时代收代交消费税。委托方交纳消费税时，应区别不同情况处理：委托加工的应税消费品收回后直接用于销售的，委托方应将支付的消费税计入委托加工应税消费品的成本，借记“委托加工物资”账户，贷记“银行存款”“应付账款”等账户；如果委托加工的应税消费品收回后用于连续生产应税消费品的，则支付消费税款按规定准予抵扣以后销售环节应交纳的消费税，借记“应交税费——应交消费税”账户，贷记“银行存款”等账户。

（四）加工完成收回加工物资和退回剩余物资

委托加工物资加工完成，收回加工物资验收入库或退回剩余的物资，应按加工收回物资的实际成本和剩余物资的实际成本，借记“原材料”“库存商品”等账户，贷记“委托加工物资”账户。采用计划成本或售价核算的企业，应按计划成本或售价记入“原材料”或“库存商品”等账户，实际成本与计划成本或售价之间的差异，记入“材料成本差异”或“商品进销差价”账户。

【例4-33】 大明公司发出甲材料一批，委托乙公司加工成H材料（属于应税消费品）。甲材料的实际成本为51 000元。以存款支付专用发票所列的加工费2万元，增值税2 600元；专用发票所列的运输费1 000元，增值税90元；代扣代交的消费税为8 000元，H材料加工完成收回验收入库，准备用于继续生产应税消费品。H材料加工完毕收回验收入库。有关的账务处理为：

（1）发出委托加工材料时：

借：委托加工物资——乙公司　　51 000

　贷：原材料——原料及主要材料（甲材料）　　51 000

（2）支付加工费和运杂费时：

借：委托加工物资——乙企业　　21 000（20 000+1 000）

　应交税费——应交增值税（进项税额）　　2 690（2 600+90）

　应交税费——应交消费税　　8 000

　贷：银行存款　　31 690

（3）加工完成收回委托加工的H材料时：

借：原材料——H材料　　72 000（51 000+21 000）

　贷：委托加工物资——乙企业　　72 000

提示： 如果［例4-33］H材料加工完成收回后是用于直接出售的，则上述（2）和（3）的账务处理为：

借：委托加工物资——乙企业　　29 000（20 000+1 000+8 000）

　应交税费——应交增值税（进项税额）　　2 690（2 600+90）

　贷：银行存款　　31 690

借：原材料——H材料　　80 000（51 000+29 000）

　贷：委托加工物资——乙企业　　80 000

第七节 存货清查和存货期末计价

一、存货的清查

（一）存货清查的内容与方法

存货清查是指通过对存货的实地盘点，确定存货的实有数量，并与账面结存数核对，从而确定存货实存数与账面结存数是否相符的一种专门方法。

由于存货种类繁多、收发频繁，在日常收发过程中可能发生计量错误、计算错误、自然损耗，还可能发生损坏变质以及贪污、盗窃等情况，造成账实不符。为了保证各项存货登记的准确性、真实性，保证各项存货的安全完整，加速资金周转，加强资金管理，企业应定期或不定期地对存货进行清查。

存货的清查方法主要应采用实地盘点法，这就是通过点数、过磅、测量、计算等方法点清存货的数量，并鉴定其质量，对大堆、廉价和笨重的物资，可以采用技术测量法或估算法确定其实存数量，并与账面资料核对，从而确定存货实有数与账面数是否相符的一种专门方法。存货清查可根据工作需要和管理要求，进行局部或全面的清查，年终编制财务报表前应对存货进行全面的清查。

存货清查过程中，企业应认真做好清查记录，并将清查结果逐项登记在“存货盘点报告表”中（见表4-13）。

表4-13　　存货盘点报告表

××单位　　　　年　月　日　　　　仓库：

存货类别	名称规格	计量单位	数量		单价（元）	盘盈		盘亏		盈亏原因
			账存	实存		数量	金额	数量	金额	

为了便于归类汇总，存货盘点报告表应按照存货明细账的分类和顺序填写，注明盘盈盘亏的真实原因，并总结存货管理的经验和存在的问题，提出处理意见，同时上报审批，存货盘点报告表应由清查人员和仓库保管人员签名盖章。

（二）存货清查结果的账务处理

企业在财产清查中查明的各种财产物资的盘盈、盘亏和毁损，应设置“待处理财产损溢”账户进行核算。该账户借方登记各种财产物资的盘亏金额和批准转销的盘盈金额，贷方登记发生的各种财产物资的盘盈金额和批准转销的盘亏金额。企业的财产损溢，应查明原因，在期末结账前处理完毕，处理后该账户应无余额。存货的盘盈、盘亏和毁损，应通过该账户的“待处理流动资产损溢”明细账户进行核算。

企业清查的各种存货的损溢，应于期末前查明原因，并根据企业的管理权限，经股东大会或董事会，或经理（厂长）办公会议或类似权力机构批准后，在期末结账前处理完毕。在批准处理之前，企业应先将盘盈、盘亏和毁损的存货账面价值计入“待处理财产损溢”账户，并调整存货的账面价值，使存货账实相符；批准之后，按不同的原因和处理结果予以转销。

1. 存货盘盈的账务处理

存货发生盘盈，一般是由于收发计量或核算上的错误等原因造成的，经批准后，应计入管理费用。

【例4-34】 年末，大明公司对库存原材料进行盘点，发现盘盈G材料60千克，实际单位成本30元。经查此盘盈属于材料收发计量方面的误差造成。账务处理为：

（1）发现盘盈，上报待批准处理：

借：原材料——原料及主要材料（G材料）　　1 800

　　贷：待处理财产损溢——待处理流动资产损溢　　1 800

（2）报经批准处理后：

借：待处理财产损溢——待处理流动资产损溢 1 800

贷：管理费用 1 800

2. 存货盘亏和毁损的账务处理

造成存货盘亏和毁损的原因是多方面的，报经批准后，应根据不同的原因，分别不同情况进行账务处理：

（1）属于自然损耗产生的定额内损耗，经批准后转作管理费用。

（2）属于计量收发差错和管理不善等原因造成的存货短缺或毁损，应先扣除残料价值和可以收回的过失人的赔偿，然后将净损失记入管理费用。

（3）属于自然灾害或意外事故造成的存货毁损，应先扣除残料价值和可以收回的保险赔偿，然后将净损失转作营业外支出。

存货因管理不善造成的盘亏和毁损，还应按适用税率和进货成本计算转出增值税的进项税额。

【例4-35】大明公司在年末进行存货清查，发现A材料盘亏150千克，单位成本60元，C材料盘亏12 000千克，单位成本3元。经查A材料属管理不善造成的盘亏，应由过失人赔偿2 000元；C材料属自然灾害造成的损毁，应收保险公司赔偿款2万元。账务处理：

（1）发现存货，上报待批准处理：

借：待处理财产损溢——待处理流动资产损溢 46 170

贷：原材料——原料及主要材料（A材料） 9 000

——原料及主要材料（C材料） 36 000

应交税费——应交增值税（进项税额转出） 1 170（9 000×13%）

（2）批准处理后：

借：其他应收款——应收赔偿款（过失人） 2 000

——应收赔偿款（保险公司） 20 000

管理费用 8 170

营业外支出——非常损失 16 000

贷：待处理财产损溢——待处理流动资产损溢 46 170

提示：（1）如果企业存货是采用计划成本（或售价）核算的，盘亏和毁损的存货还应当同时结转成本差异（商品进销差价）。

（2）并不是所有存货盘亏和毁损都需要进行增值税进项税额转出的。

如果清查的各种存货的损溢，在期末结账前尚未经批准的，在对外提供财务会计报告时，先按上述规定进行处理，并在会计报表附注中作出说明；如果其后批准处理的金额与已处理的金额不一致的，调整财务报表相关项目的年初数。

二、存货期末计价

（一）存货期末计价方法

企业应当定期或者至少每年年度终了，对存货进行全面清查，如由于存货遭受毁损、全部或部分陈旧过时或销售价格低于成本等原因，使存货可变现价值低于成本的部分，应当提取存货跌价准备。即期末存货应按成本与可变现净值孰低法进行计价。

1．成本与可变现净值孰低法的含义

成本与可变现净值孰低法是指对期末存货按照成本与可变现净值两者之中较低者计价的方法。即当成本低于可变现净值时，期末存货按成本计价，当可变现净值低于成本时，期末存货按可变现净值计价。

（1）成本是指存货的历史成本，即按前面所介绍的以历史成本为基础的存货计价方法（如先进先出法等）计算得出的期末存货价值。

（2）可变现净值是指预计未来净现金流量，而不是指存货的售价或合同价。企业销售存货预计取得的现金流量，并不完全等于存货的可变现净值。存货在销售过程中可能发生相关税费和销售费用，以及为达到预定可销售状态还可能发生的加工成本等相关支出，均构成现金流入的抵减项目。企业预计的销售存货现金流量扣除这些抵减项目后，才能确定存货的可变现净值。

2．不同存货可变现净值的确定

在预计可变现净值时，要考虑持有存货的目的：

（1）产成品、商品和用于出售的材料等直接用于出售的商品存货，在正常生产经营过程中，应当以该存货的估计售价减去估计销售费用和相关税费后的金额确定其可变现净值。

（2）用于生产的材料、在产品或自制半成品等需要经过加工的材料存货，在正常生产经营过程中，应当以所生产的产成品的估计售价减去至完工时估计将要发生的成本、估计的销售费用以及相关税费后的金额，确定其可变现净值。

相关链接

存货可变现净值要以确凿证据为基础加以计算确定：①产成品或商品的市场销售价格；②与产成品或商品相同或类似商品的市场价格；③销货方提供的有关资料和生产成本资料等。

（二）存货跌价准备的计提

（1）成本低于可变现净值。如果期末结存存货的成本低于可变现净值，存货未发生跌价，则不必作账务处理，资产负债表中的存货的按期末账面价值列示。

（2）可变现净值低于成本。如果期末存货的可变现净值低于成本，存货发生跌价，则应在当期确认存货跌价损失，并进行有关账务处理。

这种情况下，企业应设置“存货跌价准备”账户，用于核算企业提取的存货跌价准备。该账户，贷方登记存货可变现净值低于成本的差额；借方登记已计提跌价准备的存货的价值以后又得以恢复的金额和其他原因冲减已计提跌价准备的金额；期末贷方余额，反映企业尚未转销的存货跌价准备。“存货跌价准备”账户是有关存货账户的备抵调整账户，有关存货账户的期末借方余额减去“存货跌价准备”账户的期末贷方余额，即为期末存货的账面价值。

提示： 根据会计制度规定，存货跌价准备应按单个存货项目的成本与可变现净值孰低计量。对于数量繁多，单价较低的存货，可以按存货类别计量成本与可变现净值。

企业在会计期末计提存货跌价准备时，首先要比较期末存货的成本与可变现净值，计算出应计提的存货跌价准备数额，然后与“存货跌价准备”账户的余额比较，若应提数大于已计提数，应按差额补提，借记“资产减值损失”账户，贷记“存货跌价准备”账户；若应提数小于已计提数，表明前已计提跌价准备的存货的价值以后得以部分恢复，应按恢复部分的数额，冲销已计提数，借记“存货跌价准备”账户，贷记“资产减值损失”账户；若已计提跌价准备的存货的价值以后全部恢复，其冲减的跌价准备金额，应以“存货跌价准备”账户的余额冲减至零为限。

【例4－36】 大明公司采用成本可变现净值孰低法进行期末存货计价。假设公司在2×20年年末开始计提存货跌价准备，有关年度某类存货的资料，见表4－14：

表4－14 存货资料表 单位：元

日 期	历史成本	可变现净值
2×20年12月31日	78 000	76 000
2×21年12月31日	96 000	93 000
2×22年12月31日	89 000	83 500
2×23年12月31日	92 500	95 000

2×20年年末：应计提的存货跌价准备为2 000（78 000－76 000）元。账务处理为：

借：资产减值损失——计提存货跌价准备　　2 000

　贷：存货跌价准备　　2 000

2×21年年末：应计提存货跌价准备为3 000（96 000－93 000）元，应补提的存货跌价准备为：1 000（3 000－2 000）元。账务处理为：

借：资产减值损失——计提存货跌价准备　　1 000

　贷：存货跌价准备　　1 000

2×22年年末：应计提的存货跌价准备为：1 200（89 000－87 800）元，应冲销计提的存货跌价准备为：1 800（3 000－1 200）元。账务处理为：

借：存货跌价准备　　1 800

　贷：资产减值损失——计提存货跌价准备　　1 800

2×23年年末：因为可变现净值大于成本2 500元，所以，应冲销已计提的存货跌价准备1 200元。账务处理为：

借：存货跌价准备　　1 200

　贷：资产减值损失——计提存货跌价准备　　1 200

（三）存货跌价准备的结转

企业计提了存货跌价准备，如果其中有部分存货已经销售，则企业在结转销售成本的同时，应结转对其已计提的存货跌价准备，结转出售存货跌价准备，应借记“存货跌价准备”账户，贷记“主营业务成本”账户。

【例4－37】 大明公司库存甲商品生产成本90万元，因商品销路受阻而造成跌价，已计提存货跌价准备20万元，本月已全部售出，其结转出售存货已提跌价准备的账务处理为：

借：存货跌价准备——库存商品　　200 000

　贷：主营业务成本——甲商品　　200 000

生产过程中领用存货时，可以不同时结转相应的存货跌价准备，待期末一并结转。借记“存货跌价准备”账户，贷记“生产成本”账户。

相关链接

执行《小企业会计准则》的企业，存货核算主要有以下不同：

（1）没收包装物押金列为营业外收入，相应成本等则应列为营业外支出。

（2）商品流通企业购进商品的进货费用均列为销售费用，不存在三种方法的选择问题。

（3）存货盘盈，审批后列为营业外收入；存货盘亏、毁损的净损失均列为营业外支出。

（4）小企业对存货不计提存货跌价准备。

本章知识结构图

第五章 投资

学习目标

通过本章学习，要求了解企业对外投资的内容和特点；了解其他债权投资、投资性房地产的确认和基本账务处理。理解债权投资的确认、计量及基本账务处理；理解长期股权投资的确认和初始计量。掌握交易性金融资产的确认、计量和基本账务处理；掌握长期股权投资成本法和权益法的区别及其基本运用。

本章重点：企业对外投资的内容和特点，交易性金融资产、债权投资和长期股权投资的初始计量及其取得、持有收益和处置的账务处理。

第一节 投资概述

一、投资的定义

投资有广义和狭义之分，广义的投资包括对外的各项权益性投资、债权性投资、房地产投资，还包括对内的存货投资、固定资产投资、无形资产投资等；狭义的投资一般仅指企业对外的权益性投资、债权性投资、投资性房地产等。会计核算中的投资，一般是指狭义的投资。所以，我们把投资的定义概括为：投资是指企业为通过分配来增加财富，或为谋求其他利益，而将资产让渡给其他单位所获得的另一项资产。

二、投资的特点

（一）投资的目的性

企业对外投资的目的是为了增加财富，或谋求其他利益。如获取分利、利息或转让价差，控制、影响被投资单位，分散经营风险等。

（二）资产的让渡性

投资是通过让渡一项资产而换取另一项资产。企业将所拥有的货币资金、固定资产、存货、无形资产等让渡给其他单位使用，以获取债权投资或股权投资等。

（三）获取收益的间接性

企业除投资以外的资产，通常能为企业带来直接的经济利益，如企业出售商品等，可以直接获得利润。企业对外投资同样能给企业带来未来的经济利益，但对外投资所产生的经济利益在形式上通常是间接的，即通过其他单位运用企业投入的资产所创造的效益后分配取得，或通过投资改善贸易关系，参与或控制其他单位的生产经营活动等达到获取利益的目的。

三、投资的分类

（一）按投资性质的分类

对外投资按投资性质不同，可分为权益性投资、债权性投资和混合性投资。

（1）权益性投资，是指为了获取另一企业的净资产要求权而进行的投资。如购买普通股股票，参股、合营、合并等，都属于权益性投资。企业进行权益性投资，有以交易性为目的的，也有是为了获得另一企业的控制权、参与权或对其实施重大影响等。

（2）债权性投资，是指为了获得债权而进行的投资。如购买公司债券，就是属于债权性投资。企业进行债权性投资的主要目的，是为了获得高于银行存款利率的利息，并能按期收回本金。

（3）混合性投资，是指既有权益性又有债权性的投资。如购买优先股股票、购买可转换公司债券等，就属于混合性投资。优先股当被投资企业清算时，可以在普通股之前获得清偿，具有股权性质，同时，每年又可获得相对固定的股利收入，所以又具有债权性。

（二）按投资目的的分类

企业对外投资按投资的目的，可以分为以下几类：

（1）交易性金融资产，是指企业以取得交易为目的，准备近期出售的金融资产为形式的投资。交易性金融资产属于以公允价值计量且其变动计入当期损益的金融资产，如不考虑指定情况下购入的股票，购入不符合本金加利息的合同现金流量特征的基金、可转换债券等。

（2）以摊余成本计量的金融资产，即债权投资。这类投资的业务模式是以收取合同现金流量为目标的。

（3）长期股权投资，是指企业以取得股权为形式，并能够对被投资单位施加影响的投资。

（4）以公允价值计量且其变动计入其他综合收益的金融资产，即其他债权投资。这类投资的业务模式是既以收取合同现金流量为目标又以出售为目标的。

（5）其他权益工具投资，是指以公允价值计量且其变动计入其他综合收益的非交易性权益工具投资。主要是不列为交易性金融资产和长期股权投资的权益性投资。

（6）投资性房地产，是指企业为赚取租金或资本增值，或两种兼有而持有的房地产。

如已出租的土地使用权、已出租的建筑物、持有并准备增值后转让的土地使用权。投资性房地产是企业投资的一种特殊形式。

此外，按企业投资转出资产的内容，可以分为实物性资产投资、货币性资产投资、无形资产投资等。

课堂讨论：公司的下列交易或事项，哪些属于会计核算中的投资？

（1）筹资200万元用于扩建厂房、更新机器设置；

（2）从证券市场购买股票，随时准备根据股票行情和公司资金需求予以出售；

（3）以公司结余资金购买三年期国库券，准备持有至到期后收回本金和利息；

（4）从银行贷款50万元，用于购买存货，增加商品库存。

第二节 交易性金融资产

一、交易性金融资产的确认

交易性金融资产是指企业为交易目的而持有，准备近期出售的金融资产。如企业以赚取差价为目的从二级证券市场购入的股票、债券、基金等。它是企业利用闲散资金获利的一种投资方式。

相关链接

根据《企业会计准则第22号——金融工具确认和计量》第五十六条：金融资产是指企业的下列资产：①现金；②持有的其他单位的权益工具；③从其他单位收取现金或其他金融资产的合同权利；④在潜在有利条件下，与其他单位交换金融资产或金融负债的合同权利；⑤将来须用或可用企业自身权益工具进行结算的非衍生工具的合同权利，企业根据该合同将收到非固定数量的自身权益工具等。

企业金融资产满足下列条件之一的，应当划分为交易性金融资产：

（1）取得该金融资产的目的，主要是为了近期出售或回购。

（2）属于进行集中管理的可辨认金融工具组合的一部分，且有客观证据表明企业近期实际存在短期获利模式。

（3）属于衍生工具。但是，符合财务担保合同定义的衍生工具以及被指定为有效套期工具的衍生工具除外。

相关链接

衍生工具是指具有以下全部特征的金融工具或其他合同：①其价值随特定利率、金融工具价格、商品价格、汇率、信用等级或其他类似变量的变动而变动；②不要求初始净投资，或与对市场情况变化有类似反应的其他类型合同相比，要求很少的初始净投资；③在未来某一日期结算。

交易性金融资产主要包括企业为交易目的持有的债券投资、股票投资、基金投资、可转换债券以及企业持有的直接指定为以公允价值计量且其变动计入当期损益的金融资产等。

二、交易性金融资产的初始计量

企业取得的交易性金融资产，应按取得时的公允价值作为初始确认金额计价入账。公允价值通常为交易价格，是指在公平交易中，熟悉情况的交易双方自愿进行交换或者债务清偿的金额。其公允价值的确定一般是：①存在活跃市场的金融资产，活跃市场中的报价应当用于确定其公允价值；②不存在活跃市场的，应当采用估计技术确定其公允价值。

交易性金融资产取得过程中发生的交易费用，应在发生时计入当期损益，列入“投资收益”账户。交易费用，通常指可直接归属于购买、发行或处置金融工具新增的外部费用，包括支付给代理机构、咨询公司、券商等的手续费、佣金和其他必要支出等。

取得交易性金融资产的交易费用不包括：①债券溢价、折价、融资费用、内部管理成本和持有成本等与交易不直接相关的费用。②支付价款中包含已宣告但尚未发放的现金股利或已到付息期但尚未领取的利息，此项应当单独确认为应收项目。

三、交易性金融资产核算的账户设置

1．“交易性金融资产”账户

企业交易性金融资产，应设置“交易性金融资产”账户进行核算。该账户借方登记企业取得交易性金融资产的公允价值（成本）、期末公允价值高于账面余额的差额（升值）和交易性金融资产出售转出的公允价值变动的贷差，贷方登记期末公允价值低于账面余额的差额（跌价）和出售交易性金融资产转出的成本及其公允价值变动的借差。期末余额在借方，反映企业持有的交易性金融资产的公允价值。

该账户可以按交易性金融资产的类别和品种，分别对“成本”“公允价值变动”等进行明细核算。

2．“公允价值变动损益”账户

企业交易性金融资产等的公允价值发生的变动，应当设置“公允价值变动损益”账户进行核算。该账户属损益类账户。贷方登记期末企业持有交易性金融资产等公允价值高于其账面余额的差额，借方登记期末企业持有交易性金额资产等的公允价值低于账面余额的差额。交易性金融资产出售时，该项金融资产未结转的公允价值变动额应结转计入“投资收益”账户。

该账户可按交易性金融资产、交易性金融负债、投资性房地产等进行明细核算。

四、交易性金融资产的账务处理

（一）取得的账务处理

企业取得的交易性金融资产，按其公允价值借记“交易性金融资产”账户，按发生的相关交易费用，借记“投资收益”账户，按已宣告但尚未发放的现金股利或已到付息期但尚未领取的利息，借记“应收股利”或“应收利息”账户，按实际支付的价款，贷记“银行存款”等账户。

【例5-1】 大明公司于2月5日以存入证券公司的专款，购入珠江公司发行二年期、年利率为5%的可上市交易的债券30万元，实际支付价款30.2万元，其中2 000元为发生交易费用，此债券一旦价格合适公司将予以出售。账务处理为：

借：交易性金融资产——债券投资——珠江公司（成本） 300 000
　　投资收益 2 000
　　贷：其他货币资金——存出投资款 302 000

【例5-2】 大明公司为了利用闲散资金获利，于2月8日以存款从证券市场购入强生控股股票2万股，以备近期出售，每股价格9元，1月25日强生公司已宣告发放的现金股利0.10元/股，拟定于2月25日支付，并以存款支付交易费用5 600元。账务处理为：

（1）2月8日，支付价款购入股票时：

借：交易性金融资产——股票投资——强生控股（成本） 178 000
　　应收股利——强生公司 2 000（20 000×0.10）
　　投资收益 5 600
　　贷：银行存款 185 600

（2）2月25日，收到购入前已宣告发放的现金股利2 000元时：

借：银行存款 2 000
　　贷：应收股利——强生公司 2 000

（二）持有收益的账务处理

企业持有交易性金融资产期间，被投资单位宣告发放现金股利，或计息期末按债券票面利率计算的债券利息，属于企业持有这一金融资产（投资）所获得的收益，应列为当期损益，计入“投资收益”账户。属债券性投资的，票面利率与实际利率差异较大的，应采用实际利率计算确定债券利息收入。

【例5-3】 承［例5-2］，大明公司持有的强生控股2万股股票，本年12月20日强生公司宣告发放现金股利每股0.25元。账务处理为：

借：应收股利——强生公司 5 000
　　贷：投资收益 5 000

提示： 企业只有在同时满足以下三个条件时，才能确认交易性金融资产所取得的股利收入并计入当期损益：①企业收取股利的权利已经确立；②与股利相关的经济利益很可能流入企业；③股利的金额能够可靠计量。

（三）期末计量的账务处理

交易性金融资产属于以公允价值计量且变动计入当期损益的金融资产，企业应当在资产负债表日，对持有的交易性金融资产进行后续计量。交易性金融资产后续计量的标准仍然是公允价值，并且不扣除将来处理该金融资产时可能发生的交易费用。

资产负债表日，交易性金融资产公允价值与账面余额之间的差额计入当期损益。其公允价值高于其账面余额的差额，借记“交易性金融资产——公允价值变动”账户，贷记

“公允价值变动损益”账户；公允价值低于其账面余额的差额，作相反记录。

【例5-4】 承［例5-2］，大明公司2月8日购入的强生控股股票2万股，12月31日，经核实市场价格为8.50元/股，股票总市值（公允价值）为17万元。公司的账务处理为：

借：公允价值变动损益——交易性金融资产　　8 000（178 000-170 000）

　　贷：交易性金融资产——股票投资——强生控股（公允价值变动）　　8 000

（四）处置的账务处理

企业处置交易性金融资产，分为出售和到期兑付两种情况，前者比较普遍，后者仅指有期限的债券投资。企业处置交易性金融资产，应按实际收到的金额（扣除相关交易费用），借记“银行存款”等账户，按该项金融资产的账面余额，贷记“交易性金融资产”账户，按其差额，贷记或借记“投资收益”账户。

【例5-5】 承［例5-2］和［例5-4］，次年1月10日，大明公司将上年2月8日购入的强生控股股票2万股予以出售，实际收到价款19万元存入银行。账务处理为：

借：银行存款　　190 000

　　交易性金融资产——股票投资——强生控股（公允价值变动）　　8 000

　　贷：交易性金融资产——股票投资——强生控股（成本）　　178 000

　　　　投资收益　　20 000

第三节　债权投资

一、以摊余成本计量的金融资产

（一）以摊余成本计量金融资产的确认

金融资产同时符合下列条件的，应当分类为以摊余成本计量的金融资产：

（1）企业管理该金融资产的业务模式是以收取合同现金流量为目标。

（2）该金融资产的合同条款规定，在特定日期产生的现金流量，仅为对本金和以未偿付本金金额为基础的利息的支付。

例如，企业购入的普通债券是到期收回本金及按照约定利率在合同期间收取固定或浮动利息的。在没有其特殊安排的情况下，就符合上述条件，应确认为以摊余成本计量的金融资产，即债权投资。

从上可见，企业购入债券，并不一定都是债权投资，是要根据情况进行判断确认的。

（二）以摊余成本计量金融资产的初始计量

企业取得以摊余成本计量的金融资产应当按照取得时的公允价值和相关交易费用之和作为初始确认金额计价入账。支付的价款中包含的已到付息期但尚未领取的债券利息不列入债权投资的入账价值，应作为应收项目。

提示： 交易性金融资产取得的相关交易费用是列为当期损益（投资收益）的，而债权投资取得的相关交易费用是计入其初始确认金额计价入账的。

（三）以摊余成本计量金融资产的账务处理

企业以摊余成本计量的债权投资，应设置“债权投资”账户进行核算。该账户借方登记取得债权投资的面值，以及到期一次还本付息债券的应计利息，贷方登记出售（到期兑付）债权投资的账面余额。债权投资取得时入账价值与支付价款（含交易费用）的差额以及计息过程中产生的利息差额，应作为“利息调整”分别计入其借方或贷方。该账户期末余额在借方，反映企业债权投资的摊余成本。

“债权投资”账户，应按照债权投资的类别和品种，并分别“成本”“利息调整”“应计利息”等进行明细核算。

1. 取得的账务处理

企业取得属于以摊余成本计量金融资产的债权投资，应按该投资的面值，借记“债权投资（成本）”账户，按支付价款中包含的已到付息期但尚未领取的利息，借记“应收利息”账户，按实际支付的金额，贷记“银行存款”等账户，按其差额，借记或贷记“债权投资（利息调整）”账户。

【例5-6】大明公司于2×19年1月1日，购入新明公司同日发行的三年期、票面年利率5%、到期一次还本付息的债券50万元，根据相关条件划分为以摊余成本计量的金融资产。价款以存款支付，另以存款支付手续费等相关交易费用2 000元。账务处理为：

借：债权投资——新明公司债券（成本） 500 000
　　　　　　——新明公司债券（利息调整） 2 000
　贷：银行存款 502 000

【例5-7】大明公司于2×19年7月1日，从证券市场购入成名公司本年1月1日发行的三年期、票面年利率5%，半年付息一次、到期还本的债券30万元。以存款支付价款307 500元，其中7 500元为已到付息期但尚未领取的利息（此利息定于7月20日支付）。该债券属于以摊余成本计量的金融资产。账务处理为：

（1）7月1日购入债券时：

借：债权投资——成名公司债券（成本） 300 000
　　应收利息——成名公司 7 500
　贷：银行存款 307 500

（2）7月20日收到成名公司支付的上半年利息7 500元时：

借：银行存款 7 500
　贷：应收利息——成名公司 7 500

2. 持有期间计提利息的账务处理

企业债权投资在持有期间应当按照实际利率法确认利息收入，计入投资收益。实际利率应当在取得债权投资时确定，在随后期间保持不变。实际利率与票面利率差别很小的，也可按票面利率计算利息收入，计入投资收益。

到期一次还本付息的债权投资，应于资产负债表日按票面利率计算确定的应收未收利息，借记“债权投资（应计利息）”账户，按此债权投资摊余成本和实际利率计算确定的利息收入，贷记“投资收益”账户，按其差额，借记或贷记“债权投资（利息调整）”账户。

如果利息收入是按票面利率计算确定的，一般则无“债权投资（利息调整）”差额。

【例5-8】 承［例5-6］，大明公司购入新明公司的三年债券，票面利率与实际利率差别很小，2×19年12月31日，按票面利率5%计提本年应计利息25 000元（50万元×5%）。账务处理为：

借：债权投资——新明公司债券（应计利息）　　25 000

　　贷：投资收益　　25 000

分期付息、到期还本的债权投资，应于资产负债表日按票面利率计算确定的应收未收利息，借记“应收利息”账户，按此债权投资摊余成本和实际利率计算确定的利息收入，贷记“投资收益”账户，按其差额，借记或贷记“债权投资（利息调整）”账户。如果票面利率与实际利率相差很小的，也可按票面利率计算确定利息收入，一般则无“债权投资（利息调整）”差额。

【例5-9】 承［例5-7］，大明公司购入成名公司的三年期、分期付息、到期还本的债券，此债券票面利率与实际利率差别也很小。2×19年12月31日，按票面利率5%计提下半年应计利息15 000元（30万元×5%）。账务处理为：

借：应收利息——成名公司　　15 000

　　贷：投资收益　　15 000

以后收到这一利息时，借记“银行存款”等账户，贷记“应收利息”账户。

3. 处置的账务处理

企业持有的债权投资一般有两种处置方式：一是到期兑付收回投资本金和利息；二是未到期前出售，按转让价收取价款。企业处置债权投资取得价款与该投资账面价值的差额应确认为投资损益。其账务处理一般是：按实际收到的金额（扣除相关交易费用后），借记“银行存款”等账户，按其账面余额，贷记“债权投资（成本、应计利息）”账户，借记或贷记“债权投资（利息调整）”账户，按其差额，借记或贷记“投资收益”账户。已计提减值准备的，还应结转已计提的减值准备。

【例5-10】 承［例5-6］和［例5-8］，大明公司2×19年1月1日购入的新明公司三年期债券到期，本金50万元（账面成本50.2万元）和三年利息7.5万元，共计57.5万元收入银行存款账户。账务处理为：

借：银行存款　　575 000

　　投资收益

　　　　2 000（注：利息调整数额较大，可以在各期计提利息时进行分摊）

　　贷：债权投资——新明公司债券（成本）　　500 000

　　　　　　　　——新明公司债券（利息调整）　　2 000

　　　　　　　　——新明公司债券（应计利息）　　75 000

【例5-11】 承［例5-7］和［例5-9］，2×20年5月将购入的成名公司债券予以出售，取得价款（已扣除交易费用）32万元，该债券未发生减值，各期利息均已收到。账务处理为：

借：银行存款　　320 000

　　贷：债权投资——成名公司债券（成本）　　300 000

　　　　投资收益　　20 000

（四）以摊余成本计量的金融资产的减值

以摊余成本计量的金融资产，资产负债表日应根据《企业会计准则第22号——金融工具确认和计量》的规定，对其账面价值进行检查测试，有客观证据表明对其预计未来现金流量具有不利影响的一项或多项事件发生的，则该金融资产已发生信用减值。

金融资产发生信用减值的证据，如发行方或债务人发生重大财务困难；债务人违反了合同，偿付利息或本金违约或逾期等；债务人很可能破产或进行其他财务重组；因发行方或债务人财务困难，导致该金融资产的活跃市场消失；以大幅折扣购买或源生一项金融资产，该折扣反映发生信用损失的事实等。

企业以摊余成本计量的金融资产发生的减值，应设置“债权投资减值准备”账户进行核算。该账户属“债权投资”账户的备抵账户，贷方登记债权投资计提的减值准备，借方登记已计提减值准备的债权投资价值恢复转回数额和债权投资处置转销的减值准备，期末余额在贷方，表示企业已计提但尚未转销的债权投资减值准备。该账户应当按照债权投资的种类进行明细分类核算。

资产负债表日，企业应根据债权投资确认的减值，借记“信用减值损失”账户，贷记“债权投资减值准备”账户。已计提减值准备的债权投资价值以后又得以恢复，应在原已计提的减值准备金额内，按恢复增加的金额，作上述相反记录。

【例5-12】大明公司2×19年1月1日从证券市场购入三年期的H债券一批，初始确认金额为68.5万元，分期付息，到期还本。2×19年年末，根据市场利率变化和发行方的财务状况，按单项金额重大项目进行减值测试，确认发生减值2万元；2×20年末，进行减值测试，确认减值1万元，即投资价值回升恢复了1万元；2×21年2月出售此项投资，收取价款69万元（已扣除交易费用）。账务处理为：

（1）2×19年末计提减值准备时：

借：信用减值损失	20 000	
贷：债权投资减值准备——H债券		20 000

（2）2×20年末，调整此投资已恢复的价值时：

借：债权投资减值准备——H债券	10 000	
贷：信用减值损失		10 000

（3）2×21年2月出售此项投资，收取价款存入银行：

借：银行存款	690 000	
债权投资减值准备——H债券	10 000	
贷：债权投资——H债券（成本）		685 000
投资收益		15 000

二、以公允价值计量且其变动计入其他综合收益的金融资产

（一）以公允价值计量且其变动计入其他综合收益的金融资产的确认

金融资产同时符合下列条件的，应当分类为以公允价值计量且其变动计入其他综合收

益的金融资产：

（1）企业管理该金融资产的业务模式是以收取合同现金流量为目标又以出售该金融资产为目标。

（2）该金融资产的合同条款规定，在特定日期产生的现金流量，仅为对本金和以未偿付本金金额为基础的利息的支付。

例如，企业购入的普通债券是到期收回本金及按照约定利率在合同期间收取固定或浮动利息的，如果企业管理该金融资产的业务模式是以收取合同现金流量为目标又以出售该金融资产为目标的，应确认为以公允价值计量且其变动计入其他综合收益的金融资产，即其他债权投资。

课堂讨论： 企业取得下列债券属于其他债权投资吗？

（1）购入三年期国库券，票面年利率6%，到期一次还本付息。根据合同约定和预计该债券不会提前赎回。公司将该债券确定为持有至到期收回本金和利息。

（2）购入五年期普通公司债券，票面年利率7%，到期一次还本付息。同约定该债券在遇到特定情况时可以提前赎回，且不必支付额外费用。公司确定如果公司情况正常就持有至到期收回本金和利息；如果公司生产经营有特定需求，就出售该债券。

（二）以公允价值计量且其变动计入其他综合收益金融资产的初始计量

企业取得以公允价值计量且其变动计入其他综合收益的金融资产，应当按照取得时的公允价值和相关交易费用之和作为初始确认金额计价入账。支付的价款中包含的已到付息期但尚未领取的债券利息不列入投资的入账价值，应作为应收项目。

各类金融资产的计量与核算对比见表5－1。

表5－1

项　目	以公允价值计量且其变动计入当期损益的金融资产	以摊余成本计量的金融资产	以公允价值计量且其变动计入其他综合收益的金融资产
账户	“交易性金融资产”账户	“债权投资”账户	“其他债权投资”账户
初始计量（入账价值）	公允价值（交易费用列为投资收益）	公允价值和相关交易费用之和	公允价值和相关交易费用之和
后续计量	公允价值	摊余成本	公允价值
公允价值变动	计入当期损益	实际利率法分摊	计入其他综合收益
是否计提减值	不计提	计提	计提

（三）以公允价值计量且其变动计入其他综合收益金融资产的账务处理

企业以公允价值计量且其变动计入其他综合收益金融资产，应设置“其他债权投资”账户进行核算。该账户借方登记取得其他债权投资的面值、到期一次还本付息债券的应计利息和公允价值变动的增加，贷方登记其他债权投资公允价值变动的减少和出售（到期兑付）其他债权投资的账面余额。其他债权投资取得时入账价值与支付价款（含交易费用）的差额以及计息过程中产生的利息差额，应作为“其他债权投资（利息调整）”分别计入其借方或贷方。该账户期末余额在借方，表示企业其他债权投资的公允价值。

“其他债权投资”账户，应按照其他债权投资的类别和品种，并分别“成本”“利息调整”“应计利息”“公允价值变动”等进行明细核算。

1. 取得的账务处理

企业取得以公允价值计量且其变动计入其他综合收益金融资产应按该金融资产投资的面值，借记“其他债权投资（成本）”账户，按支付价款中包含的已到付息期但尚未领取的利息，借记“应收利息”账户，按实际支付的金额，贷记“银行存款”等账户，按其差额，借记或贷记“其他债权投资（利息调整）”账户。

【例5-13】 大明公司于2×19年7月1日，购入东南公司同年1月1日发行的三年期、票面年利率5%、到期一次还本付息的债券100万元（面值）。价款及交易费用103万元（含2×19年上半年利息2.5万元）以存款支付。该债券公司根据相关条件划分为以公允价值计量且其变动计入其他综合收益的金融资产。账务处理为：

借：其他债权投资——东南公司债券（成本）　1 000 000

　　　　　　　　——东南公司债券（利息调整）　5 000

　　应收利息——东南公司　25 000

　　贷：银行存款　1 030 000

2. 持有期间计提利息的账务处理

资产负债表日，以公允价值计量且其变动计入其他综合收益的金融资产应当按照实际利率法确认利息收入，计入投资收益。实际利率应当在取得债权投资时确定，在随后期间保持不变。实际利率与票面利率差别很小的，也可以按票面利率计算利息收入，计入投资收益。

到期一次还本付息的投资，应于资产负债表日按票面利率计算确定的应收未收利息，借记“其他债权投资（应计利息）”账户，按此债权投资摊余成本和实际利率计算确定的利息收入，贷记“投资收益”账户，按其差额，借记或贷记“其债权投资（利息调整）”账户。如果利息收入是按票面利率计算确定的，一般则无“利息调整”差额。

【例5-14】 承［例5-13］2×19年12月31日，大明公司于2×19年7月1日购入的东南公司同年1月1日发行的三年期、到期一次还本付息的债券100万元，按照5%票面年利率计提下半年的利息。实际利率与票面利率差别很小的，按票面利率计算利息收入，利息调整（手续费）按期限平均分摊。2×19年度和2×20年度计息的账务处理为：

2×19年12月31日，计提2×19年度下半年的利息：

借：其他债权投资——东南公司债券（应计利息）

　　　25 000（1 000 000×5%÷2）

　　贷：其他债权投资——东南公司债券（利息调整）

　　　1 000[（5 000÷30）×6]

　　　投资收益　24 000

2×20年12月31日，计提2×20年度的利息：

借：其他债权投资——东南公司债券（应计利息）50 000（1 000 000×5%）

　　贷：其他债权投资——东南公司债券（利息调整）

　　　2 000[（5 000÷30）×12]

　　　投资收益　48 000

如果是分期付息，到期还本的投资，应于资产负债表日，按票面利率计算确定的应收未收利息，借记“应收利息”账户，按此债权投资摊余成本和实际利率计算确定的利息收入，贷记“投资收益”账户，按其差额，借记或贷记“其他债权投资（利息调整）”账户。如果利息收入是按票面利率计算确定的，一般则无“其他债权投资（利息调整）”差额。

3. 持有期间公允价值变动的账务处理

资产负债表日，以公允价值计量且其变动计入其他综合收益的金融资产的公允价值高于其账面余额的差额，应借记“其他债权投资（公允价值变动）”账户，贷记“其他综合收益（其他债权投资公允价值变动）”账户。公允价值低于其账面余额的差额作相反的记录。

【例5-15】 承［例5-13］［例5-14］大明公司于2×19年7月1日购入的东南公司的债券100万元。2×19年12月31日的账面余额为102.4万元，公允价值为105万元；2×20年12月31日的账面余额为107.2万元，公允价值为109万元。账务处理为：

2×19年12月31日：公允价值变动105-102.4=2.6（万元）

借：其他债权投资——东南公司债券（公允价值变动）　26 000

　　贷：其他综合收益——东南公司债券（其他债权投资公允价值变动）26 000

2×20年12月31日：公允价值变动（109-107.2）-2.6=-0.8（万元）

借：其他综合收益——东南公司债券（其他债权投资公允价值变动）　8 000

　　贷：其他债权投资——东南公司债券（公允价值变动）　8 000

4. 持有期间减值的账务处理

资产负债表日，以公允价值计量且其变动计入其他综合收益的金融资产发生减值的，应按照确认的减值金额，借记“信用减值损失”账户，贷记“其他综合收益（信用减值准备）”账户。

5. 处置的账务处理

企业持有的其他债权投资处置也是两种方式。账务处理一般是：按实际收到的金额（扣除相关交易费用后），借记“银行存款”等账户，按其账面余额，贷记“其他债权投资（成本、应计利息）”账户，借记或贷记“其他债权投资（公允价值变动、利息调整）”账户；按其差额，借记或贷记“投资收益”账户。公允价值发生过变动的和已计提过减值准备的，还应进行相应结转，借记或贷记“其他综合收益（其他债权投资公允价值变动、信用减值准备）”账户，贷记或借记“投资收益”账户。

【例5-16】 承［例5-13］［例5-14］［例5-15］大明公司于2×21年1月5日，将上述东南公司的100万元债券，予以出售，取得价款112万元存入银行。账务处理为：

借：银行存款　1 120 000

　　其他债权投资——东南公司债券（利息调整）　3 000（1 000+2 000）

　　贷：其他债权投资——东南公司债券（成本）　1 000 000

　　　　其他债权投资——东南公司债券（应计利息）

　　　　　　75 000（25 000+50 000）

　　　　其他债权投资——东南公司债券（公允价值变动）

　　　　　　18 000（1 090 000-1 072 000）

投资收益 30 000（差额）

借：其他综合收益——东南公司债券（其他债权投资公允价值变动）18 000

贷：投资收益 18 000

第四节 长期股权投资

一、长期股权投资的概述

（一）股权投资和长期股权投资

股权投资，又称权益性投资，是指通过付出现金资产或非现金资产等取得被投资单位的股权（或股份），享有一定比例权益份额代表的资产。投资企业取得被投资单位股权，相应享有被投资单位净资产有关份额，通过从被投资单位分得现金股利或利润以及待被投资单位增值后出售等获利。

股权投资根据能够对被投资单位施加影响的程度来划分，应列为长期股权投资的包括：

（1）投资方能够对被投资单位实施控制的股权投资，即对子公司投资。

（2）投资方与其他合营方一同对被投资单位实施共同控制的股权投资，即对合营企业投资。

（3）投资方能够对被投资单位具有重大影响的股权投资，即对联营企业投资。

相关链接

（1）控制，是指有权决定一个企业的财务和经营政策，并能据以从该企业的经营活动中获取利益（被投资单位为其子公司）。

（2）共同控制，是指按照合同约定对某项经济活动所共有的控制（被投资单位为其合营企业）。

（3）重大影响，是指对一个企业的财务和经营政策有参与决策的权力，但并不能够控制或者与其他方一起共同控制这些政策的制定（被投资单位为联营企业）。

所以，长期股权投资指通过投资取得被投资单位的股权，投资企业成为被投资企业的股东，按所持股份的比例享有权益并承担相应责任的投资。长期股权投资包括企业持有的对联营公司、合营企业以及子公司的投资。

（二）长期股权投资的特点和内容

1. 长期股权投资的特点

企业持有的长期股权投资，能够对被投资单位施加影响，有权参与被投资单位的经营管理，有权按投资比例分享被投资单位的收益，同时也有责任分担被投资单位的亏损。

2. 长期股权投资的内容

长期股权投资包括企业持有的对联营公司、合营企业以及子公司的投资。除前述以外的其他权益性投资，会计上不作为长期股权投资进行核算，而应当根据情况按照《企业会计准则第22号——金融工具确认和计量》的规定列为交易性金融资产、其他权益投资进行核算。

课堂讨论:(1) 长期股权投资是投资期限在一年以上的股权投资吗？长期股权投资是以什么为依据划分的？

(2) 企业购买股票、出资入股取得的权益性投资，可能列为哪几类投资？

（三）长期股权投资的核算方法

长期股权投资持有期间的核算有成本法和权益法两种方法。投资企业在持有长期股权投资期间，应根据对被投资单位施加影响的程度，分别采用成本法和权益法进行核算。

二、长期股权投资初始成本的初始计量

长期股权投资的初始计量，即取得时初始投资成本的确定。企业不同来源取得的长期股权投资初始投资成本是有所区别的：

（一）企业合并形成的长期股权投资

（1）同一控制下企业合并形成的长期股权投资，应在购买日按取得被合并方净资产账面价值的份额作为初始投资成本。长期股权投资初始成本与支付的现金、转让非现金资产以及所承担债务账面价值之间的差额，应当调整资本公积；资本公积不足冲减的，依次冲减盈余公积和未分配利润。

（2）非同一控制下企业合并形成的长期股权投资，应在购买日按确定的企业合并成本作为初始投资成本。企业合并成本包括购买方付出的资产、发生或承担的债务、发行的权益性工具的公允价值之和。长期股权投资初始成本与支付价款、转让非现金资产以及所承担债务账面价值之间的差额（扣除发生相关费用、应收股利）列为营业外收支、资产处置损益等。

企业合并中，合并方发生的审计、法律服务、评估咨询等中介费用和其他直接相关费用，应当于发生时计入当期损益，列为管理费用。

（二）企业合并以外的其他方式取得的长期股权投资

（1）以支付货币资金取得的长期股权投资，应按照实际支付的购买价款作为初始投资成本。这一初始投资成本包括与取得长期股权投资直接相关的费用、税金及其他必要支出，但不包括被投资单位已宣告但尚未发放的现金股利或利润（列为应收项目）。

（2）以发行权益性证券取得的长期股权投资，应当按照发行权益性证券的公允价值作为初始投资成本。这一初始投资成本既不包括发行权益性证券支付款的手续费、佣金等发行直接相关费用（在发行溢价收入中扣除），也不包括应自被投资单位收取的已宣告但尚未发放的现金股利或利润（列为应收项目）。

(3) 投资者投入的长期股权投资，应当按照投资合同或协议约定的价值作为初始投资成本，但合同或协议约定价值不公允的除外。

(4) 以债务重组方式取得的长期股权投资，应按取得投资的公允价值作为初始投资成本。

(5) 以非货币性资产交换取得的长期股权投资，同时满足：①该项交易具有商业实质；②换入资产或换出资产的公允价值能够可靠计量两个条件的，按照换出资产的公允价值（换入长期股权投资公允价值更可靠的，则是换入投资公允价值）和应支付的相关税费作为初始投资成本；未同时满足上述两个条件的，应以换出资产的账面价值和应支付的相关税费作为初始投资成本。

三、长期股权投资核算的账户设置

企业的长期股权投资，应设置“长期股权投资”账户进行核算。该账户借方登记取得长期股权投资的初始投资成本和其他形式的增加额；贷方登记长期股权投资的收回额和其他形式的减少额；期末余额在借方，表示企业长期股权投资的价值。投资期间内，该账户的具体登记内容不仅取决于实际投资额的变化，还取决于该项长期股权投资所采用的核算方法。

“长期股权投资”账户应当按照被投资单位进行明细核算。具体会因长期股权投资核算方法的不同而有所区别。

企业持有长期股权投资发生减值的，还应设置“长期股权投资减值准备”账户核算其计提的减值准备。

四、长期股权投资核算的成本法

(一) 成本法的特点和适用范围

成本法指对长期股权投资按投资成本计量核算的方法。成本法下，长期股权投资应当按照初始投资成本计价入账；追加投资、收回投资则调整长期股权投资的成本；被投资企业以接受投资后实现净利润的分配（现金股利或利润)，确认为投资收益。这样，“长期股权投资”账户反映的长期股权投资的成本，其账面金额除追加投资、收回投资外均保持不变。

应采用成本法核算长期股权投资是投资企业能够对被投资单位实施控制的长期股权投资。如企业对子公司的投资。

采用成本法核算的长期股权投资，投资企业应当将其子公司纳入合并财务报表的合并范围，并在编制合并财务报表时按权益法进行调整。

(二) 成本法的账务处理

成本法下长期股权投资的账务处理主要内容有：

1．取得投资

初始投资或追加投资时，按照确定初始投资成本或追加的投资成本，借记“长期股权投资”账户，贷记有关账户。

【例5－17】 大明公司于2×19年4月1日，以银行存款500万元购入银马公司的股份，这一投资占银马公司资本总额的70%，银马公司成为大明公司控股子公司。支付价款中含银马公司已于3月20日宣告预定于4月20日支付的现金股利2万元，取得投资过程中支付税金及相关费用8 000元。账务处理为：

（1）2×19年4月1日，以存款取得投资时：

借：长期股权投资——银马公司　　4 988 000（5 000 000＋8 000－20 000）

　　应收股利——银马公司　　20 000

　　贷：银行存款　　5 008 000（5 000 000＋8 000）

（2）2×19年4月20日，收到购入前银马公司已宣告发放的现金股利2万元时：

借：银行存款　　20 000

　　贷：应收股利——银马公司　　20 000

2．持有期间取得现金股利或利润

被投资单位宣告分派现金股利或利润时，投资企业按应享有的部分，确认为当期投资收益，借记“应收股利”账户，贷记“投资收益”账户；以后收到这一现金股利时，借记“银行存款”等账户，贷记“应收股利”账户。

【例5－18】 承［例5－17］2×20年3月25日银马公司宣告发放现金股利（投资后实现利润）5万元。4月26日收到此项分利。账务处理为：

（1）2×20年3月25日，银马公司宣告发放现金股利（投资后实现利润）5万元时：

借：应收股利——银马公司　　50 000

　　贷：投资收益　　50 000

（2）2×20年3月25日，收到这一现金股利存入银行时：

借：银行存款　　50 000

　　贷：应收股利——银马公司　　50 000

提示：（1）如果被投资单位宣告分派现金或利润是属于被投资单位在取得投资前实现净利润的分配额，应作为投资成本的收回，借记“应收股利”等账户，贷记“长期股权投资（成本）”账户。

（2）收到被投资单位发放的股票股利，不能确认为投资收益，不必进行账务处理，但应在备查簿中进行登记。

3．处置投资

长期股权投资的处置主要是出售，企业出售长期股权投资时，应按实际取得价款与长期股权投资账面价值的差额确认为当期投资损益。其账务处理为：按实际收到的金额，借记“银行存款”等账户，按该项投资的账面余额，贷记“长期股权投资”账户，按其差额，贷记或借记“投资收益”账户。

处置长期股权投资，如果存在已计提长期股权减值准备和已宣告分派但尚未领取的现金股利或利润的，应一并结转。

【例5－19】 承［例5－17］和［例5－18］，2×22年9月5日，大明公司将拥有的银马公司的投资予以出售，投资初始成本为500.8万元，取得出售净价款520万元存入银行，此项投资有上月已宣告但尚未领取的现金股利3.5万元。账务处理为：

借：银行存款 5 200 000

贷：长期股权投资——银马公司 5 008 000

应收股利——银马公司 35 000

投资收益 157 000（5 200 000－5 008 000－35 000）

（三）成本法的评价

长期股权投资核算成本法的优点是：①“长期股权投资”账户能够如实地反映长期股权投资的成本；②会计账务处理简单明晰；③将投资方与受资方作为独立法人反映两者之间的经济关系，既符合法律规范，也体现会计核算的谨慎性核算要求。

成本法的缺点是：“长期股权投资”账户，无法反映投资企业在被投资单位所有者权益中所享有的份额；投资企业与被投资单位的经济关系反映不充分和完整。

五、长期股权投资核算的权益法

（一）权益法的特点和适用范围

权益法是指对投资企业的长期股权投资，按照享有被投资单位所有者权益份额进行核算的方法。权益法下，取得长期股权投资以初始投资成本计价入账，后续根据投资企业享有被投资单位所有者权益份额的变动对投资的账面价值进行调整。这就是说，此方法下，长期股权投资的账面价值是随着被投资单位所有者权益的变动而变动的，包括被投资单位实现净利润、发生亏损及其他所有者权益的变动等。投资企业收到被投资单位分来的现金股利或利润，相当于收回投资，应列为长期股权投资的减少。

应当采用权益法进行核算的长期股权投资是：

(1) 投资企业对被投资单位具有共同控制的长期股权投资。如对合营企业的股权投资。

(2) 投资企业对被投资单位具有重大影响的长期股权投资。如对联营企业的股权投资。

成本法和权益法适用范围的对比如图5－1所示。

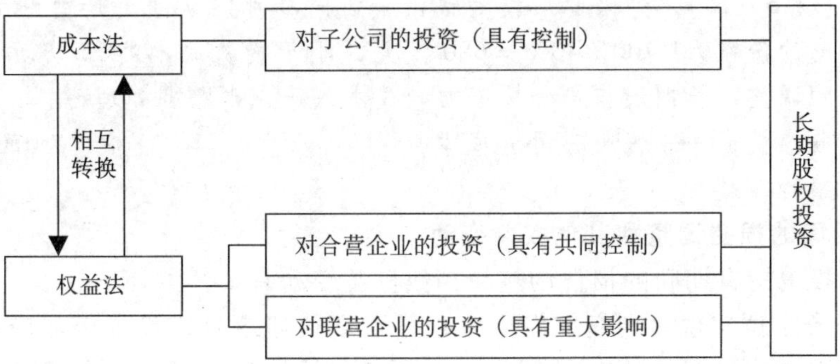

图5－1 长期股权投资适用范围

投资企业因追加投资等原因能够对非同一控制下的被投资单位实施控制的，应当改按成本法进行核算，其初始投资成本为原持有的股权投资账面价值加上新增投资成本之和。投资方因处置部分权益性投资等原因丧失了对被投资单位的控制的，处置后的剩余股权能够对被投资单位实施共同控制或施加重大影响的，应当改按权益法进行核算。

（二）权益法的账务处理

权益法下，“长期股权投资”账户，反映的是投资企业享有被投资单位的权益份额。这种权益份额是多方面形成的，所以，该账户应按被投资单位，分别设置“成本”“损益调整”“其他综合收益”“其他权益变动”四项进行明细核算。

1. 投资取得

投资企业对被投资单位进行初始投资时，一般应按照确定的初始投资成本，借记“长期股权投资（成本）”账户，贷记“银行存款”等账户。

权益法下，投资企业取得长期股权投资应考虑享有被投资单位可辨认净资产公允价值份额。当长期股权投资的初始投资成本大于投资时应享有被投资单位可辨认净资产公允价值份额的，其差额是投资企业取得的商誉价值，不必调整已确认的初始投资成本；当长期股权投资的初始投资成本小于投资时应享有被投资单位可辨认净资产公允价值份额的，其差额是交易过程中转让方的让步，投资企业应调整增加长期股权投资的成本，并将其列为当期营业外收入，则取得长期股权投资账务处理为：借记“长期股权投资（成本）”账户，贷记“银行存款”等账户，按照其差额，贷记“营业外收入”账户。

【例5-20】 大明公司于2×19年1月5日，以存款支付价款700万元和相关税费2万元，取得银山公司40%普通股股份，从而对银山公司具有重大影响，该项投资采用权益法核算。大华公司同日可辨认净资产账面价值（公允价值）为1 820万元。

长期股权投资初始成本为702万元（700+2）小于投资时应享有被投资单位可辨认净资产公允价值份额728万元（1 820×40%），差额26万元应进行投资初始成本的调整。账务处理为：

借：长期股权投资——银山公司（成本）	7 280 000	
贷：银行存款		7 020 000
营业外收入		260 000

提示：承［例5-20］，如果此项投资银山公司同日可辨认净资产的账面价值为1 700万元，投资享有的份额为1 700×40%=680万元，小于投资成本的22万元，就不必进行投资初始成本的调整，长期股权投资按照初始成本入账。则账务处理为：

借：长期股权投资——银山公司（成本）	7 020 000	
贷：银行存款		7 020 000

2. 持有期间的损益调整和其他权益变动

长期股权投资持有期间的损益调整和其他权益变动有：

（1）被投资单位实现净利润或发生亏损。资产负债表日，投资企业应根据被投资单位实现的净利润（或经调整的净利润）计算应享有的份额，增加长期股权投资的账面价值，并确认为当期的投资收益，借记“长期股权投资（损益调整）”账户，贷记“投资收益”账户；被投资单位发生亏损，则按应分担的份额减少长期股权投资的账面价值，并确认为投资损失，借记“投资收益”账户，贷记“长期股权投资（损益调整）”账户。

提示： 投资企业确认被投资单位发生的净亏损，应当以长期股权投资的账面价值以及其他实质上构成对被投资单位净投资的长期权益减至零为限，投资企业负有承担额外损失义务的除外。

（2）被投资单位宣告发放现金股利或利润。被投资单位宣告发放现金股利或利润，投资企业计算确定应分得的部分，相当于收回投资，借记“应收股利”账户，贷记“长期股权投资（损益调整）”账户；投资企业收到现金股利或利润时，借记“银行存款”等账户，贷记“应收股利”账户。

（3）被投资单位发生的其他综合收益变动。投资持有期间，被投资单位发生其他综合收益的变动，如被投资单位以公允价值计量且其变动计入其他综合收益的金融资产（其他债权投资）公允价值的变动、相关金融资产的重分类等。投资企业按持股比例计算应享有的份额，计列为其他综合收益，属于调整增加的，借记“长期股权投资（其他综合收益）”账户，贷记“其他综合收益”账户；属于调整减少的，作相反记录。

（4）被投资单位其他权益变动。投资持有期间，投资企业对于被投资单位发生除净损益、其他综合收益、分配利润外所有者权益的其他变动，如被投资单位其他股东对其捐赠、代为偿债等资本性投入、其他股东增减资因素导致对被投资单位股权比例变动等。投资企业按持股比例计算应享有的份额，计列为资本公积，属于调整增加的，借记“长期股权投资（其他权益变动）”账户，贷记“资本公积”账户；属于调整减少的，作相反记录。

【例 5 - 21】 承［例 5 - 20］有关资料列明银山公司 2×19 年度实现净利润 200 万元，大明公司应享有的份额为 80 万元（200 万元×40%）；2×19 年末银山公司其他债权投资的公允价值降低了 10 万元，大明公司享有 4 万元；2×20 年 3 月 5 日银山公司宣告分配现金股利 90 万元，大明公司享有 36 万元；2×20 年 4 月 5 日收到银山公司分来的现金股利；银山公司 2×20 年度发生亏损 50 万元，大明公司承担 20 万元；2×20 年 5 月银山公司的子公司对其捐赠 25 万元，大明公司享有 10 万元。账务处理为：

（1）确认此项投资 2×19 年度实现的投资收益 80 万元（200 万元×40%）时：

借：长期股权投资——银山公司（损益调整） 800 000

　　贷：投资收益 800 000

（2）确认此项投资 2×19 年末发生的其他综合收益变动（减少）4 万元（10 万元×40%）时：

借：其他综合收益 40 000

　　贷：长期股权投资——银山公司（其他综合收益） 40 000

（3）2×20 年 3 月 5 日，银山公司宣告分配现金股利 36 万元（90 万元×40%）时：

借：应收股利——银山公司 360 000

　　贷：长期股权投资—银山公司（损益调整） 360 000

（4）2×20 年 4 月 5 日，收到银山公司发放的现金股利 36 万元存入银行时：

借：银行存款 360 000

　　贷：应收股利——银山公司 360 000

（5）确认此项投资 2×20 年度发生的亏损 20 万元（50 万元×40%）时：

借：投资收益　　200 000

　　贷：长期股权投资——银山公司（损益调整）　　200 000

（6）2×20年5月，确认此项投资产生的其他权益变动（增加）10万元（25万元×40%）时：

借：长期股权投资——银山公司（其他权益变动）　　100 000

　　贷：资本公积　　100 000

2×20年末，此项投资的“长期股权投资——银山公司”账户借方余额为：

728+80-4-36-20+10=758（万元）

3. 长期股权投资的处置

权益法下，处置长期股权投资，应按实际取得价款与长期股权投资账面价值的差额确认为当期投资损益。其账务处理与成本法下的账务处理基本一致。如果存在已宣告分派但尚未领取的现金股利或利润和已计提长期股权投资减值准备的，也应一并进行结转。其账务处理为：按实际收到的金额，借记“银行存款”等账户，按原已计提的减值准备，借记“长期股权投资减值准备”账户，按该项投资的账面余额，贷记“长期股权投资”账户，按尚未领取的现金股利或利润，贷记“应收股利”账户，按其差额，贷记或借记“投资收益”账户。

同时，长期股权投资的处置，还应将原根据被投资单位其他综合收益、其他权益变动引起的记入“其他综合收益”和“资本公积”的相关金额进行结转，借记或贷记“其他综合收益”“资本公积”账户，贷记或借记“投资收益”账户。

【例5-22】 承［例5-20］和［例5-21］2×20年6月30日，大明公司将拥有银山公司的股权投资予以出售，取得出售净价款850万元存入银行。公司的账务处理为：

借：银行存款　　8 000 000

　　长期股权投资——银山公司（其他综合收益）　　40 000

　　贷：长期股权投资——银山公司（成本）　　7 280 000

　　　　——银山公司（损益调整）　　240 000

　　　　——银山公司（其他权益变动）　　100 000

　　　　投资收益　　820 000

同时，结转此项投资已入账的其他综合收益和资本公积：

借：资本公积　　100 000

　　贷：投资收益　　60 000

　　　　其他综合收益　　40 000

（三）权益法的评价

长期股权投资核算权益法的优点是：①能够如实地反映投资企业在被投资所有者权益中所占的份额；②有利于保证企业会计信息的可靠性和完整性。

权益法的缺点是：①会计处理与法律现实有不一致之处；②投资收益的实现与现金流入的时间不一致；③“长期股权投资”账户的账面余额不能反映股权投资的初始成本。

六、长期股权投资的减值

（一）长期股权投资减值的确认

投资企业应当关注长期股权投资的账面价值是否大于享有被投资单位所有者权益账面价值的份额等类似情况。出现类似情况时，投资企业应当按照《企业会计准则第8号——资产减值》的规定对长期股权投资进行减值测试，其可收回金额低于其账面价值的，应将该项长期股权投资的账面价值调减至可收回金额，这一调减金额即为资产减值（减值 = 账面价值 - 可收回金额）。确认的资产减值损失，计入当期损益，同时计提资产减值准备。

长期股权投资计提减值损失一经确认，在以后会计期间不得转回。

（二）长期股权投资减值的账务处理

企业计提的长期股权投资减值准备，应设置“长期股权投资减值准备”账户进行核算。该账户是“长期股权投资”账户的备抵账户，贷方登记企业计提的长期股权投资减值准备，借方登记处置转出长期股权投资而结转的长期股权投资减值准备。期末余额在贷方，表示企业已计提但尚未转销的长期股权投资减值准备。企业计提长期股权投资减值准备应确认为当期损益，计入“资产减值损失”账户。

“长期股权投资减值准备”账户，应按被投资单位进行明细核算。

【例5-23】 大明公司对和丰公司的一项采用权益法核算长期股权投资，年初“长期股权投资——和丰公司（成本）”账户借方余额300万元，已计提减值准备10万元，本年末核实和丰公司发生亏损100万元，大明公司按持股比例40%享有40万元。根据发生减值迹象，确定这一投资的可收回金额为230万元。本期计提此项投资的减值准备及账务处理为：

可收回金额230万元，投资账面价值为250万元（300万 - 10万 - 40万），本期发生减值20万元（250万 - 230万）。

借：资产减值损失	200 000	
贷：长期股权投资减值准备——和丰公司		200 000

【例5-24】 承［例5-23］，大明公司于下月份将上述投资予以出售，取得价款225万元存入银行。此项投资取得后除上述情况外无其他变动。其出售的账务处理为：

投资账面价值230 - 出售价款225 = 出售投资损失5（万元）

借：银行存款	2 250 000	
长期股权投资减值准备	300 000	
投资收益	50 000	
长期股权投资——和丰公司（损益调整）	400 000	
贷：长期股权投资——和丰公司（成本）		3 000 000

课堂讨论：（1）权益法下长期股权投资的账面价值应如何确定？

（2）［例5-17］和［例5-18］此项投资从取得到出售产生的投资收益是多少？

第五节 投资性房地产

一、投资性房地产的内容

投资性房地产是指为了赚取租金或资本增值，或者两者兼有而持有的房地产。投资性房地产应当能够单独计量和出售。投资性房地产通常包括：

（1）已出租的土地使用权。它是指企业以经营租赁方式出租的土地使用权。其中，用于出租的土地使用权是指企业通过出让或转让方式取得的土地使用权。

（2）已出租的建筑物。它是指企业拥有产权并以经营租赁方式出租的房屋等建筑物。

（3）持有并准备增值后转让的土地使用权。它是指企业取得的，准备增值后转让的土地使用权。

（4）部分用于赚取租金或资本增值、部分用于生产商品、提供劳务或经营管理的房地产，能够单独计量和出售的，用于赚取租金或资本增值的部分，应当确认为投资性房地产。

下列各项不属于投资性房地产：①自用房地产，即企业为生产商品、提供劳务或经营管理而持有的房地产；②作为存货的房地产；③不能够单独计量和出售的，用于赚取租金或资本增值的房地产；④企业拥有并自行经营的旅馆、饭店等；⑤以经营租赁方式租入再转租的房地产品；⑥按照国家有关规定认定的闲置土地。

二、投资性房地产的确认条件和初始计量

投资性房地产只有在符合定义，并同时满足下列两个条件，才能予以确认：①与该投资性房地产有关的经济利益很可能流入企业；②该投资性房地产的成本能够可靠地计量。

企业外购或自建房地产，应当在开始对外出租或用于资本增值时，才能确认为投资性房地产。投资性房地产应当按照成本进行初始计量。具体情况有：

（1）外购投资性房地产的成本，包括购买价款、相关税费和可直接归属于该资产的其他支出。

（2）自行建造投资性房地产的成本，由建造该项资产达到预定可使用状态前所发生的必要支出构成。

三、投资性房地产的账务处理

投资性房地产有两种计量（后续计量）模式：成本计量模式和公允价值计量模式。

企业通常应当采用成本模式对投资性房地产进行后续计量，满足特定条件时也可以采用公允价值模式计量。但是，同一企业的所有投资性房地产只能采用一种模式。

(一) 采用成本模式计量的投资性房地产

采用成本模式计量投资性房地产，核算投资性房地产的“投资性房地产”账户，反映的是投资性房地产的成本，并可以单位设置“投资性房地产累计折旧（摊销）”账户核算投资性房地产的累计折旧或累计摊销。

(1) 企业外购、自行建造等取得的投资性房地产，按应计入投资性房地产成本的金额，借记“投资性房地产”“应交税费——应交增值税（进项税额）”账户，贷记“银行存款”“在建工程”等账户。

(2) 将自用的建筑物转换为投资性房地产的，应按其在转换日的原价，累计折旧等进行结转，借记“投资性房地产”“投资性房地产累计折旧（摊销）”等账户，贷记“固定资产”“累计折旧”等账户。已计提减值准备的，还应同时结转减值准备。

(3) 企业取得投资性房地产的租金收入，借记“银行存款”等账户，贷记“其他业务收入”账户；按期（月）对投资性房地产计提折旧或进行摊销，借记“其他业务成本”账户，贷记“投资性房地产累计折旧（摊销）”账户。

(4) 企业处置投资性房地产时，按实际收到的金额，借记“银行存款”账户，贷记“其他业务收入”“应交税费——应交增值税（销项税额）”账户，按该项投资性房地产的累计折旧或累计摊销，借记“投资性房地产累计折旧（摊销）”账户，按该投资性房地产的账面余额，贷记“投资性房地产”账户，按其差额，借记“其他业务成本”账户。已计提减值准备的，还应同时结转减值准备。

【例5-25】 大明公司本年初，将自行建造完成的一项房屋专门用于经营性出租，房产建设成本为860万元，每月计提折旧2万元，每半年收取租金30万元（不含增值税），增值税率为9%。该项投资性房地产采用成本模式计量。账务处理为：

(1) 年初将自建完成的房产结转用于经营性出租时：

借：投资性房地产——出租房屋	8 600 000	
贷：在建工程		8 600 000

(2) 每月计提此项房产折旧时：

借：其他业务成本	20 000	
贷：投资性房地产累计折旧（摊销）		20 000

(3) 每半年收取租金存入银行时：

借：银行存款	327 000	
贷：其他业务收入		300 000
应交税费——应交增值税（销项税额）		27 000

(4) 两年后公司决定将此项投资性房地产予以出售，取得收入900万元，增值税81万元，款项存入银行；该房产3年已提折旧72万元。公司应记：

借：银行存款	9 810 000	
贷：其他业务收入		9 000 000
应交税费——应交增值税（销项税额）		810 000

同时：

借：其他业务成本	7 880 000	

投资性房地产累计折旧（摊销） 720 000
贷：投资性房地产——出租房屋 8 600 000

（二）采用公允价值模式计量投资性房地产

1. 采用公允价值模式计量的条件

只有存在确凿证据表明投资性房地产的公允价值能够持续可靠取得的情况下，才可以采用公允价值模式对投资性房地产进行后续计量。根据这一规定，采用公允价值模式计量要求同时满足下列两个条件：

（1）投资性房地产所在地有活跃的房地产交易市场。所在地，通常指投资性房地产所在的城市、大中城市的城区。

（2）企业能够从活跃的房地产交易市场上取得同类或类似房地产的市场价格及其他相关信息，从而对投资性房地产的公允价值作出合理的估计。

投资性房地产成本计量模式转换为公允价值计量模式，应当作为会计政策变更处理；已采用公允价值模式计量投资性房地产，不得转换为成本计量模式。

2. 采用公允价值模式计量的账务处理

企业应设置“投资性房地产”账户核算其投资性房地产。与采用成本模式计量的主要区别是：不对投资性房地产计提折旧或摊销，资产负债表日以公允价值为基础调整其账面价值，差额计入当期损益；分别“成本”和“公允价值变动”进行明细核算。具体账务处理为：

（1）企业外购、自行建造等取得的投资性房地产，按应计入投资性房地产成本的金额，借记“投资性房地产（成本）”“应交税费——应交增值税（进项税额）”账户”账户，贷记“银行存款”“在建工程”等账户。

（2）企业将自用的建筑物等转换为投资性房地产的，按其在转换日的公允价值，借记“投资性房地产（成本）”账户，按已计提的累计折旧、减值准备等，借记“累计折旧”“固定资产减值准备”等账户，按其账面余额，贷记“固定资产”等账户。同时，转换日的公允价值小于账面价值的，按其差额，借记“公允价值变动损益”账户；转换日的公允价值大于账面价值的，按其差额，贷记“其他综合收益”账户。

（3）资产负债表日，投资性房地产的公允价值高于其账面余额的差额，借记“投资性房地产（公允价值变动）”账户，贷记“公允价值变动损益”账户；公允价值低于其账面余额的差额做相反的账务处理。

（4）企业取得投资性房地产的租金收入，借记“银行存款”等账户，贷记“其他业务收入”“应交税费——应交增值税（销项税额）”账户。

（5）企业处置投资性房地产时，应按实际收到的金额，借记“银行存款”等账户，贷记“其他业务收入”“应交税费——应交增值税（销项税额）”账户；按该项投资性房地产的账面余额，借记“其他业务成本”账户，贷记“投资性房地产（成本）”账户，贷记或借记“投资性房地产（公允价值变动）”账户；同时，按该项投资性房地产的公允价值变动，借记或贷记“公允价值变动损益”账户，贷记或借记“其他业务收入”账户。按该项投资性房地产在转换日计入其他综合收益的金额，借记“其他综合收益”账户，贷记“其他业务收入”账户。

企业投资性房地产取得的租金及转让收入一般应列为其他业务收入，由此而产生的成本、费用应列为其他业务成本。如果投资性房地产作为企业主营业务的，则应通过“主营业务收入”和“主营业务成本”账户核算相关的损益。

企业对外投资除上述外还有以公允价值计量且其变动计入其他综合收益的非交易性权益工具，这主要是企业在初始确认时，将非交易性权益工具指定形成的，如企业投资非上市公司的股权等。企业以公允价值计量且其变动计入其他综合收益的非交易性权益工具，应设置“其他权益工具投资”账户进行核算，具体账务处理略。

本章知识结构图

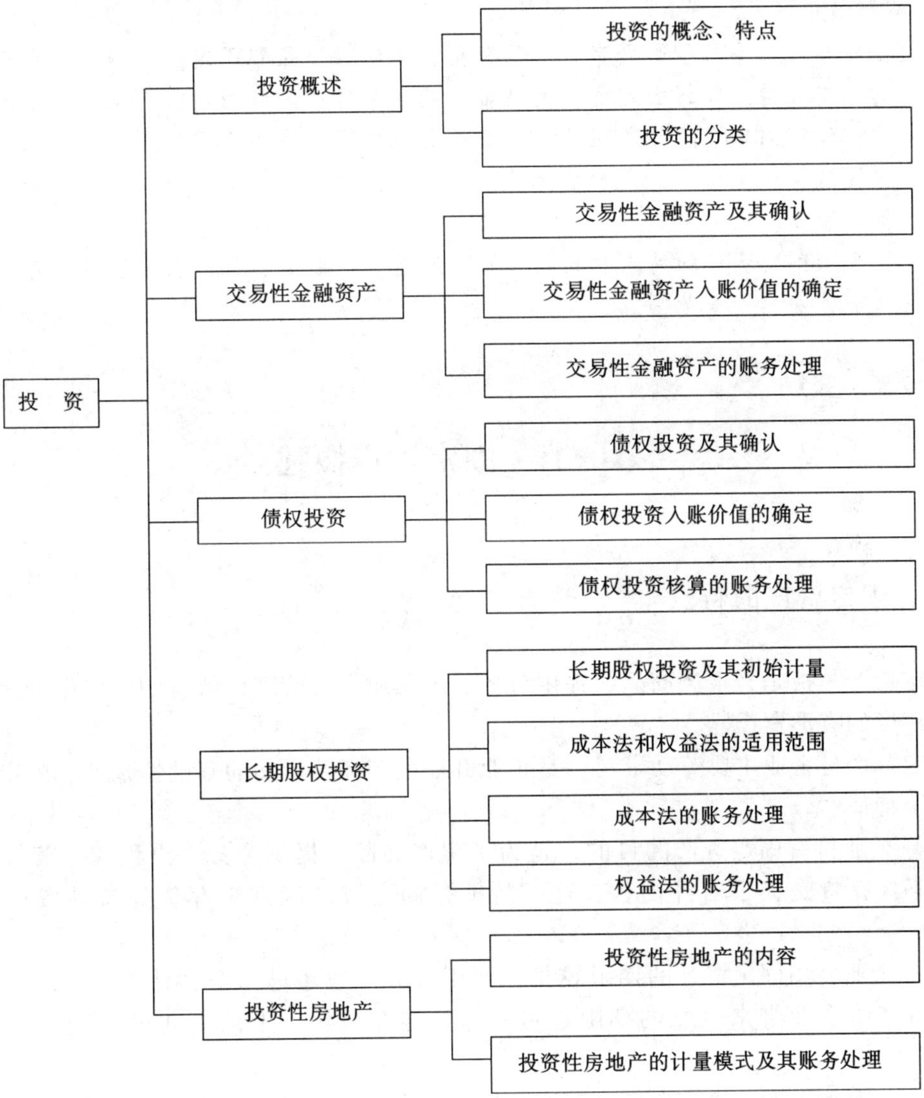

第六章 固定资产

学习目标

通过本章学习，要求了解固定资产的分类；了解融资租赁固定资产的会计处理；了解固定资产的期末计量。理解固定资产的特征和确认条件；理解固定资产后续支出的内容及其账务处理；理解固定资产经营租赁和清查的账务处理。掌握固定资产的计价基础和初始计量；掌握固定资产取得、折旧和处置的账务处理；掌握固定资产折旧的影响因素、计算方法和计提范围。

本章重点：固定资产的特点和初始计量，固定资产取得、折旧和处置的账务处理，固定资产的折旧方法和计提范围。

第一节 固定资产概述

一、固定资产的特点

固定资产是指是为生产商品、提供劳务、出租或经营管理而持有的，使用寿命超过一个会计年度的有形资产。

固定资产是企业主要劳动资料，是企业开展生产经营活动的基础性条件。固定资产有以下几个特征：

（1）企业持有固定资产的目的，是为了生产商品、提供劳务、出租或经营管理的需要，而不像存货是为了对外出售。这一特征是固定资产区别于存货等流动资产的重要标志。

（2）企业使用固定资产的期限较长，使用寿命一般超过一个会计年度。这一特征表明固定资产给企业带来收益的期限超过一年，能在一年以上的时间里为企业创造经济利益。

（3）是有形资产。固定资产具有实物形态，而且在使用中保持其原有的实物形态。

二、固定资产的确认

某一资产项目，要确认为固定资产，首先，要符合固定资产的定义；其次，要同时符合固定资产确认的两个条件：

第一，与该固定资产有关的经济利益很可能流入企业。这主要是根据与该固定资产所有权相关的风险和报酬是否转移到了企业进行判断的，取得该项固定资产所有权是重要标志。

第二，该固定资产的成本能够可靠的计量。为取得该固定资产而发生的支出也必须能够可靠地计量。

某一项资产项目，如果符合固定资产定义，又同时满足以上两个条件的，就可以作为固定资产加以确认；否则，就不能确认为固定资产。

相关链接

与固定资产所有权相关的风险，是指由于经营情况变化造成的相关收益的变动，以及由于资产闲置、技术陈旧等原因造成的损失。

与固定资产所有权相关的报酬，是指在固定资产使用寿命内直接使用该资产而获得的收入，以及处置该资产所实现的利得等。

企业固定资产的确认，还需要注意以下几个方面：

（1）构成固定资产的各组成部分，如果各自具有不同的使用寿命或者以不同的方式为企业提供经济利益的，各组成部分实际上是相对独立的。应将各组成部分单独确认为固定资产。例如，房屋内的电梯、监控系统等。

（2）虽然不直接在生产经营活动中发挥作用，但有助于企业从相关资产获得经济利益，或者将会减少企业未来经济利益流出的，符合固定资产定义及确认条件的资产，也应确认为固定资产。如企业安全设施、环保设备、空调等。

（3）企业持有的生产工具、模具、管理用具、用品用具、玻璃器皿等资产，符合固定资产定义和确认条件的，应列为固定资产进行核算与管理，否则，就应列为低值易耗品（周转材料）进行核算与管理。所以，固定资产并不企业所有劳动资料。

（4）与固定资产相关的后续支出，满足固定资产确认条件的，应当计入固定资产成本；不满足固定资产确认条件的，应当在发生时计入当期损益。

课堂讨论： 判断下列能否确认为固定资产：

（1）企业与房地产商签订了购房（办公用房）预售合同，并预计总价为 1 200 万元，并以存款支付首付款 360 万元。楼盘将下月开盘定价，预计一年后可交付使用。

（2）购入生产设备一台，支付价款 30 万元（不含增值税），设备交付安装中。

（3）企业购买办公用计算机 5 台，货到并交付使用，价税款未付。

（4）企业购置完成的消防设施、排污设施、供电设施。

（5）企业划分为持有待售的房屋建筑物；企业单独用于出租的房屋。

三、固定资产的分类

为了加强对固定资产的管理，便于进行固定资产的核算，企业固定资产通常有如下几种分类，如图6－1所示。

- 固定资产
  - 按经济用途分类
    - 生产经营用固定资产——直接服务于生产经营活动
    - 非生产经营用固定资产——不直接服务于生产经营活动
  - 按使用情况分类
    - 在用固定资产
      - 使用中的
      - 视同在用的——如季节性经营、大修理停用的等
    - 未使用固定资产——等待使用
    - 不需用固定资产——多余、不适用
  - 按所有权分类
    - 自有固定资产
    - 租入固定资产
      - 融资租入固定资产——视同自有
      - 经营性租入固定资产——代管物资
  - 综合分类
    - 在用：生产经营用固定资产、非生产经营用固定资产、出租固定资产、融资租入固定资产
    - 土地——过去已经估价入账的土地（特殊：对私改造时期入账的）
    - 不在用：未使用固定资产、不需用固定资产

图6－1 固定资产的分类

提示：（1）固定资产的明细核算，通常是按照综合分类进行的，固定资产综合分类的七大类，就是固定资产核算的七个二级明细账户。

（2）企业有偿取得的土地使用权，列为无形资产核算；因征用土地而支付的补偿费，应计入与土地相关的房屋、建筑物成本，是不单独作为“土地”入账的。

（3）企业准备处置的固定资产划分为持有待售后，就不属于固定资产，应列为“持有待售资产”（属流动资产）。

四、固定资产的计量

（一）固定资产的计量基础

固定资产计量，是指以货币计量表示固定资产的账面价值。为如实反映固定资产入账价值的变动情况，固定资产的计量既要按原始价值进行，以反映固定资产的原始投资；又要按其净值进行，以反映固定资产的实际价值。因此，固定资产的计量基础主要有以下三种：

1．原始价值

也称历史成本，是指企业购置、建造某项固定资产达到预定可使用状态前所发生的一切合理、必要的支出。采用这种计量基础，是以实际发生并有支付凭证的支出为依据，具有客观性和可验证性，所以，它是固定资产的基本计量方法。会计实务中，固定资产的初始计量均采用原始价值，即历史成本计价。固定资产原始价值反映固定资产的原始投资，是计提固定资产折旧的基本依据。

2．重置价值成本

也称重置成本，是指在现时条件下，购买相同或者相似资产所需支付的全部支出。重置价值计量能够反映固定资产的现时价值，但可靠性不够，操作也比较困难。所以，将其用于对财务报表的补充说明和无法取得原始价值时的初始计量，如盘盈固定资产、接受捐赠的固定资产入账价值的确定是以重置价值为基础的。

3．净值

也称折余价值，是指固定资产的原始价值或重置完全价值减去已提折旧后的余额。固定资产净值是固定资产尚未损耗的价值，体现固定资产的现有价值，与原值对比可以反映企业固定资产的新旧程度。

提示：（1）固定资产的计量包括：初始计量、后续计量和期末计量三个方面。

（2）固定资产的初始计量，还有采用现值计量的：如超过正常信用条件下的延期付款购买的固定资产的计量；还有采用公允价值的：如债务重组、非货币性资产交换方式取得的固定资产的计量。

（二）固定资产的初始计量

固定资产应当按照取得时的成本进行初始计量。由于企业取得固定资产的途径和方式不同，其初始计量的成本也是有区别的。

1．外购的固定资产

企业外购固定资产的成本，是固定资产达到预定可使用状态前的全部支出。包括购买价款、相关税费、使固定资产达到预定可使用状态前所发生的可直接归属于该项资产的运输费、装卸费、安装费和专业人员服务费等。一般纳税人企业不包括按规定可以抵扣增值税（增值税抵扣凭证所列的增值税）。

提示：根据财政部、国家税务总局财税〔2008〕170号文件和财税〔2016〕36号文件的规定，增值税一般纳税人购进（包括接受捐赠、实物投资）或者自制（包括改扩建、安装）固定资产发生的进项税额，凭增值税扣税凭证（增值税专用发票、海关进口增值税专用缴款书等）列为“进项税额”从“销项税额”中进行抵扣。

2．自行建造的固定资产

企业自行建造固定资产的成本，是建造该项资产达到预定可使用状态前所发生的必要支出。包括工程用物资成本、人工成本、应予以资本化的固定资产借款费用、相关税费（不包括按规定可以抵扣增值税）以及应分摊的其他间接费用等。

> **相关链接**
>
> 购建固定资产达到预定可使用状态具体可从以下几方面进行判断：
>
> （1）固定资产的实体建造（包括安装）已经全部完成或者实质上已经完成；
>
> （2）所购建的固定资产与设计要求或合同要求相符或基本相符，即使有极个别与设计要求或合同要求不相符的地方，也不影响其正常使用；
>
> （3）继续发生在所购建固定资产上的支出金额很少或几乎不再发生。

3. 投入的固定资产

投资者投入固定资产应当按照投资合同或协议约定的价值确定其成本，但合同或协议约定价值不公允的除外。需要注意：①投入固定资产支付安装费、相关税费等应包括；②不包括按规定可以抵扣增值税。

4. 改建、扩建的固定资产

在原有固定资产基础上进行改建、扩建的固定资产，按原固定资产的账面价值加上由于改建、扩建而使该项资产达到预定可使用状态前发生的支出（不包括按规定可以抵扣增值税），减去改建、扩建过程中发生的变价收入和被替换部分的账面价值，作为成本。

5. 融资租入的固定资产

融资租入的固定资产应按照租赁开始日租赁资产公允价值与最低租赁付款额现值两者中较低者，加上初始直接费用作为成本。在租赁谈判和签订租赁合同过程中发生的手续费、律师费、差旅费、印花税等也应计入租赁固定资产的入账价值，但均不包括按规定可以抵扣增值税。

6. 接受捐赠的固定资产

按以下规定确定其入账成本：①捐赠方提供有关凭据的，按凭据上标明的金额加上应当支付的相关税费（不包括按规定可以抵扣增值税），作为入账成本；②捐赠方没有提供有关凭据的，按同类或类似固定资产的市场价格，加上应当支付的相关税费，作为入账价值。如接受捐赠系旧的固定资产，还应减去按该项资产的新旧程度估计的价值损耗（折旧）。

7. 盘盈的固定资产

按同类或类似固定资产的市场价格，减去按该项资产的新旧程度估计的折旧后的余额，作为入账成本。

（三）固定资产计量的特殊问题

（1）已达到预定可使用状态但尚未办理竣工决算手续的固定资产，可先按估计价值入账，待确定实际价值后再进行调整。

（2）相关支出的处理：①固定资产的入账价值中，还应该包括企业为取得固定资产而交纳的关税、消费税、契税、耕地占用税、车辆购置税等相关税费；②企业购置计算机硬件所附带的、未单独计价的软件，与所购置的计算机硬件一并作为固定资产管理。

（3）固定资产借款费用的处理。专项用于固定资产建设，达到预定可使用状态前发生的借款费用（即符合资本化条件的借款费用）应计入其所购建的固定资产入账成本。

（4）已入账固定资产价值的调整。企业已经入账的固定资产，通常不得任意变动、调整其账面原值。但当发生下列情况时，可以按规定对其账面原值作出调整：①根据国家规定对固定资产价值重新评估；②增加补充设备或改良装置；③将固定资产的一部分拆除；④根据实际价值调整原来的暂估价值；⑤发现原记固定资产价值有错误。

第二节　固定资产的取得

一、账户设置

企业取得固定资产的核算，一般需要设置“固定资产”“工程物资”“在建工程”等账户。

1. “固定资产”账户

该账户核算企业持有固定资产的原价（成本）。该账户的结构如图 6－2 所示。“固定资产”账户可按固定资产类别和项目进行明细核算。

2. “工程物资”账户

该账户核算企业为在建工程准备的各种物资的成本，包括工程用材料、尚未安装的设备以及为生产准备的器具等。该账户的结构如图 6－2 所示。“工程物资”账户可按“专用材料”“专用设备”“工器具”等进行明细核算。

3. “在建工程”账户

该账户核算企业基建、更新改造等在建工程发生的支出。该账户的结构如图 6－2 所示。“在建工程”账户可按照“建筑工程”“安装工程”“在安装设备”“待摊支出”以及单项工程等设置明细账户，进行明细分类核算。

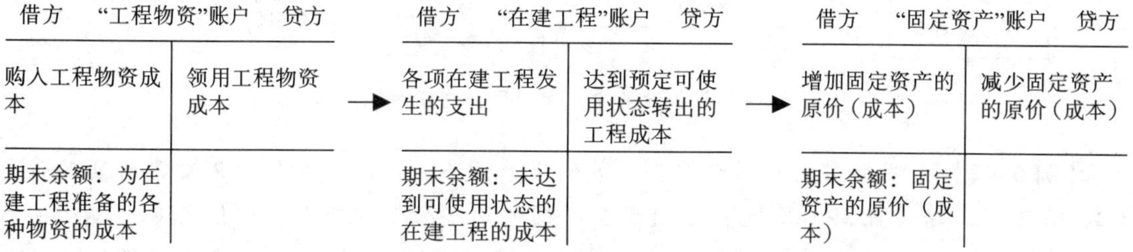

图 6－2　“工程物资”“在建工程”“固定资产”账户结构

二、固定资产取得的账务处理

（一）购入固定资产

1. 购入不需要安装的固定资产

一般纳税人企业购置的不需要安装的固定资产，应按支付的购买价款、不能抵扣的税费以及使固定资产达到预定可使用状态前所发生的可归属于该项资产的运输费、装卸费和专业人员服务费等，作为固定资产成本，借记“固定资产”账户，按照可以抵扣的增值税，借记“应交税费——应交增值税”账户，按照支付的价税款等，贷记“银行存款”等账户。

【例6-1】大明公司购入一台不需要安装的设备，取得的增值税专用发票上注明的设备价款为9万元，增值税11 700元；专用发票上注明的运输费为5 000元，增值税450元。设备交付生产使用，价税款以银行存款支付。账务处理为：

借：固定资产——生产经营用固定资产（机器设备）　　95 000
　　应交税费——应交增值税（进项税额）　　12 150
　　贷：银行存款　　107 150

2. 购入需要安装的固定资产

企业购置需要安装的固定资产，应通过“工程物资”“在建工程”账户进行核算。具体应区别两种情况：

（1）购入设备直接交付安装的，应按图6-3所示的流程进行账务处理。

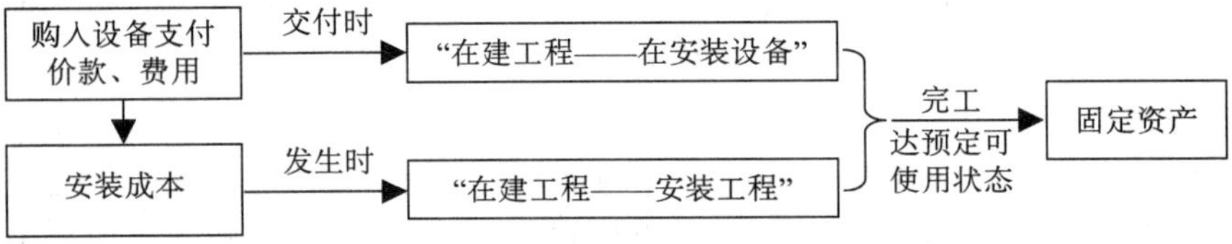

图6-3 购入设备直接交付安装的流程

（2）购入设备先入库，后交付安装的，应按图6-4所示的流程进行账务处理。

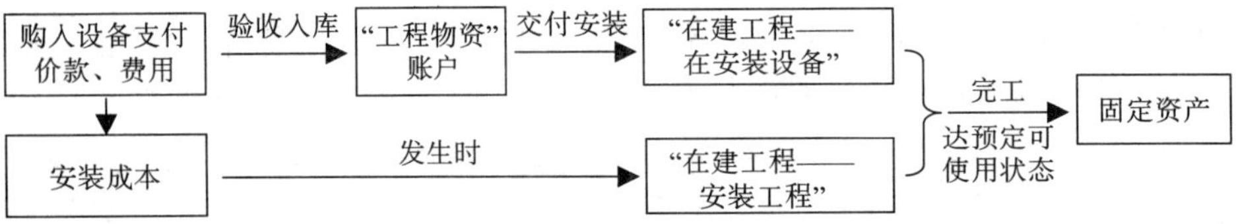

图6-4 购入设备先入库，后交付安装的流程

【例6-2】大明公司购入一台需要安装的生产设备，以存款支付专用发票所列的设备价款30万元，增值税39 000元；专用发票所列的运输费9 000元，增值税810元。购入验收后直接交付安装。设备安装过程中，领用库存原材料25 000元，其增值税的进项税额为3 250元；安装人员应付职工薪酬12 000元。不考虑其他相关税费。账务处理为：

（1）购入设备，以存款支付价税款，设备直接交付安装：

借：在建工程——在安装设备　　309 000（300 000 + 9 000）
　　应交税费——应交增值税（进项税额）　　39 810
　　贷：银行存款　　348 810

（2）设备安装领用原材料，发生应付职工薪酬：

借：在建工程——安装工程　　37 000
　　贷：原材料　　25 000
　　　　应付职工薪酬　　12 000

(3) 设备安装完毕，达到预定可使用状态，交付生产使用：

借：固定资产——生产经营用固定资产　　346 000 (309 000 + 37 000)

　　贷：在建工程——在安装设备　　309 000

　　　　　　　　——安装工程　　37 000

提示：(1) 以一笔款项购买多项没有单独标价的固定资产时，应当按照各项固定资产公允价值比例对总成本进行分配，分别确定各项固定资产的入账价值。

(2) 购买固定资产的价款超过正常信用条件延期支付的，实质上具有融资性质，固定资产的入账价值应以购买价款的现值为基础确定，借记"固定资产"或"在建工程"账户，按实际支付的价款，贷记"长期应付款"账户，借贷差记入"未确认融资费用"账户。

(二) 自行建造的固定资产

企业自建固定资产，主要有自营和出包两种建设方式。两种方式下，其账务处理也有所区别的。

1. 自营方式建造固定资产

企业自营方式建造固定资产应按建造项目设置"在建工程——××工程"账户，汇集建造该项资产达到预定可使用状态前所发生的全部必要支出。发生各项工程支出时，借记"在建工程（××工程）"账户"，贷记有关账户，其中，工程建设发生的管理费、征地费、可行性研究费、临时设施费、公证费、监理费以及应负担的税费（不含可以抵扣的增值税），应先计入"在建工程（待摊支出）"账户，建设工程达到预定可使用状态时，按一定比例（如工程直接成本等）计算分摊各该工程项目应分配的待摊支出，转入各工程的"在建工程（××工程）"账户。工程项目达到预定可使用状态时，将汇集的工程成本从"在建工程（××工程）"账户，转入"固定资产"账户。

【例6-3】 大明公司立项建设一条流水生产线，发生的有关经济业务及账务处理如下：

(1) 购入工程物资，以存款支付专用发票所列的货款50万元，增值税65 000元，工程物资验收入库：

借：工程物资——专用材料　　500 000

　　应交税费——应交增值税（进项税额）　　65 000

　　贷：银行存款　　565 000

(2) 工程建设领用工程物资时：

借：在建工程——建筑工程（流水生产线工程）　　500 000

　　贷：工程物资——专用材料　　500 000

(3) 工程建设领用本企业生产的商品产品A产品一批，生产成本35 000元，市场售价5万元：

借：在建工程——建筑工程（流水生产线工程）　　35 000

　　贷：库存商品——A产品　　35 000

(4) 工程应负担的职工薪酬12万元：

借：在建工程——建筑工程（流水生产线工程）　　120 000

贷：应付职工薪酬　　120 000

（5）以存款支付公司各项工程发生的，专用发票所列的监理费、临时设施费等5万元，增值税3 000元：

借：在建工程——待摊支出　　50 000

　　应交税费——应交增值税（进项税额）　　3 000

　　贷：银行存款　　53 000

（6）公司各项工程建设发生的待摊支出本工程项负担50%：

借：在建工程——建筑工程（流水生产线工程）　　25 000

　　贷：在建工程——待摊支出　　25 000

（7）工程项目完工达到预定可使用状态，结转工程成本：

工程总成本 = 500 000 + 35 000 + 120 000 + 25 000 = 680 000（元）

借：固定资产——生产经营用固定资产（流水生产线）　　680 0000

　　贷：在建工程 ——建筑工程（流水生产线工程）　　680 000

提示：（1）固定资产建设工程领用生产用材料，按不必计算结转的增值税的“进项税额转出”；领用商品产品不属于对外销售，也不必计算结转的增值税的“销项税额”，只需按照生产成本结转计入工程成本。

（2）固定资产达到预定可使用状态后剩余的工程物资，如果转作库存材料，按其成本，转作企业的库存材料，并冲减工程成本；如果直接出售“工程物资”账户按成本结转，净损益列入工程成本（不确认收入）。

2．出包方式建造固定资产

出包方式建造固定资产是通过向承建单位出包工程来完成的。出包工程指企业通过招标等方式将工程项目发包给建造承包商，由建造承包商组织施工的建筑建设工程等。这种方式下，“在建工程”账户主要反映企业与建造承包商工程价款的结算。

企业按合同向承建企业预付工程价款时，借记“预付账款”账户，贷记“银行存款”等账户；按工程进度结算工程进度款时，借记“在建工程”账户，按照可以抵扣的增值税，借记“应交税费——应交增值税”账户，贷记“预付账款”“银行存款”等账户；工程完工，按规定补付工程款时，借记“在建工程”账户，按照可以抵扣的增值税，借记“应交税费——应交增值税”账户，贷记“银行存款”账户；工程达到预定可使用状态，结转工程成本，借记“固定资产”账户，贷记“在建工程”账户。

【例6－4】大明公司将新车间建造工程出包给丙公司承建，发生的有关经济业务及账务处理如下：

（1）5月15日，按合同约定以存款向承建单位预付工程款60万元：

借：预付账款——丙公司　　600 000

　　贷：银行存款　　600 000

（2）6月30日，结算工程进度款80万元（取得专用发票），增值税72 000元，并以存款支付工程进度款20万元和增值税72 000元：

借：在建工程——建筑工程（新车间）　　800 000

　　应交税费——应交增值税（进项税额）　　72 000

　　贷：预付账款——丙公司　　600 000

银行存款　　272 000

（3）8月25日，工程完工，结算并确认的工程总造价为120万元。以存款补付工程款40万元（取得专用发票），增值税36 000元：

借：在建工程——建筑工程（新车间）　　400 000
　　应交税费——应交增值税（进项税额）　　36 000
　　贷：银行存款　　436 000

（4）8月25日，工程达到预定可使用状态，经验交付使用，结转工程总成本：

借：固定资产——生产经营用固定资产　　1 200 000
　　贷：在建工程——建筑工程（新车间）　　1 200 000

（三）投资者投入固定资产

投资者投入的固定资产，应当按照投资合同或协议约定的价值加上应支付的相关税费（不含可以抵扣的增值税），借记“固定资产”或“在建工程”账户，按照可以抵扣的增值税，借记“应交税费——应交增值税”账户；按照确定的资本额，贷记“实收资本（或股本）”账户，按应支付的相关税费，贷记“银行存款”“应交税费”等账户，其差额，记入“资本公积”账户。

【例6－5】 大明公司接受乙公司投入一项不需要安装的专用设备。该台设备的原价为56万元，已计提折旧16万元，双方经协商确认的价值为43万元，此项投入按约定确认的资本额为30万元。此项业未取得增值税专用发票。账务处理为：

借：固定资产——生产经营用固定资产　　430 000
　　贷：实收资本——乙公司　　300 000
　　　　资本公积——资本溢价　　130 000

（四）接受捐赠固定资产

企业取得捐赠固定资产，应按照确认的捐赠价值加上应支付的相关税费（不含可以抵扣的增值税）之和，借记“固定资产”或“在建工程”账户，按照可以抵扣的增值税，借记“应交税费——应交增值税”账户；按确认的捐赠价值，贷记“营业外收入——捐赠利得”账户，按支付的相关税费，贷记“银行存款”等账户。

提示： （1）企业投资者投入固定资产和接受捐赠固定资产等属需要安装的，应通过“在建工程”账户核算。

（2）固定资产初始计量是原值计价为主的，但投入固定资产、接受捐赠固定资产、盘盈固定资产，以及购入旧的固定资产都不是“原始价值”，而是扣除折旧后的“净值”。

三、固定资产取得的明细分类核算

为了详细核算和监督固定资产的增减变动情况，企业应在做好固定资产总分类核算的基础上，设置“固定资产卡片”“固定资产登记簿”等进行固定资产的明细核算。而对经营租入的固定资产，应另设“固定资产备查簿”进行登记。

（一）固定资产卡片

固定资产卡片是进行固定资产明细核算的账簿，它是按照每一独立的固定资产项目为对象分别设置的。企业每新增一项固定资产都应根据有关凭证为其建立一张卡片，并按固定资产的类别和使用单位顺序排列。固定资产投资转出、出售或报废清理时，应根据有关凭证将相应的卡片注销，另行保管。卡片通常一式两份，分别由固定资产使用部门和财会部门保管。其格式见表6－1和表6－2。

表6－1　　固定资产卡片（正面）

<table>
<tr><td>形式</td><td colspan="2"></td><td colspan="7">停用记录</td></tr>
<tr><td>制造国家</td><td colspan="2"></td><td>原因</td><td>日期</td><td>原因</td><td>日期</td><td>原因</td><td>日期</td><td>备注</td></tr>
<tr><td>制造厂商</td><td colspan="2"></td><td></td><td></td><td></td><td></td><td></td><td></td><td></td></tr>
<tr><td>制造日期</td><td colspan="2"></td><td></td><td></td><td></td><td></td><td></td><td></td><td></td></tr>
<tr><td>制造号码</td><td colspan="2"></td><td></td><td></td><td></td><td></td><td></td><td></td><td></td></tr>
<tr><td>使用年限</td><td colspan="2"></td><td></td><td></td><td></td><td></td><td></td><td></td><td></td></tr>
<tr><td>购置日期</td><td colspan="2"></td><td></td><td></td><td></td><td></td><td></td><td></td><td></td></tr>
<tr><td>原值</td><td colspan="2"></td><td></td><td></td><td></td><td></td><td></td><td></td><td></td></tr>
<tr><td>其中：安装成本</td><td colspan="2"></td><td></td><td></td><td></td><td colspan="4">大修记录</td></tr>
<tr><td>净残值率</td><td colspan="2"></td><td></td><td></td><td></td><td>日期</td><td>凭证号</td><td>摘要</td><td>金额</td></tr>
<tr><td>折旧</td><td>年</td><td>月</td><td></td><td></td><td></td><td></td><td></td><td></td><td></td></tr>
<tr><td>折旧额</td><td></td><td></td><td></td><td></td><td></td><td></td><td></td><td></td><td></td></tr>
</table>

表6－2　　固定资产卡片（背面）

<table>
<tr><td rowspan="4">附属物品</td><td>名称</td><td>规格</td><td colspan="2">数量</td><td rowspan="4">设备变动</td><td colspan="2">安装地址</td><td>用途</td><td>变动年月</td></tr>
<tr><td></td><td></td><td colspan="2"></td><td colspan="2"></td><td></td><td></td></tr>
<tr><td></td><td></td><td colspan="2"></td><td colspan="2"></td><td></td><td></td></tr>
<tr><td></td><td></td><td colspan="2"></td><td colspan="2"></td><td></td><td></td></tr>
<tr><td rowspan="5">部件备品</td><td>名称</td><td>规格</td><td>数量</td><td>单价</td><td rowspan="5">最大外形</td><td>长</td><td>厘米</td><td>清理记录</td><td></td></tr>
<tr><td></td><td></td><td></td><td></td><td>宽</td><td>厘米</td><td>清理日期</td><td></td></tr>
<tr><td></td><td></td><td></td><td></td><td>高</td><td>厘米</td><td>累计折旧额</td><td></td></tr>
<tr><td></td><td></td><td></td><td></td><td></td><td></td><td>清理费用</td><td></td></tr>
<tr><td></td><td></td><td></td><td></td><td>总重量</td><td>公斤</td><td>变价收入</td><td></td></tr>
<tr><td>会计科长</td><td></td><td colspan="2">资产管理科长</td><td colspan="2"></td><td>复核</td><td></td><td>登记</td><td></td><td>设卡日期</td><td></td></tr>
</table>

企业为防止固定资产卡片丢失，固定资产管理部门还应设立“固定资产卡片登记簿”，逐一登记卡片的开设和注销情况。

（二）固定资产登记簿

财会部门为了分类反映固定资产的使用、保管和增减变动情况，并控制固定资产卡片，还应设置“固定资产登记簿”，即固定资产的二级账。固定资产登记簿是按固定资产类别、使用部门和每项固定资产进行明细分类核算的。每年初按其类别、使用部门将固定资产的年初余额记入登记簿，每月将固定资产的增减情况序时登记，只记金额，不记数量，并结出月末余额，以反映各类固定资产的使用及其增减变动和结存情况。其格式见表6－3：

表6－3　　固定资产登记簿

资产类别：　　　　　　　　　　　　金额单位：元

日期		摘要	凭证号	增加									减少						余额
月	日			外购	自建	投资者投入	融资租入	接受捐赠	盘盈	改扩建	其他	合计	出售	盘亏	投资转出	毁损	报废	合计	

（三）固定资产备查簿

固定资产备查簿主要用来登记企业经营租入固定资产的使用和租金支付情况的备查账簿。

固定资产卡片、固定资产登记簿与固定资产总分类账应定期进行核对，固定资产登记簿上各类固定资产余额的合计数必须与固定资产总分类账上的余额核对相符；固定资产卡片上的分类合计数必须与固定资产登记簿上各类固定资产的余额核对相符。这样才能保证会计记录的正确性和全面性，做到账账相符。

第三节　固定资产折旧

一、固定资产折旧的影响因素

固定资产折旧是指在固定资产预计使用寿命内，按照确定的方法对应计折旧额进行的系统分摊。固定资产是能够较长期参加生产经营过程，并保持其原有实物形态，但其价值必然是随着固定资产的使用而逐渐转移到成本费用中去，所以，固定资产折旧也就是固定资产在使用过程中，逐渐损耗而转移的那部分价值。固定资产折旧的过程，是将固定资产的取得成本在其使用寿命内进行合理分摊，使之与各期的收入相配比，以正确确认企业的损益。

影响固定资产折旧的因素主要包括：

1．固定资产折旧原价

即固定资产的成本，它是计提固定资产折旧的基数。它表明在固定资产的整个使用期内，应将其取得时发生的成本通过计提折旧的方式，实现固定资产价值的补偿和实物的更新。

2．固定资产的使用寿命

这是指固定资产预计使用的年限，或者该固定资产预计所能生产产品或提供服务的数量。固定资产应当按照预计使用寿命年限进行折旧。

提示：企业确定固定资产的使用寿命，主要应当考虑下列因素：①该资产的预计生产能力或实物产量；②该资产预计的有形损耗，如设备使用中发生磨损、房屋建筑物受到自然侵蚀等；③该资产预计的无形损耗，如因新技术的出现而使现有的生产技术水平相对陈旧、市场需求变化使产品过时等；④法律或者类似规定对该项资产使用的限制。

具体到某一固定资产的预计使用寿命，企业应在考虑上述因素的基础上，结合不同固定资产的性质、损耗方式、所处环境等因素，做出判断。

3．预计净残值

预计净残值是指假定固定资产预计使用寿命已满并处于使用寿命终了时的预期状态，企业目前从该项资产处置中获得的（收入）扣除预计处置费用（清理费用）后的余额。也就是预计残值扣除预计清理费用后的净额。它是固定资产预计未损耗的价值，是计提折旧的扣减因素。一般是以确定预计净残值率（预计净残值与原值的比率）的方式考虑预计净残值的。

4．固定资产减值准备

是指固定资产已计提的固定资产减值准备的累计金额。固定资产减值准备也是固定资产价值损耗的反映形式，计提折旧应将其扣除。

5．固定资产的折旧方法

企业应当根据与固定资产有关的经济利益的预期实现方式，合理选择固定资产折旧方法。同一固定资产采用不同的折旧方法，折旧额是不同的，这就对企业的成本费用、利润产生不同的影响。

由于计提折旧是在固定资产报废之前，所以，净残值和使用寿命在计提折旧时只能是预计的。企业应当根据固定资产的性质和损耗方式，合理地确预计使用年限和预计净残值；根据与固定资产有关的经济利益的预期实现方式，选择合理的折旧方法。并按照管理权限，报经股东大会或董事会，或经理（厂长）会议或类似机构批准。

相关链接

《企业会计准则第4号——固定资产》第四章第十九条规定：企业至少应当于每年年度终了，对固定资产的使用寿命、预计净残值和折旧方法进行复核：①使用寿命预计数与原先估计数有差异的，应当调整固定资产使用寿命；②预计净残值与原先估计数有差异的，应当调整预计净残值；③与固定资产有关的经济利益预期实现方式有重大改变的，应当改变固定资产折旧方法；④固定资产使用寿命、预计净残值和折旧方法的改变应当作为会计估计变更。

二、固定资产计提折旧的范围

（一）固定资产计提折旧的项目范围

1. 应计提折旧的固定资产

由于有形损耗或无形损耗的客观存在，固定资产一般均应计提折旧。应计提折旧的固定资产包括：①生产经营用、非生产经营用固定资产；②出租固定资产；③融资租入固定资产；④季节性、大修理停用固定资产；⑤未使用、不需要固定资产；⑥已达到预定可使用状态但尚办理竣工决算的固定资产。

2. 不应计提折旧的固定资产

对不发生价值损耗或已经得价值补偿的固定资产，不应计提折旧，具体包括：①已提足折旧仍然继续使用的固定资产；②单独计价入账的土地；③已全额计提减值准备的固定资产；④提前报废固定资产，不再补提折旧；⑤划分为持有待售的固定资产。

（二）固定资产计提折旧的时间范围

企业固定资产应当按月计提折旧，同时为了保证固定资产计提折旧的可靠、合理与完整，计提固定资产折旧的时间范围统一规定为：

（1）当月增加的固定资产，当月不提折旧，下月开始计提折旧；

（2）当月减少的固定资产，当月照提折旧，下月起不提折旧。

这一规定和要求，也可以理解为月初数额法。所以，企业计提折旧的固定资产可以概括为：月初应计提折旧的固定资产。

三、固定资产折旧的计算方法

固定资产折旧的计算方法包括年限平均法，工作量法、双倍余额递减法、年数总和法等。年限平均法和工作量法属于直线折旧法；双倍余额递减法和年数总和法属于快速折旧法。折旧方法一经确定，不得随意变更。如确实需要变更的，应将变更的内容及原因在变更当期会计报表附注中说明。

（一）年限平均法

年限平均法又称直线法，是将固定资产的应计提折旧额在固定资产预计使用寿命内进行平均分摊的一种方法。应计折旧额是指应当计提折旧的固定资产原值扣除其预计净残值后的金额。已计提减值准备的固定资产，还应当扣除已计提的固定资产减值准备累计金额。有关计算公式如下：

$$年折旧额=\frac{应计折旧额}{预计使用寿命}$$

$$=\frac{固定资产原价-预计净残值}{预计使用寿命}$$

$$=\frac{固定资产原价\times(1-预计净残值率)}{预计使用寿命}$$

月折旧额 = 年折旧额 ÷12

为了反映固定资产在一定期间的损耗程度和便于计算折旧，每月应计提的折旧额一般是根据固定资产的原值乘以月折旧率计算确定的。固定资产折旧率是指固定资产折旧额与固定资产原值之比。其计算公式如下：

$$年折旧率=\frac{固定资产原价-预计净残值}{预计使用寿命\times固定资产原价}\times100\% \quad 或=\frac{1-预计净残值率}{预计使用寿命}\times100\%$$

月折旧率 = 年折旧率 ÷12

月折旧额 = 固定资产原价 × 月折旧率

【例6-6】 某项固定资产原价为12万元，预计净残值率为4%，预计使用寿命为16年，采用年限平均法计算该项固定资产的折旧，计算如下：

年折旧率 =(1-4%)÷16×100% =6%

月折旧率 =6% ÷12 =0.5%

月折旧额 =120 000×0.5% =600（元）

以上计算是按个别固定资产单独计算的折旧率、折旧额，在实际工作中，大多数企业是按类别计算固定资产折旧。计算公式如下：

某类固定资产年分类折旧率 = 该类固定资产年折旧额之和 ÷ 该类固定资产原价之和 ×100%

月折旧率 = 年折旧率 ÷12

月折旧额 = 某类固定资产原价之和 × 该类固定资产月折旧率

提示： 折旧率是指固定资产折旧额与固定资产原价的比率，它反映固定资产的损耗程度。可分为个别折旧率、分类折旧率、综合折旧率三种。

年限平均法按照时期平均计算折旧额，每期的折旧额是相等的，易于理解，因而得到广泛的运用。但它按时期平均计算的，只是考虑固定资产的预计使用寿命，而没有考虑固定资产不同使用期间的负荷及损耗程度，仅以时期进行平均分摊，缺乏整体上的合理性。

（二）工作量法

工作量法，是根据实际工作量计提固定资产应提折旧额的一种方法。其计算公式为：

单位工作量折旧额 = 固定资产应计提折旧额 ÷ 预计总工作量

= 固定资产原价 ×(1-预计净残率)÷ 预计总工作量

某项固定资产月折旧额 = 该项固定资产当月实际工作量 × 单位工作量折旧额

【例6-7】 大明公司的一台大型设备，原价为70万元，预计使用寿命为12年，预计完成生产时间为1.25万个台班，预计净残值率为5%，本月生产实际开动设备80个台班。该台设备的月折旧额计算如下：

单件折旧额 =(700 000-700 000×5%)÷12 500 =53.2（元/台班）

月折旧额 =80×53.2 =4 256（元）

工作量法按工作量平均计算折旧，不同时期，完成工作量不相等，计提的折旧额也不相同。工作量法的优点是将固定资产折旧与其使用期间的工作负荷相关联，有一定合理性。但是这种方法未能考虑无形损耗对固定资产服务潜力的影响。它适用于各期完成工作量不均衡的固定资产，如一些独立的大型机构、大型施工设施、运输设备等固定资产折旧的计提。

（三）双倍余额递减法

双倍余额递减法是在不考虑固定资产预计净残值的情况下，根据每年年初固定资产净值和双倍的直线法折旧率计算固定资产折旧额的一种方法。采用这种方法计算折旧额时，由于分期计算折旧固定资产净值没有扣除预计净残值，所以，应在其折旧年限到期前两年内，将固定资产净值扣除预计净值残值后的余额进行平均摊销。其计算公式如下：

年折旧率 = 2 ÷ 预计使用寿命 × 100%

年折旧额 = 固定资产期初账面净值 × 年折旧率

【例 6－8】 大明公司有一台机器设备，原价为 20 万元，预计使用寿命为 5 年，预计净残值为 8 000 元。按双倍余额递减法计算各年折旧额，见表 6－4。

年折旧率 = 2 ÷ 5 × 100% = 40%

表 6－4　各年折旧额计算表（双倍余额递减法）　金额单位：元

时间	年初账面净值	年折旧率	年折旧额	年末账面折余价值
第 1 年	200 000	40%	80 000	120 000
第 2 年	200 000 - 80 000 = 120 000	40%	48 000	72 000
第 3 年	200 000 - 128 000 = 72 000	40%	28 800	43 200
第 4 年	200 000 - 156 800 = 43 200	/	(43 200 - 8 000) ÷ 2 = 17 600	25 600
第 5 年	200 000 - 174 400 = 25 600	/	17 600	8 000

双倍余额递减法是以逐年递减的固定资产净值为基数，以不变的双倍于年限平均法的折旧率计算各期折旧额，各期折旧额前多后少，逐年递减，严谨合理，体现加速折旧法的优点。但这种方法最后两年需改为直线法，存在记录与核算上的难度和复杂性。这种加速折旧法适用于固定资产项目不多的企业。

（四）年数总和法

年数总和法，是将固定资产的原价减去预计净残值后的净额作为折旧基数，乘以一个逐年递减的分数计算各期固定资产折旧额的一种方法。这个分数的分子代表固定资产可使用寿命，分母代表预计使用寿命逐年数字总和。计算公式如下：

年折旧率 =（预计使用寿命 - 已使用年限）÷ [预计使用寿命 ×（预计使用寿命 + 1）÷ 2]

　　　　= 尚可使用年限 ÷ 预计使用寿命的年数总和

年折旧额 =（固定资产原价 - 预计净残值）× 年折旧率

【例 6－9】 承 [例 6－8] 资料，采用年数总和法计算的各年折旧额，见表 6－5。

表6-5　　各年折旧额计算表（年数总和法）　　金额单位：元

时间	尚可使用寿命	原价-预计净残值（应计提折旧额）	年折旧率	年折旧额	累计折旧	年末账面折余价值
第1年	5	192 000	5/15	64 000	64 000	138 000
第2年	4	192 000	4/15	51 200	115 200	84 800
第3年	3	192 000	3/15	38 400	153 600	46 400
第4年	2	192 000	2/15	25 600	179 200	20 800
第5年	1	192 000	1/15	12 800	19 200	8 000

年数总和法是以固定不变的应计提折旧额为基数，以逐年递减的固定资产尚可使用年限与年数总和的比率为折旧率计算各期折旧额，各期折旧额也是前多后少，逐年递减，体现加速折旧法的优点，并且不存在最后两年改为直线法的问题。所以，这种加速折旧法运用比较广泛，在固定资产项目较多、预计使用年限较长时运用更为适宜。但在固定资产折旧年限和会计期间不一致的情况下，存在分段计算折旧的问题。

四、固定资产折旧的账务处理

企业计提的固定资产折旧，应设置“累计折旧”账户进行核算。“累计折旧”账户是“固定定资产”账户的备抵账户。该账户贷方登记企业按月计提的固定资产折旧，借方登记处置固定资产转出的累计折旧，期末余额在贷方，表示企业固定资产的累计折旧额。该账户可按固定资产的类别和项目进行明细核算。

企业按月计提的折旧，应根据固定资产的用途分别计入相关资产成本或当期损益：车间固定资产折旧，应计入“制造费用”账户；厂部固定资产折旧，应计入“管理费用”账户；专设销售机构固定资产折旧，应计入“销售费用”账户；出租固定资产折旧，应计入“其他业务成本”账户；用于研发无形资产的固定资产折旧，应计入“研发支出”账户等。

【例6-10】 大明公司8月份固定资产折旧计算汇总表，见表6-6。

表6-6　　固定资产折旧计算汇总表　　单位：元

使用部门	固定资产项目	上月折旧额	上月增加固定资产		上月减少固定资产		本月折旧额
			原值	月折旧额	原值	月折旧额	
生产车间	厂房	9 000					9 000
	机器设备	46 000	150 000	1 300	50 000	600	46 700
	小计	55 000	150 000	1 300	50 000	600	55 700
厂部	房屋	12 000					12 000
	设备设施	8 300			15 000	300	8 000
	交通工具	5 000					5 000
	小计	25 300			15 000	300	25 000
专设销售机构	房屋	1 000					1 000
无形资产研发	机器设备	5 000	98 000	900			5 900
总计		86 300	248 000	2 200	65 000	900	87 600

借：制造费用——生产车间（折旧费）	55 700
管理费用——折旧费	25 000
销售费用——折旧费	1 000
研发支出	5 900
贷：累计折旧	87 600

相关链接

根据财税〔2018〕54 号文件的规定，企业在 2018 年 1 月 1 日至 2020 年 12 月 31 日期间新购进的设备、器具（指房屋、建筑物以外的固定资产），单位价值不超过 500 万元，允许一次性计入当期成本、费用在计算应纳税所得额时抵扣，不再分年度计算折旧。这是指企业所得税的处理“一次性计入当期成本、费用”，会计处理仍需要计列固定资产，并按照固定资产折旧方法计提折旧，产生的税会差异是通过纳税调整和递延所得税费用处理的。

第四节　固定资产的后续支出

固定资产后续支出是指固定资产在使用过程中发生的更新改造支出、修理费用等。固定资产投入使用后，为了适应新技术发展和维护或提高固定资产使用效能的需要，往往有必要对现有固定资产进行维护、改建、扩建或改良。例如，通过对厂房的改建、扩建而使其更加坚固耐用；通过对流水生产线的更新改造，节约了成本费用，提高了生产效率；通过对加工设备的改良，改进生产工艺，实现产品的更新换代等。

同时，固定资产在使用过程中，由于各个构成部分耐用程度或使用条件的不同，可能会发生固定资产的局部损坏。为了维护固定资产的使用效能，保证固定资产的正常使用，企业必须对各项固定资产进行有计划地、及时地修理，这些都属于固定资产的后续支出。

固定资产的后续支出分为资本化的后续支出和费用化的后续支出两大类。

一、资本化的后续支出

与固定资产有关的后续支出，同时满足以下两个条件的，应将其列为资本化支出：①与该固定资产有关的经济利益很可能流入企业；②该固定资产的成本能够可靠地计量。

资本化的后续支出的特征是能够提高固定资产的使用效能，或者能够延长固定资产使用寿命等，企业对原有固定资产的更新改造、装修工程等，属于资本化的后续支出。

固定资产发生资本化后续支出时，首先，应将该固定资产的原账面价值（原值－累计折旧－已提固定资产减值准备），转入“在建工程”账户；然后，将后续发生的各项支出先通过“在建工程”账户进行归集；再次，工程达到预定可使用状态，将“在建工程”账户所归集的成本转入“固定资产”账户。如果有被替换、拆除部分的，还应将其账面价值扣除。

【例 6－11】大明公司三年前投产一条生产线，原建造成本为 900 万元，预计使用寿命为10年，已提折旧270万元。现决定对其进行技术改造，以提高其生产能力。技改工程历时6个月，发生的有关经济业务及账务处理如下：

（1）生产生产线设施交付技术改造时：

借：在建工程——技改工程　6 300 000
　　累计折旧　2 700 000
　　贷：固定资产——生产经营用固定资产　9 000 000

（2）技术改造工程领用库存工程物资15万元，领用库存原材料3万元：

借：在建工程——技改工程　180 000
　　贷：工程物资——专用材料　150 000
　　　　原材料——原料及主要材料　30 000

（3）以存款支付专用发票所列的技改工程款50万元，增值税45 000元：

借：在建工程——技改工程　500 000
　　应交税费——应交增值税（进项税额）　45 000
　　贷：银行存款　545 000

（4）技改过程拆卸部分回收的残料，取得变价收入9万元（不考虑增值税），款项存入银行：

借：银行存款　90 000
　　贷：在建工程——技改工程　90 000

（5）技改工程达到预定可使用状态，结转工程成本：

工程总成本 = 6 300 000 + 150 000 + 500 000 − 90 000 = 6 860 000（元）

借：固定资产——生产经营用固定资产　6 860 000
　　贷：在建工程——技改工程　6 860 000

二、费用化的后续支出

不符合资本化条件的后续支出，例如：固定资产修理、固定资产维护性支出等。固定资产修理费用，无论大修理或中小修理，应当在费用发生时直接计入当期损益，其他不符合资本化条件的固定资产后续支出，也是同样处理。企业生产车间（部门）和行政管理部门发生固定资产修理费用等后续支出，列入“管理费用”账户；专设销售机构相关的固定资产修理费用等后续支出，列入“销售费用”账户。

【例6-12】大明公司对公司一批房屋进行修理，修理过程中领用库存原材料一批，价值为7万元，购进这批材料的增值税为9 100元；本企业维修人员的应付职工薪酬为5万元。这批房屋的使用行政管理部门和专设销售机构各占一半。账务处理为：

借：管理费用——修理费　60 000
　　销售费用——修理费　60 000
　　贷：原材料——原料及主要材料　70 000
　　　　应付职工薪酬　50 000

【例6-13】大明公司本月对一车间生产设备进行修理，以存款向承修公司支付专用发票所列的修理费2万元，增值税2 600元；分配结转应负担的机修车间（辅助生产车间）成本3万元。账务处理为：

借：管理费用——修理费　50 000

　　应交税费——应交增值税（进项税额）　2 600

　　贷：银行存款　22 600

　　　　生产成本——辅助生产成本（机修车间）　30 000

相关链接

执行《小企业会计准则》的企业，固定资产修理费用核算的不同点：

（1）固定资产大修理费用应列为长期待摊费用，按照固定资产尚可使用年限进行分期摊销。固定资产大修理费用是指同时符合下列两个条件的修理费用：第一，修理支出达到取得固定资产时的计税基础50%以上；第二，修理后固定资产的使用寿命延长2年以上。

（2）固定资产发生的修理费用（含分摊大修理费用）根据固定资产的受益对象计入相关资产成本或当期损益，即车间固定资产的修理费用，应计入“制造费用”账户。

第五节　固定资产租赁

一、固定资产租赁的形式

租赁，是指在约定的期间内，出租人将资产使用权让与承租人，以获取租金的协议。固定资产租赁转移的是资产使用权，而这种转移是以支付租金为代价的。固定资产租赁按其性质可以分为融资租赁和经营租赁两种形式：

（一）融资租赁

融资租赁是指实质上转移与资产所有权有关的全部或绝大部分风险和报酬的租赁。一项资产的租赁只要符合以下一项或多项标准，就应当认定为融资租赁：

（1）租赁合同中已约定、或者在租赁开始时根据相关条件作出合理判断，在租赁期届满时，出租人能够将租赁资产的所有权转移给承租人。

（2）承租人有购买租赁资产的选择权，所订立的购买价款预计将远低于行使选择权时租赁资产的公允价值，因而在租赁开始日就可以合理确定承租人将会行使这种选择权。

（3）即使资产的所有权不转移，但租赁期占租赁资产使用寿命的大部分。一般指租赁期占租赁资产使用寿命的75%以上（含75%）。

（4）承租人在租赁开始的最低租赁付款额现值，几乎相当于租赁开始日租赁资产公允价值；出租人在租赁开始日的最低租赁收款现值，几乎相当于租赁开始日租赁资产公允价值。这里的“几乎相当”通常为90%以上（含90%）。

（5）租赁资产性质特殊，如果不作较大改造，只有承租人才能使用。

（二）经营租赁

经营租赁是融资租赁以外的其他租赁，是指为了满足生产经营使用上的临时或季节性需要而发生的资产租赁。经营租赁具有以下特征：

（1）承租人只是为了满足经营上的季节性、临时性需要，才租入固定资产，并不打算长期拥有该项资产，所以，经营租赁期限相对较短。

（2）与资产所有权有关的主要风险和报酬实质上并未转移。租赁资产的所有权仍然归出租方所有，出租方保留租赁资产的大部分风险和报酬，租赁资产的折旧、修理费用等，一般由出租方承担。出租人需经过多次出租，才能收回对租赁资产的投资。

（3）租赁期满后，承租人有退租或续租的选择权，而不存在优惠购买选择权。

二、经营租赁固定资产

（一）租入固定资产

固定资产经营租赁，租赁资产的风险通常没有转移给承租人，履约成本一般由出租人负担，因此，承租人不需要将租赁资产资本化，只需将支付或应付的租金按一定的方法确认为费用。承租人对租入固定资产不能作为企业资产计价入账，只能列为代管物资在“固定资产备查簿”中进行登记。

经营租赁的应付租金，应当在租赁期内计入相关资产成本或当期损益。租赁租金一般情况下采用直线法确认为费用。但在某些特殊情况下，也可以采用更为合理的其他方法。例如，租入起重设备，根据其工作小时来分摊确认各期的租金，就比按直线法确认更为合理。

承租人发生的初始直接费用，应当直接计入当期损益，列入“管理费用”等账户。承租人应支付的租金费用，应按租入资产使用部门进行列支：生产车间使用的，计入“制造费用”账户；厂部使用的，计入“管理费用”账户；专设销售机构使用的，计入“销售费用”账户；研发无形资产使用的，计入“研发支出”账户。承租人支付费用一并支付的取得专用发票的增值税，应列入“应交税费——应交增值税（进项税额）”账户。

企业预付一年以上的租入固定资产租金，应通过“长期待摊费用”账户核算；应付未付的租金列为其他应付款；租入固定资产支付的押金列为其他应收款（存出保证金）。

【例6－14】本年1月大明公司从乙公司租入一套生产设备，设备原值为480万元，预计使用年限为12年。租赁合同约定租赁期为3年，设备押金10万元，年租金84万元（不含增值税），租金于每年1月支付。发生的有关经济业务及账务处理为：

（1）租入设备，设备列为代管物资。以存款支付：中介机构费用8 400元（取得普通发票），设备押金10万元时：

借：管理费用	8 400	
其他应收款——存出保证金（乙公司）	100 000	
贷：银行存款		108 400

(2) 每年1月，以存款支付取得专用发票租赁费84万元，增值税109 200元时：

借：制造费用——基本生产车间（租赁费）　　840 000
　　应交税费——应交增值税（进项税额）　　109 200
　　贷：银行存款　　949 200

(3年到期不续租的，退还设备，收回押金时，贷记“其他应收款”账户。)

企业经营租赁租入固定资产发生的改良工程（如装修等）支出，应列为“长期待摊费用”进行核算。

提示：(1) 经营租赁：租入方租入固定资产是进行备查登记，使用资产的代价是支付租赁费，而不计提折旧；出租方出租固定资产所有权不变，资产转“出租”，需计提折旧。

(2) 企业用于赚取租金的房屋、建筑物，应确认为“投资性房地产”，其账务处理与一般固定资产经营租赁有所不同。

(3) 企业出租有形动产的增值税率为13%；出租不动产的增值税率为9%；出租不动产属于2016年4月30日前取得的，可以按简易征收方法的征收率5%计算增值税（列入“应交税费——简易计税”账户）。

（二）出租固定资产

经营租赁情况下，与资产所有权有关的主要风险和报酬仍然留在出租人一方，因此，出租人应当作为自有资产在资产负债表中列示，并进行资产的明细核算。

出租人确认的租赁收入，按收取款项，借记“银行存款”等账户，按应收未收款，借记“其他应收款”等账户，按应计收入，贷记“其他业务收入”账户，按应计增值税，贷记“应交税费——应交增值税（销项税额）”账户；

出租固定资产计提的折旧，借记“其他业务成本”账户，贷记“累计折旧”账户；出租人为出租资产发生的直接费用，按应计费用，借记“其他业务成本”账户，按取得专用发票的增值税，借记“应交税费——应交增值税（进项税额）”账户，按支付价税款，贷记“银行存款”等账户；租金收入应交增值税以外的税费，应计入“税金及附加”账户，

【例6-15】 承［例6-14］资料，乙公司将未使用设备出租，设备预计使用年限10年，原值为480万元；合同约定租赁期为3年，年租金（不含增值税）84万元（增值税税率为13%），设备收取押金10万元。乙公司的有关经济业务及账务处理为：

(1) 出租固定资产时：

借：固定资产——出租固定资产　　4 800 000
　　贷：固定资产——未使用固定资产　　4 800 000

(2) 收取设备押金10万元，款项存入银行：

借：银行存款　　100 000
　　贷：其他应付款——存入保证金（大明公司）　　100 000

(3) 每年1月取得租金收入及增值税，存入银行时：

借：银行存款　　949 200
　　贷：其他业务收入　　840 000

应交税费——应交增值税（销项税额） 109 200

（4）按月计提此项出租设备折旧（预计净残值率为5%）时：

借：其他业务成本［4 800 000×（1－5%）÷10÷12］ 38 000

贷：累计折旧 38 000

（5）此项出租设备应负担的本公司派出人员每月的职工薪酬8 000元：

借：其他业务成本 8 000

贷：应付职工薪酬 8 000

（3年到期不续租的，收回设备，退还押金时，借记“其他应付款”账户。）

课堂讨论：（1）3年租赁期满，收回出租固定资产，乙公司应进行怎样账务处理？

（2）设备出租和房屋出租肉务处理上有哪些异同点？

三、融资租入固定资产

融资租赁是指实质上转移了与资产所有权有关的全部风险和报酬的租赁。企业对融资租入固定资产不具所有权，但应视同自有资产进行核算与管理。

（一）融资租入固定资产的入账价值

融资租入的固定资产，按租赁资产公允价值与最低租赁付款额现值两者中较低者，加上初始直接费用作为其初始成本入账。最低租赁付款额，是指在租赁期内，承租人应支付或可能被要求支付的款项（不包括或有租金和履约成本），加上由承租人或其他有关第三人方担保的资产余值。初始直接费用是在租赁谈判和签订租赁合同过程中发生的，可归属于租赁项目的手续费、律师费、印花税等。

（二）融资租入固定资产的账务处理

融资租入的固定资产，应当在“固定资产”账户下单设明细账户进行核算。企业应在租赁开始日，按应计入固定资产成本的金额，借记“固定资产”“在建工程”等账户，按最低租赁付款额，贷记“长期应付款”账户，按发生的初始直接费用，贷记“银行存款”账户，借贷差额，记入“未确认融资费用”账户。

未确认融资费用应采用一定的方法进行分摊，按各期的分摊额，借记“财务费用”“在建工程”账户，贷记“未确认融资费用”账户。

各期支付应付租赁款时，借记“长期应付款”账户，贷记“银行存款”账户。融资租入固定资产可以抵扣的增值税，应计入“应交税费——应交增值税（进项税额）”账户。

【例6－16】大明公司以融资方式租入一台需要安装设备。设备公允价值为75万元，双方商定的最低租赁付款额为98万元，最低租赁付款额的现值为70万元，以存款支付普通发票所列手续费、律师费2万元。设备收到后直接交付安装，安装费以存款支付。租赁期满此设备转归大明公司。发生的有关业务及账务处理为：

（1）取得融资租入设备，设备入账成本＝70＋2＝72（万元）：

借：在建工程——在安装设备（融资租入设备） 720 000

未确认融资费用　　280 000
　贷：长期应付款　　980 000
　　银行存款　　20 000

（2）以存款支付专用发票所列的安装费 5 万元，增值税 4 500 元：

借：在建工程——安装工程（融资租入设备）　　50 000
　应交税费——应交增值税（进项税额）　　4 500
　贷：银行存款　　54 500

（3）设备安装完毕，达到预定可使用状态：

借：固定资产——融资租入固定资产　　770 000
　贷：在建工程——在安装设备（融资租入设备）　　720 000
　　——安装工程（融资租入设备）　　50 000

（4）租赁期满，结转固定资产：

借：固定资产——生产经营用固定资产　　770 000
　贷：固定资产——融资租入固定资产　　770 000

提示：（1）融资租入固定资产的所有权不属于租入企业，但按资产确认条件在会计处理是“视同自有”的，列入“固定资产”账户核算，与自有固定资产一样计提折旧。这也是会计核算实质重于形式要求的体现。

（2）最低租赁付款额的现值是根据最低租赁付款额、租赁付款期和折现率的折现价值。

第六节 固定资产处置、清查和减值

一、固定资产的处置

固定资产的处置是固定资产退出企业，包括固定资产的出售、报废、毁损、对外投资、债务重组、对外捐赠等。固定资产处置清理，应填制“固定资产报废单”或“固定资产清理单”，资产管理部门据以登记、处理该项固定资产卡片，财会部门据以进行账务处理。

（一）出售固定资产

企业出售固定资产，分为两种情况：①将需要出售处置的固定资产直接出售处理。这属于固定资产清理。②先将准备出售处置的固定资产划分为持有待售资产，然后按程序进行出售。出售固定资产的账务处理按此进行说明。

1. 账户设置

出售固定资产需要设置的账户主要有：

（1）“持有待售资产”账户，该账户核算企业持有待售的非流动资产和持有待售的处置组中的资产。借方登记划分为持有待售资产的账面价值，贷方登记出售转出持有待售资产的账面价值，期末借方余额反映企业持有待售的非流动资产和持有待售的处置组资产的账面余额。该账户按照资产类别进行明细核算。

（2）“资产处置损益”账户，该账户核算企业出售划分为持有待售非流动资产（金融工具、长期股权投资和投资性房地产除外）或处置组（子公司和业务除外）时确认的处置利得或损失，以及处置未划分为持有待售的固定资产、在建工程、生产性生物资产及无形资产而产生的利得或损失。其借方登记处置相应资产支付的出售费用、发生的相关税费（不含增值税）和处置资产发生的损失，贷方登记相应处置资产形成的收益。期末余额转入“本年利润”账户，结转后应无余额。该账户按照处置资产类别或处置组进行明细核算。

2. 出售固定资产的账务处理

企业出售固定资产的步骤和账务处理是：

（1）划分结转为持有待售固定资产。企业预计在一年内完成出售，且短期（通常为3个月）内很可能满足划分为持有待售类别相关条件的固定资产，应划分为“持有待售资产——固定资产”。

固定资产划分为持有待售资产时，应按已提累计折旧，借记“累计折旧”账户，按已计提的减值准备，借记“固定资产减值准备”账户，按其账面价值（差额），借记“持有待售资产”账户；按其账面原值，贷记“固定资产”账户。

（2）持有待售资产发生减值的处理。企业持有待售资产账面价值高于其公允价值减去出售费用后的净额，应将其差额确认为资产减值损失，通过计提“持有待售资产减值准备”方式进行调整。以后如果继续发生减值的，应继续计提资产减值损失；如果其公允价值减去出售费用后的净额有所增加的，则在计提资产减值损失的范围内予以转回。企业持有待售的固定资产是不计提折旧的。

（3）处置持有待售固定资产发生的相关税费。企业处置持有待售固定资产发生的相关税费（增值税销项税额以外），借记“资产处置损益”账户，贷记“银行存款”“应交税费”等账户。一般纳税人企业支付出售处置费用，专用发票所列的增值税，应列入“应交税费——应交增值税”账户。

（4）取得出售处置收入。取得出售持有待售固定资产收入时，按收到的价款，借记“银行存款”等账户，按照相关负债的账面余额，借记“持有待售负债”账户，按相关处置资产账面余额，贷记“持有待售资产”账户，按确认应交的增值税，贷记“应交税费——应交增值税（销项税额）”账户，按其差额借记或贷记“资产处置损益”账户。已计提减值准备的，还应同时结转已计提的减值准备。

【例6－17】6月2日，大明公司决定将一项不需用生产设备划分为持有待售资产，该设备原值50万元，已提累计折旧30万元，预计出售市场价格（公允价值）减去出售费用后的净额为25万元。账务处理为：

（1）6月2日，不需用生产设备划分为持有待售资产时：

借：累计折旧	300 000	
持有待售资产——固定资产	200 000	
贷：固定资产——不需用固定资产		500 000

（2）7月2日，出售上述生产设备，以存款支付专用发票所列的清理等出售费用5 000元，增值税450元：

借：资产处置损益　　5 000

　　应交税费——应交增值税（进项税额）　　450

　　贷：银行存款　　5 450

（3）7月5日，出售上述设备的价款26万元，增值税33 800元，价税款收存入银行：

借：银行存款　　293 800

　　贷：持有待售资产——固定资产　　200 000

　　　　应交税费——应交增值税（销项税额）　　33 800

　　　　资产处置损益　　60 000

此项资产设备处置取得的收益为55 000元，"资产处置损益"账户的贷方余额55 000元按期于期末结转至"本年利润"账户。

提示：（1）出售固定资产取得的价款是不能列为营业收入的，但不能认为是资产处置收入，也不是取得的价款计入"资产处置损益"账户的贷方。

（2）"持有待售资产"账户属于流动资产类账户，"资产处置损益"账户属损益类账户。

（二）毁损报废固定资产

固定资产出售以外的处置，包括固定资产的报废、毁损、对外投资、债务重组、对外捐赠和出售未划分为持有待售的固定资产等，均属于固定资产清理。固定资产清理应设置"固定资产清理"账户进行核算。

"固定资产清理"账户，核算处置转出固定资产价值及清理过程中发生的费用等，其结构如图6－5所示。该账户可按清理的固定资产项目进行明细核算。

借方　　"固定资产清理"账户	贷方
①清理转出固定资产的账面价值 ②清理固定资产发生的清理费用 ③清理固定资产应交的增值税以外的税费 ④结转清理固定资产的净收益→（营业外收入等）	①清理固定资产取得收入（不含增值税）、保险赔款 ②结转清理固定资产的净损失→（营业外支出等）
期末余额：尚未清理完毕的固定资产清理净损失	

图6－5　"固定资产清理"账户的结构

企业毁损报废固定资产的步骤和账务处理一般为：

1. 结转清理固定资产的账面价值

按清理固定资产的账面价值，借记"固定资产清理"账户，按已计提累计折旧，借记"累计折旧"账户，按已提的减值准备，借记"固定资产值准备"账户，按固定资产账面原值，贷记"固定资产"账户。

2. 发生清理费用及相关税费

按应支付的清理费用，借记"固定资产清理"账户，按可以抵扣增值税，借记"应交税费——应交增值税（进项税额）"账户，贷记"银行存款"等账户。应交增值税以外的相关税费，借记"固定资产清理"账户，贷记"应交税费"等账户。

3. 取得残料收入和保险赔款等

按实际收到的残料价值、变价收入或保险赔款等，借记“银行存款”“原材料”“其他应收款”等账户，贷记“固定资产清理”账户，并按处置固定资产收入应交增值税，贷记“应交税费——应交增值税（销项税额）”账户。

4. 结转净损益

结转固定资产处置的净收益，按“固定资产清理”账户的贷方差额，借记“固定资产清理”账户，贷记“营业外收入——处置非流动资产利得”账户；结转固定资产处置的净损失，按“固定资产清理”账户的借方差额，借记“营业外支出——处置非流动资产损失”账户，贷记“固定资产清理”账户。其中属于自然灾害等非正常原因造成的损失，应借记“营业外支出——非常损失”账户。

相关链接

根据财会〔2016〕36号文件的有关规定：

（1）企业销售自己使用过、营改增之前取得的固定资产可以按简易计税3%计算，减按2%计算缴纳增值税，不得开具专用发票；也可以放弃减免，按3%计算缴纳增值税，可以开具专用发票。

（2）转让2016年4月30日前取得（不含自建）的不动产，可以选择以取得全部价款和价外费用扣除购置原价后的余额，按5%的征收率简易计税。

（3）一般纳税人出售不符合上述条件的固定资产增值税的税率：不动产转让9%，其他固定资产13%。

【例6－18】 大明公司有一台专用设备（2011年12月购置），现已无法正常使用，经批准予以报废。该设备原价为21万元，累计已计提折旧17万元。在清理过程中，以银行存款支付专用发票所列的清理费用5 000元，增值税450元。取得残料变价收入28 250元（含增值税）。账务处理为：

（1）转出清理资产时：

借：固定资产清理——专用设备清理	40 000	
累计折旧	170 000	
贷：固定资产——生产经营		210 000

（2）以存款支付清理费用时：

借：固定资产清理——专用设备清理	5 000	
应交税费——应交增值税（进项税额）	450	
贷：银行存款		5 450

（3）取得残料变价收入存入银行时：（营改增后购置增值税税率13%）

借：银行存款——专用设备清理	28 250	
贷：固定资产清理		［28 250÷（1＋13%）］25 000
应交税费——应交增值税（销项税额）		（25 000×13%）3 250

（4）结转报废固定资产净损益时：

借：营业外支出——非流动资产毁损报废损失	20 000	
贷：固定资产清理——专用设备清理		20 000

提示：假定［例6-18］属于未划分为持有待售的固定资产出售，变价收入（含增值税）即为出售收入，(1) 至 (3) 中的账务处理一致，(4) 中的结转出固定资产净损益的账务处理为：

借：资产处置损益　　20 000

　　贷：固定资产清理——专用设备清理　　20 000

【例6-19】 大明公司因遭受洪水袭击而毁损一座仓库，该仓库原价500万元，已提折旧150万元，未计提减值准备；残料入库，估计价值6万元；发生的取得专用发票的清理费用3万元，增值税2 700元；保险公司核定理赔款180万元，理赔款尚未收到。账务处理为：

(1) 将损毁的仓库转入清理时：

借：固定资产清理——仓库清理　　3 000 000

　　累计折旧　　2 000 000

　　贷：固定资产——生产经营用固定资产　　5 000 000

(2) 残料入库时：

借：原材料——辅助材料　　60 000

　　贷：固定资产清理——仓库清理　　60 000

(3) 以存款支付清理费用及其增值税时：

借：固定资产清理——仓库清理　　30 000

　　应交税费——应交增值税（进项税额）　　2 700

　　贷：银行存款　　32 700

(4) 确认保险公司理赔款项时：

借：其他应收款——××保险公司　　1 800 000

　　贷：固定资产清理 ——仓库清理　　1 800 000

(5) 结转毁损固定资产发生的净损失时：净损失 = 350 + 6 - 3 - 180 = 173（万元）

借：营业外支出——非常损失　　1 730 000

　　贷：固定资产清理——仓库清理　　1 730 000

课堂讨论：某公司出售一项2008年12月31日前（营改增前）购置的生产设备，取得出售收入（含税）52万元，固定资产原值90万元，累计已提折旧20万元，已计提减值准备15万元，其他清理费用1万元。不考虑增值税以外的其他税费。该项固定资产出售的净损益为多少元？应如何进行账务处理？

（三）投资转出固定资产

投资转出的固定资产，按固定资产净值加上应支付的相关税费（增值税以外的），借记“固定资产清理”账户，按已计提的累计折旧，借记“累计折旧”账户，按已提的减值准备，借记“固定资产减值准备”账户，按固定资产账面原值，贷记“固定资产”账户，按应支付的相关税费，贷记“银行存款”“应交税费”等账户。转出投资不符合非货币性资产交换条件的，按转出固定资产净损益，借记“长期股权投资”等账户，贷记“固定资产清理”账户；转出资产符合非货币性资产交换条件的，应按投资确认的公允价值，借记“长期股权投资”账户，转出资产净损益（净值 + 相关税费）与投资确认价值的差额列为当期损益，计入“资产处置损益”账户。

【例6－20】大明公司以一项设备（营改增后购置）向新远公司进行投资，设备原值为30万元，已提折旧10万元，应交增值税为26 000元。此项投资不符合非货币性资产交换的条件。账务处理为：

借：固定资产清理——投资新远公司设备	226 000	
累计折旧	100 000	
贷：固定资产		300 000
应交税费——应交增值税（销项税额）		26 000
借：长期股权投资——新远公司	226 000	
贷：固定资产清理——投资新远公司设备		226 000

（四）捐赠转出固定资产

对外捐赠转出的固定资产的账务处理与其他固定资产的清理处理基本一致，要通过“固定资产清理”账户核算。对外捐赠项目“固定资产清理”账户余额的结转，是借记“营业外支出——公益性捐赠支出”账户，贷记“固定资产清理”账户。

提示：固定资产转出产生的利得或损失应区分几种情况：

- 固定资产处置→利得或损失→计入“资产处置损益”账户（含出售、抵债、非货币性交换）
- 固定资产毁损、报废→
  - 利得→“营业外收入”账户
  - 损失→“营业外支出”账户
- 投资转出固定资产→净损益或公允价值→“长期股权投资”账户（有差额的：列“资产处置损益”账户）
- 固定资产对外捐赠→净值→“营业外支出”账户
- 固定资产盘亏→净损失→“营业外支出——盘亏损失”账户

以上均计入当期损益

二、固定资产的清查

（一）固定资产清查的目的和方法

在固定资产的使用过程中，由于客观或人为的原因，会出现固定资产账实不符。为了保证企业固定资产的安全完整，合理有效地使用固定资产，企业应定期或至少每年年末对固定资产进行清查。

企业每年编制年度财务报告前，应当对固定资产进行全面的清查。平时，可根据需要进行局部的清查。

在清查前，会计人员和固定资产的管理人员应将各自负责的有关固定资产的账簿记录核对准确。固定资产的清查方法采用实地盘点，即把固定资产卡片与实物进行核对。对于盘盈、盘亏的固定资产，应填写盘存记录。清查结束后，应根据盘点的记录，编制“固定资产盘盈盘亏报告表”（见表6－7）作为固定资产清查的账务处理依据。发现固定资产盘盈、盘亏的，应及时查明原因，并按照规定程序报批处理。

表6－7　　固定资产盘盈盘亏报告表

部门：　　　　年　月　日

<table>
<tr><td rowspan="2">固定资产编号</td><td rowspan="2">固定资产名称</td><td rowspan="2">固定资产规格及型号</td><td colspan="3">盘盈</td><td colspan="3">盘亏</td><td colspan="3">毁损</td><td rowspan="2">原因</td></tr>
<tr><td>数量</td><td>重置成本</td><td>累计折旧</td><td>数量</td><td>原值</td><td>已提折旧</td><td>数量</td><td>原值</td><td>已提折旧</td></tr>
<tr><td></td><td></td><td></td><td></td><td></td><td></td><td></td><td></td><td></td><td></td><td></td><td></td><td></td></tr>
<tr><td></td><td></td><td></td><td></td><td></td><td></td><td></td><td></td><td></td><td></td><td></td><td></td><td></td></tr>
<tr><td rowspan="2">处理意见</td><td colspan="3">审批部门</td><td colspan="5">清查小组</td><td colspan="4">使用保管部门</td></tr>
<tr><td colspan="3"></td><td colspan="5"></td><td colspan="4"></td></tr>
</table>

（二）固定资产清查的账务处理

1．盘盈的固定资产

企业如有盘盈的固定资产，应作为前期会计差错通过“以前年度损益调整”账户进行核算。企业发现盘盈的固定资产，按盘盈固定资产的重置价值减去估计估计折旧后的余额，借记“固定资产”账户，贷记“以前年度损益调整”账户。

审批之后，按盘盈的固定资产的净值，借记“以前年度损益调整”账户，按应调整增加的所得税费用，贷记“应交税费——应交所得税”账户，按其余额调整留存收益，贷记“盈余公积”“利润分配——未分配利润”账户。

【例6－21】大明公司在财产清查中发现盘盈设备一台，其重置价值为15万元，有八成新，估计折旧3万元。账务处理为：

（1）发现盘盈时：

借：固定资产——生产经营用固定资产　　120 000

　　贷：以前年度损益调整　　120 000

（2）经审核此项盘盈应调整所得税费用3万元：

借：以前年度损益调整　　30 000

　　贷：应交税费——应交所得税　　30 000

（3）余额进行留存收益的结转：法定盈余公积按10%调整，其余调整未分配利润：

借：以前年度损益调整　　90 000

　　贷：盈余公积——法定盈余公积　　9 000

　　　　利润分配——未分配利润　　81 000

2．固定资产盘亏

企业在财产清查过程中若发现固定资产盘亏，应及时注销其原值、已提折旧额和已提固定资产减值准备。按已计提的累计折旧，借记“累计折旧”账户，按已提固定资产减值准备，借记“固定资产减值准备”账户，按固定资产账面原值，贷记“固定资产”账户。

查明原因处理时，若有保险公司或过失人赔偿的，借记“其他应收款”账户，按盘亏固定资产的净值，贷记“待处理财产损溢——待处理固定资产损溢”账户，按借贷差额，借记“营业外支出——盘亏损失”账户。管理不善原因造成的固定资产盘亏，还应将增值税进项转列为“进项税额转出”。

【例6-22】 大明公司企业在财产清查中，发现行政部账面在用的笔记本电脑盘亏3台，其原值为13 000元，已提折旧8 000元。经确认此项盘亏属管理不善造成，增值税税率为13%。账务处理为：

（1）发现盘亏时：

借：待处理财产损溢——待处理固定资产损溢	5 000	
累计折旧	8 000	
贷：固定资产——生产经营用固定资产		13 000

（2）结转不可抵扣的增值税进项税额：（13 000－8 000）×13%＝650（元）

借：待处理财产损溢——待处理固定资产损溢	650	
贷：应交税费——应交增值税（进项税额转出）		650

（3）经审核批准后，结转净损失：

借：营业外支出——盘亏损失	5 650	
贷：待处理财产损溢——待处理固定资产损溢		5 650

提示：（1）存货盘亏、毁损均需通过“待处理财产损溢”账户核算；固定资产毁损是不通过“待处理财产损溢”账户核算，而列为固定资产清理的。

（2）材料出售收入是其他业务收入；固定资产出售不属于收入，是净损益列为资产处置损益。

三、固定资产的减值

（一）判断固定资产减值的主要迹象

为了客观、真实、准确地反映期末固定资产的实际价值，企业在编制资产负债表日，应合理地确定固定资产的期末价值。同时，固定资产在使用过程中，由于存在有形损耗（如自然磨损等）和无形损耗（如技术陈旧等）以及其他原因，导致其可收回金额低于其账面价值，这种情况即为固定资产减值。

相关链接

根据《企业会计准则第8号——资产减值》第六条、第九条规定：可收回金额应当根据资产的公允价值减去处置费用后的净额与资产预计未来现金流量的现值两者之间高者确定。预计资产未来现金流量的现值，应当综合考虑资产的预计未来现金流量、使用寿命和折现率等因素。

根据会计信息质量谨慎性要求，企业应当于期末对固定资产进行检查，如果发现存在下列情况之一，就应当计算固定资产的可收回金额，将可收回金额低于账面价值的差额确认为资产减值，并计提相应的固定资产减值准备。

（1）固定资产市价大幅度下跌，其跌幅大大高于因时间推移或正常使用而预计的下跌，并且预计在近期内不可能恢复。

（2）企业所处经营环境，如技术、市场、经济或法律环境，或者产品营销市场在当期发生或在近期发生重大变化，并对企业产生负面影响。

（3）同期市场利率等大幅度提高，很可能影响企业计算固定资产可收回金额的折现率，并导致固定资产可收回金额大幅度降低。

（4）固定资产陈旧过时或发生实体损坏等。

（5）固定资产预计使用方式发生重大不利变化，如企业计划终止或重组该资产所属的经营业务、提前处置资产等情形，而对企业产生负面影响。

（6）其他有可能表明资产已发生减值的情况。

（二）计提固定资产减值的账务处理

企业固定资产发生减值，应按确认资产减值额，计提固定资产减值准备，借记“资产减值损失”账户，贷记“固定资产减值准备”账户。企业已计提的固定资产减值准备，以后既是可回金额提高，甚至高于其账面价值，也不再冲减已计提的减值准备。

【例 6－23】 大明公司于年末对使用不正常 B 类生产设备检查，发现存在减值迹象，B 类生产设备账面原值 120 万元，已提折旧 57 万元。经确认该类设备的公允价值为 51 万元（净值），清理处置费用预计为 1 万元；设备尚可使用期间和处置的预计未来现金流量的现值为 54 万元。这一固定资产减值的账务处理为：

固定资产减值＝（120－57）－54（两者中较高者）＝9（万元）

借：资产减值损失——固定资产减值　　90 000

　　贷：固定资产减值准备　　90 000

提示：计提减值后，这一固定资产的账面价值发生变化，其以后期间应提折旧额、月折旧额均应加以调整计算：承［例 6－23］，假定该项固定资产预计使用寿命为 10 年，预计净残率为 5%，实际已使用 5 年，经核定尚可使用年限为 4 年，则计提减值后应计提的折旧额为：

年折旧额＝［（1 200 000×（1－5%）－570 000－90 000］÷4＝120 000（元）

月折旧额＝120 000÷12＝10 000（元）

原年折旧额＝1 200 000×（1－5%）＝114 000（元）

本章知识结构图

固定资产
固定资产概述
固定资产的概念、特点和确认条件
固定资产的分类
固定资产的计价
固定资产的取得
固定资产取得核算的账户设置
固定资产取得的账务处理
固定资产的明细分类核算
固定资产折旧
固定资产折旧的影响因素
固定资产折旧的范围
固定资产折旧的计算方法
固定资产折旧的账务处理
固定资产的后续支出
资本化后续支出的账务处理
费用化后续支出的账务处理
固定资产租赁
固定资产租赁的形式
固定资产经营租赁的账务处理
固定资产融资租赁的账务处理
固定资产处置、清查和减值
固定资产的处置的内容和账务处理
固定资产的清查及其结果的账务处理
固定资产的减值

第七章 无形资产和长期待摊费用

学习目标

通过本章学习，要求了解无形资产的特点及其确认条件；了解无形资产减值确认及账务处理。理解无形资产的内容；理解长期待摊费用的内容和主要账务处理。掌握无形资产初始计量和摊销方法；掌握无形资产取得、摊销、出租和处置的基本账务处理。

本章重点：无形资产的特点和构成内容，无形资产取得、摊销、处置的账务处理，长期待摊费用的内容。

第一节 无形资产

一、无形资产概述

（一）无形资产及其特征

无形资产是指企业拥有或控制，没有实物形态的可辨认非货币性资产。无形资产有如下基本特征：

（1）不具有实物形态。通常表现为某种权利、技术或获取超额利润的综合能力，没有实物形态。这是无形资产最基本的特征，也是确认无形资产的基本依据。

（2）是可辨认的资产。可辨认资产是指能够与实体分开单独处置的资产，也就是具有专门名称、能个别取得和单独处置的资产。其存在无法与企业自身分离，不具有可辨认性的，无实体形态的资产，不属于无形资产，如商誉。

（3）有偿取得。企业取得无形资产是要付出代价，凡没有发生专门支出取得的没有实物形态的资产，会计核算上一般不能作为无形资产入账。

（4）未来经济利益的不确定性。无形资产作为资产是应能为企业带来未来经济利益的，但其预期的获利状况是难以准确地加以确定的。无形资产的取得成本并不代表其经济价值，一项取得成本较高的无形资产可能为企业带来较少的经济利益，而取得成本较低的无形资产则可能给企业带来较大的收益。

（5）能在较长的时期内为企业带来经济利益。无形资产可以使企业在较长时期受益，所以，无形资产是非货币性长期（非流动）资产，企业取得无形资产的支出，属于资本性支出。

课堂讨论： 你的手机、计算机有下载软件吗？你认为企业计算机上下载的软件是无形资产吗？会计核算也需要有财务软件，如用友、金蝶等，这属于企业的无形资产吗？

你对无形资产有哪些了解？你认为企业一般会有哪些方面的无形资产？无形资产的作用体现在哪些方面？

（二）无形资产的确认

无形资产的确认，首先，应符合无形资产定义。其次，必须同时满足以下两个条件：

（1）与该无形资产有关的经济利益很可能流入企业。判断无形资产产生的经济利益是否很可能流入企业时，应当对无形资产在预计使用寿命内可能存在的各种经济因素作出合理估计，并且应当有明确证据支持。

（2）该无形资产的成本能够可靠地计量。凡是取得成本不能可靠计量的无形资产，如自创商标其成本难以可靠计量，就不能作为无形资产入账。

相关链接

无形资产定义和无形资产确认的法规依据，见《企业会计准则第6号——无形资产》第三条、第四条、第五条。

（三）无形资产的内容

无形资产包括专利权、商标权、土地使用权、特许权、著作权和非专利技术等。

1. 专利权

专利权是指国家专利主管机关依法授予发明创造申请人对其发明创造在法定期限内所享有的专有权利。专利权依法申请取得，受法律保护；拥有人独自享有权利；法定期限内有效。

提示： 专利权的有用性主要体现在可以降低成本，或者提高产品质量，或者将其转让取得收入等。但是专利权并不保证一定能给拥有者带来经济利益，有的专利权可能没有经济价值或只有很小的经济价值，有的专利权可能有较大的经济价值。所以只有从外单位购入的和自行研发并按法定程序申请取得的符合确认条件的专利权，才能列为无形资产进行核算。

2. 商标权

商标是用来辨认特定商品或劳务的标记。商标权是指企业专门在某种指定的商品上使用特定的名称、图案、标记的权利。商标权依法取得，受法律保护；法定有效期限为十年，期满前可继续申请延长注册期；商标权包括独占使用权和禁止使用权两个方面。

提示： ①商标和商标权是两个不同的概念。②商标权具有与专利权相近的专有性、地域性和时间性的特征。③商标权它是商标拥有人的财富，其价值主要体现在优质优价和商品的市场占有率等方面。

企业拥有的商标权是否列为无形资产，应区分两种情况，如图 7－1 所示。

- 自创商标权——不列为无形资产
  - 发生的直接费用（成本）难以确定
  - 广告费等相关在发生时列为当期损益
- 外购、投资者投入的商标权——列为无形资产

图 7－1　商标权与无形资产

3．土地使用权

土地使用权是指国家准许某一企业或单位在一定期间内对国有土地享有开发、利用、经营的权利。企业列为无形资产的土地使用权与取得方式密切相关，具体如图 7－2 所示。

- 行政划拨的土地使用权（相当于无偿取得）
  - 按原划拨用途使用——不列为无形资产
  - 改变用途，用于开发利用的（补交土地出让金）——列为无形资产
- 有偿取得的土地使用权——列为无形资产

图 7－2　土地使用权与无形资产

课堂讨论：（1）搜一搜当地出让土地使用权的相关信息和土地使用权的法定期限是多少年？

（2）土地所有权和土地使用权的区别？行政划拨土地使用权和有偿取得土地使用权的区别？

（3）用于赚取租金或资本增值的土地使用权是无形资产吗？（投资性房地产）

（4）房地产开发企业有偿取得的土地使用权也是列为无形资产的吗？（存货）

4．特许权

特许权也称专营权，是指在某一地区经营或销售某种特定商品的权利，或是一家企业接受另一家企业使用其商标、商号、技术秘密等的权利。前者是指由政府机构以授权、准许企业使用或在一定地区享有经营某种业务的特权，如水、电、通信、卷烟等专营权，烟草专卖权等；后者是指企业间按照合同，有限期或无限期使用另一家企业的某些权利，如肯德基、联华超市、永和豆浆等连锁店分店有偿使用总店的名称等。目前，会计核算上只有后一种情况的特许权，才能列为无形资产。

5．著作权

著作权也称版权，是指著作权人对其著作依法享有的出版、发行等方面的专有权利。著作权包括精神权利和经济权利两个方面。著作除了文学、艺术作品外，还应包括工程设计、产品设计图纸及其说明、计算机软件、美术作品、建筑作品、艺术作品、摄影作品等。

6．非专利技术

非专利技术也称专有技术，是指发明人垄断的，不公开的，具有实用价值的先进技术、资料、技能、诀窍等。非专利技术包括工业技术、商业（贸易）技术和管理技术等，

具有经济性、秘密性和动态性等特点。非专利技术实际上具有专利权的效用，但是由于未申请取得专利权，所以不受法律保护。拥有人依靠自我保密方式来维护其独占权。只要不泄密，保护得好，非专利技术可以长期拥有。

企业自行开发研究非专利技术，可能成功也可能失败，所以，研究过程中所发生的费用，根据谨慎性原则，应将研究阶段的支出列入当期损益，不计入无形资产价值。只有符合确认条件的开发阶段的支出以及相关费用，才能列为无形资产。对于从外部购入的非专利技术，应将其实际发生的支出予以资本化，作为无形资产入账。

提示：(1) 商誉是不具有实物形态的资产，并也能够给企业带来经济利益。但企业合并或外购形成的商誉，其存在无法与企业自身分离，不具有可辨认性，所以不列为无形资产；

(2) 企业自创商标权及内部产生的品牌、报刊名等，因不符合无形资产确认条件，也不能列为无形资产。

（四）无形资产的分类

无形资产可以按有无期限和来源进行分类，具体如图7－3所示。

- 按有无期限划分
  - 有期限无形资产——专利权、商标权、土地使用权、著作权等
  - 无期限无形资产——非专利技术
- 按来源不同划分
  - 外来无形资产
    - 外购
    - 接受投资
    - 接受捐赠、债务重组取得等
  - 自创无形资产——自行研究开发形成的

图7－3　无形资产的分类

课堂讨论：(1) 上年度全球最具有价值品牌的前10强是哪些？最高的评估价值是多少美元？全球前100个品牌中中国品牌上榜有哪些？这些品牌是该企业的无形资产吗？

(2) 不具有实物形态、有偿取得、能够给企业带来经济利益的资产，均能列为无形资产吗？企业确认无形资产时，要同时考虑哪些因素？

二、无形资产初始计量

企业取得无形资产，应按成本进行初始计量。无形资产取得时的成本，可根据不同的来源加以确定：

1. 外购的无形资产

应按取得时实际支付的购买价款、相关税费和直接归属于使该项资产达到预定用途所发生的其他支出（如注册登记费、聘请律师费用等）。其中，相关税费中不包括可以抵扣的增值税（一般纳税人企业取得专用发票的增值税）。

2. 投资者投入的无形资产

应按照投资合同或协议约定的价值作为成本。但合同或协议约定价值不公允的除外。一般纳税人企业也不包括取得专用发票的增值税。

3. 自行开发的无形资产

以开发阶段符合资本化条件的支出作为其成本。

企业研究开发无形资产，可以分为研究和开发两个阶段。研究是指为获取并理解新的科学或技术知识而进行的独创性的有计划调查。研究阶段是探索性的，具有较大的不确定性；开发是指在进行商业性生产或使用前，将研究成果或其他知识应用于某项计划或设计，以生产出新的或具有实质性改进的材料、装置、产品等。开发阶段应当是研究阶段的完成后进行的，是一种生产前或使用前的设计、建造测试及完善工作。企业自行开发无形资产的支出，应区分研究阶段支出和开发阶段支出分别进行处理：

研究阶段的支出，全部费用化，应当于发生当期计入当期损益（管理费用）；开发阶段的支出，符合资本化条件的，确认为无形资产入账。不符合资本化条件的，计入当期损益（管理费用）。

无法区分研究阶段支出和开发阶段支出，应当将其所发生的研发支出全部费用化，计入当期损益（管理费用）。

相关链接

根据《企业会计准则第6号——无形资产》的规定，企业自行研究开发项目开发阶段的支出，同时满足下列条件的，才能确认为无形资产（资本化条件）：

（1）完成该无形资产以使其能够使用或出售在技术上具有可行性；

（2）具有完成该无形资产并使用或出售的意图；

（3）无形资产产生经济利益的方式，包括能够证明运用该无形资产生产的产品存在市场或无形资产自身存在市场，无形资产将在内部使用时，应当证明其有用性；

（4）有足够的技术、财务资源和其他资源支持，以完成该无形资产的开发，并有能力使用或出售该无形资产；

（5）归属于该无形资产开发阶段的支出能够可靠地计量。

4. 接受捐赠的无形资产

捐赠方提供了有关凭据的，按凭据上标明的金额加上应支付的相关税费（不含可以抵扣的增值税）确定其成本；捐赠方没有提供有关凭据的，按其市价或同类、类似无形资产市价作为入账成本。

5. 以债务重组方式取得的无形资产

应按取得的无形资产公允价值作为入账成本。

6. 政府补助取得的无形资产

应按照其公允价值计价入账；公允价值不能可靠取得的，按照名义金额进行初始计量。

无形资产在确认入账后，为确保无形资产能够给企业带来预定的经济利益而发生的支出，如相关的宣传活动支出等，即无形资产后续支出，应在发生时确认为当期费用，不能计入已入账的无形资产价值。

提示： 无形资产的入账价值，既不是无形资产的实际价值，也不是取得无形资产所发生的全部实际成本。无形资产入账实际成本至少不包括：①自行研发无形资产研究阶段的支出；②自行开发无形资产不符合条件的开发阶段的支出；③无形资产入账后发生的后续支出。

还有，一般纳税人企业取得无形资产（包括自行研发无形资产）专用发票所列的增值税，可列为“进项税额”进行抵扣，不计入无形资产的入账成本。

三、无形资产的取得

企业取得的无形资产，应设置“无形资产”账户进行核算。该账户借方登记取得无形资产的成本，贷方登记处置、转出无形资产的成本，期末余额在借方，表示企业无形资产的成本。“无形资产”账户可按无形资产项目进行明细核算。

（一）购入的无形资产

企业外购专利权、商标权、非专利技术、特许权，以及有偿取得土地使用权等无形资产时，根据应计入无形资产成本的金额，计入“无形资产”账户，根据专用发票所列的增值税，借记“应交税费——应交增值税”账户，贷记“银行存款”等账户。

对于一并购入无形资产和其他资产的，其入账价值通常应按该无形资产和其他资产的公允价值相对比例计算确定。

【例7-1】大明公司因生产产品需要购入一项专利权，以存款支付专用发票所列的价款115万元，增值税69 000元；普通发票所列的登记手续费、律师费用等5万元。相关手续已办妥。账务处理为：

借：无形资产——专利权　　1 200 000
　　应交税费——应交增值税（进项税额）　　69 000
　　贷：银行存款　　1 269 000

对于一并购入无形资产和其他资产的，其入账成本通常应按该无形资产和其他资产的公允价值相对比例计算确定。

【例7-2】大明公司购入一项办公用房，以存款支付专用发票所列的价款2 000万元，增值税180万元；支付普通票据所列的契税60万元。此类房产土地使用权与建筑物（固定资产）的比例为6:4。资产办妥过户手续，并达到预定可使用状态。账务处理为：

借：无形资产——土地使用权
　　12 360 000 [(20 000 000 + 600 000) × 6 ÷ 10]
　　固定资产——办公用房
　　8 240 000 [(20 000 000 + 600 000) × 4 ÷ 10]
　　应交税费——应交增值税（进项税额）　　1 800 000
　　贷：银行存款　　22 400 000

（二）自行研发的无形资产

企业自行研究开发无形资产，一般需经过一个研究和开发两个过程，能否成功有很大的不确定性。所以，研发无形资产的支出，包括研究阶段和开发阶段发生的支出，均先通过“研发支出”账户进行核算。研发项目达到预定用途形成无形资产时，将开发阶段发生的符合资本化条件的支出，作无形资产成本，转入“无形资产”账户。研发项目研究过程中发生的费用以及开发阶段不符合资本化条件的支出均作为技术研究费用，直接列入当期损益。

企业自行研发无形资产发生的支出，应设置“研发支出”账户进行核算。该账户属于成本类账户，其结构如图 7－4 所示。该账户可按研发项目，分别“费用化支出”与“资本化支出”进行明细分类核算。

借方　　“研发支出”账户（成本类账户）　　贷方

借方	贷方
研究、开发无形资产发生的各项支出	研发项目形成无形资产转出资本化支出 按期转出研发项目的费用化支出
期末余额：正在进行研发项目满足资本化条件的支出	

图 7－4　“研发支出”账户的结构

【例 7－3】 大明公司自行研发 HR 新技术，发生的有关经济业务及其账务处理如下：

（1）研究试制过程中领用原材料 5 万元，应付研究人员职工薪酬 10 万元。

借：研发支出——HR 新技术（费用化支出）　　150 000
　　贷：原材料　　50 000
　　　　应付职工薪酬　　100 000

（2）该项目研究取得初步成功，进入开发阶段的支出：应付开发人员职工薪酬 6 万元；以存款支付专用发票所列的技术服务费用 3 万元，增值税 1 800 元；应负担的固定资产折旧费 9 000 元。经确认开发阶段支出符合资本化条件。

借：研发支出——HR 新技术（资本化支出）　　99 000
　　应交税费——应交增值税（进项税额）　　1 800
　　贷：应付职工薪酬　　60 000
　　　　累计折旧　　9 000
　　　　银行存款　　31 800

（3）期末，结转本期归集的费用化支出时：

借：管理费用　　150 000
　　贷：研发支出——HR 新技术（费用化支出）　　150 000

（4）项目研发成功达到预定用途，申请取得专利权，以存款支付普通发票所列的登记费、律师费等 16 000 元。

借：无形资产——专利权（HR 新技术）　　115 000
　　贷：研发支出——HR 新技术（资本化支出）　　99 000
　　　　银行存款　　16 000

（三）投资者投入的无形资产

投资者投入的无形资产，应按投资合同或协议约定方确定的价值计入“无形资产”账户。如果投资合同或协议约定的价值与其在资本（股本）中所拥有的份额有差额的，应将其差额作为资本公积处理。企业因接受投入无形资产而支付的相关税费（不含可以抵扣的增值税），也应计入“无形资产”账户。

【例7-4】大明公司接受B公司投资转入的著作权一项，投资协议约定，该著作权的价值为90万元，按约定比例确认的资本额为50万元。收到著作权时，公司的账务处理为：

借：无形资产——著作权　　900 000

　　贷：实收资本——B公司　　500 000

　　　　资本公积　　400 000

（四）接受捐赠的无形资产

企业接受捐赠的无形资产，应根据按规定确定的入账价值，借记“无形资产”账户，贷记“营业外收入”等账户。企业因接受捐赠无形资产而支付的相关税费（不含可以抵扣的增值税），也应计入“无形资产”账户。

【例7-5】大明公司接受某科研所捐赠的一项非专利技术，科研所提供普通发票确认的价值为10万元。并以存款支付专用发票所列的律师费用1万元，增值税600元。账务处理为：

借：无形资产——非专利技术　　110 000

　　应交税费——应交增值税（进项税额）　　600

　　贷：银行存款　　10 600

　　　　营业外收入——捐赠利得　　100 000

四、无形资产的摊销

无形资产能在较长时期给企业带来经济效益，伴随着无形资产为企业经济利益的提供，其价值也会发生转移，或具有价值的权利会终结或消失。所以，企业取得无形资产，应当分析判断其使用寿命。并将其在预计使用寿命内系统、合理地进行摊销。

企业需要摊销的无形资产并不是所有无形资产，仅是指使用寿命有限的那部分。使用寿命不确定的无形资产不应摊销。

提示：使用寿命不确定的无形资产不必进行摊销的，那么其成本在会计上是如何处理的？企业使用寿命不确定的无形资产，无论是否存在减值迹象，每年都应当进行减值测试，确认产生减值的按资产减值进行处理。否则，其入账价值（成本）保持不变。

对于无法预见为企业带来未来经济利益期限的无形资产，应视为使用寿命不确定的无形资产。

（一）摊销的起止时间

无形资产应当按月进行摊销，自可供使用（即其达到预定用途）当月开始，至不再作为无形资产确认月份为止。所以，一般情况下，无形资产应当自取得当月起开始摊销，处置、转当月不再摊销。

提示：无形资产摊销的起止时间与固定资产计提折旧的起止时间是不同的：无形资产摊销一般是取得当月；而固定资产计提折旧的起点是取得的次月。

（二）摊销方法和应摊销金额

无形资产的摊销方法，有直线法、生产总量法等。企业选择的无形资产摊销方法，应当反映与该项无形资产有关的经济利益的预期实现方式。无法可靠确定预期实现方式的，应当采用直线法进行摊销。直线法，就是将应摊销金额在摊销期内平均摊销的方法。

无形资产的应摊销金额，应为其入账成本扣除预计残值后的金额。已经计提减值准备的无形资产，还应扣除已累计计提的减值准备。即：

应摊销金额＝入账成本－预计残值－已累计计提的减值准备

使用寿命有限的无形资产，其残值应当视为零，但存在以下任一情况的除外：①有第三方承诺在无形资产使用寿命结束时购买该无形资产；②可以根据活跃市场得到残值信息，并且该市场在无形资产使用寿命结束时很可能存在。即无形资产在使用寿命结束时很有可能获得一定经济利益的，则应预计残余价值，并在摊销时从成本中扣除。

提示：无形资产摊销的起止时间与固定资产计提折旧的起止时间是不同的：无形资产摊销一般是取得当月；而固定资产计提折旧的起点是取得的次月。

无形资产摊销金额并不等于其成本，只有在预计残值为零，未计提过减值准备的情况下摊销金额才等于其成本。

（三）摊销期限

无形资产的摊销期限为预计使用寿命。预计使用寿命由企业根据有关规定，结合企业具体情况加以确定。企业估计无形资产使用寿命应当区别下列情况进行处理：

（1）来源于合同性权利或者其他法定权利的无形资产，其使用寿命不应超过合同性权利或其他法定权利的年限。如果能够在到期时因续约等延续、且有证据表明企业续约不需要付出大额成本的，续约期应当计入使用寿命。

（2）合同或法律没有规定使用寿命的，企业应当综合各方面因素判断，以确定无形资产能为企业带来经济利益的期限。如聘请专家进行论证、与同行业的情况进行比较、参考历史经验等。

（3）经过上述努力仍无法合理确定无形资产为企业带来经济利益期限的，则将其列为使用寿命不确定的无形资产。

相关链接

企业确定无形资产使用寿命，应当考虑的因素主要有：①该资产通常的产品寿命周期，可获得的类似资产使用寿命的信息；②技术、工艺等方面的现实情况及对未来发展的估计；③以该资产生产的产品或服务的市场需求情况；④现在或潜在的竞争者预期采取的行动；⑤为维持该资产产生未来经济利益的能力，预期的维持支出，以及企业预计支付有关支出的能力；⑥对该资产的控制期限，使用的法律或类似限制，如特许使用期间、租赁期间等；⑦与企业持有的其他资产使用寿命的关联性。

企业至少应当于每年年度终了，对使用寿命有限的无形资产进行使用寿命的复核。如果其使用寿命与以前估计不同时，应当改变其摊销期限；企业应当在每个会计期间对使用寿命不确定的无形资产使用寿命进行复核，如果有证据表明其使用寿命是有限的，应当估计其使用寿命，并按规定进行摊销。

（四）摊销的账务处理

企业使用寿命有限的无形资产应按规定进行摊销。企业无形资产的摊销应设置“累计摊销”账户进行核算。该账户是“无形资产”账户的备抵账户，贷方登记按月计提的无形资产摊销，借方登记处置、转出无形资产的累计摊销额，期末余额在贷方，表示企业无形资产累计摊销额。“累计摊销”账户，可按无形资产项目进行明细分类核算。

企业按月计提的无形资产摊销，应根据其受益对象计入当期损益或相关资产成本。具体主要是：企业经营及管理用的无形资产摊销，计入“管理费用”账户；出租的无形资产摊销，计入“其他业务成本”账户；生产过程使用与产品制造密切相关的无形资产摊销，计入“制造费用”账户（即相关资产成本）。

提示：（1）无形资产摊销是一般计入当期损益，并不是所有无形资产摊销都是计入当期损益的。

（2）房地产开发企业取得的用于建造商品房的土地使用权是列为“存货”的，其成本应结转计入所建房屋、建筑物的成本。

（3）企业取得的土地使用权和自建地上建筑物是分别列为无形资产和固定资产的，应分别进行无形资产摊销和固定资产折旧。

【例7－6】大明公司9月份无形资产摊销情况见表7－1。

表7－1　无形资产摊销表

2×20年9月　　单位：元

项　目	入账成本	摊销期限	每月摊销金额
专利权（A）	1 200 000	10年	10 000
商标权（出租）	288 000	8年	3 000
特许权	450 000	5年	7 500
合　计	1 938 000	—	20 500

注：专利权（A）为生产过程使用与产品制造密切相关的无形资产。

根据上述“无形资产摊销表”，公司的账务处理为：

借：制造费用——无形资产摊销　10 000
　　管理费用——无形资产摊销　7 500
　　其他业务成本　3 000
　　贷：累计摊销　20 500

五、无形资产的出租

出租无形资产，就是无形资产使用权（不包括土地使用权）的转让，这仅仅是将部分使用权让渡给其他单位或个人，出租方并不丧失对原有无形资产的所有权，因而仍拥有使用、取得收益和处置的权利。租入方只是取得无形资产的使用权，在合同规定的范围内合理使用。出租无形资产取得的租金收入按照让渡资产使用权所取得收入加以确认，列为其他业务收入，并按规定计征增值税（免征增值税的除外）；发生的与出租无形资产相关的摊销额和相关支出等，应列为其他业务成本；出租无形资产收入应交的增值税以外的相关税费，应计入“税金及附加”账户。

【例7-7】 大明公司准许N公司使用本企业的一项商标权，本月取得出租收入16万元（不含税），增值税税率6%；以存款支付N公司使用商标权过程中发生的专用发票所列的商标印制、技术指导等费用5万元，增值税3 000元。该项商标权的账面成本为180万元，本月应计摊销3万元。不考虑其他应交税费。有关账务处理为：

（1）取得出租收入，价税款收存银行时：

借：银行存款　　169 600

　　贷：其他业务收入　　160 000

　　　　应交税费——应交增值税（销项税额）　　9 600

（2）支付有关费用，结转摊销额时：

借：其他业务成本　　80 000

　　应交税费——应交增值税（进项税额）　　3 000

　　贷：累计摊销——商标权　　30 000

　　　　银行存款　　53 000

六、无形资产的处置

（一）无形资产的出售

无形资产出售是企业处置无形资产的一种形式，是企业转让无形资产所有权（包括土地使用权）的行为，无形资产所有权是指企业在法律规定的范围内对拥有的无形资产享有的占有、使用和收益处置的权利。企业出售无形资产的收入与该项无形资产的账面价值和应支付税费之和的差额，是出售处置这项资产的损益，应计列为资产处置损益。

【例7-8】 大明公司将拥有的一项著作权出售，取得不含税收入30万元，增值税18 000元（不考虑其他税费），价税款收存银行。该项著作权的账面成本为70万元，累计摊销额为50万元。账务处理为：

借：银行存款　　318 000

　　累计摊销——著作权　　500 000

　　贷：无形资产——著作权　　700 000

　　　　应交税费——应交增值税（销项税额）　　18 000

　　　　资产处置损益　　100 000

课堂讨论：（1）为什么出售无形资产所得价款不确认为收入，而出租无形资产取得的租金收入要确认为收入？

（2）无形资产出售和出租与固定资产出售和出租的会计处理有哪些区别？

（3）企业转让列为无形资产的土地使用权，属于无形资产出售吗？除了交纳增值税外，还需要交纳土地增值税吗？

（二）无形资产的报废

如果无形资产预期不能为企业带来经济利益时，从而不再符合无形资产的定义，企业应将该无形资产的账面价值予以转销，确认为转销当月的营业外支出，计提过减值准备的，还应同时结转已计提的减值准备。判断无形资产预期不能为企业带来经济利益，应根据下列迹象加以判断：

（1）该无形资产已被其他新技术等所替代，且已不能为企业带来经济利益；

（2）该无形资产不再受法律的保护，且不能给企业带来经济利益。

【例7－9】大明公司经核查发现，专利权H由于科技进步等原因已丧失使用价值，不能为企业带来经济利益，予以转销。该项专利权账面成本19万元，累计摊销额12万元，已计提无形资产减值准备2万元。该公司的账务处理为：

借：营业外支出——非流动资产毁损报废损失	50 000	
无形资产减值准备	20 000	
累计摊销——专利权H	120 000	
贷：无形资产——专利权H		190 000

七、无形资产的减值

由于科学技术的进步或其他经济原因，企业拥有的无形资产可能会发生价值减损。为真实、准确地提供无形资产价值的信息，企业应在资产负债表日判断无形资产是否存在可能发生减值的迹象，当无形资产存在减值迹象的应当计提其减值准备。

无形资产减值是指无形资产可收回金额低于其账面价值的差额。企业应在资产负债表日对无形资产的账面价值进行检查，判断其是否存在减值迹象。如果发现无形资产存在减值迹象，应对无形资产的可收回金额进行估计，并将该无形资产可收回金额低于其账面价值的部分（减值）确认为资产减值损失，计入当期损益并计提相应的资产减值准备。这也说明，企业无形资产是按照账面价值与可收回金额孰低计量的。

无形资产可收回金额是指下列两项金额中的较大者：无形资产的公允价值减去处置费用后的净额；无形资产预计未来现金流量的现值。

检查无形资产，发现存在以下一种或几种情况的，可以确定为无形资产有减值：

（1）该项无形资产已被其他新技术等所替代，使其为企业创造经济利益的能力受到重大不利影响；

（2）该项无形资产的市价在当期大幅度下跌，在剩余年限内预期不会恢复；

（3）该项无形资产已超过法律保护期限，但仍然具有部分使用价值；

（4）其他足以表明该无形资产的账面价值已超过可收回金额的情形。

企业持有的无形资产的账面价值高于其可收回金额的，其差额应确认为无形资产减值损失，计入当期损益，同时，计提相应的资产减值准备，计入“资产减值损失——无形资产减值损失”账户。无形资产减值损失一经确认，在以后会计期间不得转回。

【例7－10】大明公司于本年末，对现有无形资产进行核实检查，各项无形资产的账面价值与可收回金额对比资料见表7-2。

表7-2　　无形资产账面价值与可收回金额对比表　　单位：元

项　目	账面价值	可收回金额	减　值
专利权（A）	840 000	720 000	120 000
商标权（出租）	216 000	216 000	—
特许权	360 000	360 000	—
合　计	1 416 000	1 296 000	120 000

根据上述资料，确认无形资产减值损失为12万元，账务处理为：

借：资产减值损失——无形资产减值损失　　120 000

　贷：无形资产减值准备　　120 000

计提减值准备后的无形资产，应当按照其账面价值与尚可使用年限重新计算以后各期应摊销的金额，以前年度已摊销价值不必再作调整。

【例7-11】大明公司一项专利权（A）取得时的成本为120万元，预计使用年限为10年，每月计摊销1万元。至本年末已使用3年，其账面价值为84万元，因技术进步等原因，本年末计提了12万元的减值准备，账面价值为72万元，重新估计其尚可使用4年。则该项专利权下年度起每月应计摊销为：(840 000-120 000)÷4÷12=15 000（元）

假定该项专利权（A）以后年度未再计提减值准备，至第五年末，"无形资产"账户余额120万元，"累计摊销"账户余额108万元（3×1×12+4×1.5×12），差额12万元，即为已计提的减值准备。第四年末到期报废结转这一专利权（A）时，账务处理为：

借：无形资产减值准备　　120 000

　　累计摊销——专利权　　1 080 000

　贷：无形资产——专利权　　1 200 000

相关链接

执行《小企业会计准则》的企业，无形资产的核算有以下不同点：

（1）投资者投入无形资产的成本是按照评估价值和相关税费（不含可以抵扣的增值税）确定。

（2）对所有无形资产均进行摊销，并只能采用年限平均法进行摊销。有法律和合同约定使用年限的，按规定或约定的使用年限进行摊销；对不能可靠估计使用寿命的无形资产，摊销期不得低于10年。

（3）无形资产不计提减值准备。

第二节　长期待摊费用

一、长期待摊费用的内容

长期待摊费用是指企业已经发生，应由本期和以后各期负担的，摊销期在1年以上的各项费用。长期待摊费用本质上不属于资产，但由于它一般数额较大，受益期较长，需将其列为资产项目，在受益期内转销或分期摊销。企业的长期待摊费用主要包括：

（一）经营租赁方式租入固定资产改良支出

经营租赁方式租入固定资产改良支出。它是指能改进以经营租赁方式租入固定资产的效用或延长其使用寿命的改装、装饰、改建等支出。这种改良支出是承租人在租赁期限和使用权限内发生的，它能改善该项固定资产的使用效能，但不能计入不具有所有权的租入固定资产的价值，因而应列为长期待摊费用处理。

（二）预付租入固定资产租金

预付租入固定资产租金，是指以经营租赁方式租入固定资产预付一年期以上的租金。

（三）其他长期待摊费用

这是指不属于上述各项以外的各种摊销期超过一年的其他待摊费用。

企业已经交纳的税金，应由本期负担的借款利息、租金等以及无法与未来收益相配比的其他各项支出，不能作为长期待摊费用处理。

长期待摊费用本身没有价值，并不属于资产的范畴，它所带来的效益要期待于未来实现，并且数额比较大，为正确反映当期经营成果，需要对其作递延处理，当然也不能随意增加费用项目，将应计入当期损益的费用列为长期待摊费用。

课堂讨论： 下列各项属于长期待摊费用吗？为什么？

①分期摊销法下，生产车间领用成本为3万元，摊销期为2年的生产工具；②支付固定资产的大修理支出20万元，修理间隔为5年；③支付自有固定资产的改良工程（装修）支出50万元；④公司开办期间发生费用6万元；⑤预付固定资产改扩建工程款50万元。

二、长期待摊费用的账务处理

企业发生的长期待摊费用，应设置“长期待摊费用”账户进行核算。该账户借方登记企业发生的各项长期待摊费用，贷方登记分期摊销的长期待摊费用，期末借方余额表示尚未摊销完毕的长期待摊费用。“长期待摊费用”账户可按费用项目进行明细核算。

长期待摊费用应按费用项目进行归集，并在各费用项目受益期进行摊销或结转。各项费用摊销期限和方法为：经营租赁方式租入固定资产改良支出应在租赁期限与租赁资产尚可使用年限两者孰短的期限内平均摊销；预付租入固定资产租金，应按合同确定的租赁年限分期摊销；其他长期待摊费用应在受益期内平均摊销。摊销的长期待摊费用，一般是按受益部门或用途计入相关的成本、费用，其中，车间受益的计入“制造费用”账户；厂部受益的计入“管理费用”账户；专设销售机构受益的计入“销售费用”账户。

企业发生长期待摊费用时，借记“长期待摊费用”账户，贷方“银行存款”“应付职工薪酬”等账户；分期摊销费用时，应按受益部门分别借记“制造费用”“销售费用”“管理费用”等账户，贷记“长期待摊费用”账户。

【例7－12】大明公司专设销售机构年初向华美公司租入一层办公用房，租赁期限为

5 年，从承租日起，公司对该办公用房进行装修，以银行存款支付专用发票所列工程款 48 万元，增值税 43 200 元。该办公用房尚可使用 20 年。有关账务处理为：

（1）以银行存款支付租入房屋装修出包工程款时：

借：在建工程——租入房屋装修工程　　480 000
　　应交税费——应交增值税（进项税额）　　43 200
　　贷：银行存款　　523 200

（2）装修工程完工交付使用，结转工程成本时：

借：长期待摊费用——租入固定资产改良支出　　480 000
　　贷：在建工程　　480 000

（3）房屋尚可使用年限 20 年，租赁期限 5 年，装修费用应按租赁期分摊。每月分摊时：

每月摊销额 =480 000 ÷（5×12）=8 000（元）

借：销售费用　　8 000
　　贷：长期待摊费用——租入固定资产改良支出　　8 000

【例 7-13】 大明公司生产车间向外单位租入设备一台，合同约定租赁期为 3 年，承租日以存款支付专用发票所列 3 年的租赁费 36 万元，增值税 46 800 元。有关的账务处理为：

（1）以银行存款支付租赁费时：

借：长期待摊费用——预付车间设备租金　　360 000
　　应交税费——应交增值税（进项税额）　　46 800
　　贷：银行存款　　406 800

（2）租赁期内，每月分摊租赁费（360 000 ÷3 ÷12）=10 000 元，时：

借：制造费用——租赁费　　10 000（360 000 ÷3 ÷12）
　　贷：长期待摊费用——预付车间设备租赁费　　10 000

如果长期待摊的费用项目不能使以后会计期间受益的，应当将该项目尚未摊销完毕的余额全部转入当期损益。

相关链接

执行《小企业会计准则》的企业，长期待摊费用的核算有以下不同：

（1）预付租金列入“预付账款”进行核算。

（2）已提折旧固定资产的改建支出列为长期待摊费用（按尚可使用年限进行分摊）。

（3）固定资产大修理支出同时符合下列两个条件的列为长期待摊费用（按尚可使用年限进行分摊）：修理支出达到取得固定资产时的计税基础 50% 以上；修理后固定资产的使用寿命延长 2 年以上的。

（4）其他长期待摊费用，自支出发生月份的下月起分期摊销，摊销期不得低于 3 年。

本章知识结构图

无形资产
无形资产概述
无形资产概念、特征
无形资产确认
无形资产的内容
无形资产取得及入账价值确定（初始计量）
外购：支付价款
投入：约定价值
自行开发：符合条件的开发阶段支出
其他取得形式：公允价值等
无形资产摊销（价值转移）
摊销起点、摊销期限
摊销方法
摊销的账务处理
无形资产出租
收入：其他业务收入
成本、费用：其他业务成本
无形资产处置
出售：净损益（资产处置损益）
报废：净损失（营业外支出）
无形资产减值（期末计价）
判断确定减值
减值的账务处理
长期待摊费用
长期待摊费用的概念、内容
长期待摊费用的摊销方法
长期待摊费用摊销的列支账户

第八章 流动负债

学习目标

通过本章学习，要求了解负债和流动负债的概念和内容；了解负债和流动负债的分类；了解职工薪酬核算的原始记录。理解流动负债的特点；理解预收账款、其他应付款和应付票据的核算内容及账务处理；理解职工工资的计算与结算；理解“应付职工薪酬”账户和“应交税费”账户结构及核算内容；理解除增值税、消费税以外的其他应交税费的内容及账务处理。掌握短期借款取得、计息和归还的账务处理；掌握应付账款的核算内容及账务处理；掌握职工薪酬的内容及主要职工薪酬结算与分配的账务处理；掌握增值税、消费税等主要应交税费的账务处理。

本章重点：流动负债的构成内容，应付账款的确认及其账务处理，应付职工薪酬和应交税费的主要内容及账务处理。

第一节 流动负债概述

一、负债和流动负债

负债是指企业过去的交易或者事项形成的，预期会导致经济利益流出企业的现时义务。

对于负债的这一定义可以从以下几个方面去理解：

第一，负债是企业在现时条件下已承担的义务。企业现时未承担（或不能）承担的义务，不能确认为负债。如企业预计在下年度购买一项50万元的设备，由于只是一个意向或计划，没有实质的业务发生，哪怕签订了购货合同，也不能列为企业本年的负债。

第二，负债是企业承担的能够以货币计量承担的义务。企业承担的不能用货币计量的义务（或承诺）不能确认为负债。

第三，负债的清偿会导致经济利益流出企业。企业的负债要在以后用资产或劳务来偿还，即现行的负债代表着企业未来经济利益的流出。

相关链接

根据《企业会计准则——基本准则》第二十四条、第二十五条的规定：

（1）符合负债定义并同时满足下列两个条件的，应确认为负债。①与该义务有关的经济利益很可能流出企业；②未来流出的利益的金额能够可靠地计量两个条件的。

（2）符合负债定义和负债确认条件的项目，应当确认为负债，列入资产负债表。

一个企业的自有资金是有限的，所以，负债也是企业筹措资金一种方式。适度的负债经营，是企业生产经营的策略和措施。

企业负债按其流动性可分为流动负债和非流动负债两大类。

课堂讨论：（1）形成负债是现时义务。未来发生的交易或者事项形成的义务，即非现时义务，会形成负债吗？

（2）企业负债，是否是因为企业缺乏资金？企业没有负债，或负债很小，是否说明企业财务状况好？

流动负债是指将在 1 年内或者超过 1 年的一个营业周期内偿还的各种债务。流动负债主要内容及形式如图 8－1 所示。

- 短期借款——从金融机构借入临时周转资金
- 应付及预收款（生产经营活动形成）
  - 应付账款
  - 应付票据
  - 预收账款
  - 其他应付款
- 应付职工薪酬——职工提供服务形成应付：薪金、福利待遇、社保费等
- 应交税费——各种应交税费
- 应付股利、应付利息——投资融资形成的

图 8－1　流动负债主要内容及形式

二、流动负债的特点

流动负债除了具有负债的一般特点外，还具有以下特点：

（1）偿还期限短。这是流动负债的最大特点，它是债权人提出要求时即期偿付，或 1 年内以及超过 1 年的一个经营周期内必须偿付的债务。

（2）到期必须要用企业资产、提供劳务或者举借新的负债来偿还。

（3）企业举借流动负债的目的，一般是为了满足生产经营资金周转的需要。

（4）流动负债中的各项负债项目的数额与长期负债相比，数额较小。

三、流动负债的计价

流动负债应在短期内偿付，到期应付金额与现值是差额不大的，所以，流动负债通常是按实际发生额，即未来应付金额计价入账的。这符合会计核算重要性和谨慎性核算要求。

课堂讨论：（1）流动负债的偿还期一定是1年以内的吗？什么是营业周期？
（2）一年内到期的长期借款是流动负债，还是非流动负债？流动负债逾期1年未能偿还，应列为非流动负债吗？
（3）流动负债都是无偿使用的吗？

四、流动负债的分类

（一）按偿还金额是否肯定分类

（1）应付金额肯定的流动负债。这是指根据合同、协议约定或法律规定，企业在到期日应予偿付的有肯定金额的流动负债。如应付票据、短期借款、应付账款、预收账款等。

（2）应付金额视经营情况而定的流动负债。这是指必须根据企业一定期间的经营情况，到期末才能确定负债金额的流动负债。如应交所得税、应付股利等。

（3）应付金额需予以估计的流动负债。这类流动负债虽然是过去发生的现时义务，但其金额、到期日及债权人均难以确定，根据谨慎性原则，企业可以根据以往的经验以及有关资料，预先估计入账，列为“预计负债”处理。如对产品实行售后质量保证条款应付的维修费用及损失、未决诉讼等。

（二）按形成方式分类

（1）营业活动形成的流动负债。这类流动负债是企业开展生产经营活动所形成的。如结算过程中形成的应付账款、应付票据、预收账款等；生产经营活动中形成的应付职工薪酬。

（2）收益分配形成的流动负债。这类流动负债是在对所实现的净收益进行分配过程中形成的。如应付股利、应交税费中的应交所得税等。

（3）融资活动中形成的流动负债。这类流动负债是企业从银行或其他金融机构筹措资金时所形成的。如短期借款、交易性金融负债、应付利息的预提短期借款利息等。

第二节　短期借款和应付款项

一、短期借款

（一）短期借款的内容

短期借款是企业向银行或其他金融机构借入的期限在1年以下（含1年）的各种借款。短期借款一般是企业为维持正常的生产经营活动或为抵偿某项债务而借入的款项，主要包括以下几种：

（1）临时借款。指企业由于临时性、季节性等原因申请取得的借款。一般借款期在3

个月左右。

（2）生产经营周转借款。指企业为了满足当年生产经营活动中资金的需要，向金融机构等申请借入的款项。一般借款期为1年。

（3）票据贴现借款。指持有商业汇票的企业，在流动资金发生困难时，向银行申请取得票据贴现的借款（一般在银行有追索权的情况下形成）。

（二）短期借款的账务处理

提示： 短期借款按有无担保分类，可分为担保借款和无担保借款两种形式。其中担保借款又分为保证借款、抵押借款、质押借款。这三者是有区别的：

保证借款是以第三人承诺在借款人不能偿还银行借款时，按约定承担责任和连带责任的借款；

抵押借款是以借款人或第三人的财产作为抵押物的借款；

质押借款是以借款人或第三人的动产或权利作为质物的借款。

银行对财务状况较差的公司贷款时，一般都要求有担保。银行一般仅对规模大、信誉好的企业提供无担保借款。

企业取得的短期借款，应设置“短期借款”账户进行核算。该账户贷方登记企业取得的短期借款，借方登记企业偿还的短期借款。期末余额在贷方，表示尚未归还的短期借款。该账户应按借款种类、贷款人和币种进行明细分类核算。

短期借款的应付利息，应作为财务费用计入当期损益。短期借款利息的结算有三种方法：按月计算并支付；按月计息，按季支付；到期还本时付息。具体账务处理可分两种情况：

（1）借款是按月计付利息的，或利息是在借款到期时连同本金一起支付，但数额不大的，可在支付时直接计入财务费用。

（2）借款利息是按季支付的，或者利息是在借款到期时连同本金一起支付，并且数额较大的，应采取预提办法，通过“应付利息”账户，按月预提计入财务费用。

提示：（1）短期借款的利息是不计入“短期借款”账户的，这是短期借款与长期借款等长期负债在核算上的区别之一。

（2）短期借款利息不区分借款使用情况，均列为财务费用。

【例8-1】 大明公司因生产经营的临时性需要，7月1日从工商银行高新支行取得一笔为期2个月的临时借款20万元。每月应付利息1 800元，共计3 600元利息，于借款到期时连同本金一起支付（数额不大）。账务处理为：

（1）7月1日，取得借款时：

借：银行存款	200 000	
贷：短期借款——临时借款（工商银行高新支行）		200 000

（2）9月1日，借款到期，归还本金并支付利息时：

借：短期借款——临时借款（工商银行高新支行）	200 000	
财务费用——利息支出	3 600	
贷：银行存款		203 600

【例8-2】 大明公司因生产经营需要，于4月1日从农业银行湖滨支行取得一项为期6个月的生产周转借款70万元，借款利息按季计收，每月预提利息3 500元。账务处理为：

(1) 4 月 1 日，取得借款时：

借：银行存款 700 000

　　贷：短期借款——周转借款（农业银行湖滨支行） 700 000

(2) 4 月末预提借款利息时：

借：财务费用——利息支出 3 500

　　贷：应付利息——农业银行湖滨支行 3 500

　　（5 月末预提借款利息的账务处理同上）

(3) 6 月末以存款支付第二季度利息 10 500 元时：

借：应付利息——农业银行湖滨支行 7 000

　　财务费用——利息支出 3 500

　　贷：银行存款 10 500

　　（第三季度前二个月（7 月、8 月）预提借款利息的财务处理同 4 月）

(4) 9 月末归还借款本金，并支付第三季度利息 10 500 元时：

借：应付利息——农业银行湖滨支行 7 000

　　财务费用——利息支出 3 500

　　短期借款——周转借款（农业银行湖滨支行） 700 000

　　贷：银行存款 710 500

课堂讨论： (1) 公司因缺乏资金，从其他公司借来的款项 10 万元，约定 3 个月后偿还，年利率为 6%。此款项属于短期借款吗？（注意，其他公司是否属于金融机构。）

(2) 企业持商业汇票向银行贴现，无论银行有无追索权，均应列为短期借款吗？

(3) 说明短期借款利息支出的结算方式与账务处理方法的区别与联系；短期借款的利息支出一定要通过"应付利息"账户核算吗？

二、应付账款

应付账款是指企业在生产经营活动过程中因购买材料、商品、物资或接受劳务供应等业务应支付给供应者的款项。这是买卖双方在购销活动中取得货物与支付货款时间上不一致而产生的负债。

（一）应付账款的入账时间

应付账款入账时间的确认，应以购入货物所有权的转移或接受劳务已提供为标志。具体应区别情况处理：

(1) 在货物和发票账单同时到达的情况下，应付账款一般在货物验收入库后，按发票账单所列金额登记入账。

(2) 在货物验收入库、发票账单尚未收到的情况下，应付账款可暂不入账，月份内等待，待收到发票账单后再根据情况处理。至月份终了仍未收到发票账单的，应按估计价格或计划成本暂估入账，下月初用红字冲销，待以后收到发票账单时，再按具体情况处理。

提示： 应付账款是由商品交易而产生的应付款，包括供应商品或劳务的价款和增值税额。各种非商品交易而产生的应付租金、应付赔款、存入保证金等应列在"其他应付款"账户核算。

（二）应付账款的计量

应付账款通常是在购销活动中由于取得货物与支付价款的时间不一致造成的，往往在近期就需付款，因而，应付账款应按发票记载的应付金额进行计量。

存在购货折扣情况下，应区别情况处理：系商业折扣的，应按扣除了商业折扣以后的金额入账，也就是根据发票结算金额；系现金折扣的，应按总价法进行账务处理，即按发票记载的应付金额入账，待实际发生现金折扣时，再将折扣金额计入当期财务费用。

（三）应付账款的账务处理

企业发生的应付账款，应设置“应付账款”账户进行核算。该账户的结构如图8－2所示。“应付账款”账户属于双重性账户，该账户可按债权人（对方单位）进行明细核算。

借方　　“应付账款”账户（双重性账户）	贷方
①支付的应付账款 ②抵付、结转的应付账款 ③不设“预付账款”账户企业预付的款项等	购买材料、商品和接受劳务供应而应付款项
或期末余额：预付的款项等	期末余额：企业尚未支付的应付账款余额

图8－2　“应付账款”账户的结构

【例8－3】 大明公司从拓远公司购入C材料一批，专用发票所列的货款5万元，增值税6 500元，材料已验收入库，款项尚未支付。若在10天内付款可享受货款部分5%的现金折扣，20天内付款可享受1%的现金折扣。账务处理为：

（1）材料验收入库（材料按实际成本计价）时：

借：原材料——原料及主要材料（C材料）　　50 000

　　应交税费——应交增值税（进项税额）　　6 500

　　贷：应付账款——拓远公司　　56 500

（2）公司在10天内，以存款拓远公司付款时：

借：应付账款——拓远公司　　56 500

　　贷：财务费用　　2 500（50 000×5%）

　　　　银行存款　　54 500

（3）如果公司超过20天付款，则账务处理为：

借：应付账款——拓远公司　　56 500

　　贷：银行存款　　56 500

【例8－4】 大明公司9月30日，根据有关资料结算本月应付电费5万元，其中基本生产车间产品生产用35 000元，车间照明用7 000元，厂部照明用8 000元。10月8日以存款支付本期应付电费49 000元，并按应付电费的13%支付增值税6 370元（取得增值税专用发票）。账务处理为：

（1）9月30日，结算本月应付电费时：

借：生产成本——基本生产成本　　35 000

　　制造费用　　7 000

　　管理费用　　8 000

　　贷：应付账款——电力公司　　50 000

（2）10 月 8 日，以存款向电力公司支付应付电费及增值税时：

借：应付账款——市供电局　　49 000

　　应交税费——应交增值税（进项税额）　　6 370

　　贷：银行存款　　55 370

课堂讨论：（1）"应付账款"账户期末余额一定在贷方吗？（注：双重性账户）

（2）货物验收入库，至月末仍未收到发票、账单的，为什么要暂估入账？下月又为什么要红字冲销？

（3）应付电费、水费、燃气、供热等劳务（或产品）供应费用为什么要在月末结算应付数？（注：会计核算的权责发生制基础）

企业因债权单位撤销或其他原因而无法支付的应付账款，应直接转入当期损益，借记"应付账款"账户，贷记"营业外收入"账户。

三、预收账款的核算

预收账款是企业在提供商品或供应劳务之前，按照合同规定向购货单位预收的款项。它是买卖双方协议商定，由供货方或提供劳务方预先向购货方或接受劳务方收取一部分货款或定金而形成的一项负债。这项负债，需要企业用以后的商品或劳务等偿付。

相关链接

应付账款和预收账款均属商品交易形成的流动负债，但有以下区别：

（1）形成的经营过程不同：应付账款在采购环节形成；预收账款是在销售环节形成的。

（2）偿还债务的方式不同：正常情况下应付账款应以货币资金偿还；预收账款应以货物或提供劳务来偿还。

（3）确认时间不同：应付账款在购买物资或接受劳务的交易成交时确认；预收账款是根据合同收到购买方预付货款时予以确认的。

企业预收账款，一般应设置"预收账款"账户进行核算。该账户的结构如图 8－3 所示。"预收账款"账户也属于双重性账户，该账户可按购货单位进行明细核算。

"预收账款"账户（双重性账户）

借方	贷方
①销售实现的价税款 ②退回预收的款项	①收到购货方预付的款项 ②收到购货方补付的款项
或期末余额：尚未转销的款项（即应收款项）	期末余额：企业预收的款项

图 8－3 "预收账款"账户的结构

执行新《企业会计准则14号——收入》的企业因转让商品收到的预收款，应使用“合同负债”账户进行核算。“合同负债”账户一般界定为负债类账户，而不列为双重性账户。

【例8-5】 大明公司于6月10日，按合同规定预收四新公司货款5万元款项存入银行。7月20日，销售给四新公司的商品计货款7万元，增值税9 100元，差额29 100元7月25日收到并存入银行，账务处理见表8-1。

表8-1

日期、业务内容	运用“预收账款”账户	运用“合同负债”账户
6月10预收款项	借：银行存款 50 000 贷：预收账款——四新公司 50 000	借：银行存款 50 000 贷：合同负债——四新公司 50 000
7月20日，公司发售产品	借：预收账款——四新公司 79 100 贷：主营业务收入 70 000 应交税费——应交增值税（销）9 100	借：合同负债——四新公司 50 000 应收账款——四新公司 29 100 贷：主营业务收入 70 000 应交税费——应交增值税（销）9 100
7月25日，补收款项	借：银行存款 29 100 贷：预收账款——四新公司 29 100	借：银行存款 29 100 贷：应收账款——四新公司 29 100

课堂讨论：（1）如果公司于7月12日发售产品后，四新公司未能补付价款，则大明公司“预收账款”账户的期末余额在哪方？反映的是什么？

（2）预收账款情况不多的企业，可将预收的款项并入“应收账款”账户进行核算，为什么不是并入“应付账款”账户？

预收账款情况不多的企业，也可以不设置“预收账款”账户，而将预收的款项并入“应收账款”账户进行核算。这样“应收账款”账户有关明细账户的期末贷方余额，反映的就是企业的预收账款。

提示：（1）预收账款业务流程：按合同预收→形成负债；发货→形成营业收入→结算余款。

（2）期末编制资产负债表，“应付账款”账户有关明细账的借方余额，应并列入“预付账款”项目；“预收账款”账户有关明细账的借方余额，应并列入“应收账款”项目。

四、应付票据的核算

应付票据是指企业因购买材料、商品或接受劳务供应等开出、承兑商业汇票或以商业汇票抵付货款、应付账款等而形成的债务。企业销售商品等收到商业汇票是应收票据；企业购货等签发承兑的商业汇票是应付票据。

商业汇票按是否带息分为带息商业汇票和不带息商业汇票两种。带息商业汇票有确定票面利率，票据到期时除应支付票面金额外，还应按票面利率计算支付利息。

商业汇票按承兑人不同分为银行承兑汇票和商业承兑汇票两种。这两者主要区别是：①银行承兑汇票，企业应支付承兑手续费。②银行承兑汇票到期付款人无力付款时，应由承兑银行承担付款责任，但企业的负债仍然是存在的。

（一）应付票据的计量

企业应付票据，不论是不带息的，还是带息的，均按照票据面值计价入账。

（二）应付票据的账务处理

企业签发、承兑的商业汇票，应设置“应付票据”账户进行核算。该账户属于负债类账户，贷方登记企业签发、承兑商业汇票的面值，借方登记企业到期支付（或结转）票据的金额，期末余额在贷方，表示企业尚未到期的商业汇票的票面金额。“应付票据”账户，可按债权人进行明细分类核算。

企业应付票据，还应设置“应付票据备查簿”，详细登记商业汇票的种类、号数、出票日期、到期日、票面金额、交易合同号、收款人姓名或单位名称以及付款日期和金额等资料。应付票据到期结清时，应在备查簿内逐笔注销登记。

企业签发并承兑商业汇票购货或抵付应付账款时，计入“应付票据”账户的贷方。属于银行承兑汇票的，企业应按票据面值的一定比例支付承兑手续费，这一费用列为财务费用。

带息票据的利息，一般在票据到期支付票据本金时一并支付，直接计入财务费用。

应付票据到期，企业如期付款的，应转销应付票据账面余额；如果企业无力支付票款，属于商业承兑汇票的，应将应付票据票面金额转为应付账款；属银行承兑汇票的，应将应付票据票面金额转为短期借款。

【例 8－6】大明公司从大丰公司购入 A 材料一批，专用发票所列的货款 5 万元，增值税 6 500元，价税款签发并承兑一张为期 3 个月面额为 56 500 元的带息银行承兑汇票结算，票据年利率 6%。支付普通发票所列的承兑手续费 500 元，材料已验收入库。账务处理为：

（1）向银行申请承兑，以存款支付承兑手续费时：

借：财务费用——手续费　　500

　　贷：银行存款　　500

（2）购料入材料验收入库，交付签发并经银行承兑的银行承兑汇票：

借：原材料——原料及主要材料（A 材料）　　50 000

　　应交税费——应交增值税（进项税额）　　6 500

　　贷：应付票据——大丰公司（银行承兑汇票）　　56 500

（3）票据到期，公司支付票据本息时：

借：应付票据——大丰公司（银行承兑汇票）　　56 500

　　财务费用——利息支出　　847.50（56 500 ×6% ÷12 ×3）

　　贷：银行存款　　57 347.50

（4）若票据到期，大明公司无力付款，则由承兑银行承担付款责任，公司应记：

借：应付票据——大丰公司（银行承兑汇票）　　56 500

　　财务费用——利息支出　　847.50

　　贷：短期借款——××银行　　57 347.50

提示：如果【例 8－6】为商业承兑汇票，票据到期企业无力付款，则账务处理为：

借：应付票据——大丰公司（商业承兑汇票）　　56 500

　　财务费用——利息支出　　847.50

贷：应付账款——大丰公司　　57 347.50

五、其他应付款的核算

其他应付款，是指与企业商品购销、劳务供应业务没有直接联系的各项暂收、应付款项。也就是除应付票据、应付账款、预收账款、应付职工薪酬、应付利息、应付股利、应交税费、长期应付款等以外的其他各项应付、暂收的款项。

其他应付款主要包括：①应付租金，如经营租入固定资产、租入包装物应付的租金等；②存入保证金；③各项代扣款，如代扣职工个人社保费、代扣职工住房公积金等；④应付、暂收所属单位和个人的款项；⑤其他应付、暂收款项。

企业其他应付款，应设置“其他应付款”账户进行核算。该账户贷方登记企业发生的其他各种应付、暂收款项；借方登记企业实际支付或转销的其他应付、暂收款项。期末余额在贷方，反映企业应付未付的其他应付款项。该账户可按其他应收款的项目和对方单位（或个人）进行明细核算。

【例8-7】 4月5日，因销售商品大明公司将一批包装物租给科新公司使用，发生有关业务及账务处理为：

（1）4月5日，收到科新公司租用包装物的押金7 000元，存入银行：

借：银行存款　　7 000

　　贷：其他应付款——存入保证金（科新公司）　　7 000

（2）5月10日，大明公司以存款退还此项包装物押金：

借：其他应付款——存入保证金（科新公司）　　7 000

　　贷：银行存款　　7 000

【例8-8】 大明公司从本年1月1日起，以经营租赁方式向梦想公司租入生产设备一项，每月应付租金5 000元，按年支付。本年12月31日以存款支付本年应付租金。账务处理为：

（1）每月末，结算应付经营租入固定资产租金时：

借：制造费用　　5 000

　　贷：其他应付款——应付租金（梦想公司）　　5 000

（2）本年12月31日，以存款支付本年租金时：

借：其他应付款——应付租金（科发公司）（1～11月）　　55 000

　　制造费用（12月）　　5 000

　　贷：银行存款　　60 000

第三节　应付职工薪酬

一、职工薪酬的内容

职工薪酬是指企业为获得职工提供的服务或解除劳动关系而给予各种形式的报酬以或

补偿。职工为企业提供服务，企业应向职工支付报酬，这是对应的。企业因职工提供服务而产生支付薪酬的义务，这一义务必然是按职工提供服务的受益对象、期间计入相关的成本或费用。同时，职工提供服务期间应付未付前确认为负债，形成应付职工薪酬。

职工薪酬是广义的，既包括企业给予职工在职期间的薪酬和离职后的福利，还包括企业提供给职工配偶、子女、受赡养人、已故员工遗属及其他受益人等的福利等。

课堂讨论： 职工为企业提供服务，企业应向职工支付薪金、报酬等，这就涉及职工薪酬。你认为企业职工可以获得哪些报酬、福利待遇？

分析说明企业支付的下列各项，哪些属于职工薪酬？哪些不属于职工薪酬？包括：工资、奖金、津贴、养老保险、医疗保险、失业保险、旅游费、健身保健费用、伙食费、购房补贴、住房公积金等。

职工薪酬所称“职工”是企业全体职工，应包括三类人员：一是与企业订立劳动合同的职工，含全职、兼职和临时职工；二是未与企业订立正式劳动合同，但由企业正式任命的人员，如董事会成员、监事会成员和内部审计委员会成员等；三是在企业的计划和控制下，虽未与企业订立劳动合同或未由其正式任命，但向企业所提供服务与职工所提供服务类似的人员，包括通过企业与劳务中介公司签订用工合同而向企业提供服务的人员。

职工薪酬包括以下四个方面的内容：

（一）短期薪酬

短期薪酬是指企业在职工提供相关服务的年度报告期间结束后 12 个月内需要全部予以支付的职工薪酬，因解除与职工的劳动关系给予的补偿除外。短期薪酬具体包括：

1. 职工工资

职工工资是企业支付给职工构成工资总额的劳动报酬，主要包括计时工资、计件工资、奖金、津贴与补贴、加班加点工资等。其中，计时工资是指按计时工资标准和工作时间支付给职工个人的劳动报酬；计件工资是指对已完成工作按计件单价计算支付的劳动报酬；津贴是指为了补偿职工特殊或额外的劳动消耗和因其他特殊原因支付给职工的津贴；补贴为了保证职工工资水平不受物价影响支付给职工的物价补贴。

企业按照短期奖金计划向职工发放的奖金属于短期薪酬，按照长期奖金计划向职工发放的奖金则属于其他长期职工福利。

提示：（1）工资总额是企业一项重要的经济指标，其本身是企业成本费用的基本要素之一。同时，是企业计提基本养老保险、基本医疗保险等相关费用的基本依据；还是企业成本费用核算中的计算与分配的标准之一。所以，工资总额的构成内容是有法规依据的。

（2）注意工资总额和职工薪酬两者区别，从范围上职工薪酬的概念大，职工工资是职工薪酬的构成内容之一。

2. 职工福利费

职工福利费是指企业专门用于职工医疗卫生（列入医保的除外）、生活困难补助、丧葬补助费、抚恤费、职工异地安家费、防暑降温费、职工患病慰问、节日福利等福利性支出和其他职工福利事业的经费。职工福利是企业对职工劳动补偿的辅助形式，应列为职工薪酬。职工福利费既包括提供给职工本人的福利，也包括提供给职工配偶、子女或其他被赡养人的福利。

3. 社会保险费

是指企业根据国家有关规定按照国家规定基数和比例为职工向社会保险机构缴纳的基本医疗保险费、工伤保险费和生育保险费等社会保险费。

4. 住房公积金

是指按照国家规定的基数和比例确定，向住房公积金管理机构缴存的住房公积金。这是为解决职工住房问题的筹资措施和补助办法。企业为职工缴纳的住房公积金最终受益人是职工，所以，应将此列入职工薪酬。

5. 工会经费和职工教育经费

工会经费是企业根据国家有关规定，按职工工资总额的一定比例提取并拨交工会使用的一项专门经费。职工教育经费是企业按工资总额一定比例提取专项用于职工文化教育、专业技术培训学习方面一项专门经费。这两项费用是职工劳动报酬和生活福利的延伸，也是职工的法定待遇。

6. 短期带薪缺勤

短期带薪缺勤是指是指职工虽然缺勤但企业按规定应支付工资或提供补偿的安排，包括年休假、病假、短期伤残、婚假、产假、丧假、探亲假等。长期带薪缺勤属于其他长期职工福利。

7. 短期利润分享计划

短期利润分享计划是指因职工提供服务而与职工达成的基于利润或其他经营成果提供薪酬的协议。不包括长期利润分享计划。

8. 非货币性福利

非货币性福利是企业以非货币形式向职工提供的福利，如企业以自产品作为福利发放给职、企业无偿向职工提供住房等。

9. 其他短期薪酬

是指除上述以外的其他为获得职工提供服务而给予的短期薪酬。

（二）离职后福利

离职后福利是指企业为获得职工提供的服务而在职工退休或与企业解除劳动关系后，提供的各种形式的报酬和福利。离职后福利一般是以设定计划方式安排的，其中向独立的基金缴存固定费用后，企业不再承担进行支付义务的离职后福利计划，称为设定提存计划，如基本养老保险、失业保险等；除设定提存计划以外的离职后福利计划称为设定受益计划。

（三）辞退福利

辞退福利是指企业在职工劳动合同到期之前解除与职工的劳动关系，或者为鼓励职工自愿接受裁减而给予职工的补偿。

（四）其他长期职工福利

其他长期职工福利是指除短期薪酬、离职后福利、辞退福利之外所有的职工薪酬，包括长期带薪缺勤（如提前1年以上内退）、长期残疾福利、长期利润分享计划等。

提示：企业对职工个人支付的有关支出，不属于职工薪酬（工资）内容的，则不能列为应付职工薪酬进行核算。主要有：①根据规定颁发的创造发明奖、自然科学奖、科技进步奖、合理化建议奖和技术改进奖等特殊奖金；②离休退休金、退职人员待遇、辞职人员待遇等劳动保险性支出；③工作服、工作手套、高温有毒作业的营养费等劳动保护方面的支出；④出差补助、安家费、交通费等费用性支出；⑤计划生育、生育保险、医疗保险等支付的款项等。

二、职工薪酬核算的原始记录

企业应按劳动工资和社会保障制度的规定，根据原始记录，计算各项工资、津贴和生活福利待遇，所以，工资核算的原始记录，是合理、正确地进行职工薪酬核算的前提和保证。职工薪酬核算的原始记录主要有工资卡、考勤记录、产量记录等三种。

（一）工资卡

工资卡主要记录职工的工资级别和工资标准，反映每个职工的基本情况，如职务、参加工作时间、进本单位时间、工资级别、工资标准、工资调整情况以及有关津贴等。工资卡按每个职工设立，一般由劳动工资部门或企业人事部门统一管理。

（二）考勤记录

考勤记录是记载和反映每个职工缺勤情况的原始记录。它是计算计时工资的主要依据，也是计算计件工资的依据之一。考勤记录应由各车间、班组和部门的负责人或考勤员逐日登记，定期汇总并经单位负责人审查签章后，送财会部门据以计算应付工资。考勤记录通过设置考勤簿或考勤卡进行，考勤簿一般按各车间、部门分别设置；考勤卡则应按每一职工开设。

（三）产量记录

产量记录是反映工人或生产小组在出勤时间内完成产量和耗用工时的原始记录。产量记录是计算计件工资的主要依据；通过产量记录，还可以考核企业生产计划的完成情况和工时定额的执行情况。企业产量记录通常有工作通知单、工序进程单、工作台班产量记录等。

三、应付职工薪酬核算的账户设置

企业各项职工薪酬的计提、结算、使用等情况，应设置“应付职工薪酬”账户进行核算。该账户的结构如图8-4所示。

借方 “应付职工薪酬”账户	贷方
①实际发放、支付的职工薪酬 ②结转从应付职工薪酬中扣除的各种款项（代扣款、代垫款、个人所得税税等）	本月发生应付的各项职工薪酬
	期末余额：企业应付未付的职工薪酬

图8－4 “应付职工薪酬”账户的结构

该账户，可按“工资”“职工福利”“社会保险费”“住房公积金”“工会经费和职工教育经费”“非货币性福利”“带薪缺勤”“设定提存计划”“利润分享计划”“辞退福利”等职工薪酬项目进行明细核算。对构成内容较多的职工薪酬如“工资”“职工福利”“社会保险费”等还应按组成内容设置专栏，进行更为具体的明细核算。

四、短期职工薪酬

（一）职工工资

短期职工薪酬中的职工工资是基本工资、奖金、津贴和补贴的统称。其核算包括计算、结算和分配结转等内容。

1. 应付工资的计算与结算

应付工资的计算应区别工资制度进行：

（1）计时工资制下应付工资的计算。计时工资是工资结算的基本形式。它适用于不能或不宜采取计件工资形式的工人、管理人员和服务人员等工资的计算。

计算计时工资，不论当月实际日历天数多少，只要职工按规定出全勤，就可以获得固定的月工资。如果有缺勤，则应按有关规定从月标准工资中扣除缺勤工资。所以，这种方法又称为“扣缺勤法”。计算公式如下：

应付计时工资＝月工资－缺勤应扣工资

缺勤应扣工资＝缺勤日数×日工资×应扣比例

缺勤日数含职工旷工、事假及病假日数；日工资，又称日工资率，是指每个职工平均每天的工资标准。日工资应按“制度计薪天数”进行计算。

月制度计薪天数：［365天－104天（休息日）］÷12＝21.75（11天法定节日应计薪）

日工资＝月工资÷月计薪天数

按照这种方法计算日工资，不论大月或小月，每月应计薪天数均为21.75天，各月内的双休日是不计付工资的，因此，缺勤期间的双休日也不扣工资。

计算缺勤应扣工资，应根据国家的劳动法规、劳动保险条例的规定，区别不同情况处理：对旷工和事假缺勤，应按100%扣发缺勤日的全部工资；对因公负伤、探亲假、婚丧假、产假等缺勤应视同出勤，不扣工资；对病假缺勤，则应根据国家规定按病假期限和工龄的长短扣发缺勤日一定比例的工资。

相关链接

（1）“制度工作日”与“制度计薪日”是不同的。“月制度工作日”=［365天－104天（休息日）－11天（法定节日）］÷12=20.83（天）。制度工作日主要用于计算职工加班加点时间。

（2）法定节日11天是：元旦（1月1日）1天；春节（年三十、初一、初二）3天；“五一”劳动节（5月1日）1天；端午、清明、中秋各1天；“十一”国庆节（10月1日、2日、3日）3天。

国家劳动法规规定：法定节假日加班按日工资的300%计算加班工资；休息日（双休日）加班（在不能安排调休的情况下，下同）按日工资的200%计算加班工资；延长劳动时间按日工资的150%计算加班加点工资。

【例8－9】职工方平基本工资为5 655元，本月份请事假4天（其中2天为双休日），病假3天，病假扣发工资比例为10%。本月法定节假日加班1天，双休日加班2天（无法安排调休）。计算徐平本月应付计时工资（不考虑津补贴、奖金）。

日工资=5 655÷21.75=260（元）

本月应付计时工资=5 655－（4－2）×260－3×260×10%＋1×260×300%＋2×260×200%=6 877（元）

相关链接

为了保证职工基本生活待遇，劳动法规规定：①企业支付给职工的工资不应低于当地的最低工资标准。②企业支付给职工的病假月工资可以低于当地最低工资标准，但不能低于当地最低工资标准的80%。

请同学们查询一下所在地区当年的职工最低工资标准。

（2）计件工资制下应付工资的计算。计件工资是根据当月产量记录中的产品数量和规定的计件单价计算的工资。计算工资的产品数量包括实际完成的合格品数量以及生产过程中因材料不合格而造成的废品（料废）数量。对于因工人生产过失而造成的废品（工废），则不计付工资。所以，其计算公式为：

$$\text{应付计件工资} = \sum[(\text{合格品数量}+\text{料废品数量})\times\text{计件单价}]$$

计件工资的计算包括个人计件工资的计算和集体计件工资的计算两种类型。

第一，个人计件工资的计算。个人计件工资是以个人完成的产品数量及规定的计件单价计算的工资。

【例8－10】某职工本月加工甲零件900件，计件单价2.30元；加工乙零件1 000件，计件单价1.20元。验收时发现甲零件有10件废品，其中料废6件，工废4件；乙零件有废品5件，均为工废，其余为合格品。则：

应付计件工资=（900－4）×2.30＋（1 000－5）×1.20=3 254.80（元）

为了简化计算工作，也可以将每一工人完成的各种产品产量，按定额工时折算成定额总工时，再乘以规定的小时工资计算计件工资。其计算公式为：

$$\text{应付计件工资} = \sum[(\text{合格品数量}+\text{料废品数量})\times\text{定额工时}\times\text{小时工资}]$$

第二，集体计件工资的计算。有的产品生产（某项工作任务）是由集体（班、组）共同完成的，则计件工资就需以班、组为对象进行计算。具体分两步：第一步先按相当于个人计件工资计算的方法计算出集体计件工资额；第二步再将集体计件工资额按一定标准在小组各成员之间进行分配，常用分配标准是各成员的工资标准和实际工作时间的乘积。

【例8－11】 大明公司组装5号生产班组由3人组成，7月份共同完成A产品加工任务4 780件，经检验发现料废21件，工废19件。单件工资为5元。其他有关资料及各人应得计件工资计算见表8－2。

表8－2 **班组计件工资分配表**

组别：组装5号　　2×20年7月　　单位：元

姓名	月基本工资	小时工资	实际工时（小时）	计时工资（元）	分配率	应得计件工资（元）
	(1)	(2)	(3)	(4)＝(2)×(3)	(5)	(6)＝(4)×(5)
张也	5 568	32	190	6 080		7 600.00
陈平	6 438	37	182	6 734		8 417.50
黄明	6 090	35	178	6 230		7 787.50
合计			550	19 044	1.25	23 805.00

注：(1) 小时工资＝月基本工资÷(21.75×8)；(2) 集体应得工资额＝(4 780－19)×5＝23 805（元）；(3) 分配率＝23 805÷19 044＝1.25

企业职工工资的计算，计算出每个职工的计时工资、计件工资以后，再根据有关资料和标准确定每个职工的奖金、津贴和补贴等，从而计算出职工发放工资时的应付工资；然后从中扣除应收回的代垫款和个人所得税、应由职工个人交纳的社会保险费等代扣款项，得出实发工资额（以现金实发工资额）。有关计算公式如下：

应付工资＝应付计时工资（或应付计件工资）＋奖金＋津贴和补贴＋其他工资

实发工资＝应付工资－各种代扣、代垫款

2. 工资结算的凭证

企业与职工的工资结算，主要是通过编制“工资结算表”和“工资结算汇总表”来进行的。

(1)“工资结算表”一般分车间、部门，按每个职工进行编制，每月一次。在编制过程中，应根据工资核算的原始记录及有关奖金、补贴的发放标准和代扣款项等资料，分别计算出每一职工的“应付工资”“代垫、代扣款项”及“实发工资”。工资结算表应一式三份，一份由人力资源部门（行政部门）存查；一份按每一职工裁成“工资条”，分发给职工，以便核对；一份在发放工资时由职工签章（银行打卡的附转账记录），作为工资核算的原始凭证，并可据以进行工资的明细核算。“工资结算表”的一般格式见表8－3。

(2)“工资结算汇总表”。“工资结算汇总表”由财会部门根据各车间、部门的“工资结算表”汇总编制整个企业的“工资结算汇总表”，以掌握整个企业工资的结算和支付情况，并据以进行职工薪酬（工资）结算与分配的账务处理。“工资结算汇总表”的一般格式见表8－4。

表 8－3

大明公司工资结算表

2×20 年 7 月

部门、车间:生产车间　　　　单位:元

编号	姓名	日工资	计时工资	计件工资	奖金		加班加点工资	各种津贴		缺勤扣款				应付工资	代垫款	代扣款					以现金发放工资
					综合奖	单项奖		夜班津贴	岗位补贴	事假		病假			供热费	住房公积金 5%	医疗险 2%	养老险 8%	失业险 0.5%	个人所得税	
										天数	金额	天数	金额								
1001	李明	300	6 525		120		100	65	50	1	300			6 500	20	325	130	520	32.5		5 472.50
1002	徐方	200	4 350		50		400	60	30			2	40	4 850		242.50	97	388	24.25		4 098.25
1003	张也	280		7 600	100	50								7 750	15	387.50	155	620	38.75	16.46	6 157.29
生产工人小计			309 330	106 000	25 000	4 000	6 500	4 800	5 300		860		70	460 000	3 000	23 000	9 200	36 800	2 300	320	385 380
管理人员小计			41 200		1 100		500		200					43 000	90	2150	860	3 440	215	50	36 195
合计			350 530	106 000	26 100	4 000	7 000	4 800	5 500		860		70	503 000	3 090	25 150	10 060	40 240	2 515	370	421 575

注:代扣款中的住房公积金、基本养老保险、基本医疗保险、失业保险应由个人负担的部分,发放工资时代扣,以后一并同单位交纳部分一起向有关部门解缴。

表 8－4

大明公司工资结算汇总表

2×20 年 7 月

单位:元

车间及部门		计时工资	计件工资	奖金		加班加点工资	各种津贴		缺勤扣款		应付工资	代垫款	代扣款					以现金发放工资
				综合类	单项类		夜班津贴	岗位津贴	事假	病假		供热费	住房公积金 5%	医疗险 2%	养老险 8%	失业险 0.5%	个人所得税	
生产车间	生产工人	309 330	106 000	25 000	4 000	6 500	4 800	5 300	860	70	460 000	3 000	23 000	9 200	36 800	2 300	320	385 380
	管理人员	41 200		1 100		500		200			43 000	90	2 150	860	3 440	215	50	36 195
厂部		209 130		8 200				3 200	510	20	220 000	1 000	11 000	4 400	17 600	1 100	1 500	183 400
在建工程人员		53 180		1 500		200		120			55 000	280	2 750	1 100	4 400	275	30	46 165
无形资产研发人员		35 600		900		400		100			37 000	100	1 850	740	2 960	185	60	31 105
专设销售机构人员		21 020		800	1 000	100		80			23 000		1 150	460	1 840	115		19 435
合计		669 460	106 000	37 500	5 000	7 700	4 800	9 000	1 370	90	838 000	4 470	41 900	16 760	67 040	4 190	1 960	701 680

“应付职工薪酬”明细账，应根据“工资结算表”或“工资结算汇总表”等进行登记。

3. 工资结算的账务处理

工资结算一般包括提取现金、发放工资、结转代扣款项等几项内容。企业发放工资（含奖金、津贴与补贴等），应根据“工资结算汇总表”中的实发工资数额，按规定手续向银行提取现金，借记“库存现金”账户，贷记“银行存款”账户。实际支付时，借记“应付职工薪酬”账户，贷记“库存现金”账户；发放款项直接转入职工银行储蓄账卡的，则借记“应付职工薪酬”账户，贷记“银行存款”账户。

“工资结算汇总表”中的各种代扣、代垫款项，是企业为职工垫付或代扣的款项，应在进行工资结算时予以结转。若为代扣款，如代扣应由职工个人交纳的住房公积金、社会保险费等，借记“应付职工薪酬”账户，贷记“其他应付款”账户；若为代垫款，如职工借款、代垫职工房租等，借记“应付职工薪酬”账户，贷记“其他应收款”账户；若为代扣个人所得税，借记“应付职工薪酬”账户，贷记“应交税费”账户。

【例8－12】 大明公司7月份“工资结算汇总表”见表8－4，工资结算的账务处理为：

（1）按“工资结算汇总表”中的实发工资额，通过开户银行打卡办理发放工资手续：

借：应付职工薪酬——工资	701 680	
贷：银行存款		701 680

（2）结转代垫、代扣款项时：

借：应付职工薪酬——工资	136 320	
贷：其他应收款——代垫供热费		4 470
其他应付款——代扣款（住房公积金）		41 900
——代扣款（医疗保险）		16 760
——代扣款（养老保险）		67 040
——代扣款（失业保险）		4 190
应交税费——应交个人所得税		1 960

支付上述代扣款项时，借记“其他应付款”“应交税费”账户，贷记“银行存款”等账户。

4. 工资分配的账务处理

月份终了，企业应对各月应付工资进行分配。按照权责发生制基础，各月应付工资额，应是根据本月工资和本月考勤记录等进行计算的，并非发放工资时“工资结算汇总表”中的“应付工资”的数额。“工资结算汇总表”中的“应付工资”数额一般是本月工资根据上月考勤计算的工资，相当于本月实际发放的工资。如果月末根据本月考勤计算的应付工资与月中发放工资计算的应付工资相差不大的，也可以按照直接“工资结算汇总表”中的“应付工资”数额进行分配（一般企业均按此处理）。

企业应付工资应根据职工提供服务的受益对象，计入当期损益或相关资产成本，借记有关账户，其中：基本生产车间生产工人的，计入“生产成本——基本生产成本”账户；辅助车间生产工人的，计入“生产成本——辅助生产成本”账户；车间管理人员的，计入“制造费用”账户；单独从事无形资产研发人员的，计入“研发支出”账户；行政管理人员的，计入“管理费用”账户；专设销售机构人员的，应计入“销售费用”账户；工程建设人员的，计入“在建工程”等账户。贷记“应付职工薪酬”账户。

【例 8－13】 承 **【例 8－12】** 大明公司各月月中发放工资与其月末应付工资相差不大，本年度均按发放工资时的应付工资进行工资费用的分配。7 月份发放工资时的应付工资总额为 856 000 元，根据“工资结算汇总表”（见表 8－4）进行工资费用的分配。

（1）编制“工资分配汇总表”见表 8－5。

表 8－5　　大明公司工资费用分配汇总表

2×20 年 7 月

单位：元

项目	生产车间	厂部	在建工程	无形资产研发人员	专设销售机构	合计
生产成本	460 000					460 000
制造费用	43 000					43 000
管理费用		220 000				220 000
在建工程			55 000			55 000
研发支出				37 000		37 000
销售费用					23 000	23 000
合计	503 000	220 000	55 000	37 000	23 000	838 000

（2）根据“工资费用分配汇总表”进行工资的分配，账务处理为：

借：生产成本——基本生产成本　　460 000
　　制造费用——管理人员薪酬　　43 000
　　管理费用——管理人员薪酬　　220 000
　　在建工程　　55 000
　　研发支出　　37 000
　　销售费用　　23 000
　　贷：应付职工薪酬——工资　　838 000

提示：（1）如果企业本月工资不是月中发放，而是次月初发放的，每月结算发放工资“工资结算汇总表”中的应付工资额，就是该月的应付工资额。

（2）“应付职工薪酬”账户期末借方余额，反映企业多发工资额，一般是在以后月份通过工资结算达到平衡的。

（二）职工福利费

企业职工为企业提供服务期间，除领取工资之外，还可以按照规定享受有关福利待遇。企业的职工福利费应在“应付职工薪酬——职工福利”账户进行核算，其账务处理分为支付（或发生）和结转两个步骤。

1. 职工福利费的支付（或发生）

职工福利费的支付（或发生）又可分为两种类型：

（1）直接支付职工福利费。企业支付以现金资产直接属于职工福利费的相关支出时，借记“应付职工薪酬——职工福利”账户，贷记“银行存款”“库存现金”等账户。

【例 8－14】 大明公司 7 月份发生的职工福利费有：以库存现金向张祥、王吉两职工支付生活困难补助各800元；公司现职工150人，根据历史经验数据，职工每人每月需补贴食堂费用180元，以存款支付。账务处理为：

借：应付职工薪酬——职工福利　　28 600
　　贷：库存现金　　1 600
　　　　银行存款　　27 000

（2）结转应由集体福利部门负担的相关费用。企业设置的内部集体福利部门（如职工医务室、浴室、托儿所、食堂、幼儿园、理发室等）尚未与企业分离，具有非营利性，其业务活动中发生的职工薪酬、领用材料、维持费用等，应按期结转计入职工福利费。结转时，借记“应付职工薪酬——职工福利”账户，贷记“应付职工薪酬”“原材料”“应交税费——应交增值税（进项税额转出）”等账户。

【例8-15】 大明公司有一为职工服务的托儿所，7月份发生：领用库存原材料2万元，应负担的增值税2 600元；辅助生产车间为托儿所提供服务应负担成本为5 000元（不考虑增值税进项）。账务处理为：

借：应付职工薪酬——职工福利　　27 600
　　贷：原材料——原料及主要材料　　20 000
　　　　应交税费——应交增值税（进项税额转出）　　2 600
　　　　生产成本——辅助生产成本　　5 000

2. 职工福利费的分配结转

企业职工福利费，按照会计法规，国家没有规定计提基数和比例，企业应当根据历史数据和实际情况，按月合理安排职工福利费的支出。企业各月发生的职工福利费，应当在发生月份根据实际发生额计入当期损益或相关资产成本，即根据职工薪酬（工资）结转分配的列支去向一致进行分配结转。

【例8-16】 大明公司现有职工150人，7月份实际发生的职工福利费为人均500元。根据“职工福利费分配表”（见表8-6），职工福利费分配结转的账务处理：

表8-6　　大明公司职工福利费分配表

2×20年7月　　单位：元

部门		分配标准（人数）	分配率（人均福利）	分配金额	
生产车间	生产工人	98		49 500	
	管理人员	7		3 500	
厂部		26		13 000	
在建工程		9		4 500	
无形资产研发人员		6		3 000	
专设销售机构人员		4		2 500	
合计		150	500	75 000	

借：生产成本——基本生产成本（直接人工）　　49 800
　　制造费用——管理人员薪酬　　3 500
　　管理费用——管理人员薪酬　　13 000
　　在建工程　　4 500

研发支出 3 000

销售费用 2 500

贷：应付职工薪酬——职工福利 75 000

提示：(1) 按照医务福利人员工资计列的职工福利费，应列入管理费用。

(2) 企业职工福利费一般以会计年度予以控制使用的，所以，各月职工福利费的发生与结转是不平衡的。并且不同企业之间也是不一致的，这取决企业决策层的考虑。

(3) 根据税法规定，企业所得税前列支的职工福利费是有比例和基数的限制的，目前企业在所得税前列支职工福利费的控制标准为工资总额的14%。

（三）规定计提标准的职工薪酬

企业为职工缴纳的基本医疗保险费、工伤保险费、生育保险费等社会保险费和住房公积金，以及工会经费和职工教育经费等职工薪酬国家规定了限定性的计提基数和计提比例。对此类职工薪酬企业应当在职工为其提供服务的会计期间，依据相关规定，结合企业实际情况计算确定相应的职工薪酬。

1. 相关社会保险费

为了保障职工权益，各单位均应依照法律、法规的规定为职工交纳各项社会保险费。社会保险费一般以工资总额为基数的，缴纳比例由各地（省、市）人民政府确定。具体情况见表8－7。社会保险费共有五种，其中列为短期职工薪酬的是基本医疗保险费、工伤保险费和生育保险费三种，基本养老保险费和失业保险费应列为设定提存计划。

表8－7　社会保险费缴纳情况表

<table>
<tr><th colspan="2" rowspan="2">费用名称</th><th colspan="2">企业缴纳</th><th colspan="2">个人缴纳</th></tr>
<tr><th>基数</th><th>比例</th><th>基数</th><th>比例</th></tr>
<tr><td rowspan="3">短期薪酬</td><td>基本医疗保险</td><td rowspan="5">职工个人缴费基数之和</td><td>10.5%</td><td rowspan="5">职工个人月工资额（上年月平均工资额）注：按省、市职工平均工资的60%保底，300%封顶。</td><td>2%（不上交，转入个人账户）</td></tr>
<tr><td>工伤保险</td><td>0.2%～1.5%（分行业、工种实施不同比例）</td><td>不缴纳</td></tr>
<tr><td>生育保险</td><td>1.2%</td><td>不缴纳</td></tr>
<tr><td rowspan="2">设定提存计划（离职后福利）</td><td>基本养老保险</td><td>14%</td><td>8%</td></tr>
<tr><td>失业保险</td><td>0.5%</td><td>0.5%</td></tr>
</table>

注：(1) 本表比例以杭州市2019—2020年度的规定为例，各地比例会有所不同；(2) 缴费基数：按省、市职工平均工资的60%保底（杭州2019年为3 321.60元），300%封顶（杭州2019年为16 608元）。

企业按月计算提取应交的基本医疗保险费三种等社会保险费时，根据职工提供服务的受益对象（即工资分配的去向）借记："生产成本""制造费用""管理费用""在建工程""销售费用"等账户，贷记"应付职工薪酬——社会保险费"账户；企业按规定交纳各项社会保险费时，借记"应付职工薪酬——社会保险费"账户，贷记"银行存款"账户。

社会保险费职工个人交纳部分属于工资结算形成的扣款，通过"其他应收款"账户核算。

【例8-17】承【例8-14】，假设大明公司以当月应付工资额为基数计算缴纳社会保险费，职工个人缴纳部分按比例计算，并在发放工资时代扣，由企业一并交纳。有关基础、比例及缴纳数额见表8-8。账务处理为：

表8-8　　大明公司社会保险费计提表

2×20年7月　　金额单位：元

部门	基数	短期薪酬						设定提存计划（离职后福利）						住房公积金	
		基本医疗保险费		工伤保险费	生育保险费	小计		基本养老保险		失业保险		小计			
		企业缴纳10.5%	个人缴纳2%	企业缴纳0.8%	企业缴纳1.2%	企业缴纳12.5%	个人缴纳2%	企业缴纳14%	个人缴纳8%	企业缴纳0.5%	个人缴纳0.5%	企业缴纳14.5%	个人缴纳8.5%	企业缴纳5%	个人缴纳5%
车间生产工人	460 000	48 300	9 200	3 680	5 520	57 500	9 200	64 400	36 800	2 300	2 300	66 700	39 100	23 000	23 000
车间管理人员	43 000	4 515	860	344	516	5 375	860	6 020	3 440	215	215	6 235	3 655	2 150	2 150
厂部人员	220 000	23 100	4 400	1 760	2 640	27 500	4 400	30 800	17 600	1 100	1 100	31 900	18 700	11 000	11 000
在建工程人员	55 000	5 775	1 100	440	660	6 875	1 100	7 700	4 400	275	275	7 975	4 675	2 750	2 750
无形资产研发人员	37 000	3 885	740	296	444	4 625	740	5 180	2 960	185	185	5 365	3 145	1 850	1 850
专设销售机构人员	23 000	2 415	460	184	276	2 875	460	3 220	1 840	115	115	3 335	1 955	1 150	1 150
合计	838 000	87 990	16 760	6 704	10 056	104 750	16 760	117 320	67 040	4 190	4 190	121 510	71 230	41 900	41 900

注：假定社会保险费以本月工资为基数缴纳；个人缴纳部分与表8-4代扣款项一致，社保费为先代扣个人缴纳部分，然后一并缴纳。

（1）企业计提医疗、工伤、生育保险费（单位缴纳部分12.5%）时：

借：生产成本——基本生产成本（直接人工）　　57 500
　　制造费用——管理人员薪酬　　5 375
　　管理费用——管理人员薪酬　　27 500
　　在建工程　　6 875
　　研发支出　　4 625
　　销售费用　　2 875
　　贷：应付职工薪酬——社会保险费（医疗、工伤、生育保险费）　　104 750

（2）企业以存款交纳本期上述各项保险费时：

借：应付职工薪酬——社会保险费（医疗、工伤、生育保险费）　　104 750
　　其他应付款——代扣款（医疗保险）　　16 760
　　贷：银行存款　　121 510

2. 住房公积金

住房公积金是为了解决职工住房而建立的一项社会统筹基金。各地方政府均制定适合本地区的住房公积金交纳及管理办法。企业按规定为职工交纳住房公积金是对职工生活福利方面的保障，所以也应为职工薪酬。住房公积金的交纳基数也是职工的工资，并且是单位和职工本人同数额交纳。计提比例由各地人民政府确定，一般为5% ~12% 。

住房公积金的单位交纳部分是职工薪酬的一种形式，应通过“应付职工薪酬——住房公积金”账户进行核算，其账务处理与社会保险费的账务处理基本一致。

【例 8 -18】 承 **【例 8 -14】**，假设大明公司以当月应付工资额为基数计算交纳住房公积金（见表 8 -8），比例为单位和职工个人各 5%，并在发放工资时代扣，由企业一并交纳。公司的账务处理为：

（1）企业计提住房公积金（单位缴纳部分）时：

借：生产成本——基本生产成本（直接人工）	23 000	
制造费用——管理人员薪酬	2 150	
管理费用——管理人员薪酬	11 000	
在建工程	2 750	
研发支出	1 850	
销售费用	1 150	
贷：应付职工薪酬——住房公积金		41 900

（2）企业以存款交纳住房公积金时：

借：应付职工薪酬——住房公积金	41 900	
其他应付款—— 代扣款（住房公积金）	41 900	
贷：银行存款		83 800

3. 工会经费

根据国家有关规定，企业每月应按照职工工资总额的 2% 计提工会经费，并按期拨付给企业工会使用。企业按工资总额计提拨交工会使用的工会经费是工会开展活动的经费来源之一。工会使用经费开展各项活动受益者是企业职工，所以，也应将其列为职工薪酬。

企业计提的工会经费应按照工资费用分配的去向，借记：“生产成本”“制造费用”“管理费用”“在建工程”“销售费用”等账户，贷记“应付职工薪酬——工会经费”账户；企业向工会拨交工会经费时，借记“应付职工薪酬——工会经费”账户，贷记“银行存款”账户。

【例 8 -19】 大明公司本月应付职工工资总额为 838 000 元。该公司计提与拨交工会经费的账务处理为：

（1）月末，按工资总额 2% 计提工会经费时：

借：生产成本——基本生产成本（直接人工）	（460 000 ×2%）	9 200
制造费用——管理人员薪酬	（43 000 ×2%）	860
管理费用——管理人员薪酬	（220 000 ×2%）	4 400
在建工程	（55 000 ×2%）	1 100
研发支出	（37 000 ×2%）	740
销售费用	（23 000 ×2%）	460

贷：应付职工薪酬——工会经费 16 760

（2）下月初，以存款向工会拨交工会经费时：

借：应付职工薪酬——工会经费 16 760

贷：银行存款 16 760

4. 职工教育经费

职工教育经费是一项专项用于职工教育培训的经费。这是为了提高企业单位职工的文化素质、科技水平和专业技能的需要而建立的，是职工享受福利待遇的一种特殊形式。职工教育经费企业以职工工资总额的一定比例计算提取的，计提比例由企业根据开展职工教工作的需要和经济效益等情况加以确定。税法对当年在企业所得税税前列支的职工教育经费是有限定的，这一限定是职工工资总额的8%（2018年起），超过部分应在以后纳税年度进行结转扣除（作纳税调整处理）。

企业支付职工教育经费时，借记“应付职工薪酬——职工教育经费”账户，贷记“银行存款”“库存现金”等账户。企业按月计提职工教育经费时，应按照工资费用分配的去向，借记：“生产成本”“制造费用”“管理费用”“在建工程”“销售费用”等账户，贷记“应付职工薪酬——职工教育经费”账户。

【例8-20】 大明公司7月份发生有关职工教育经费的经济业务及账务处理如下：

（1）7月15日，车间技术人员参加专业技能培训，以存款支付专用发票所列的培训费15 000元，增值税900元。

借：应付职工薪酬——职工教育经费 15 000

应交税费——应交增值税（进项税额） 900

贷：银行存款 15 900

（2）7月末，根据本月职工工资总额838 000元，按确定比例5%计列职工教育经费。

借：生产成本——基本生产成本（直接人工）（460 000×5%） 23 000

制造费用——管理人员薪酬（43 000 ×5%） 2 150

管理费用——管理人员薪酬（220 000×5%） 11 000

在建工程（55 000×5%） 2 750

研发支出（37 000×5%） 1 850

销售费用（23 000×5%） 1 150

贷：应付职工薪酬——职工教育经费 41 900

提示：（1）假定大明公司本年度实际发生职工教育经费90万元，本年度职工工资总额为1 050万元，税法规定该公司本年度允许税前列支的职工教育经费为84万元（1 050×8%）。职工教育经费实际支出大于税法规定允许税前列支的数额90－84＝6（万元）当年不能税前列支，应作纳税调整处理，即调整到以后纳税年度进行列支。

（2）企业计提的工会经费是拨交工会使用；而是职工教育经费是由企业在按规定计提控制数额，在规定范围进行使用，按年度进行结算和纳税调整的处理。

（3）根据中组部组通字〔2017〕38号文件的规定，企业纳入管理费用的党组织工作经费，一般按照企业上一年度职工工资总额的1%安排。实际支出不超过限额的，据实在税前列支；年末有结余的可转下一年使用。

（四）短期带薪缺勤

职工的短期带薪缺勤，根据其性质和职工享有的权利，分为累积带薪缺勤和非累积带薪缺勤两类。

1. 累积带薪缺勤

累积带薪缺勤是指带薪缺勤权利可以结转下期的带薪缺勤，本期尚未用完的带薪缺勤权利可以在未来期间使用。如果职工在离开企业时不能获得现金支付，则企业应当根据资产负债表日因累积未使用权利而导致的预期支付的追加金额，作为累积带薪缺勤费用进行预计。这是根据劳动法规对职工权益的保护。企业确认累积带薪缺勤费用时，应根据受益对象，借记“生产成本”“制造费用”“管理费用”等账户，贷记“应付职工薪酬——带薪缺勤”账户。

【例8-21】大明公司共有150名职工，公司实行累积带薪缺勤制度：职工每年可享受5个工作日带薪年休假，未使用的年休假可以结转下一年度，超过1年未使用的作废，不能在职工离开公司时获得现金支付；职工使用年休假时先从当年可享受的权利中扣除，再从上年结转的带薪年休假余额中扣除；职工离开公司时，未使用的累积带薪年休假不支付现金。2×20年度职工当年平均未使用带薪年休假为2天。根据经验预计2×21年将有100名职工将享受不超过5天的带薪年休假，其余50名职工每人将平均享受7假天的带薪年休假。假定这50名职工为车间生产工人和厂部管理人员各占一半，职工平均日工资为280元。2×20年末公司的账务处理为：

预计年休假薪酬＝（50×2）天×280＝28 000（元）

借：生产成本——基本生产成本　　14 000
　　管理费用　　14 000
　　贷：应付职工薪酬——带薪缺勤（短期累积带薪缺勤）　　28 000

提示：假定2×21年度上述50名人员中有40名享受了7天的年休假，另有10名（均为厂部人员）只享受了5天年休假，由于公司的制度规定，未使用的年休假只能结转一年，超过1年未使用的权利将作废。2×21年末公司的账务处理为：

借：应付职工薪酬——带薪缺勤（短期累积带薪缺勤）　　22 400
　　贷：银行存款　　（40人×2×280）　　22 400
借：应付职工薪酬——带薪缺勤（短期累积带薪缺勤）　　5 600
　　贷：管理费用　　（10人×2×280）　　5 600（冲回未使用）

2. 非累积带薪缺勤

是指带薪缺勤权利不能结转下期的带薪缺勤，本期尚未用完的带薪缺勤权利将予以取消，并且职工离开企业时也无权获得现金支付。企业职工休婚假、产假、丧假、探亲假、病假期间的工资通常属于非累积带薪缺勤。由于职工提供服务本身不能增加其能够享受的薪酬待遇。所以，企业应当在职工实际发生缺勤会计期间确认与非累积带薪缺勤相关的职工薪酬。通常情况下，与非累积带薪缺勤相关的职工薪酬已经包括在企业每期向职工发放的工资等薪酬中（即不扣工资），因此，不必作专门的账务处理。

（五）非货币性福利

企业向职工提供的非货币性福利应区别情况进行处理：

企业以自产产品作为福利发放给职工的，应当根据受益对象，按照产品的公允价值（市场价格），借记“生产成本”“制造费用”“管理费用”等账户，贷记“应付职工薪酬——非货币性福利”账户；同时，按照视同销售确认提供产品的营业收入，并结转其相关成本。

企业将拥有（或租赁）的房屋等资产无偿提供给职工使用的，应当根据受益对象，将该资产每期应计提的折旧（或应付的租金）借记“生产成本”“制造费用”“管理费用”等账户，贷记“应付职工薪酬——非货币性福利”账户。

五、设定提存计划

设定提存计划是指企业是指向独立的基金缴存固定费用后，企业不再承担进一步支付义务的离职后福利计划。根据我国养老保险制度的规定，职工的基本养老保险、失业保险，企业承担的义务仅限于按照规定标准提存缴纳的金额，属于设定提存计划。设定提存计划是职工离职后才能享受的职工薪酬，应在“应付职工薪酬——设定提存计划”账户进行核算。

【例8－22】承**【例8－14】**大明公司本月计算缴纳的基本养老保险费和失业保险费见表8－7。有关账务处理为：

（1）计列基本养老保险费和失业保险费的账务处理为：

借：生产成本——基本生产成本（直接人工）	66 700	
制造费用——管理人员薪酬	6 235	
管理费用——管理人员薪酬	31 900	
在建工程	7 975	
研发支出	5 365	
销售费用	3 335	
贷：应付职工薪酬——设定提存计划（基本养老保险费）		117 320
——设定提存计划（失业保险费）		4 190

（2）企业以银行存款交纳两项设定提存计划的社会保险费时：

借：应付职工薪酬——设定提存计划（基本养老保险费）	117 320	
——设定提存计划（失业保险费）	4 190	
其他应付款——代扣款（基本养老保险费）	67 040	
——代扣款（失业保险费）	4 190	
贷：银行存款		192 740

六、辞退福利

企业可能出现提前终止劳动合同、辞退员工的情况。根据劳动法规规定和劳动协议要求，企业需要提供一笔资金作为补偿。企业因提前终止劳动合同、辞退员工而支付的补偿款为称为辞退福利。

辞退福利包括两个方面的内容：一是在职工劳动合同尚未到期前，不论职工本人是否愿意，企业决定解除与职工的劳动关系而给予的补偿；二是在职工劳动合同尚未到期前，为鼓励职工自愿接受裁减而给予的补偿，职工有权利选择继续在职或接受补偿离职。

辞退福利通常采取解除劳动关系时一次性支付补偿的方式。企业因解决与职工的劳动关系向职工支付补偿时，借记“应付职工薪酬——辞退福利”账户，贷记“银行存款”“库存现金”等账户；会计期末结转这一补偿时，借记“管理费用”账户，贷记“应付职工薪酬——辞退福利”账户。

【例8－23】 大明公司因公司商品销路受阻，需削减产品生产量，决定生产人员减员10%，共为10人，其中5人属于劳动合同尚未到期的，按规定并达成双方无异议的约定：每人一次补偿3个月的工资，共计95 000元。本月15日以银行存款付给。账务处理为：

（1）本月15日以银行存款支付此项辞退福利95 000元时：

借：应付职工薪酬——辞退福利　　95 000

　　贷：银行存款　　95 000

（2）本月末结转此项辞退福利时：

借：管理费用——辞退福利　　95 000

　　贷：应付职工薪酬——辞退福利　　95 000

企业制定辞退条款，准备实施裁员计划，同时符合企业会计准则规定的两个条件的，应合理预计并确认辞退福利产生的负债。这一预计产生的负债，应通过“预计负债”账户核算。

应付职工薪酬的构成内容如图8－5所示。

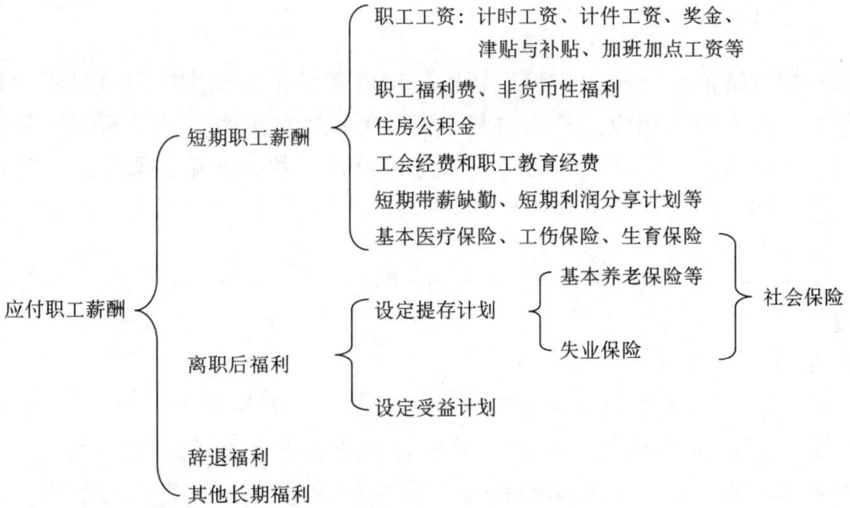

图8－5　职工薪酬的构成内容

第四节　应交税费

应交税费包括应交税金和应交费用两个部分。应交税金是指企业按国家税法规定应该交纳的各种税金。企业因营业活动而形成的应交税金主要包括增值税、消费税、城市维护建设税、土地增值税、资源税、房产税、土地使用税、印花税、车船税、车辆购置税、环境保护税、耕地占用税、企业所得税、契税等。应交费用是企业按国家或地方政府有关规定应交纳的款项，如教育费附加、矿产资源补偿费、水利建设基金等。

企业应交的各种税金、费用，应设置“应交税费”账户进行核算。该账户的结构如图 8－6 所示。该账户一般属于负债类账户，可按应交税费项目进行明细核算。

借方	“应交税费”账户　　　　贷方
①购货、接受服务的进项税额及其他应抵扣的税金 ②实际缴纳的税费	①收入业务形成的增值税销项税额等 ②其他按规定计算结转的应交税费
或期末余额：多交的税费或尚未抵扣的税金	期末余额：尚未缴纳的税费

图 8－6　“应交税费”账户的结构

企业交纳的印花税、耕地占用税、车辆购置税、关税、契税等不需要预计应交数额的税金，不必通过“应交税费”账户核算。

一、应交增值税

（一）应交增值税额的确定

增值税是指对增值额征收的一种流转税。增值额是企业在生产经营过程中新创造的价值，即企业销售收入扣除相应的外购材料、商品等成本的差额。增值税是一种价外税，凡在我国境内销售货物，提供加工、劳务、服务以及进口货物的单位和个人，均应按规定计算交纳增值税。增值税的纳税人按照经营规模及会计核算的健全程度，分为一般纳税人和小规模纳税人两类。

> **相关链接**
>
> （1）增值额≠利润额
>
> ＝销售收入额－外购材料、商品、劳务等成本
>
> （2）价外税。价外税是价内税的对称，是指税款不包含在商品价格内的税收。价税分离是其基本特点，消费者购买商品需支付商品价款和应计的税金（价外税）两项支出，所以，购货发票价款和增值税是分列的。价外税是由消费者负担的。

1. 一般纳税人应交增值税额的确定

增值税的计算是先根据销售商品和提供劳务、服务的销售额，按规定的税率计算出销售税额，然后扣除取得该商品、劳务、服务时所支付的增值税款，也就是进项税额，其差额就是增值部分应交的税额。这种计算方法体现了按增值因素计税的原则。因此，一般纳税人企业应纳增值税额是根据当期销项税额减当期进项税额计算确定的，其计算公式为：

应交增值税额＝当期销项税额－当期准予抵扣的进项税额

当期销项税额若小于当期准予抵扣的进项税额而不足抵扣时，其不足部分可结转以后

期继续抵扣。

2. 小规模纳税人应交增值税额的确定

小规模纳税人的应纳增值税按销售额（不含增值税）和规定的征收率计算确定。征收率不分行业和业务类型均为3%。计算公式为：

应纳增值税额 = 销售额（含增值税）÷（1 + 征收率）× 征收率

或 = 销售额（不含增值税）× 征收率

小规模纳税人计算确定应交增值税时，不必考虑进项税额。

提示：（1）增值税一般纳税人企业的认定条件，由税务机关根据企业经营规模（一般为年应税销售额）和会计核算健全情况（能正确核算增值税的销项税额、进项税额和应纳税额）予以确定。不能确定为一般纳税人企业的，则为小规模纳税人企业。

（2）小规模纳税人企业不能等同于小企业，这两者的划分标准是不同的；小企业符合条件的也可以确定为一般纳税人企业。

（二）一般纳税人应交增值税的账务处理

一般纳税人企业应在“应交税费”账户下设置“应交增值税”“未交增值税”“预交增值税”“待抵扣进项税额”“待认证进项税额”“待转销项税额”“增值税留抵税额”“简易计税“代扣代交增值税”等明细账户，反映应交增值税的形成、待抵扣、待转销、预交、未交（或多交）等情况。

“应交增值税”明细账内还应设置“进项税额”“销项税额抵减”“已交税金”“转出未交增值税”“减免税款”“销项税额”“出口退税”“进项税额转出”“转出多交增值税”等专栏详细反映应交增值税的发生、减免、交纳等情况。应交增值税明细账的格式见表8－9。

表8－9　　应交税费——应交增值税明细账

年		借方				贷方				借或贷	余额
月	日	进项税额	销项税额抵减	已交税金	转出未交增值税	销项税额	出口退税	进项税额转出	转出多交增值税		

1. 进项税额

进项税额是指一般纳税人购进货物、加工修理修配劳务、服务、无形资产或不动产而支付或负担的、准予从当期销项税额中抵扣的增值税额。进项税额应区分下列情况进行账务处理：

（1）购进货物。一般纳税人企业购进货物、无形资产等，按应计入相关资产的金额，借记“在途物资”或“原材料”“库存商品”“无形资产”“固定资产”等账户，按当月已认证可抵扣的增值税额（一般为专用发票上注明），借记“应交税费——应交增值税（进项税额）”账户，按当月未认证的增值税额，借记“应交税费——待认证进项税额”账户，按应付或实际支付的金额，贷记“应付账款”“应付票据”“银行存款”等账户。购进货物等发生退货的，应根据符合规定的红字增值税专用发票作相反的账务处理，如原增值税专用发票未做认证，应将发票退回并作相反的账务处理。

【例8-24】7月5日，大明公司购入原料及主要材料一批，专用发票注明的价款为50万元，增值税65 000元；专用发票注明的运输费15 000元，增值税1 350元。材料已验收入库（按实际成本计价），价税款以银行汇票结算支付，增值税专用发票已通过网上认证。账务处理为：

借：原材料——原料及主要材料　515 000

　　应交税费——应交增值税（进项税额）　66 350

　　贷：其他货币资金——银行汇票　581 350

【例8-25】7月12日，大明公司购入一项房屋（价值全部列为固定资产），价款500万元，增值税45万元，已取得专用发票并经过税务机关认证，价税款以存款支付，资产已达到预定可使用状态。销售方未选择简易计税方法，假定不考虑其他相关因素。账务处理为：

借：固定资产——生产经营用固定资产（房屋）　5 000 000

　　应交税费——应交增值税（进项税额）　450 000

　　贷：银行存款　5 450 000

企业购入免征增值税货物，一般不能够抵扣增值税销项税额。但是对于购入免税农产品，可以按照根据买价和规定扣除率（购入农产品用于加工生产增值税率为13%货物的扣除率为10%，其余为9%）计算可抵扣进项税额。企业购入免税农产品，按计算确定的进项税额，借记“应交税费——应交增值税（进项税额）”账户，按买价扣除按规定计算的进项税额后的差额，借记“在途物资”或“材料采购”“原材料”等账户，按照应付或实际支付的总额，贷记“应付账款”“银行存款”等账户。

【例8-26】7月15日，大明公司购进免税农产品一批，货物已验收入库（列为原材料），以银行存款支付价款为3万元，规定的扣除率为10%。账务处理：

借：原材料——原料及主要材料　27 000

　　应交税费——应交增值税（进项税额）　3 000（30 000×10%）

　　贷：银行存款　30 000

（2）接受应税劳务、服务。企业接受应税劳务、服务，按照应计入成本费用或相关资产的金额，借记“生产成本”“制造费用”“委托加工物资”“管理费用”等账户，按当月已认证可抵扣的增值税额，借记“应交税费——应交增值税（进项税额）”账户，按当月未认证的增值税额，借记“应交税费——待认证进项税额”账户，按照应付或实际支付的款项，贷记“应付账款”“银行存款”等账户。

【例8-27】7月16日，大明公司委托运河机修公司修理机器设备，以银行存款支付专用发票所列的修理费5万元，增值税6 500元（已通过网上认证）。

借：管理费用——修理费　50 000

　　应交税费——应交增值税（进项税额）　6 500

　　贷：银行存款　56 500

（3）接受投资或捐赠转入货物。企业接受投资转入货物、接受捐赠的货物，应根据对方提供的增值税专用发票的增值税额，借记“应交税费——应交增值税（进项税额）”账户，同时按照确认的价值或发票中的不含税价款，借记“原材料”“固定资产”等账户，按照增值税额与货物价值的合计数，贷记“实收资本”“应交税费”“营业外收入”等账户。

2. 进项税额转出

"进项税额转出"是指单独确认进项税额的购进货物、加工修理修配劳务、服务、无形资产或不动产等事后改变用途或发生非正常损失以及其他原因而不应从销项税额中抵扣，应将已抵扣、待抵扣、待认证的进项税额予以转出。"事后改变用途"，如购进货物用于非增值税项目、免征增值税项目、简易计税项目等。"发生非正常损失"是指因管理不善造成货物被盗、丢失、霉烂变质，以及因违反法律法规造成货物或不动产被依法没收、销毁、拆除的。购进货物、劳务、服务，用于集体福利和个人消费的，也应将已抵扣、待抵扣的进项税额转出。

企业转出进项税额时，应借记"待处理财产损溢""应付职工薪酬""固定资产""无形资产"等账户，贷记"应交税费——应交增值税（进项税额转出）""应交税费——待抵扣进项税额"等账户。

提示：(1)"进项税额转出"应当是已经抵扣、待抵扣的进项税额。无法确定该进项税额的，按照当期实际成本计算确定应转出的进项税额。

(2) 在建工程、无形资产研发、修理领用生产用原材料是不必进行"进项税额转出"的；购进货物因自然灾害等非管理原因产生的毁损、报废也不必进行"进项税额转出"的。

(3) 原已计入待认证进项税额，但按规定不得从销项税额中抵扣的，借记"待处理财产损溢""应付职工薪酬""固定资产"等账户，贷记"应交税费——待认证进项税额"账户。

【例 8-28】 7月18日，大明公司上月购进的一批H商品，增值税专用发票列明的货款6万元，运费3 000元，增值税于上月认证抵扣。本月清查发现由于管理不善造成上述H商品全部受潮被毁，无残值。账务处理为：转出税额 =60 000×13% +3 000×9% =8 070（元）

借：待处理财产损溢——待处理流动资产损溢　　71 070

　　贷：库存商品　　63 000

　　　　应交税费——应交增值税（进项税额转出）　　8 070

【例 8-29】 7月20日，大明公司发出一批A材料用于集体福利，该批材料实际成本3万元，购进材料相关专用发票所列的增值税为3 900元。账务处理为：

借：应付职工薪酬——职工福利　　（成本+进项税额转出）33 900

　　贷：原材料——原料及主要材料（A材料）　　30 000

　　　　应交税费——应交增值税（进项税额转出）　　3 900

3. 销项税额

"销项税额"是指一般纳税人销售货物、加工修理修配劳务、服务、无形资产或不动产等应收取的增值税额。销项税额应区分下列情况进行处理：

(1) 销售货物、提供劳务或服务。企业销售货物、提供加工修理修配劳务、提供服务等，应当按应收或已收的金额，借记"应收账款""应收票据""银行存款"等账户，按取得的收入金额，贷记"主营业务收入""其他业务收入""固定资产清理"等账户，按规定计算的销项税额，贷记"应交税费——应交增值税（销项税额）"。

【例 8-30】 7月20日，大明公司向华润公司销售产品一批，货款400万元，增值税额52万元；公司车队取得运输业务收入5万元，增值税4 500元。产品已发出，专用发票等结算单已交给购货方，价税款50%收存银行，其余尚未收到。账务处理为：

借：银行存款　　2 287 250
　　应收账款——华润公司　　2 287 250
　　贷：主营业务收入　　4 000 000
　　　　其他业务收入　　50 000
　　　　应交税费——应交增值税（销项税额）　　524 500

（2）视同销售。企业将自产或委加工货物用于职工集体福利、对外投资，应视同对外销售进行账务处理。即按产品销售价格（或公允价值）和应计增值税额之和，借记“应付职工薪酬”“长期股权投资”等账户，按产品销售价格（或公允价值），贷记“主营业务收入”账户，应计增值税额，贷记“应交税费——应交增值税（销项税额）”账户。同时，按货物成本，借记“主营业务成本”账户，贷记“库存商品”等账户。

【例8-31】7月21日，大明公司本月以甲产品一批对外进行投资，其成本15万元，市场售价为20万元，增值税税率为13%。账务处理为：

借：长期股权投资　　（售价+增值税）226 000
　　贷：主营业务收入　　200 000
　　　　应交税费——应交增值税（销项税额）　　（200 000×13%）26 000
借：主营业务成本　　150 000
　　贷：库存商品　　150 000

（3）视同销售计税。企业将自产或委托加工收回的货物用于对外捐赠的，应税法规定视同销售计算确认增值税的销项税额。即货物按成本结转，同时，按市场售价（或公允价值）和适用税率计算增值税的销项税额，借记“营业外支出”账户，贷记“库存商品”“应交税费——应交增值税（销项税额）”等账户。

【例8-32】7月22日，大明公司以一批自产产品对外捐赠，成本为10万元，市场售价为15万元，增值税税率为13%。账务处理为：

借：营业外支出　　（成本+增值税）119 500
　　贷：库存商品　　100 000
　　　　应交税费——应交增值税（销项税额）　　（150 000×13%）19 500

提示：（1）集体福利部门领用库存外购材料增值税为“进项税额转出”，计税依据一般应为货物进价（注意：不包括自制材料）。

（2）自产或委托加工收回的货物用于对外捐赠的，增值税为“销项税额”，计税依据应为销售价格，但不计列收入，列支出的是：成本+销项税额，即视同销售计税。

（3）自产或委托加工收回的货物职工集体福利、对外投资的，应按售价（或公允价值）作商品销售处理，计入“主营业务收入”账户，同时将成本转入“主营业务成本”账户。即视同销售。

4. 出口退税

按照国际惯例，出口货物应以不含税价格进入国际市场，所以，我国规定，企业出口的货物的增值税适用零税率。但企业采购或生产这些货物时已支付了进项税额，这些已支付的增值税进项税额应按期向税务机关办理出口退税。

一般纳税人出口货物按规定退税（未实行“免、抵、退”办法）的，按规定计算的应收出口退税额，借记“应收出口退税款”账户，贷记“应交税费——应交增值税（出口退税）”账户，收到出口退税时，借记“银行存款”账户，贷记“应收出口退税款”账户；退税额低于购进时取得的增值税专用发票上的增值税额的差额，计列为营业成本，借记“主营业务成本”账户，贷记“应交税费——应交增值税（进项税额转出）”账户。

5. 交纳增值税

按期结算后，企业在规定期限内，以银行存款交纳当月增值税税款时，借记“应交税费——应交增值税（已交税金）”账户，贷记“银行存款”账户。

【例 8-33】7 月 31 日，大明公司根据本月应纳增值税、纳税期限及资金状况等，以银行存款 5 万元交纳本月增值税。账务处理为：

借：应交税费——应交增值税（已交税金）　　50 000

　　贷：银行存款　　50 000

企业交纳以前期间未交增值税的账务处理。企业交纳以前期间未交的增值税，则应借记“应交税费——未交增值税”账户，贷记“银行存款”账户。

6. 结转应交未交或多交增值税

月份终了，企业应汇总确定本月“销项税额”“进项税额转出”“出口退税”等，并根据上述资料，计算确定本月“应交增值税”，然后将本月“应交增值税”与本月“已交税金”对比（需考虑月初欠交或多交增值税等因素），计算确定出本月应交未交或多交增值税，并予以结转。

当月应交未交的增值税，借记“应交税费——应交增值税（转出未交增值税）”账户，贷记“应交税费——未交增值税”账户；当月多交的增值税，借记“应交税费——未交增值税”账户，贷记“应交税费——应交增值税（转出多交增值税）”账户。

【例 8-34】承**【例 8-24】**至**【例 8-33】**，假定大明公司 7 月初“应交税费”账户中“应交增值税”“未交增值税”及相关项目均无余额。根据上述业务计算确定，7 月份大明公司应交增值税额及未交（或多交）增值税：

本月进项税额 = 66 350 + 450 000 + 3 000 + 6 500 = 525 850（元）

本月进项税额转出 = 8 070 + 3 900 = 11 970（元）

本月销项税额 = 524 500 + 26 000 + 19 500 = 570 000（元）

本月应交增值税 = 570 000 - (525 850 - 11 970) = 56 120（元）

本月已交税额 = 50 000（元）

本月末应交未交增值税 = 56 120 - 50 000 = 6 120（元）

结转本月末应交未交增值税的账务处理为：

借：应交税费——应交增值税（转出未交增值税）　　6 120

　　贷：应交税费——未交增值税　　6 120

相关链接

对于某些无法通过抵扣机制进行增值税抵扣的业务，为避免重复征税，应采用差额征税方式计算交纳增值税，如旅游服务、客运场站服务、选择简易计税的建筑服务、金额商品转让等。差额征税方式中常见是"相关成本费用允许扣减销售额"。

例：某旅行社（一般纳税人，采用差额征税）本月为甲公司提供旅游服务，收取团费收入20万元，增值税12 000元，价税款收存银行；旅行社以存款支付其他各接团单位相关费用15.9万元，其中，因允许扣减销售额而减少的销项税额为9 000元。账务处理为：

（1）确认旅游服务收入：

借：银行存款　212 000

　　贷：主营业务收入　200 000

　　　　应交税费——应交增值税（销项税额）　12 000

（2）支付旅游费用，根据扣税凭证抵减销项税额：

借：主营业务成本　150 000

　　应交税费——应交增值税（销项税额抵减）　9 000

　　贷：银行存款　159 000

（三）小规模纳税人应交增值税的账务处理

小规模纳税人企业的应交增值税，按照销售额（不含税）和征收率（3%）计算确定，这样其就不享有进项税额的抵扣权，其购进货物和接受劳务、服务等时支付的增值税，应直接计入有关货物成本或成本费用。所以，小规模纳税人的应纳的增值税，只需在"应交税费"账户下设置"应交增值税"明细账户进行核算。

【例8－35】 新科公司为小规模纳税企业，本月购入材料一批，取得的专用发票中注明货款2万元，增值税2 600元；运输费1 000元，增值税90元。材料已验收入库（材料按实际成本计价），款项以银行存款支付。账务处理为：

借：原材料——原料及主要材料　23 690

　　贷：银行存款　23 690

【例8－36】 新科公司销售产品一批，开出的普通发票中注明货款（含税）72 100元，增值税征收率为3%，款已存入银行。账务处理：

应纳税销售额＝72 100÷（1＋3%）＝70 000（元）

应纳增值税＝70 000×3%＝2 100（元）

借：银行存款　72 100

　　贷：主营业务收入　70 000

　　　　应交税费——应交增值税　2 100

【例8－37】 承**【例8－35】**和**【例8－36】**，新科公司本月末"应交税费——应交增值税"账户的贷方余额为15 600元。公司以存款交纳此项应交增值税的账务处理为：

借：应交税费——应交增值税　15 600

　　贷：银行存款　15 600

根据现行规定（财税〔2019〕13号文件），对月销售额10万元以下（按季为30万元）的小规模纳税人，免征增值税。此类企业平时取得收入时，应按正常情况进行会计处理，借记“银行存款”“应收账款”等账户，贷记“主营业务收入”“应交税费——应交增值税”账户。按月（或按季）结算，属于符合免征增值税条件的，则将免征增值税转为其他收益，借记“应交税费——应交增值税”账户，贷记“其他收益”账户。

【例8-38】 美华公司为小规模纳税人企业，2×20年1-3月的销售额（不含增值税）为25万元，“应交税费——应交增值税”账户贷方余额为7 500元。该公司3月末结转此项免税收益的账务处理为：

借：应交税费——应交增值税	7 500	
贷：其他收益		7 500

相关链接

关于简易计税：

简易计税法下：应纳税额=销售额（不含税）×征收率

（1）小规模纳税人均为采用简易计税法（征收率一般为3%，也有5%的）

（2）一般纳税人有些业务可选择按5%征税率进行简易计税（增值税）如：

①销售2016年4月30日前取得的不动产。

计税依据：［取得全部价款（含价外费用）-购置原价（或取得时的作价）］

②出租2016年4月30日前取得的不动产。计税依据：应收租金

（3）一般纳税人企业销售使用过的固定资产及旧货适用3%的征收率，现减按2%计税。

还有一些特殊行业或业务（如公共交通、仓储服务、动漫设计等）也可选择采用简易计税法等。需注意：①选择简易计税法的其购进的进项税额是未能或不能抵扣的。②一般纳税人选择简易计税项目的应纳税额，直接列入“应交税费——简易计税”账户，不必进行“销项”“进项”的考虑。

如：企业出租2016年4月30日前取得的房屋，收到租金（含税）21 000元，选择采用简易计税法计税，账务处理为：

借：银行存款	21 000	
贷：其他业务收入		20 000
应交税费——简易计税		（21 000/（1+5%）×5%）1 000

二、应交消费税

消费税是国家对某些需要限制和调节的消费品或消费行为征收的一种流转税。我国现行税制规定的应税消费品包括：烟、酒、高档化妆品、贵重首饰及珠宝玉石、鞭炮焰火、高尔夫球及球具、高档手表、游艇、木制一次性筷子、实木地板、成品油、摩托车、小汽车、涂料和电池15大类。凡是在我国境内生产、委托加工和进口应税消费品的单位和个人，均应按规定计算交纳消费税。消费税的计税依据，一般是应税消费品的销售额（不含增值税）或销售数量。

（一）销售产品应交消费税

消费税是一种价内税，企业销售商品应交纳的消费税是对商品销售收入的抵减，因而企业销售产品应交纳的消费税，应列入“税金及附加”账户，并通过“应交税费——应交消费税”账户进行核算。

【例8-39】 大明公司生产销售的D商品属于应税消费品，本月D商品销售价款为60万元，增值税额78 000元，无其他价外费用收入，D商品的消费税税率为10%。账务处理为：

（1）计算结转应纳消费税时：应纳消费税=600 000×10%=60 000（元）

借：税金及附加　　60 000

　　贷：应交税费——应交消费税　　60 000

（2）以银行存款，交纳本月应交消费税时：

借：应交税费——应交消费税　　60 000

　　贷：银行存款　　60 000

企业随同产品（应税消费品）出售单独计价的包装物收入，以及出租、出借包装物逾期未收回而没收的押金，按规定应交纳的消费税，也应借记“税金及附加”账户，贷记“应交税费——应交消费税”账户。

（二）自产自用产品应交消费税

企业将自产或委托加工收回的应税消费品用于生产非应税消费品、对外投资、在建工程、管理部门、职工福利、奖励、捐赠、赞助、广告、集资等，也应计算交纳消费税。其应交消费税的计税依据是纳税人同类应税消费品的“平均销售价格”或“最高销售价格”；其账务处理是，根据用途分别借记“长期股权投资”“在建工程”“应付职工薪酬”“营业外支出”等账户，贷记“应交税费——应交消费税”等账户。

（三）委托加工应税消费品的应交消费税

应税消费品的委托加工，一般于委托方提货时，由受托方代收代交消费税，受托方按收取的代收代交消费税，借记“应收账款”“银行存款”等账户，贷记“应交税费——应交消费税”账户，并按规定向税务机关交纳。

委托方加工物资收回后，属直接用于销售的，应将支付的由受托方代收代交的消费税计入委托加工物资的成本，借记“委托加工物资”账户，贷记“应付账款”“银行存款”等账户；委托加工物资收回后，属于连续生产应税消费品的，按规定准予抵扣的，按支付的由受托方代收代交的消费税，借记“应交税费——应交消费税”账户，贷记“应付账款”“银行存款”等账户。

（四）进口应税消费品的应交消费税

企业进口应税物资应交纳的消费税、增值税和关税是由海关代征的。应交纳的消费税按照组成计税价格和适用税率计算确定，消费税、关税计入该项物资成本。企业进口应税物资，按确认的成本，借记“在途物资”“材料采购”“原材料”“库存商品”“固定资产”等账户，按可以抵扣的增值税，借记“应交税费——应交增值税（进项税额）”，按支付的价税款，贷记“银行存款”等账户。

【例8-40】 大明公司进口H商品一批，H商品属应税消费品，已知该商品完税价格为15万元，应交纳关税3万元，增值税税率为13%，消费税税率为10%。进口商品报关后，海关取得的“海关进口消费税专用缴款书”所列的消费税为2万元，“海关进口增值税专用缴款书”所列的增值税为26 000元。进口商品验收入库，价税款以存款支付。账务处理为：

应交消费税=(150 000+30 000)÷(1-10%)×10%=20 000（元）

应交增值税=(150 000+30 000+20 000)×13%=26 000（元）

进口商品入账成本=150 000+30 000+20 000=200 000（元）

借：库存商品——H商品	200 000	
应交税费——应交增值税（进项税额）	26 000	
贷：银行存款		226 000

三、其他应交税费

（一）应交城市维护建设税

城市维护建设税是一种附加税，城市维护建设税是以增值税、消费税税额为计税依据征收的一种税。以交纳增值税、消费税的单位和个人为纳税人的一种税收。

城市维护建设税按照纳税人所在地的不同实行地区差别税率，具体为：企业所在地在市区的7%；企业所在地不在市区的5%，其应纳税额的计算公式为：

应纳税额=(应交增值税+应交消费税)×适用税率

企业应交城市维护建设税，应设置“应交税费——应交城市维护建设税”账户进行核算。应交城市维护建设税应分业务类型列支：生产经营活动的主营业务和其他业务的应纳税额，列入“税金及附加”账户；处置固定资产（未转为持有待售资产的）的应纳税额，列入“固定资产清理”账户；无形资产、持有待售资产出售的应纳税额，应在结转资产、取得收入时直接扣减。

【例8-41】 承**【例8-34】**和**【例8-39】**大明公司地处城市，本月份生产经营业务应交增值税56 120元，消费税6万元；报废固定资产应交增值税7 000元。账务处理为：

经营业务应交城市维护建设税=(56 120+60 000)×7%=8 128.40（元）

报废固定资产应交城市维护建设税=7 000×7%=490（元）

借：税金及附加	8 128.40	
固定资产清理	490	
贷：应交税费——应交城市维护建设税		8 618.40

（二）应交资源税

资源税是对我国境内及管辖海域开采应税矿产品或者生产盐的单位和个人征收的一种税。征税对象包括原油、天然气、煤炭、金属矿、其他非金属矿和海盐。资源税采用比例税率和定额税率两种形式。绝大多数实行从价（全部价款和价外费用之和）计征，个别“非金属矿”实行从量定额计征。

企业计算结转销售应税产品应纳资源税时，借记“税金及附加”账户，贷记“应交税费——应交资源税”；企业结转自产自用应税产品应纳资源税时，借记“生产成本”“制造费用”等账户，贷记“应交税费——应交资源税”账户。企业以银行存款上交资源税时，借“应交税费——应交资源税”账户，贷记“银行存款”账户。

（三）应交土地增值税

土地增值税是指对转让国有土地使用权、地上建筑物及其附着物（即转让房地产）并取得增值性收入的单位和个人征收的一种税。

土地增值税按照转让房地产所取得的增值额和规定的税率计算征收。转让房地产增值额是转让收入减除税法规定扣除项目金额后的余额。转让收入包括货币收入、实物收入和其他收入；扣除项目主要包括取得土地使用权所支付的金额、开发土地的成本及费用、新建及配套设施的成本及费用、与转让房地产有关的税金、旧房及建筑物的评估价格、规定的其他扣除项目等。

企业应交的土地增值税，应设置“应交税费——应交土地增值税”账户进行核算。土地增值税应根据不同情况进行列支：企业转让国有土地使用权连同地上建筑物及附着物一并在“固定资产”账户核算的，转让时应交纳的土地增值税，借记“固定资产清理”账户（未转为持有待售资产的），贷记“应交税费——应交土地增值税”账户；土地使用权在“无形资产”账户核算（包括转为持有待售资产的），其应交的土地增值税，应与出售无形资产应交的其他税费一样，在取得收入、结转资产、确认净损益时直接扣减；房地产开发经营企业销售房地产应交的土地增值税，借记“税金及附加”账户，贷记“应交税费——应交土地增值税”账户。企业实际交纳税款时，借记“应交税费——应交土地增值税”账户，贷记“银行存款”账户。

课堂讨论：（1）增值税可以抵扣进项税额的，而消费税是不存在抵扣的。这一说法正确吗？

（2）增值税和土地增值税的会计处理有哪些不同点？

（四）应交房产税、城镇土地使用税、车船税、印花税

房产税是国家对在城市、县城、建制镇和工矿区征收的，由产权所有人交纳的一种税。房产税依照房产原值一次扣减10%～30%的余值计算交纳；房产出租的，以房产租金收入为房产税计税依据。

城镇土地使用税是对在城市、县城、建制镇和工矿区范围内使用土地的单位和个人征收的一种税。城镇土地使用税采用定额税率，从量计征，以纳税人实际占用的土地面积为计税依据，按照适用税额计算征收。

车船税是以车辆、船舶为征税对象，对车船所有人或者管理人征收的一种税。车船税按照车船的计量标准（辆、整备质量、净吨位、艇身长度等）和规定的计税单位计算征收。

企业按规定计算应交纳的房产税、城镇土地使用税、车船税，计入“税金及附加”账户，并通过“应交税费——应交房产税（或城镇土地使用税、车船税）”账户进行核算。

【例8－42】 12月份大明公司按规定计算的本期应交房产税3万元、城镇土地使用税25 000元，车船税12 000元。账务处理为：

（1）计算结转应交的税金时：

借：税金及附加　67 000

　贷：应交税费——应交房产税　30 000

　　　　　　——应交城镇土地使用税　25 000

　　　　　　——应交车船税　12 000

（2）以银行存款交纳上述税金时：

借：应交税费——应交房产税　30 000

　　　　　　——应交城镇土地使用税　25 000

　　　　　　——应交车船税　12 000

　贷：银行存款　67 000

印花税是对订立、领受在我国境内具有法律效力的应税凭证（如合同、产权转移书据、营业账簿、权利与许可证照等），或者在我国境内进行证券交易的单位和个人征收的一种税。

企业交纳的印花税，是由纳税人根据规定自行计算应纳税额以购买并一次贴足印花税票的方法交纳的一种税款。一般情况下，企业需要预先购买印花税票，待发生应税行为时，再根据应税凭证的性质、计税依据、税率等计算应纳税额，将已购买的印花税票粘贴在应税凭证上，并在税票骑缝处盖戳注销或划销，办理完税手续。

印花税的交纳，不会发生应付未付税款的情况，不需要预计应纳税金额，也不存在与税务机关结算或清算的问题。因此，企业交纳的印花税不需要通过"应交税费"账户核算。

企业购买印花税票，即交纳印花税时，借记"税金及附加"账户，贷记"银行存款"等账户。

【例 8－43】 大明公司本月以银行存款一次购买印花税票 2 000 元。账务处理为：

借：税金及附加　2 000

　贷：银行存款　2 000

（五）应交车辆购置税

车辆购置税是对在我国境内购置并自用应税车辆的单位和个人征收的一种税。企业购置（包括购买、进口、自产、受赠、获奖或其他方式取得）应税车辆应按规定交纳车辆购置税。

车辆购置税实行从价定率征收，购买车辆以支付给销售者的全部价款（不包括增值税）为计税依据；进口车辆以关税完税价格、关税和应纳消费税三者之和为计税依据。车辆购置税税率为10%。实行一次征收制度，购置已征车辆购置税的车辆，不再征收车辆购置税。购置列为免征目录的新能源汽车免征收车辆购置税。

车辆购置税应由购置应税车辆的企业，在办理车辆注册登记前计算交纳，所以，车辆购置税不形成应交款项，不必通过"应交税费"账户核算。企业购置车辆时交纳的车辆购置税，直接计入相关固定资产入账成本。

【例 8－44】 大明公司购置自用汽车一辆，向销售方支付：专用发票所列的价款 30 万元，增值税 39 000 元；普通发票所列的优质费和包装费 3 万元。价税款及应交纳的车辆购置税一次以银行存款支付。账务处理为：

应交车辆购置税 =（300 000 + 30 000）× 10% = 33 000（元）

借：固定资产——生产经营用固定资产　363 000（300 000 + 30 000 + 33 000）

应交税费——应交增值税（进项税额）　　39 000
　　贷：银行存款　　402 000

（六）应交个人所得税

按照个人所得税的征收管理办法，个人所得税采用自行申报缴纳和代扣代缴缴纳两种办法，由于除实行查账核实征收的个体工商户取得的应税所得自行申报缴纳后需要会计核算外，一般的个人取得的收入自行申报缴纳后，不必进行会计核算。但是，履行代扣代缴义务的单位和个人代扣代缴的个人所得税，应通过“应交税费”账户进行核算。

企业每月支付工资、薪金（包括奖金、年终加薪、分红、津贴、补贴、福利费等）的单位，应按规定计算应确定的代扣代缴个人所得税，应借记“应付职工薪酬”账户，贷记“应交税费——应交个人所得税”账户；然后按期限要求以存款交纳。

【例 8－45】 大明公司7月份应支付职工工资总额83.8万元，已按税法规定，计算确定的应交个人所得税为1 960元（见上文表8－3）。账务处理为：

（1）7月份发放工资，结转应代扣代缴的个人所得税时：

借：应付职工薪酬——工资　　1 960
　　贷：应交税费——应交个人所得税　　1 960

（2）8月9日，以银行存款交纳个人所得税时：

借：应交税费——应交个人所得税　　1 960
　　贷：银行存款　　1 960

（七）应交教育费附加

教育费附加是以企业实际缴纳的增值税、消费税的税额为计算依据，由税务机关负责征收的一项专门用于教育事业的附加费。全国统一的教育费附加征收率为3%。同时，根据省级地方政府的规定，在征收教育费附加的同时，按一定比例征收地方教育费附加，如浙江省规定征收2%的地方教育费附加，其计算基数及有关账务处理同教育费附加。

企业应交教育费附加（含地方），应设置“应交税费——应交教育费附加”账户进行核算。应交纳的教育费附加应区别业务类型列支：①生产经营活动的主营业务和其他业务的应交教育费附加，列入“税金及附加”账户；②处置固定资产（未转为持有待售资产的）应交教育费附加，列入“固定资产清理”账户；③无形资产、持有待售资产出售应交教育费附加，应在结转资产、取得收入时直接扣减。

【例 8－46】 承**【例 8－34】**和**【例 8－39】**，大明公司本月份生产经营业务应交增值税56 120元，应交消费税6万元；报废固定资产应交增值税7 000元。公司的账务处理为：

生产经营业务应交教育费附加＝(56 120＋60 000)×3%＝3 483.60（元）

生产经营业务应交地方教育费附加＝(56 120＋60 000)×2%＝2 322.40（元）

报废固定资产应交教育费附加＝7 000×3%＝210（元）

报废固定资产应交地方教育费附加＝7 000×2%＝140（元）

（1）结转应纳教育费附加（含地方）时：

借：税金及附加（3 483.60＋2 322.40）　　5 806
　　固定资产清理　　350

贷：应交税费——应交教育费附加 6 156

（2）以银行存款交纳教育费附加时：

借：应交税费——应交教育费附加 6 156

贷：银行存款 6 156

企业按规定计算交纳的水利建设基金、矿产资源补偿费、文化事业建设费等，也属应交税费，应计入“税金及附加”账户，并通过“应交税费”账户进行核算。

企业应交所得税，应通过“所得税费用”和“应交税费——应交所得税”账户进行核算，具体内容将在第十一章中介绍。

企业应交各种税费的列支会涉及多个方面，包括“税金及附加”“固定资产清理”“生产成本”等账户。企业应交主要税费的列支账户可概括见表8－10。

表8－10 企业应交税费列支表

名称	计税依据（基本）	列支账户
增值税	一般纳税人：增值额（销项－进项） 小规模纳税人：应税销售额的3% 进口环节（海关代征）：完税价格	“应交税费——应交增值税”（明细） “应交税费——应交增值税” 资产入账成本
消费税	销售：销售收入额 进口环节：组成计税价格 委托加工收回：组成计税价格	“税金及附加” 资产入账成本 物资成本或“应交税费——应交消费税”
资源税	销售：计税销售额（或销售数量） 自产自用：计税销售额（或销售数量）	“税金及附加” “生产成本”“制造费用”
企业所得税	应税所得额（≠利润总额）	“所得税费用”（按期转入“本年利润”）
个人所得税	计税收入（代扣代交）	“应付职工薪酬”（通过“应交税费”账户）
城市维护建设税、教育费附加	“两税”税额{生产经营业务（主营及其他业务） 处置固定资产（未转为持有待售） 出售无形资产、持有待售资产	“税金及附加” “固定资产清理” 直接抵减
房产税、城镇土地使用税、车船税、环境保护税	计税依据	“税金及附加”
印花税	计税依据	“税金及附加”（不通过“应交税费”账户）
土地增值税	转让房地产（土地使用权）增值额： 土地使用权列“固定资产”的（未转持有待售） 土地使用权列“无形资产”的（及转持有待售） 房地产开发经营企业：销售房地产计税增值额	“固定资产清理”账户 直接抵减 “税金及附加”账户
矿产资源补偿费、水利建设基金、文化事业建设费	矿产销售收入、营业收费、计费销售额	“税金及附加”账户
车辆购置税、耕地占用税、契税、关税	计税依据	资产入账成本（不通过“应交税费”账户）

本章知识结构图

流动负债
流动负债概述
负债和流动负债概念、内容
流动负债特点、分类
短期借款
短期借款内容和计息方式
短期借款的账务处理
应付与预收款项
应付与预收款项的内容
入账价值的确定
基本账务处理
应付票据
应付票据和“应付票据”账户
应付票据的账务处理
应付职工薪酬
职工薪酬的组成内容
工资的结算与分配
职工福利费发生与计提的内容
社会保险费结算与交纳
其他职工薪酬的账务处理
应交税费
应交税费的主要内容
主要应交税费（增值税、消费税、城建税、教育费附加）的列支及账务处理
“应交税费”账户的结构和运用

第九章 非流动负债

学习目标

通过本章学习，要求了解非流动负债的分类；了解应付债券的种类和发行价格的确定方法；了解长期应付款的内容；了解债务重组的一般规定和基本账务处理。理解非流动负债的内容和特点；理解应付债券发行、利息计算和到期偿还的账务处理。掌握借款费用的内容和资本化条件；掌握长期借款的账务处理；掌握长期应付款的账务处理。

本章重点：非流动负债的内容，借款费用的内容和资本化条件，长期借款的账务处理。

第一节 非流动负债概述

一、非流动负债的特点

非流动负债，也称长期负债，是指其偿还期在1年或者超过1年的一个营业周期以上的负债。它是除流动负债以外的负债，是企业向债权人筹集的可供长期使用的资金。非流动负债主要包括长期借款、应付债券、长期应付款、预计负债等。

提示：流动负债和非流动负债的区分并不完全以期限为标准的，如应付账款、其他应付款，由于企业（债务人）无力支付款项或其他原因，即使超过了1年或一个营业周期，但仍将其归入流动负债。非流动负债中如果有将于一年内到期的，则应视为流动负债，在资产负债表中单独反映，如一年内到期的长期借款。

非流动负债除具有负债的共同特征外，与流动负债相比，还具有如下特点：

（1）债务偿还期限较长。非流动负债偿还期限均在1年或者超过1年的一个营业周期以上。

（2）债务金额较大，利息费用较高。非流动负债的还期限较长，债务金额较大，利息费用必然就较高，并是一项期限较长的固定性支出。

（3）企业举借目的主要是为了扩大生产经营规模。企业举借非流动负债主要为了建设新项目，购建固定资产、无形资产等，以达到扩大生产经营规模的目的。

因此，企业应加强对非流动负债的筹划和管理，慎重选择非流动负债的方式和规模。

课堂讨论：（1）公司举借用于扩建厂房、购置设备的非流动负债是越多越好吗？

（2）公司举借非流动负债进行扩大生产经营，在什么情况下是合算的？

（3）公司一项金额为20万元的应付账款，入账时间已达3年了，这项负债是非流动负债，还是流动负债？

二、非流动负债的确认与计量

（一）非流动负债的确认

非流动负债一般按如下方式和过程进行确认：第一，符合非流动负债的定义；第二，具有负债的一般特征；第三，具有非流动负债的主要特点。

（二）非流动负债的计价

非流动负债应以实际发生额计价入账。不同方式取得的非流动负债，其实际发生额的构成内容有所不同。非流动负债的应付利息应按摊余成本和实际利率计算确定（实际利率与合同利率差异较小的，也可以采用合同利率）。

三、借款费用的会计处理

借款费用，是指企业因借款而发生的利息及其他相关成本。借款费用是企业因借入资金而付出的代价，主要包括借款利息、折价或者溢价的摊销、辅助费用以及因外币借款而发生的汇兑差额等。企业融资租入固定资产的融资费用属于借款费用，而企业发行公司股票等权益性融资费用不属于借款费用。

课堂讨论：某公司发生的下列各项费用，哪些属于借款费用？

（1）公司发生借款手续费10万元；发行公司债券佣金1 000万元，发行公司债券的价值500万元；发行公司股票佣金2 000万元。

（2）公司三年期借款，本年应付利息90万元；公司发行债券，本年应付利息500万元，公司发行债券本年应计溢价摊销100万元。

（3）公司持有的外币存款、外币债权因汇率变动产生的汇兑损益。

（一）借款费用的确认与计量

1. 借款费用确认的原则

借款费用的确认是解决的是将每期借款费用资本化、计入相关资产的成本，还是将其费用化，计入当期损益的问题。借款费用确认的原则是：

一是资本化，即可直接归属于符合资本化条件的资产购建或者生产的，应当予以资本化计入相关资产的成本；

二是费用化，即其他不符合资本化条件的借款费用在发生时确认为费用，计入当期损益。

2. 借款费用应予资本化的借款范围

借款包括专门借款和一般借款。

专门借款是指为购建或者生产某项符合资本化条件的资产而专门借入，具有明确用途的借款。专门借款使用目明确，而且其使用受到相关合同的限制。例如，某企业为建造一条生产线向中国银行钱塘支行专项贷款5 000万元人民币，某房地产开发企业为开发西溪源住宅小区向建设银行中兴支行专项贷款6亿元人民币，均属专门借款。

一般借款是指除专门借款以外的借款。相对于专门借款，一般借款的用途没有明确指定，没有特指用于符合资本化条件的资产的购建或者生产。

借款费用应予资本化的借款范围，包括专门借款和一般借款。其中，对于一般借款，只有在购建或者生产某项符合资本化条件的资产占用了一般借款时，才将与该部分一般借款相关的借款费用资本化。

3. 借款费用资本化金额的确定

借款费用资本化金额应分别借款利息、借款辅助费用、外币专门借款汇兑差额等计算确定。这里主要说明借款利息资本化金额的确定。

在资本化期间内，每一会计期间的借款利息（包括利息、折价或溢价的摊销等）资本化金额，应当按照下列规定确认：

专门借款的当期实际利息费用＝借款利息－（未用借款存款利息收入＋暂时性投资收益）

一般借款利息费用资本化金额＝累计资产支出超过专门借款部分的资产支出加权平均数×所占用一般借款资本化率

总额控制：不超过当期相关借款实际发生的利息金额

由上述可见：能够资本化的借款费用并不一定是某项借款实际发生的全部借款费用。

提示：所占用一般借款资本化率，是借款的利息费用与借款本金的加权平均数的比率。如果只是一笔借款，资本化率即该借款的利率为。即：

$$\text{所占用一般借款的资本化率}=\text{所占用一般借款加权平均利率}=\text{所占用一般借款当期实际发生的利息之和}\div\text{所占用一般借款本金加权平均数}$$

（二）借款费用资本化的条件

企业发生在资本化期间的，可直接归属于符合资本化条件的资产的购建或者生产的借款费用应当资本化，计入相关资产的成本。

借款费用资本化期间是指从借款费用开始资本化时点到停止资本化时点的期间，但不包括暂停资本化的期间。符合资本化条件的资产，是指需要经过相当长时间的购建或者生产活动才能达到预定可使用或者可销售状态的固定资产、投资性房地产和存货等资产。

1. 借款费用开始资本化的时点

借款费用开始资本化必须同时满足下列三个条件：

（1）资产支出已经发生。资产支出包括为购建或者生产符合资本化条件的资产而以支付现金、转移非现金资产或者承担带息债务形式所发生的支出。已支付、已转移、已承担是判断依据。

（2）借款费用已经发生。是指企业已经发生了因购建或者生产符合资本化条件的资产的借款费用，不能是预计的和将要发生的。

（3）为使资产达到预定可使用或者可销售状态所必要的购建或者生产活动已经开始。是指符合资本化条件的资产的实体建造或者生产活动已经开始，如建造工程已实际开工、主体设备的安装、生产活动已投入材料等。

2. 借款费用暂停资本化的时间

符合资本化条件的资产在购建或者生产活动是中发生非正常中断且中断时间连续超过3个月的，应当暂停借款费用的资本化。非正常中断是由于企业管理上原因或者其他不可预见的原因等所导致的中断，如发生了安全事故、工程用料没有及时供应、资金周转产生了困难等原因，导致购建或者生产的中断，均属于非正常中断。正常中断期间的，相关借款费用仍可资本化。

3. 借款费用停止资本化的时点

购建或者生产符合资本化条件的资产达到预定可使用或者可销售状态时，借款费用应当停止资本化。停止资本化后发生的借款费用，应当费用化。

【例9－1】 大明公司于2×20年1月1日正式动工建设一幢厂房，工期预计为1年。工程采用出包方式，分别于2×20年1月1日和2×20年7月1日支付工程进度款。

大明公司为建造厂房于2×20年1月1日专门借款2 000万元，借期为3年，年利率为5%。2×20年1月1日支付工程支出1 000万元，剩余1 000万元借款用于购买为期6个月的银行理财产品，年收益率为4.8%；2×20年7月1日又专门借款3 000万元，借期为4年，年利率为6%。2×20年7月1日支付工程支出4 000万元。借款利息按年支付，合同利率与实际利率差异很小。计算确定大明公司建造厂房2×20年应予资本化的借款利息：

（1）借款费用资本化期间为2×20年1月1日至2×20年12月31日。

（2）2×20年专门借款发生的借款利息＝2 000×5%＋3 000×6%×6÷12＝190（万元）

（3）2×20年利用专门借款短期投资取得收益＝1 000×4.8%×6÷12＝24（万元）

（4）2×20年专门借款利息资本化金额＝190－24＝166（万元）

【例9－2】 承**【例9－1】**，假定大明公司上述厂房建设，没有专门借款，建设资金全部占用公司一般借款。为建造厂房占用一般借款有两笔：2×19年12月1日从向工商银行文欣支行借入的3年期借款5 000万元，年利率为6%，利息按年支付；2×19年7月1日发行公司债券7 000万元，年利率为9%，利息按年支付。计算确定大明公司建造厂房2×20年应予资本化的借款利息：

一般借款年资本化率＝(5 000×6%＋7 000×9%)÷(5 000＋7 000)＝7.75%

累计资产支出加权平均数＝1 000×360÷360＋4 000×180÷360＝3 000（万元）

2×20年建造厂房借款利息资本化金额＝3 000×7.75%＝232.50（万元）

2×20年实际发生的一般借款利息费用＝5 000×6%＋7 000×9%＝930（万元）

利息资本化金额没有超过实际发生的一般借款利息费用，可以资本化。

相关链接

购建或者生产符合资本化条件的资产达到预定可使用或者可销售状态，可以从以下几个方面进行判断：

(1) 符合资本化条件的资产的实体建造（包括安装）或者生产工作已经全部完成或者实质上已经完成。

(2) 所购建或者生产的符合资本化条件的资产与设计要求、合同规定或者生产要求相符或基本相符，即使有极个别与设计、合同或者生产要求不相符的地方，也不影响其正常使用或者销售。

(3) 继续发生在所构建或生产的符合资本化条件的资产上的支出金额很少或者几乎不再发生。

（三）借款费用的一般账务处理

对于应予资本化的借款费用，应于费用发生时，借记“在建工程”（借款用于购建固定资产）、“制造费用”（借款用于生产存货）、“研发支出”（借款用于无形资产研发的）等账户，贷记“银行存款”（支付的辅助费用）、“应付利息”（专门借款利息）、“应付债券”（应计利息及利息调整）等账户。

课堂讨论： 将企业借款费用划分为资本化和费用化有什么作用？如果企业资本化借款费用和费用化借款费用划分不规范，对企业财务会计信息将产生什么影响？

注：主要从资产计价、利润形成、报表信息等方面去考虑。

对于不能资本化应计入当期损益的借款费用，应于费用发生时，借记“财务费用”账户，贷记“银行存款”“应付利息”“应付债券——应计利息”等账户。

第二节 长期借款

一、长期借款的概述

长期借款是指企业向银行或其他金融机构借入的、期限在 1 年以上（不含 1 年）的各种借款。长期借款是企业筹措长期资金的主要方式，它一般是企业购建固定资产、改扩建工程、研发无形资产、开发新项目等方面需要。

提示： 企业向银行或其他金融机构申请长期借款，至少需要提供：

①申请项目的可行性分析报告；②一定期限的财务报表；③会计师事务所对企业注册资本到位等情况的审计意见；④申请借款的额度、用途及用款计划；⑤还款来源及安排；⑥抵押或担保情况。

企业的长期借款，可以按照不同的标志进行分类：

(1) 长期借款按借款的条件划分，可分为抵押借款、信用借款、担保借款。抵押借款是指以企业的动产或不动产作为抵押，以保证按期还款而取得的借款；信用借款是指不以特定的抵押财产作保证，仅凭借企业的良好信誉而取得的借款；担保借款，是指企业通过其他具有法人资格的单位的担保而取得的借款。

（2）长期借款按借款的偿还方式划分，可分为到期一次偿还借款、分期偿还借款。

（3）长期借款按借款的币种划分，可分为人民币借款、外币借款。

课堂讨论：（1）公司取得的期限为1年的借款是长期借款，还是短期借款？

（2）公司因资金周转原因，与新科公司（非金融机构）签约取得一项金额为20万元，年利率为10%的借款，约定期限为18个月。公司取得的此项借款属于长期借款吗？为什么？

（3）公司取得的一项期限为6个月的借款，因现金资产严重不足，公司逾期2年仍未能偿还。此项借款是长期借款吗？

二、长期借款核算的账户设置

企业取得的长期借款，应设置“长期借款”账户进行核算。该账户属于负债类账户，贷方登记借入长期借款的本金和计息结转的利息调整；借方登记归还长期借款的本金和取得借款的利息调整，期末余额在贷方，反映尚未偿还的长期借款。“长期借款”账户应按贷款单位和贷款种类，分别“本金”“利息调整”“应计利息”等进行明细核算。

长期借款等应付未付的利息，应设置“应付利息”账户进行核算。该账户贷方登记计算确定的应付未付的利息，借方登记实际支付的利息，期末余额在贷方，反映企业应付未付的利息。“应付利息”应按债权人进行明细核算。

提示：（1）长期借款应付未付的利息的是不通过“长期借款”账户核算的，但不能说“长期借款”账户是反映长期借款本金的，因为还存在“利息调整”。

（2）“长期借款”账户明细账户有类别和项目，即：“长期借款——××银行——××贷款（本金、利息调整）”。

三、长期借款的账务处理

1. 借款的取得

企业取得长期借款，应按实际收到的金额，借记“银行存款”，贷记“长期借款——本金”账户。存在差额的，还应借记“长期借款——利息调整”账户。

2. 借款利息的处理

长期借款的利息有两种支付方式：①分期计息到期还本付息；②分期付息到期还本。不论采取何种方式，长期借款应付未付的利息，均应通过“应付利息”账户进行核算。

资产负债表日，企业应按摊余成本和实际利率计算确定长期借款的利息费用，借记“在建工程”“制造费用”“财务费用”“研发支出”等账户，按合同利率计算确定的应付未付利息，贷记“应付利息”账户，其差额，贷记“长期借款——利息调整”账户。如果实际利率与合同利率差异很小的，也可以采用合同利率计算确定利息费用。

分期付息情况下，企业分期支付长期借款利息时，借记“应付利息”账户，贷记“银行存款”账户。

3. 借款的偿还

企业归还长期借款本金，应借记“长期借款——本金”账户，贷记“银行存款”账户。同时，存在利息调整余额的，借记或贷记“在建工程”“制造费用”“财务费用”“研发支出”等账户，贷记或借记“长期借款——利息调整”账户。

【例9-3】 大明公司2×20年1月1日为购建固定资产，从农业银行滨海支行借入2年期借款90万元。该借款合同约定年利率为5%，且借款期内实际利率与合同利率差异很小；按年计息，到期一次还本付息；借款取得当即全部用于购建固定资产，购建的固定资产于2×19年末达到预定可使用状态。账务处理为：

（1）2×20年1月1日，取得借款存入银行时：

借：银行存款　　900 000

　　贷：长期借款——农业银行滨海支行（本金）　　900 000

（2）2×20年末计提此项借款本年利息时：

借：在建工程　　45 000

　　贷：应付利息——农业银行滨海支行　　45 000（900 000×5%）

（3）2×21年末计提此项借款本年利息时：

借：财务费用　　45 000

　　贷：应付利息——农业银行滨海支行　　45 000

（4）此项借款到期，以存款还本付息时：

借：长期借款——农业银行滨海支行（本金）　　900 000

　　应付利息——农业银行滨海支行　　90 000

　　贷：银行存款　　990 000

【例9-4】 大明公司为改扩建工程项目，2×20年1月1日从浦发银行之江支行取得3年期借款800万元，已存入银行。该借款合同约定利率为6%，假定借款期内实际利率与合同利率差异很小，借款利息按年计算支付，到期还本。借款分别于本年1月1日和7月1日投入工程建设各400万元，2×20年末工程达到预定可使用状态。账务处理为：

（1）2×20年1月1日，取得借款并存入银行时：

借：银行存款　　8 000 000

　　贷：长期借款——浦发银行之江支行（本金）　　8 000 000

（2）2×20年末，计提此项借款本年利息时：

借：在建工程　　360 000（4 000 000×6%+4 000 000×6%÷2）

　　财务费用　　120 000（4 000 000×6%÷2）

　　贷：应付利息——浦发银行之江支行　　480 000

（3）2×20年末，以存款支付本年利息时：

借：应付利息——浦发银行之江支行　　480 000

　　贷：银行存款　　480 000

（4）2×21年、2×22年末计提当年此项借款利息时：

借：财务费用　　480 000

贷：应付利息——浦发银行之江支行　　480 000

（5）2×22 年此项借款到期，以存款归还本金、支付 2×22 年利息时：

借：长期借款——浦发银行之江支行（本金）　　8 000 000

　　应付利息——浦发银行之江支行　　480 000

　　贷：银行存款　　8 480 000

课堂讨论：（1）计提长期借款利息和预提短期借款利息在会计核算上有何区别？长期借款的利息费应如何计算确定？（摊余成本和实际利率）

（2）“长期借款”账户期末贷方余额，反映的是尚未偿还的长期借款本金吗？

长期借款的账务处理有关账户的关联如图 9－1 所示。

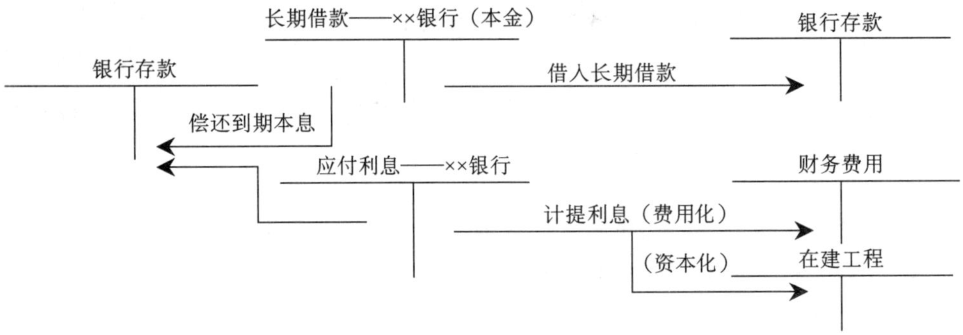

图 9－1　长期借款账务处理有关账户的关联

第三节　应付债券

债券是企业依照法定程序发行，约定在一定日期偿付本金和利息的一种有价证券。企业发行 1 年期以上的债券，构成企业的非流动负债，作为应付债券核算。所以，应付债券是指企业为筹集长期（1 年以上）资金所发行的债券。企业发行 1 年期或 1 年期以下的债券，则应作为流动负债，设置“交易性金融负债”账户进行核算。

相关链接

根据有关法律规定，股份有限公司发行债券必须符合下列条件：①公司净资产不低于人民币 3 000 万元（有限责任公司为不低于人民币 6 000 万元）；②累计债券余额不超过公司净资产的 40%；③最近 3 年平均可分配利润足以支付公司债券 1 年的利息；④筹集的资金投向符合国家产业政策；⑤债券的利率不得超过国务院限定的利率水平；⑥国务院规定的其他条件。

一、债券的发行方式和发行价格

发行债券首先需要确定债券的发行价格。影响债券发行价格的因素主要有：债券面值、票面利率、债券期限、利息支付方式及市场利率。在其他因素不变的情况下，债券的发行价格取决于债券发行时的市场利率。市场利率是指债券发行时金融市场上风险和期限与该债券类似的借贷资本的通行利率。债券票面利率的确定与债券发行方式密切相关。债券的发行方式分为面值发行、溢价发行和折价发行三种。

1. 面值发行

当票面利率等于市场利率时，债券按面值发行：债券发行价格＝债券面值

2. 溢价发行

当票面利率大于市场利率时，债券溢价发行：

债券溢价额＝债券发行价格－债券面值

债券在溢价发行时，债券购买者因溢价而多付出的价款，可以从以后各期多得的利息收入获得补偿；而债券发行企业因溢价多得的收入，实质是在债券到期前对企业各期多付利息的一种补偿，也是对债券利息费用的一项调整，因而不能将债券溢价视为发行时的收益，而应在债券还款期限内，通过分期摊销陆续冲减企业债券的利息费用。

3. 折价发行

当票面利率小于市场利率时，债券折价发行：

债券折价额＝债券面值－债券发行价格

债券在折价发行时，债券购买者因折价而少付出的价款，是对以后各期少得利息收入的预先补偿；而债券发行企业因折价少得的收入，实质是预先付给债券购买者的利息，它可以从以后各期少付利息中获得补偿，因而同样是对债券利息费用的一项调整，所以，企业的债券折价应在债券还款期限内分期摊销，陆续增加企业债券的利息费用。

课堂讨论：（1）企业发行债券应具有哪些条件？应付债券为什么不属于流动负债？

（2）债券溢价是企业发行债券取得的收益吗？债券折价是企业发行债券发生的损失吗？

二、债券发行费用的处理

企业发行债券一般是委托相关机构代理发行的，这必然会发生代理发行手续费等发行费用。企业发行债券发生的相关发行费用按以下两种情况进行处理：

（1）发行费用大于发行期间冻结资金所产生的利息收入的，按发行费用扣除发行期间冻结资金所产生的利息收入后的差额，根据发行债券筹集资金的用途，比照借款费用进行处理。

（2）发行费用小于发行期间冻结资金所产生的利息收入的，按发行期间冻结资金所产生的利息收入和扣除发行费用后的差额，视同发行债券的溢价收入，在债券存续期间于计提利息时摊销。

三、应付债券的账务处理

企业为筹集长期资金而发行债券的本金和利息，应设置“应付债券”账户进行核算。

该账户贷方登记应付债券的本金和应计利息，借方登记偿还应付债券的本息，期末余额在贷方，表示尚未偿还的长期债券摊余成本。“应付债券”账户可按“面值”“利息调整”“应计利息”等进行明细分类核算。

（1）“应付债券——面值”账户。该账户贷方登记发行债券的面值，借方登记归还债券的面值，期末贷方余额，反映尚未归还的长期债券面值。

（2）“应付债券——利息调整”账户。该账户贷方登记发行债券的溢价和折价摊销，借方登记发行债券的折价和溢价摊销，期末贷方（借方）余额，反映尚未摊销的溢价（折价）金额。企业发行债券除面值和应计利息以外其他利息调整事项，均在该明细账户核算。

（3）“应付债券——应计利息”账户，该账户核算企业发行到期一次还本付息债券的应计利息。贷方登记债券分期计提的利息，借方登记实际支付的利息，期末余额在贷方，反映已计提但尚未支付的利息。

为了便于对发行的债券进行管理，还应设置“企业债券备查簿”，详细登记企业发行的各种债券票面金额、债券票面利率、还本期限及方式、发行总额、发行日期和编号、委托代销单位、转换股份等资料。企业债券到期结清时，应当在备查簿内逐笔注销。

（一）债券发行

企业发行债券时，应按实际收到的款项，借记“银行存款”等账户，按债券票面金额，贷记“应付债券——面值”账户，存在差额（一般为溢价或折价），还应借记或贷记“应付债券——利息调整”账户。

【例9-5】 大明公司为补充公司经营资金，于2×20年1月1日发行为期3年的债券500万元，票面年利率为5%，利息按年计付，到期还本。债券面值发行，债券款收存银行。账务处理为：

借：银行存款　　5 000 000

　　贷：应付债券——面值　　5 000 000

【例9-6】 大明公司为新建厂房，于2×20年1月1日发行3年期债券一批，债券面值900万元，票面年利率8%，按年计息，到期还本付息。债券为溢价发行，实收债券款960万元存入银行。债券款于收到日全部支付给工程承建公司，工程建设期为1年。账务处理为：

借：银行存款　　9 600 000

　　贷：应付债券——面值　　9 000 000

　　　　　　　　——利息调整　　600 000

（二）债券计息和利息调整（溢折价摊销）

应付债券的利息也有两种支付方式

（1）分期付息，到期一次还本。此方式下企业分期计算并支付的债券利息，应通过“应付利息”账户进行核算。

（2）分期计息，到期一次还本付息。此方式下分期计提的债券利息应计入“应付债券——应计利息”账户。属于溢折价发行债券的，各期在计提利息的同时，要进行溢折价摊销的利息调整处理，这一调整是反映在“应付债券——利息调整”账户之中的。

对于分期付息、到期一次还本的债券，应于资产负债表日按摊余成本和实际利率计算确定的债券利息，借记“在建工程”“制造费用”“财务费用”“研发支出”等账户，按票面利率计算确定的应付未付利息，贷记“应付利息”账户，其差额，一般为溢折价购入债券的利息调整，应借记或贷记“应付债券——利息调整”账户。

对于分期计息，到期一次还本付息的债券，应于资产负债表日按摊余成本和实际利率计算确定的债券利息，借记“在建工程”“制造费用”“财务费用”“研发支出”等账户，按票面利率计算确定的应付未付利息，贷记“应付债券——应计利息”账户，其差额，一般为溢折价购入债券的利息调整，应借记或贷记“应付债券——利息调整”账户。

实际利率与票面利率差异较小的，也可以采用票面利率计算确定利息费用。

【例9-7】 承【例9-5】，大明公司此项按年付息、到期一次还本的500万元债券，实际利率与票面利率（名义利率）差异较小，按年计提债券利息的账务处理为：

借：财务费用　　250 000（5 000 000×5%）

　　贷：应付利息　　250 000

以存款支付上述利息时，借记“应付利息”账户，贷记“银行存款”等账户。

【例9-8】 承【例9-6】，大明公司此项按年计息、到期一次还本付息，面值为900万元，价格为960万元的债券，实际利率与票面利率差异很小。每年计提利息为900×8%=72（万元），每年的利息调整为（溢价摊销）60÷3=20（万元）。计提利息及利息调整的账务处理为：

2×20年末（工程达到预定可使用状态前）计息及利息调整：

借：在建工程　　520 000（720 000-200 000）

　　应付债券——利息调整　　200 000

　　贷：应付债券——应计利息　　720 000

2×21年、2×22年末（工程达到预定可使用状态后）计息及利息调整：

借：财务费用　　520 000

　　应付债券——利息调整　　200 000

　　贷：应付债券——应计利息　　720 000

（三）债券到期偿还的账务处理

应付债券到期，支付债券本息时，应借记“应付债券——面值”“应付债券——应计利息”账户，贷记“银行存款”等账户，按应转销的利息调整、应计利息金额，借记或贷记“应付债券——利息调整”，按其差额，贷记或借记“在建工程”“制造费用”“财务费用”“研发支出”等账户。

【例9-9】 承【例9-5】和【例9-7】，2×21年末此项债券到期，大明公司以存款支付债券本金500万元。账务处理为：

借：应付债券——面值　　5 000 000

　　贷：银行存款　　5 000 000

【例9－10】承【例9－6】和【例9－8】，2×22年末此项债券到期，大明公司以存款支付债券本金900万元，3年利息216万元，公司的账务处理为：

借：应付债券——面值　　9 000 000

　　　　——应计利息　　2 160 000（720 000×3）

　贷：银行存款　　11 160 000

提示：（1）不是所有应付债券的应付利息都计入“应付债券”账户的，仅是一次还付息的那一部分债券。

（2）应付债券的各期利息费用和应付利息（或应计利息）是不相等的（至少有实际利率与票面利率、溢折价摊销的因素）。

应付债券账务处理有关账户的关联如图9－2所示。

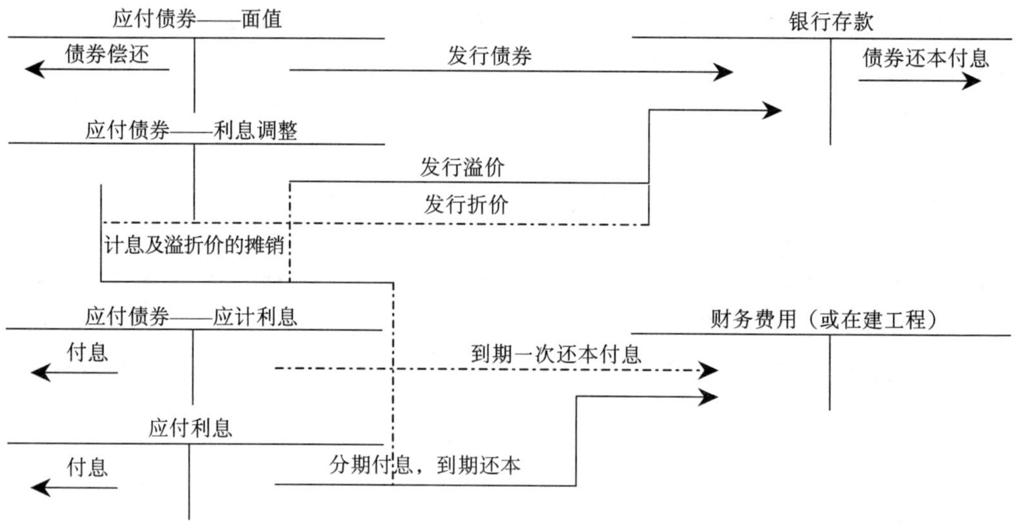

图9－2　应付债券账务处理有关账户的关联

第四节　长期应付款

一、长期应付款的内容

长期应付款是指企业除长期借款、应付债券以外的其他各种长期应付款项。长期应付款主要包括应付融资租入固定资产的租赁费、以分期付款方式购入固定资产等发生的应付账款等。

长期应付款不仅具有数额大、偿还期限长的特点，而且还具有分期付款的性质。

二、长期应付款的账务处理

企业长期应付款，应设置“长期应付款”账户进行核算。该账户贷方登记发生的长期应付款，借方登记归还的长期应付款，期末贷方余额，反映企业应付未付的长期应付款项。该账户应按长期应付款的种类和债权人进行明细分类核算。

长期应付款的利息支出和相关费用，以及外币折算差额，原则上按借款费用的规定进行处理，即与取得固定资产等有关的，符合资本化条件的，计入相应的资产的取得成本；其他利息和有关费用，以及外币折算差额，均计入当期损益，列为财务费用。

（一）应付融资租赁款的账务处理

融资租赁是指在实质上转移了与一项资产所有权有关的全部风险和报酬的一种租赁。其所有权最终可能转移，也可能不转移。企业融资租入的固定资产，应按租赁开始日按租赁资产的公允价值与最低租赁付款额的现值两者较低者，作为入账成本，借记“在建工程”或“固定资产”账户，按最低租赁付款额作为长期应付款的入账价值，贷记“长期应付款——应付融资租赁款”账户，并将两者的差额，作为未确认融资费用，借记“未确认融资费用”账户。

按期支付融资租赁费时，按支付的租赁费，借记“长期应付款——应付融资租赁款”账户，按可以抵扣的增值税，借记“应交税费——应交增值税（进项税额）”账户，按支付价税款，贷记“银行存款”等账户。并在租赁期内将未确认融资费用分摊列为财务费用。

租赁期满，若合同规定将设备所有权转归承租企业的，应将固定资产从“融资租入固定资产”明细账户转入“生产经营用固定资产”等有关明细账户。

【例9－11】 大明公司以融资租赁方式租入一项设备，协议确定的最低租赁付款额为490万元，租赁开始日确认的固定资产公允价值为455万元，最低租赁付款额的现值为460万元。租入设备直接交付安装，以银行存款支付专用发票所列的安装费20万元，增值税18 000元。租赁期为7年，每年应付租赁费70万元，支付租赁付款时，出租方开具专用发票，增值税税率为13%。假定未确认融资费用在租赁期内平均摊销。账务处理为：

（1）融资租入设备直接交付安装时：

借：在建工程——在安装设备	4 550 000	
未确认融资费用	350 000	
贷：长期应付款——应付融资租赁款		4 900 000

（2）以存款支付安装费时：

借：在建工程——安装工程	200 000	
应交税费——应交增值税（进项税额）	18 000	
贷：银行存款		218 000

（3）设备安装完工达到预定可使用状态时：

借：固定资产——融资租入固定资产	4 750 000	

贷：在建工程——在安装设备　　4 550 000
　　　　　　——安装工程　　200 000

（4）租赁期内每年年末摊销未确认融资费用时：

借：财务费用　　50 000（350 000 ÷ 7）
　　贷：未确认融资费用　　50 000

（5）租赁期内每年支付租赁费时：

借：长期应付款——应付融资租赁款　　700 000
　　应交税费——应交增值税（进项税额）　　91 000
　　贷：银行存款　　791 000

（6）租赁期满，设备所有权转给承租企业（大明公司）时：

借：固定资产——生产经营用固定资产　　4 750 000
　　贷：固定资产——融资租入固定资产　　4 750 000

（二）分期付款方式购入资产的账务处理

企业以分期付款方式购入固定资产、无形资产等，属超过正常信用条件延期支付价款，实质上具有融资性质的，应按购买价款的现值，借记“固定资产”“在建工程”“无形资产”“研发支出”等账户，按应支付的金额，贷记“长期应付款”账户，按其差额，借记“未确认融资费用”账户。企业按期支付价款时，按支付的价款，借记“长期应付款——分期付款方式购入资产”账户，按可以抵扣的增值税，借记“应交税费——应交增值税（进项税额）”账户，按支付价税款，贷记“银行存款”等账户。

【例9-12】大明公司于本年末以分期付款方式购入一项不需要安装的设备，合同确定的应付总价款为180万元（不含税），分5年平均付款，每年年末支付款时，销货方开具专用发票，增值税税率为13%。设备购买总价款（不含税）的现值是150万元。假定未确认融资费用在租赁期内平均摊销。账务处理为：

（1）购入设备，设备交付使用时：

借：固定资产——生产经营用固定资产　　1 500 000
　　未确认融资费用　　300 000
　　贷：长期应付款——分期付款方式购入资产　　1 800 000

（2）约定期内每年年末，以存款支付价税款时：

借：长期应付款——分期付款方式购入资产　　360 000
　　应交税费——应交增值税（进项税额）　　46 800
　　贷：银行存款　　406 800

（3）约定期内每年年末摊销未确认融资费用时：

借：财务费用　　60 000
　　贷：未确认融资费用　　60 000

第五节 债务重组

一、债务重组的定义

债务重组，是指在债务人发生财务困难的情况下，债权人按照其与债务人达成的协议或者法院的裁定作出让步的事项。债务人发生财务困难、债权人作出让步是债务重组的基本特征。

提示：(1) 这里讲述的是持续经营条件下的债务重组。

(2) 债务人发生财务困难，是指债务人出现资金周转困难、经营陷入困境或者其他方面的原因，导致其无法或者没有能力按原定条件偿还债务。

(3) 债权人作出让步，是指债权人同意债务人现在或将来以低于重组债务账面价值金额或者价值偿还债务。若债权人没有作出让步，则不属于债务重组。

二、债务重组的方式

债务重组的方式主要有以下四种：

(一) 以资产清偿债务

以资产清偿债务，是指债务人将其资产转让给债权人以清偿债务的债务重组方式。债务用于清偿债务的资产包括：货币资金、存货、金融资产、固定资产、无形资产、投资性房地产等。

(二) 将债务转为资本

将债务转为资本，是指债务人将其债务转为资本，同时债权人将其债权转为股权投资的债务重组方式。重组的结果是，债务人由此而增加股本（实收资本），债权人因此而增加长期股权投资。

(三) 修改其他债务条件

修改其他债务条件，是指修改不包括上述两种方式在内的他债务条件进行债务重组的方式。如减少债务本金、降低利率、减少或免去债务利息、延长偿还期限等。

(四) 以上三种方式的组合

以上三种方式的组合，是指采用以上三种方式共同清偿债务的债务重组方式。例如，以转让资产清偿一部分债务，另一部分债务通过修改其他债务条件进行债务重组。

三、债务重组的账务处理

（一）以现金偿还债务

债务人以低于债务账面价值的现金清偿债务时，债务人应将重组债务的账面价值与支付的现金之间的差额，确认为债务重组利得，计入营业外收入。

债权人应将债权的账面价值与收到的现金之间的差额，确认为债务重组损失，计入营业外支出。需要注意的是，债权人已对债权计提了信用减值准备（坏账准备）的，应当先将差额冲减减值准备，冲减后尚有余额的，再计入营业外支出。

【例9－13】 2×19年2月10日，大明公司向兴隆公司购入A材料一批，专用发票所列的价款为20万元，增值税税率为13%。2×20年7月20日，大明公司因发生财务困难无法按合同规定偿还债务，经双方协商，兴隆公司同意减免大明公司此项债务4万元，余额用立即以银行存款偿付。兴隆公司已对该项应收账款计提了2万元的坏账准备。

大明公司（债务人）的账务处理为：

借：应付账款——兴隆公司	226 000	
贷：银行存款		200 000
营业外收入——债务重组利得		26 000

兴隆公司（债权人）的账务处理为：

借：银行存款	186 000	
坏账准备——应收账款	20 000	
营业外支出——债务重组损失	20 000	
贷：应收账款——大明公司		226 000

（二）以非现金资产偿还债务

以非现金资产清偿某项债务的，债务人应将重组债务的账面价值与转让的非现金资产公允价值和相关税费之和的差额，确认为当期损益。转让的非现金资产公允价值与其账面价值之间的差额，也是确认为当期损益的。

债权人应按重组债权的账面价值与受让的非现金资产的公允价值的差额，确认为当期损益。债权人已对债权计提了信用减值准备（坏账准备）的，应当先将差额冲减减值准备，冲减后尚有余额的，再计入营业外支出。

企业以非现金资产清偿某项债务的，非现金资产类别不同，其账务处理也略有不同。

1. 以库存材料、库存商品抵偿债务

债务人以库存材料、库存商品抵偿债务，应视同销售进行处理；债权人取得货物按照公允价值列为存货，差额为债务重组损益。

【例9－14】 大明公司上年度欠丰润公司购货款18万元。因大明公司发生财务困难，短期内无法按合同规定偿还债务。本月经双方协议，丰润公司同意大明公司用产品抵偿该项债务。该产品市场价格为15万元（即公允价值），增值税税率为13%，产品生产成本为12万元。大明公司对转让的产品计提了存货跌价准备1万元。丰润公司对应收账款计提了坏账准备5 000元。丰润公司收到货物列为库存商品验收入库，并取得增值税专用发票。

大明公司（债务人）的账务处理为：

借：应付账款——丰润公司 180 000
　　存货跌价准备 10 000
　　贷：主营业务收入 150 000
　　　　应交税费——应交增值税（销项税额） 19 500（150 000×13%）
　　　　营业外收入——债务重组利得 20 500

借：主营业务成本 120 000
　　贷：库存商品 120 000

丰润公司（债权人）的账务处理为：

借：库存商品 150 000
　　应交税费——应交增值税（进项税额） 19 500
　　坏账准备——应收账款 5 000
　　营业外支出——债务重组损失 5 500
　　贷：应收账款——大明公司 180 000

提示：

大明公司（债务人）：	丰润公司（债权人）：
重组债务的应付账款账面余额180 000元	重组债务的应付账款账面余额180 000元
减：所转让产品的公允价值150 000元	减：所转让产品的公允价值150 000元
增值税销项税额（150 000×13%）19 500元	增值税销项税额（150 000×13%）19 500元
差额　10 500元	差额　10 500元
加：已提存货跌价准备　10 000元	减：已提坏账准备　5 000元
债务重组利得　20 500元	债务重组利得　5 500元

2. 以固定资产抵偿债务

债务人以固定资产抵偿债务，应将固定资产公允价值与其账面价值和清理费用的差额作为转让固定资产的损益处理，列为资产处置损益。将固定资产公允价值与重组债务账面价值的差额，作为债务重组利得。债权人收到的固定资产按公允价值计量。

【例9-15】2×18年10月大明公司欠利民公司购货款30万元。因大明公司发生财务困难，短期内无法按合同规定偿还债务，2×20年3月经双方协议，利民公司同意大明公司用2018年7月购进一项设备抵偿该项债务。该项设备的账面原值36万元，累计折旧为10万元，确认的公允价值为25万元。抵债设备已送达利民公司，利民公司已将其用于生产，利民公司取得大明公司按设备公允价值和13%税率开具的专用发票。假定不考虑其他税费。

大明公司（债务人）的账务处理为：

（1）固定资产转入清理：

借：固定资产清理——××设备 260 000

累计折旧　100 000
　贷：固定资产——生产经营用固定资产（××设备）　360 000
（2）以固定资产抵债，结转债务重组利得：
借：应付账款——利民公司　300 000
　贷：固定资产清理——××设备　250 000
　　应交税费——应交增值税（销项税额）　32 500
　　营业外收入——债务重组利得　17 500
（3）结转抵债转出固定资产净损益：
借：资产处置损益　10 000
　贷：固定资产清理——××设备　10 000
利民公司（债权人）的账务处理为：
借：固定资产——生产经营用固定资产（××设备）　250 000
　应交税费——应交增值税（进项税额）　32 500
　营业外支出——债务重组损失　17 500
　贷：应收账款——大明公司　300 000

提示：债务人以股票、债券等金融资产抵偿债务，应将相关金融资产公允价值与其账面价值的差额作为转让金融资产的损益处理，列为投资收益。相关金融资产公允价值与重组债务账面价值的差额，作为债务重组利得。债权人收到的相关金融资产按公允价值计量。

（三）将债务转为资本

债务转为资本时，股权的公允价值一定小于债务的账面价值，二者的差额为债务重组收益，计入营业外收入。按股权份额或股份的面值确认为实收资本或股本。股权的公允价值与股权份额或股份面值的差额应当计入资本公积。

债务转为资本时，债务人可能会发生一些税费，如印花税。一般情况下，这些费用应在发生时计入当期损益。

对债权人而言，债权转股权的投资成本包括股权的公允价值与相关税费，股权的公允价值与债权的账面价值的差额为债务重组损失，计入营业外支出。

【例9-16】 2×19年3月10日，广和公司销售一批商品给大明公司，价款未付清，广和公司应收大明公司账款的账面余额为10万元。由于大明公司发生财务困难，无法偿付此项应付账款。经双方协商同意，采取将大明公司所欠债务转为大明公司股本的方式进行债务重组。大明公司用于抵债的普通股为2万股，每股面值1元，股票市价为每股4.50元。广和公司对该项应收账款计提了3 000元的坏账准备。股票过户登记手续已办妥，广和公司列为长期股权投资。不考虑其他税费。

大明公司（债务人）的账务处理为：
借：应付账款——广和公司　100 000
　贷：股本——广和公司　20 000（20 000×1）
　　资本公积——股本溢价　70 000（20 000×4.50－20 000）
　　营业外收入——债务重组利得　10 000

广和公司（债权人）的账务处理为：

借：长期股权投资——大明公司 90 000

　　坏账准备——应收账款 3 000

　　营业外支出——债务重组损失 7 000

　　贷：应收账款——大明公司 100 000

相关链接

债务人以债务转为资本方式进行债务重组，应按照《公司法》等有关法律法规的规定，按程序办理增资扩股手续。并注意：债务人根据转换协议将可转换公司债券转为资本或股本，不能作为债务重组处理。

（四）修改其他债务条件

以修改其他债务条件进行债务重组的，如果重组债务的账面价值大于将来应付金额的现值，债务人应将重组债务的账面价值减记至将来应付金额现值，减记的金额确认为当期收益。债权人应将重组债权的账面价值减记至将来应收金额现值，减记的金额确认为当期损失。

相关链接

采用修改其他债务条件进行债务重组时，如果债务人涉及或有支出，根据谨慎原则，应将或有支出计入将来应付金额，重组债务的账面价值大于将来应付金额的差额作为债务重组收益。将来实际发生的或有支出冲减重组后债务的账面价值，若或有支出没有发生，则于债务结清时确认为当期重组收益。

对债权人，如果涉及或有收益，根据谨慎原则，或有收益不计入将来应收入金额。重组债权的账面价值大于将来应收金额的差额作为债务重组损失。将来实际发生的或有收益计入当期损益。

（五）混合方式

混合重组方式，指以上四种方式中的两种或两种以上的组合。根据组合方法不同，混合重组可以有多种不同的方式。一般情况下，应先考虑以现金清偿，接下来是以非现金资产清偿或以债务转为资本方式清偿，最后是修改其他债务条件。修改其他债务条件的结果是，债务实质上还要延续。因此将其放在后考虑是比较合理的。

提示：执行《小企业会计准则》的企业，非流动负债核算方面的主要有以下几点不同：

（1）小企业一般不能公开发行债券，所在不存在“应付债券”。

（2）小企业借款费用资本化的时间点是“竣工决算前”或“达到预定生产经营目的前”，而不是“达到预定可使用状态前”。

（3）小企业长期借款的利息费用是按照本金和借款合同利率计算的。

（4）小企业融资租入固定资产的入账成本是合同规定的付款总额加上初始直接费用。

本章知识结构图

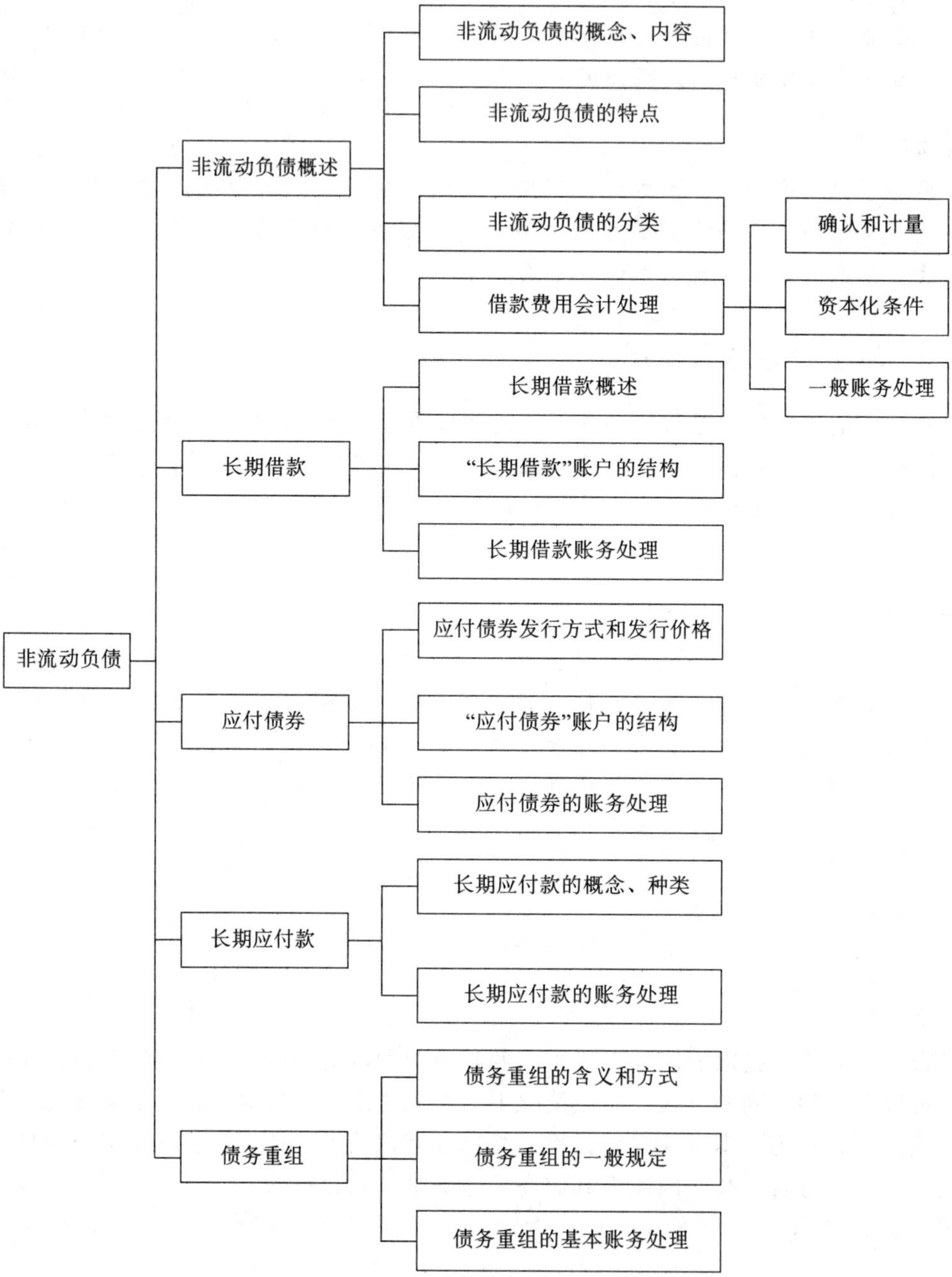
非流动负债
非流动负债概述
非流动负债的概念、内容
非流动负债的特点
非流动负债的分类
借款费用会计处理
确认和计量
资本化条件
一般账务处理
长期借款
长期借款概述
“长期借款”账户的结构
长期借款账务处理
应付债券
应付债券发行方式和发行价格
“应付债券”账户的结构
应付债券的账务处理
长期应付款
长期应付款的概念、种类
长期应付款的账务处理
债务重组
债务重组的含义和方式
债务重组的一般规定
债务重组的基本账务处理

第十章
所有者权益

学习目标

通过本章学习，要求了解所有者权益和负债的区别和联系；了解股份有限公司股本的账务处理。理解实收资本的意义及相关规定；理解资本公积的内容及其产生原因；理解留存收益的内容及其来源渠道和用途。掌握所有者权益的概念及其构成；掌握一般企业实收资本的账务处理；掌握资本公积取得和使用的账务处理；掌握盈余公积提取和使用的账务处理。

本章重点：所有者权益、实收资本、资本公积和盈余公积的构成内容，实收资本、资本公积、盈余公积形成和变动的账务处理。

第一节　所有者权益概述

企业的投资者和债权人对企业资产的要求权叫作权益。企业权益分为债权人权益和所有者权益两部分。所有者权益代表着投资人享有的对既定经营主体的资源的份额，以及对该经营主体的经营收益的要求权。

一、所有者权益的概念和特征

（一）所有者权益的定义

所有者权益是指企业资产扣除负债后由所有者享有的剩余权益。其来源包括所有者投入的资本、直接计入所有者权益的利得和损失、留存收益等。股份制企业的所有者权益又称为股东权益。

投资人和债权人都是企业资产的提供者，他们对企业的资产都有相应的要求权。但是，所有者权益与负债又有本质区别，两者的区别主要表现在以下几个方面：

第一，对象不同。负债是企业对债权人负担的经济责任；所有者权益是企业对投资人负担的经济责任。

第二，性质不同。负债是在经营或其他事项中发生的债务，是债权人对其债务的权利；所有者权益是投资者投入资本及其投入资本的运用所产生的盈余（或亏损）的权利。

第三，偿还期限不同。负债必须于一定的日期（特定日期或确定的日期）偿还；所有者权益在企业持续经营的情况下，不能收回投资。只有在企业破产清算时，如有剩余财产，才可能在投资者之间按出资比例等进行分配。

第四，享受的权利不同。债权人只享有收回债务本金和利息的权利，而无权参与企业利润分配和经营管理，但当企业进行清算时，债权人对企业的资产享有优先要求权；所有者除可以参与企业利润分配获得利益外，还可以参与企业经营管理。

（二）所有者权益的特征

所有者权益主要有以下特征：

（1）所有者权益对资产的要求权不具有优先性。

（2）所有者权益具有参与企业经营管理、重大决策和利润分配的权利。

（3）所有者权益的收益具有不确定性。

（4）所有者权益的收回无时间性。

（5）所有者权益金额取决于资产和负债的计量。

相关链接

例如，科信公司是张明、何云等三人出资创办的，因扩展的需要和金亮本人的要求，金亮出资50万元加盟，按30万元列资本控股比例为10%。公司总资产为1 500万元，本年度公司实现净利润60万元，负债总额900万元。这样，金亮就成了科信公司的投资人，其对科信公司享有的权益就是所有者权益。有关具体情况是：

（1）公司所有者权益总额：1 500 - 900 = 600（万元）。这600万元的所有者权益必然取决于公司对资产和负债的计量。

（2）投资人金亮50万元的出资额，只要公司持续经营是不能收回的，即收回的无时间性。

（3）600万元所有者权益也可以说是不确定，金亮占10%，享有60万元，下一年度出现经营亏损，公司所有者权益总额降为400万元，金亮只有享有40万元了。所以说，所有者权益具有不确定性。

（4）年终公司如果分利20万元，金亮可分到2万元，即参与公司利润分配的权利。同时，作为占股权10%投资人可以在一定范围参与公司的经营管理。

（5）金亮等投资人对公司资产的要求权是排在债权人之后的，即假定公司解散或破产，要清偿债权人的债务，然而再将剩余净资产在投资人之间进行分配。

二、所有者权益的构成

所有者权益从来源看，包括所有者投入的资本、直接计入所有者权益的利得和损失以及留存收益等。

所有者投入的资本，是指所有者实际投入企业经营活动的各种财产物资。如投入的货币性资产、存货、固定资产、无形资产等。投入资本按投资主体具体分为国家投入资本、法人投入资本和个人投入资本等。

直接计入所有者权益的利得和损失，是指不应计入当期损益、会导致所有者权益发生增减变动的、与所有者投入资本或者向所有者分配利润无关的利得或者损失。如资本溢价、资产评估增值等，均反映在资本公积。

相关链接

利得和损失分为直接计入所有者权益的利得和损失以及直接计入当期损益的利得和损失。利得是指由企业非日常活动所形成的、会导致所有者权益增加的、与所有者投入资本无关的经济利益的流入。损失是指由企业非日常活动所发生的、会导致所有者权益减少的、与向所有者分配利润无关的经济利益的流出。

留存收益包括从税后净利润中提取的各种盈余公积和尚未向所有者分配的、留存于企业的未分配利润。

所有者权益从经济内容看，包括实收资本（或股本）、资本公积、其他综合收益、盈余公积和未分配利润等四个部分。其具体构成内容如图 10－1 所示。

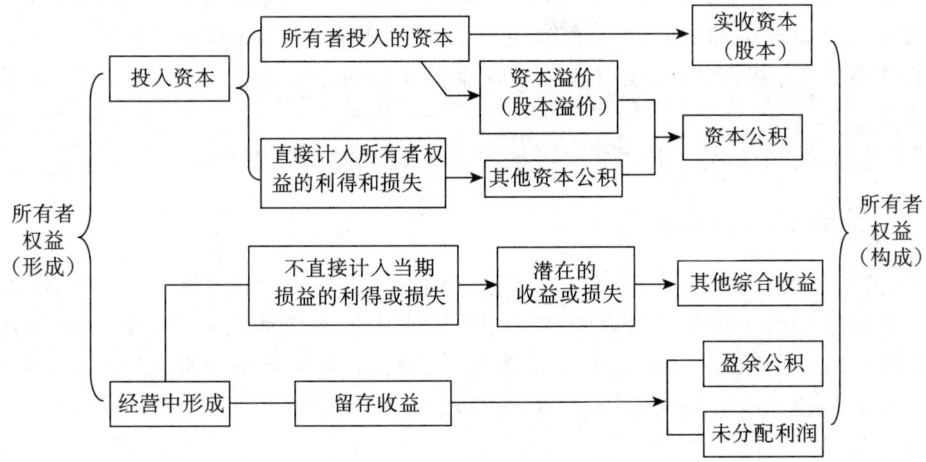

图 10－1　所有者权益的构成

第二节　投入资本

一、投入资本的概述

投入资本是指所有者按照企业章程或合同、协议的约定，实际投入企业的资本。所有者向企业投入的资本，在一般情况下无需偿还，并可以长期周转使用。投入资本的构成比例即投资者的出资比例（股东的持股比例），是企业据以进行利润分配（股利分配）的主要依据。

> **相关链接**
>
> 2013年12月，《公司法》又进行了修改，这次修改主要涉及：
>
> 第一，将注册资本实缴登记制改为认缴登记制。取消了关于公司股东（发起人）应两年内缴足出资，投资公司可以在五年内缴足出资的规定，一人有限责任公司股东应当一次足额缴纳出资的规定。
>
> 第二，放宽注册资本登记条件。除法律、法规另有规定外，取消有限责任公司最低注册资本3万元、一人有限责任公司最低注册资本10万元等的限制。
>
> 第三，简化登记事项和登记文件。有限责任公司股东认缴出资额、公司实收资本不再作为公司登记事项，由企业在公司章程中约定。公司登记时，不需要提交验资报告。

二、投入资本的账务处理

为了核算和监督所有者投入资本的增减变动情况，企业应设置“实收资本”账户。该账户贷方反映企业实际收到投资者缴付（转增）的资本，借方按法定程序减资时所减少的注册资本数额，期末余额在贷方，反映企业实收资本总额。该账户可按投资者进行明细分类核算。

股份有限制公司应将“实收资本”账户，改为“股本”账户。

（一）接受投入的货币资金

投资者以现金投入的资本，应当以实际收到或者存入企业开户银行的金额作为实收资本入账。实际收到的金额超过其在该企业注册资本中所占份额的部分，计入资本公积。

【例10-1】 甲、乙两人共同投资设立科美公司（有限责任公司），注册资本为60万元，甲、乙的持股比例分别为65%和35%。投资者一次交足的款项存入银行。公司的账务处理为：

借：银行存款	600 000	
贷：实收资本——甲		390 000
——乙		210 000

（二）接受投入的非现金资产

企业收到投资者投入的非现金资产（包括存货、固定资产、无形资产等）时，应按投资各方确认价值作为实收资本入账。若投资各方确认的资产价值超过其注册资本中所占份额部分，作为资本溢价，计入“资本公积”账户。一般纳税人企业取得增值税专用发票的，其可以抵扣的增值税，应计入”应交税费——应交增值税（进项税额）账户。

【例10-2】 大明公司收到江河公司作为资本投入的不需要安装的设备一台，该设备投资各方确认的价值为10万元，投资合同确认的注册资本也为10万元，并以银行存款支付相关税费 2 000 元（未取得增值税专用发票）。公司的账务处理为：

借：固定资产——生产经营用固定资产　　102 000
　　贷：实收资本——江河公司　　100 000
　　　　银行存款　　2 000

【例 10－3】 大明公司收到大华公司投入原材料一批，投资各方确认的不含税价格为 30 万元，专用发票所列的增值税 39 000 元，合同约定按照资产价值为资本额。账务处理为：

借：原材料——原料及主要材料　　300 000
　　应交税费——应交增值税（进项税额）　　39 000
　　贷：实收资本——大华公司　　339 000

（三）资本的增减变动

企业实收资本是相对稳定的，但在某些特定情况下，实收资本也可能发生增减变化。当实收资本比原注册资金增加或减少的幅度超过 20% 时，应向原登记机关申请变更登记。

1. 实收资本的增加

一般企业增加资本主要有三种途径：接受投资者追加投资、资本公积转增资本、盈余公积转增资本。企业接受投资者追加资本（或补充到位）的账务处理与前述投入资本是一致的。

2. 实收资本的减少

企业由于经营状况发生变化，如经营规模缩小、资本过剩或发生重大亏损，短期内无力弥补等原因需要减少注册资本的。企业减少注册资本必须按照法定程序报经批准，办理资本变更手续。减少注册资本的原因不同，其账务处理也有所区别：

（1）经营规模缩小、资本过剩而减资的。企业在按法定程序报经批准后将注册资本返还给投资者时，借记“实收资本”账户，贷记“银行存款”账户。

（2）发生严重亏损而减资的。企业发生连续、重大亏损，短期内无力用盈余公积、利润弥补的，可采取减资补亏。报经工商行政管理部门核准后，借记“实收资本”账户，贷记“利润分配——未分配利润”账户。

股份有限制公司应将“实收资本”账户，改为“股本”账户。上市的股份有限公司主要是通过发行股票取得股本（资本）的，其账务处理有其特殊性。

股票面值统一为 1 元。股票的发行价格受资金供求关系、投资者对股票价值评估等原因的影响。股票可以按面值发行，也可以高于面值发行即溢价发行。发行股票支付的发行费用应从溢价中抵扣。

股份有限公司发行股票时，按实际收到款项（扣除发行费用），借记“银行存款”账户；按面值乘以股份数的金额，贷记“股本”账户；实际收取款项大于股本的差额作为股本溢价，贷记“资本公积”账户。

【例 10－4】 电魂科技公司发行普通股 3 000 万股，每股面值为 1 元，每股发行价为 3 元，发行费用计 100 万元，扣除发行费用后的款项收存银行。账务处理为：

借：银行存款　　89 000 000（30 000 000×3－1 000 000）
　　贷：股本——普通股　　30 000 000（30 000 000×1）

资本公积——股本溢价　　59 000 000（差额）

股份有限公司增加股本途径有：公积金转增股本、分派股票股利、增资扩股、可转换公司债券转为股本等。

股份有限公司减少股本是因经营规模缩小、资本过剩或长期严重亏损等原因，须遵守程序和规定。上市公司收购本公司股票是一种减资方式，即股本的减少，应通过“库存股”账户进行核算。

收购时按股票面值和注销股数计算的股票面值总额减少股本，按注销库存股的账面余额与所冲减股本的差额冲减股本的溢价，股本溢价不足冲减的，再依次冲减盈余公积和未分配利润；如果购回股票支付的价款低于面值总额的，所注销库存股的账面余额与所冲减股本的差额作为股本溢价处理，增加资本公积。

【例10－5】电魂科技公司本期末的股本为3 000万股，面值为1元，资本公积（股本溢价）结余3 000万元，盈余公积结余为8 000万元。经股东会批准，公司以货币资金收购本公司股票1 000万股，收回价格为每股5元，不考虑其他因素。公司的账务处理为：

（1）以存款收购本公司股票时：

借：库存股　　50 000 000

　　贷：银行存款　　50 000 000（10 000 000股×5元/股）

（2）注销收购本公司股票时：

借：股本　　10 000 000（10 000 000股×1元/股）

　　资本公积——股本溢价　　30 000 000

　　盈余公积　　10 000 000

　　贷：库存股　　50 000 000

课堂讨论：（1）企业注册资本、投入资本、实收资本三者有何联系与区别？

（2）上市公司股本的账务处理有哪些方的特殊性？

第三节　资本公积

一、资本公积的内容

资本公积是指归所有者所共有的、非收益转化而形成的资本。它是投资者投入但不能构成实收资本，或从其他来源取得由所有者享有的资金。资本公积由全体股东享有，它在转增资本时，应按投资比例计算，分别转增各个投资者的投资金额。资本公积的内容一般包括：

（1）资本（或股本）溢价。资本溢价（或股本溢价）是指企业投资者出资超过其在注册资本（或股本）中所占份额的部分。

（2）直接计入所有者权益的利得和损失。这是指不应计入当期损益、其他综合收益，会导致所有者权益发生增减变动的，与所有者投入资本或向所有者分配利润无关的利得或损失，也称为其他资本公积。

提示：资本公积与实收资本（股本）的区别：

从来源和性质看，实收资本（或股本）是指投资者实际投入企业并依法进行注册的资本，它体现了企业所有者对企业的基本产权关系；资本公积是投资者的出资超出其在注册资本中所占份额的部分，它不直接表明所有者对企业的基本产权关系。

从用途看，实收资本（或股本）的构成比例是确定所有者参与企业财务经营决策的基础，也是企业进行利润分配或股利分配的依据，同时还是企业清算时确定所有者对净资产的要求权的依据。资本公积不体现各所有者的占有比例，也不能作为所有者参与企业财务经营决策或进行利润分配（或股利分配）的依据。

二、资本公积的账务处理

企业资本公积，应设置“资本公积”账户进行核算。该账户贷方登记企业资本公积的增加数额，借方登记企业资本公积的减少数额，期末贷方余额，反映企业资本公积的结余数额。该账户可按“资本溢价”（或“股本溢价”）“其他资本公积”进行明细核算。

（一）资本公积的形成

1. 资本溢价（或股本溢价）

资本溢价（或股本溢价）是指投资者缴付企业的出资额大于该所有者在企业注册资本中所占有份额的数额。在企业创立时，投资者认缴的出资额往往与注册资本一致，不会产生资本公积。但在企业重组或有新的投资者加入时，为了维护原投资者的权益，新加入的投资者的出资额，并不一定全部作为实收资本处理。这是因为：①企业创建时的资金投入和企业已走向经营正轨时期的资金投入，即使在数量上相等，其盈利能力也是不同的；②接纳新投资者后，新投资者与原投资者一样有权参与原有留存收益的分配，只有新的出资额大于实收资本，才能维护原投资者的已有权益。

【例 10-6】 大明公司最初由 A、B、C 三位股东各投资 200 万元人民币设立，设立时的注册资本为600 万元，经过几年的经营，公司留存收益达500 万元。现投资者 D 要加入公司，并表示愿出资 300 万元，享有与 A、B、C 三位股东同等的权利，各股东表示同意，D 投入的 300 万元收存银行。公司的账务处理为：

借：银行存款	3 000 000	
贷：实收资本——D 股东		2 000 000
资本公积——资本溢价		1 000 000

股本溢价是指股份有限公司溢价发行股票时实际收到的款项超过股票面值总额的数额。在溢价发行股票的情况下，企业发行股票取得的收入，等于股票面值部分记入“股本”账户，超出股票面值的溢价收入扣除发行股票手续费、佣金后的净溢价记入“资本公积”账户。

2. 其他资本公积

其他资本公积是指除资本溢价（或股本溢价）、接受捐赠非现金资产准备、股本投资准备、拨款转入、关联交易差价等各项来源形成的资本公积以外，因其他来源或原因形成的资本公积，主要是直接计入所有者权益的利得和损失。具体有：

（1）以权益结算的股份支付。

（2）企业与股东之间的资本性交易（即“权益性交易”），如股东对企业的捐赠、债务豁免、代为偿债等。

（3）权益法下，被投资单位发生的除净损益、其他综合收益和利润分配以外的所有者权益的其他变动，如被投资单位其他股东的资本性投入、其他股东增减资因素导致对被投资单位股权比例变动等。

【例10－7】大明公司持有H公司30%的股份，能够对H企业施加重大影响。H企业为上市公司，当期其母公司给予H公司捐赠100万元，该项捐赠实质上属于资本性投入，H企业将其计入资本公积。不考虑其他因素，大明公司的账务处理为：

大明公司享有被投资单位（H公司）所有者权益的其他变动＝100×30%＝30（万元）

借：长期股权投资——其他权益变动　　300 000

　　贷：资本公积——其他资本公积　　300 000

其他资本公积一般是由特定资产的计价变动而形成的，当特定资产处置时，其他资本公积也应一并处置（结转）。因此，其他资本公积不得直接用于转增资本（或股本）。

（二）资本公积的使用

资本公积按规定可以用于转增资本。资本公积转增资本应按照程序办理相关批准手续，转增资本的数额以资本公积（不含其他资本公积）账面余额为限，并按照原投资者出资本比例或公司决议，将转增资本额进行明细确认。企业以资本公积转增资本时，借记“资本公积”账户，贷记“实收资本”或“股本”账户。

【例10－8】承【例10－1】科华公司经核准将资本公积10万元用于转增资本，公司已按规定程序办理完增资手续。按甲、乙两投资者的出资比例分别为65%和35%转增资本，公司的账务处理为：

借：资本公积——资本的溢价　　100 000

　　贷：实收资本——甲　　65 000

　　　　　　　　——乙　　35 000

实收资本和资本公积核算有关账户的关联如图10－2所示。

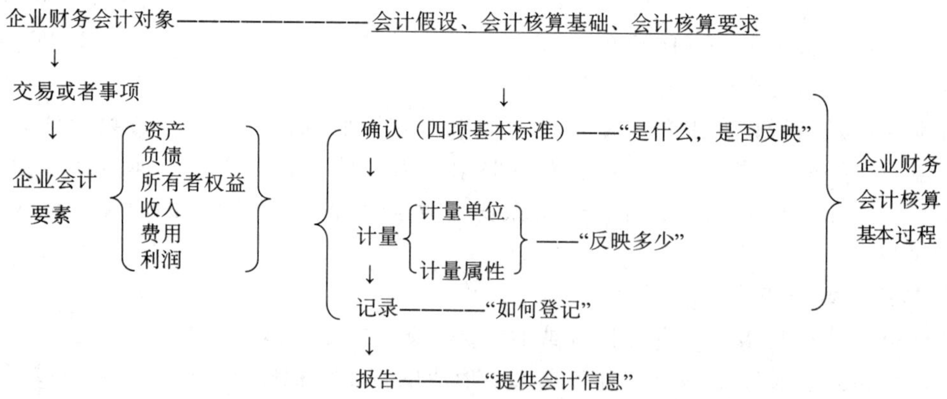

图10－2　实收资本和资本公积核算有关账户的关联

相关链接

关于其他综合收益

其他综合收益是一项所有者权益，区别于其他资本公积，也不同于其他收益（是计入本年利润的一项当期损益）。

其他综合收益包括：(1) 以后会计期间不能重分类进损益的项目，如重新计算设定受益计划净负债或净资产导致的变动，按照权益法核算因被投资单位重新计量设定受益计划净负债或净资产变动导致的权益变动；

(2) 以后会计期间有满足规定条件时将重分类进损益的项目，如符合固定和条件的金融资产应当分类为以公允价值计量且其变动计入其他综合收益的相关价值变动，采用权益法核算的长期股权投资被投资单位其他综合收益的实现及调整，存货或自用房地产转换为投资性房地产的相关转换调整，现金流量套现工具产生的利得或损失中属于有效套期的部分，外币财务报表折算差额等。

例：某公司将一项原值为 200 万元，累计折旧为 50 万元的自用房屋转为出租，公司投资性房地产采用公允价值模式计量，转换日该项资产的公允价值为 180 万元，其账务处理为：

借：投资性房地产——成本	1 800 000	
累计折旧	500 000	
贷：固定资产——生产经营用固定资产（房屋及建筑物）		2 000 000
其他综合收益		300 000

（注意：此项转换，如转换日公允价值小于账面价值的差额，应列为“公允价值变动损益”。）

第四节 留存收益

留存收益指企业从历年实现的利润中提取或留存于企业的内部积累。留存收益来源于企业的生产经营活动所实现的利润，包括企业的盈余公积和未分配利润两个部分。

一、盈余公积

（一）盈余公积的内容

盈余公积是指企业按照规定从实现的净利润中提取的积累资金。盈余公积是投资者投入资本的增加价值，它的提取和使用应遵循规定法律规定和程序要求。公司制企业盈余公积一般有两种类型：

1. 法定盈余公积

法定盈余公积是企业按照规定从当年实现净利润中提取的盈余公积。公司制企业的提取为10%；非公司制企业也可按高于10%的比例提取。企业法定盈余公积累计额已达注册资本的50%时，可以不再提取。

2. 任意盈余公积

任意盈余公积是公司制企业应按照股东会或股东大会的决议提取的盈余公积。非公司制企业经类似机构批准也可以提取任意盈余公积。

法定盈余公积和任意盈余公积的主要区别在于，前者是以国家法律法规为依据提取的，后者是由企业权力机构自行决定提取的。

外商投资企业盈余公积为按规定提取的“储备基金”“企业发展基金”“职工奖励及福利基金”等。

提示：留存收益和资本公积的区别主要有：留存收益是企业从实现利润中提取形成的留存于企业的内部积累，来源于企业生产经营活动实现的利润。资本公积主要来自资本溢价（或股本溢价），其来源与企业实现利润无关；两者的用途也是不同的。

（二）盈余公积的提取

企业提取的盈余公积是对实现利润的提留，可用于弥补亏损、扩大生产、转增资本或派送股票等。企业提取的盈余公积应设置“盈余公积”账户进行核算。该账户贷方登记企业提取的盈余公积；借方登记企业使用的盈余公积；期末贷方余额，反映企业盈余公积的结余数。该账户应分别“法定盈余公积”“任意盈余公积”进行明细核算。

企业当年实现的净利润，在弥补以前年度亏损后，按规定提取盈余公积，借记“利润分配”账户，贷记“盈余公积”账户。

【例10－9】 大明公司2×20年实现净利润为350万元，按照10%提取法定盈余公积，并根据股东会的决议按照8%的比例任意盈余公积。账务处理为：

借：利润分配——提取法定盈余公积	350 000	
——提取任意盈余公积	280 000	
贷：盈余公积——法定盈余公积		350 000
——任意盈余公积		280 000

提示：计算提取法定盈余公积的基数是当年实现的净利润，不是利润总额。存在弥补以前年度亏损的，应先扣除，并不包括年初未分配的利润。

（三）盈余公积的使用

企业法定盈余公积和任意盈余公积的使用一般是结合安排使用的。盈余公积可用于弥补亏损、扩大生产、转增资本或派送股票等，具体可以分为以下几个方面：

1. 转增资本（或股本）

盈余公积转增资本时应：一是要办理增资手续；二是要按股东原有的股份比例结转；三是法定盈余公积转增资本（或股本）时，转增后留存的盈余公积不得少于注册资本的25%。

【例10－10】 大明公司根据股东会决议，用法定盈余公积15万元转增资本，并办妥增资手续。账务处理为：

借：盈余公积——法定盈余公积 150 000
　　贷：实收资本——各投资者 150 000

2. 弥补亏损

企业发生的亏损，5 年内的可在盈利后用税前利润进行弥补。对于超过抵补期等按规定不能用税前利润进行弥补的亏损，则可以用税后利润弥补；如果仍有不足或无法弥补的，经股东会或类似权力机构批准，可以用盈余公积进行弥补。

【例 10－11】 大明公司根据股东会决议，以公司结余的任意盈余公积 50 万元，弥补当期亏损。账务处理为：

借：盈余公积——任意盈余公积 500 000
　　贷：利润分配——盈余公积补亏 500 000

年末，应将"利润分配——盈余公积补亏"明细账户与其他"利润分配"明细账户一起转入"利润分配——未分配利润"明细账户。

3. 分配股利

股份有限公司经股东大会决议，可用盈余公积分派现金股利或派送股票股利。确定分配现金股利时，借记"盈余公积"账户，贷记"应付股利"账户。以现款实际发放现金股利时，借记"应付股利"账户，贷记"银行存款"等账户。

【例 10－12】 大明公司根据股东会决议，本月以公司法定盈余公积和任意盈余公积各 10 万元，向各股东分配现金股利。账务处理为：

借：盈余公积——法定盈余公积 100 000
　　　　　　——任意盈余公积 100 000
　　贷：应付股利——各股东 200 000

企业用盈余公积派送股票股利，应按派送的金额，借记"盈余公积"账户，按派送股票面值总额，贷记"股本"账户，按其差额贷记"资本公积——股本溢价"账户。

课堂讨论： 资本公积和盈余公积转增资本，对企业的所有者权益有何影响？《公司法》对盈余公积转增资本有何规定？

二、未分配利润

未分配利润是企业留待以后年度进行分配的结存利润，它是所有者权益的组成部分。未分配利润有两层含义：一是留待以后年度处理的利润；二是未指定特定用途的利润。未分配利润的计算公式如下：

未分配利润＝期初未分配利润＋本期实现的净利润－本期已分配的利润

未分配利润应通过"利润分配——未分配利润"账户进行核算，其内容主要包括：①年终结转本年实现的净利润，借记"本年利润"账户，贷记"利润分配——未分配利润"账户。结转本年发生的净亏损，作相反的账务处理；②年终结转全年已分配利润，借记"利润分配——未分配利润"账户，贷记"利润分配"账户的各有关明细账户（提取法定盈余公积、提取任意盈余公积、应付现金股利或利润等）。

年终结转后"利润分配——未分配利润"账户的贷方余额，反映企业历年积存的未分配利润；如为借方余额，则反映企业历年积存的未弥补亏损。

【例10－13】大明公司2×20年年初“利润分配——未分配利润”账户贷方余额100万元，“盈余公积”账户贷方余额30万元。本年实现净利润500万元。根据公司股东会的决议本年利润分配为：按照比例10%提取法定盈余公积；按照20%提取任意盈余公积；按可供投资者分配利润的60%向股东分配现金股利，以盈余公积20万元向股东分配现金股利。不考虑其他因素，公司有关利润分配数额及结余的未分配利润为：

（1）计提的法定盈余公积＝500×10%＝50（万元）

（2）计提的任意盈余公积＝500×20%＝100（万元）

（3）可供投资者分配的利润＝100＋500－(50＋100)＝450（万元）

（4）结余未分配利润＝450－450×60%＝180（万元）

（5）结存留存收益＝(100＋30)＋(50＋150)＋(450－270)－20＝490（万元）

提示：执行《小企业会计准则》所有者权益核算的不同点主要是资本公积核算存在差异：

（1）小企业资本公积仅来源于投资者，不考虑直接计入所有者权益的利得和损失。

（2）小企业资本公积仅是资本溢价（或股本溢价），没有其他资本公积。

（3）小企业资本公积结转至零为止，不会出现借方余额。

盈余公积和未分配利润账务处理有关账户的关联如图10－3所示。

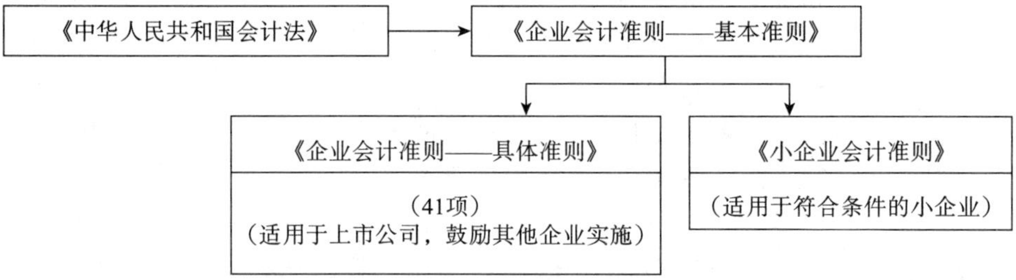

图10－3　盈余公积和未分配利润财务处理有关账户的关联

本章知识结构图

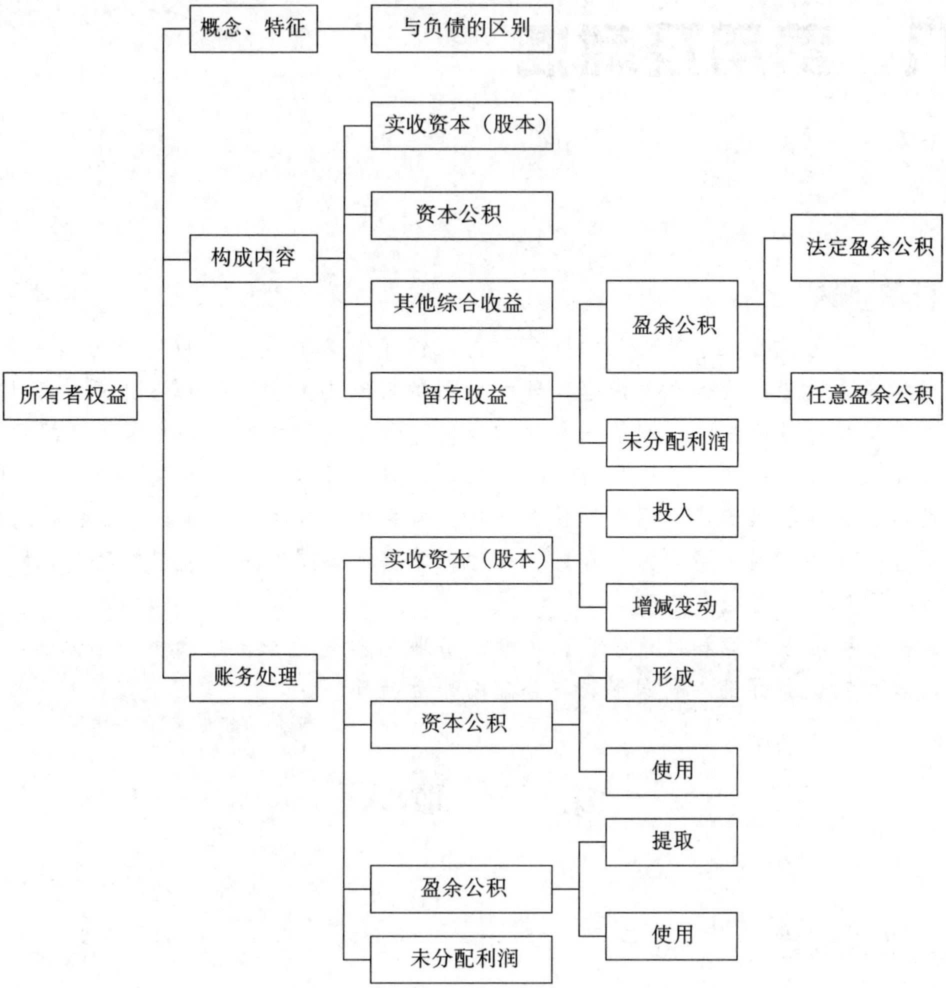
所有者权益
概念、特征
与负债的区别
构成内容
实收资本（股本）
资本公积
其他综合收益
留存收益
盈余公积
法定盈余公积
任意盈余公积
未分配利润
账务处理
实收资本（股本）
投入
增减变动
资本公积
形成
使用
盈余公积
提取
使用
未分配利润

第十一章 收入、费用及利润

学习目标

通过本章学习，要求了解收入的概念和特征；了解合同成本和特定交易的账务处理；了解费用和成本性费用的含义和内容。理解费用的确认与计量；理解收入的内容和分类；理解收入确认和计量的步骤；理解利润的构成内容和利润形成的账务处理；理解营业外收支的内容及账务处理；理解所得税费用的确认与计量；理解“本年利润”和“利润分配”的年终结转。掌握收入确认的原则和前提条件；掌握主营业务收入和其他业务收入的内容和账务处理；掌握期间费用的内容和账务处理；掌握所得税费用的账务处理；掌握利润分配的内容、程序及主要账务处理。

本章重点：收入内容和确认条件，主营业务收入和其他业务收入的内容和账务处理，费用的内容和确认与计量，利润形成与分配的账务处理。

第一节 收入

一、收入概述

（一）收入的概念和特征

收入是企业利润的来源，获取收入是企业日常经营活动中的主要目标。收入是指企业日常活动中所形成的、会导致所有者权益增加的、与所有者投入资本无关的经济利益的总流入。根据收入的定义，收入具有以下特征：

1. 收入是企业日常活动中形成的

日常活动，是指企业为完成其经营目标而从事的经常性活动，以及与之相关的活动。例如，工业企业制造并销售产品、商品流通企业销售商品、咨询公司提供咨询服务、软件开发公司为用户开发软件等活动，均属于日常活动。工业企业对外出售原材料、出租无形资产和固定资产、提供运输服务等活动，属于与经常性活动相关的活动，由此形成的经济利益流入也构成收入。

收入不能是从偶然的交易或事项中产生的。企业非日常活动的交易或事项也可能有经济利益的流入，但这种经济利益不构成收入，如：处置固定资产收益、处置无形资产收益、出售工程物资收入、非货币性资产交换收益、债务重组收益等。企业非日常活动的交易或事项的经济利益的流入，是作为利得，列为营业外收入、资产处置损益等。

提示：记得“守株待兔”的故事吗？农夫种地的收入是日常活动的收入，而守株得到的兔子则是利得。

2. 收入会导致企业所有者权益的增加

收入能增加资产或减少负债或二者兼而有之。因此，根据“资产 - 负债 = 所有者权益”的公式，收入一定能增加所有者权益。

提示：这里仅指收入本身导致的所有者权益的增加，而收入扣除相关成本与费用后的净额，可能表现为所有者权益的增加，也可能表现为所有者权益的减少。

3. 收入是与所有者投入资本无关的经济利益的总流入

所有者投入资本也会形成经济利益的总流入，但所有者投入资本是为了谋求享有企业资产的剩余权益，由此形成的经济利益的总流入额不构成收入，而应确认为所有者权益。所以，收入是会产生经济利益的总流入，但不是企业所有经济利益的总流入。

4. 收入只包括本企业的经济利益总流入

收入不包括为第三方或客户代收的款项，如收取而需缴纳的增值税、代客户收取的委托代销商品款等。企业代收的款项，它不是本企业经济利益的流入，一方面增加企业的资产，另一方面增加企业的负债，并不增加企业所有者权益，所以，不构成本企业的收入。

（二）收入的分类

1. 收入按性质不同，可以分为销售商品收入，提供劳务收入，让渡资产使用权收入

（1）销售商品收入。主要指以取得货币资产的方式进行的商品销售，以及以商品抵偿债务的交易取得的收入。企业销售商品、产成品、代制品、代修品、原材料、包装物等都属于销售商品收入，但是销售原材料、包装物的销售列为其他业务收入，而销售商品、产品、代制品、代修品等列为主营业务收入。

（2）提供劳务收入。企业提供劳务的种类很多，如加工、修理、安装、运输、咨询、服务等。提供劳务性质不同，完成劳务的时间也不等，有的劳务一次就能完成，有的劳务需在较长一段时间，甚至跨多个年度才能完成。

（3）让渡资产使用权收入。包括因他人使用本企业货币资金而收取的利息收入（金融企业），因他人租用本企业的无形资产、固定资产等而形成的收入。

2. 收入按经营业务的主次分类，可以分为主营业务收入和其他业务收入

（1）主营业务收入。主营业务收入是指企业经常性的、主要业务所产生的收入，可根据企业营业执照上经营范围所规定的主要业务为准。不同行业的主营业务收入所包括的内容也不相同，例如：工业企业销售产品、提供工业性劳务的收入；商品流通企业销售商品的收入；租赁公司的租赁业务收入；安装公司的提供安装服务收入等均属于主营业务收入。主营业务收入一般占企业营业收入的比重较大，对企业的经济效益产生重大的影响。

（2）其他业务收入。其他业务收入是指企业非经常性的兼营的业务所产生的收入，可通过营业执照上的兼营业务范围确定。不同行业企业的其他业务收入所包括的内容有所不同，例如：工业企业的对外销售材料收入，提供非工业性劳务收入，出租包装物、固定资产、无形资产的租金收入等。

主营业务收入和其他业务收入合称为营业收入。

课堂讨论： 下列各项哪些属于收入？不属于收入的，应如何计列入账？

①出售固定资产、无形资产的收入；②存款利息收入；③出售工程物资收入；④罚款收入；⑤债务重组取得收益；⑥收取的押金；⑦应收保险赔偿款；⑧政府补助；⑨出售不合格品的收入；⑩没收出租、出借包装物的押金；⑪预收货款；⑫出售交易性金融资产、长期股权投资取得的收益；⑬出口退税；⑭债权投资的利息收入；⑮库存现金溢余。

（三）收入的确认和计量

正确确认与计量收入是如实反映企业经营成果，正确核算企业利润的前提和保证。

企业确认收入的方式应当反映其向客户转让商品、提供服务模式。收入的金额应当反映企业因转让商品或提供服务而预期有权收取的对价金额。

1. 收入确认的原则

收入确认原则是：

企业应当在履行了合同中的履约义务，即在客户取得相关商品控制权时确认收入。取得相关商品控制权，是指客户能够主导该商品的使用并从中获得几乎全部的经济利益，也包括有能力阻止其他方主导该商品的使用并从中获得的经济利益。

取得相关商品控制权同时包括下列三要素：

一是拥有现时权利，客户能够主导该商品的使用并从中获得几乎全部的经济利益。如果客户只能在未来某一期间主导该商品的使用并从中获益，则表明尚未取得该商品的控制权。

二是有能力主导该商品的使用，客户在其活动中有权使用该商品，或者能够允许或阻止其他方使用该商品。

三是能够获得几乎全部的经济利益。商品经济利益指商品的潜在现金流量，既包括现金流入的增加，也包括现金流出的减少。客户可以通过使用、消耗、出售、处置、交换、抵押或持有等多种方式直接或间接地获得商品的经济利益。

提示：（1）客户是指与企业订立合同以向该企业购买日常活动产出的商品并支付对价的一方。

（2）这里所称的商品包括商品和服务。

（3）关于对价。对价是指交易双方以权利义务为基础所允诺认可的价格。所以，对价是在合同约定中产生；对价是交易双方接受的价格，不一定是公允价值。

2. 收入确认的前提条件

企业与客户之间的合同同时满足下列五项条件的，企业应当在客户取得商品控制权时确认收入：

（1）合同各方已批准该合同并承诺将履行各自义务；

（2）该合同明确了合同各方与所转让商品相关的权利和义务；

（3）该合同有明确的与所转让商品相关的支付条款；

（4）该合同具有商业实质，即履行该合同将改变企业未来现金流量的风险、时间分布或金额；

（5）企业因向客户转让商品而有权取得的对价很可能收回。

3. 收入确认和计量的步骤

收入确认和计量大致可分为五步：

（1）识别与客户订立的合同。合同有书面形式、口头形式以及其他形式。合同的存在是企业确认客户合同收入的前提。

（2）识别合同中的单项履约义务。企业应当识别合同中所包含的各单项履约义务，并确定各单项履约义务是在某一时点履行，还是在某一时段内履行，然后，在履行了各单项履约义务时分别确认收入。

提示：履约义务是指合同中企业向客户转让可明确区分商品或服务的承诺。单项履约义务的确定分为：

（1）转让可明确区分商品的承诺。第一，从商品自身特征区分。如销售商品并提供安装服务，系简单的，企业以外的其他单位也能提供的，则分为销售商品和安装服务两项单项履约义务；第二，是从合同层面区分。通常合同表明转让商品的承诺与其他承诺不可单独区分，如销售商品并提供安装服务，系复杂的且商品需要按客户定制要求修改，则合同中明确将销售商品和安装服务合并为单项履约义务。

（2）转让一系列实质相同且转让模式相同的、可明确区分的商品的承诺。如企业向客户提供物业管理服务（包括安保、维修、保洁等），按照约定的标准，企业随时准备为根据需要为其提供相关服务，则该物业服务属"实质相同"的单项履约义务。

（3）确定交易价格。交易价格是指企业因向客户转让商品而预期有权收取的对价金额，不包括代第三方收取的款项（如增值税）以及企业预期将退还给客户的款项。合同条款所承诺的对价，可能是固定金额、可变金额或两者兼有。

提示："可变金额"：企业与客户的合同约定的对价金额可能是固定的，也可能会因折扣折让、激励措施、奖励积分、未来事项等而变化。例如，甲公司为客户建造厂房的合同约定6个月完工，交易价格为固定金额500万元；若提前1个月完工，客户将额外奖励30万元，甲公司估计工期提前1个月完工的概率为95%，则此项交易价格为固定金额500万元和可变金额30万元，总价为530万元。

（4）将交易价格分摊至各单项履约义务。当合同中包含两项或多项履约义务时，需要将交易价格分摊至各单项履约义务。分摊的一般原则：以合同开始日为起点；以交易价格为对象；以各单项履约义务所承诺商品的单独售价为比例；结果使分摊至各单项履约义务的交易价格能够反映企业因向客户转让商品而有权收取的对价金额。

（5）履行各单项义务时确认收入。当企业将商品转移给客户，客户取得了相关商品的控制权，则企业履行了合同履约义务，此时，企业应确认收入。企业将商品控制权转移给客户，可能在某一时段内发生，也可能在某一时点发生。企业应当根据实际情况，首先判断履约义务是否满足在某一时段内履行的条件，如不满足的，则属于在某一时点履行的履约义务。

收入确认和计量的五个步骤如图11-1所示。

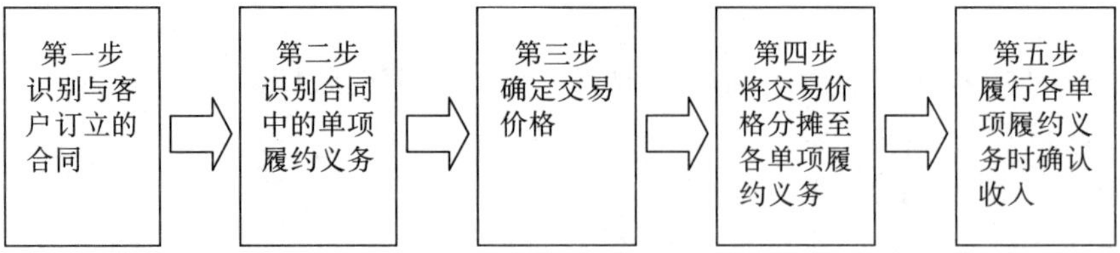

图 11－1　收入确认和计量的步骤

提示：（1）第一步、第二步和第五步主要与收入的确认有关，第三步和第四步主要与收入的计量有关。

（2）一般而言，确认和计量收入应考虑全部的五个步骤。但不是履行每项合同义务确认收入都要经过五个步骤的，如按照第二步确定为属单项履约义务的，可以从第三步直接进入第五步，不需要第四步的分摊交易价格。

二、收入核算应设置的主要账户

为了核算企业与客户之间合同产生的收入及相关的成本，主要应设置下列账户：

（1）“主营业务收入”账户，核算企业确认的销售商品、提供服务等主营业务的收入。该账户贷方登记出售商在向客人转让商品之前品、提供服务等实现的收入，借方登记发生的销售折让和销售退回而冲减的收入和期末转入“本年利润”账户的主营业务收入，结转后该账户应无余额。该账户可按主营业务的种类进行明细核算。

（2）“其他业务收入”账户，核算企业确认的其他非经常性活动实现的收入。该账户贷方登记其他业务收入的增加，借方登记期末转入“本年利润”账户的其他业务收入，结转后该账户应无余额。该账户可按其他业务的种类进行明细核算。

（3）“发出商品”账户，核算企业已发出但客户没有取得商品控制权（未满足收入确认条件）商品的成本。其借方登记发出商品的成本，贷方登记发出商品满足收入确认条件时，结转已销售商品的成本和退回发出商品结转的成本，期末借方余额，反映企业发出商品的成本。该账户按商品的类别和品种进行明细核算。“发出商品”账户也可以按照售价金额进行核算。

（4）“合同取得成本”账户，核算企业取得合同发生的、预计能够收回的增量成本。该账户借方登记发生的合同取得成本，贷方登记摊销的合同取得成本，期末借方余额，反映企业尚未结转的合同取得成本。该账户可按合同进行明细核算。

（5）“合同履约成本”账户，核算企业为履行当前或预期取得合同所发生的、不属于其他企业会计准则规范范围且按照收入准则应当确认为一项资产的成本。该账户借方登记发生的合同履约成本，贷方登记摊销的合同履约成本，期末借方余额，反映企业尚未结转的合同履约成本。该账户可按合同分别“服务成本”“工程施工”等进行明细核算。

（6）“合同资产”账户，核算企业已向客户转让商品而有权收取对价的权利，且该权利取决于时间流逝之外的其他因素。该账户借方登记因已转让商品而有权收取的对价金额，贷方登记取得无条件收款权的金额，期末借方余额，反映企业已向客户转让商品而有权收取的对价金额。该账户可按合同进行明细核算。

(7)“合同负债”账户，核算企业已收或应收客户对价而向客人转让商品的义务。该账户贷方登记企业在向客人转让商品之前，已经收到或已经取得无条件收取合同对价权利的金额，借方登记企业向客户转让商品时冲销的金额，期末贷方余额，反映企业在向客人转让商品之前，已经收到的合同对价或已经取得的无条件收取合对价权利的金额。该账户可按合同进行明细核算。

提示：(1) 有关成本发生减值的，还应设置“合同取得成本减值准备”“合同履约成本减值准备”“合同资产减值准备”等账户进行核算。

(2) 企业因转让商品收到的预收款，采用新收入准则进行会计处理的，应通过‘合同负债”账户进行核算，不再使用“预收账款”账户。

三、履行履约义务确认收入的账务处理

(一) 在某一时点履行的履约义务确认收入

对于在某一时点履行的履约义务，企业应当在客户取得相关商品控制权时确认收入。企业应当考虑下列迹象，判断客户是否已取得商品控制权，具体见表 11-1。

表 11-1

判断条件	举例
(1) 企业就该商品享有现时收款权利，即客户就该商品负有现时付款义务	企业与客户签订销售合同，约定客户有权定价且在收到商品后 10 日内付款，客户收到企业开具发票、商品验收入库，客户能够自主确定商品售价或商品使用情况，则企业享有收款权利，客户负有现时付款义务
(2) 企业已将该商品的所有权转移给客户，即客户已拥有该商品的所有权	房地产公司向客户销售商品房，客户付款后取得产权证时，表明企业已将该商品的所有权转移给客户
(3) 企业已将该商品实物转移给客户，即客户已占有该商品实物	企业与客户签订交款提货合同，企业将商品送达客户指定地点，客户验收合格并付款，表明符合此项
(4) 企业已将该商品所有权上的主要风险和报酬转移给客户，即客户已取得该商品所有权上的主要风险和报酬	房地产公司向客户销售商品房办理产权转移手续后，该商品房价格上涨或下跌带来的利益或损失全部属于客户，表明符合此项
(5) 客户已接受该商品	企业向客户销售为其定制的环保设备，客户收到并验收入库，表明客户已接受该商品
(6) 其他表明客户已取得商品控制权的迹象	

1. 一般销售商品业务收入的账务处理

企业销售商品符合收入确认条件的，应在收入确认时，按实际收取（或应收取）的收入和增值税，借记“银行存款”“应收账款”“应收票据”等账户，按收入金额，贷记“主营业务收入”账户，按增值税额，贷记“应交税费——应交增值税（销项税额）”账户。

【例11－1】大明公司为一般纳税人，6月2日，向乙企业销售A产品300件，增值税专用发票注明售价60 000元，增值税额为7 800元，大明公司按合同发货。乙企业收到A产品验收无误后，通过网银如数汇入价税款。该项销售为单项履约义务并属于在某一时点履行的履约义务。账务处理为：

借：银行存款	67 800	
贷：主营业务收入——A产品		60 000
应交税费——应交增值税（销项税额）		7 800

【例11－2】6月5日，大明公司向丙企业销售A产品750件，增值税专用发票上注明售价15万元，增值税额为19 500元。公司按合同发货，以银行存款代垫运杂费3 000元（含增值税）。丙企业收到A产品验收无误，公司收到一张丙公司签发并经银行承兑的为期三个月，金额为169 500元的承兑汇票一张。代垫运杂费3 000元尚未收到。账务处理为：

借：应收票据——丙企业	169 500	
贷：主营业务收入——A产品		150 000
应交税费——应交增值税（销项税额）		19 500
借：应收账款——丙企业	3 000	
贷：银行存款		3 000

2. 以预收货款方式销售商品

企业因销售商品向客户预先收取的款项，赋予客户在未从企业未取得商品的权利，并使企业承担了转让相关商品的义务，所以，企业预收的款项应确认为“合同负债”；待未来履行了相关履约义务，即向客户转让商品时，再将该“合同负债”转为收入。

【例11－3】6月5日，大明公司根据合同向玛珑公司预收了货款10万元，款项收存银行。6月28日，大明公司向玛珑公司发出B产品500件，增值税发票注明售价12万元，增值税为15 600元；玛珑公司收到B产品验收无误，支付余款35 600元。账务处理为：

（1）6月5日，大明公司按合同预收货款，款项收存银行时：

借：银行存款	100 000	
贷：合同负债——购销合同（2020－30）号（玛珑公司）		100 000

（2）6月28日，大明公司根据合同向玛珑公司转让商品，并收到余款存入银行时：

借：合同负债——购销合同（2020－30）号（玛珑公司）	100 000	
银行存款	35 600	
贷：主营业务收入——B产品		120 000
应交税费——应交增值税（销项税额）		15 600

提示：上述【例11－3】，如果6月28日余款35 600元尚未收到，账务处理是怎样的？（列入“应收账款”账户）

3. 先发出商品，后确认收入的账务处理

这类业务的典型形式是委托代销安排。委托代销安排是指委托方与受托方签订代销合同，委托方按合同发出商品，委托受托方向终端客户销售商品，受托方在售出商品取得价款后向委托方支付货款。这样受托方取得的商品是未获得商品控制权的，同样，委托方向受托方（客户）转让商品的对价是未达到“很可能收回”收入确认条件的。所以，发出商品时，委托企业不应确认收入，而应将其列为“发出商品”，收到货款或取得收取货款的权利时，予以确认收入。

企业发出商品时，按其成本，借记“发出商品”账户，贷记“库存商品”账户。如发出的商品被客户退回，则作相反记录；收到货款或取得收取货款的权利，确认收入时，借记“银行存款”“应收账款”等账户，贷记“主营业务收入”“应交税费——应交增值税（销项税额”账户，同时结转已销售商品成本，借记“主营业务成本”账户，贷记“发出商品”账户。

【例 11－4】大明公司与四海商场均为一般纳税人，大明公司与四海商场签订委托代销合同。7 月 3 日大明公司按合向四海商场发出 A 产品 5 000 件，A 商品成本 120 元/件，增值税税率 13%。合同约定：四海商场按 200 元/件的不含税售价对外销售，大明公司按 200 元/件不含税售价的 10% 支付手续费（不含税，手续费增值税率 6%）；四海商场对 A 产品不承担包销责任，大明公司也有权收回未出售的商品，商品出售前四海商场没有义务支付货。7 月 28 日，四海商场实际出售 A 产品 2 500 件，大明公司收到代销商品清单列明货款 50 万元，增值税 65 000 元，大明公司开具相同金额的增值税专用发票。7 月 30 日，四海商场汇付的扣除手续费后的价税款 512 000 元收存银行。大明公司账务处理为：

（1）7 月 3 日将 A 商品 5 000 件交付四海商场时：

借：发出商品——四海商场（A 产品）　　600 000
　　贷：库存商品——A 产品　　600 000

（2）7 月 28 日，收到代销清单，开具增值税专用发票时：

借：应收账款——四海商场　　565 000
　　贷：主营业务收入——A 产品　　500 000
　　　　应交税费——应交增值税（销项税额）　　65 000
借：主营业务成本—— A 产品　　300 000
　　贷：发出商品——四海商场（A 产品）　　300 000

（3）7 月 28 日，结算应支付的手续费 5 万元，增值税 3 000 元，收到增值税专用发票：

借：销售费用　　50 000（2 500×200×10%）
　　应交税费——应交增值税（进项税额）　　3 000（50 000×6%）
　　贷：应收账款——四海商场　　53 000

（4）7 月 30 日，收到四海商场汇来的扣除手续费及增值税后的价税款 512 000 元：

借：银行存款　　512 000（565 000－53 000）
　　贷：应收账款——四海商场　　5 120 000

提示：【例 11－4】业务，四海商场的账务处理为：

（1）收到 A 商品时，按售价记：

借：受托代销商品——大明公司（A 产品）　　1 000 000
　　贷：代销商品款——大明公司（A 产品）　　1 000 000

（2）实际销售 A 商品 2 500 件，收到价税款存入银行时：

借：银行存款　　565 000
　贷：受托代销商品——大明公司（A产品）　　500 000
　　应交税费——应交增值税（销项税额）　　65 000

（3）收到大明公司开具的增值税专用发票，结算应付价税款时：

借：代销商品款——大明公司（A产品）　　500 000
　应交税费——应交增值税（进项税额）　　65 000
　贷：应付账款——大明公司　　565 000

（4）结算代销手续费及增值税，以存款支付向大明公司支付价税款时：

借：应付账款——大明公司　　565 000
　贷：银行存款　　512 000
　　其他业务收入　　50 000
　　应交税费——应交增值税（销项税额）　　3 000

4. 销售折扣的处理

销售折扣包括商业折扣和现金折扣。

（1）商业折扣是指企业为了促进商品销售而给予购买者的价格扣除。销售商品存在商业折扣，有为了鼓励客户多买商品，如企业规定购买50件以上商品的给予10%的折扣，购买100件以上的给予15%的折扣；也有是企业为了尽快出售一些次残、陈旧、冷背的商品等。商业折扣发生在销售之前，不构成最终成交价格的一部分，企业应当按照扣除商业折扣后的售价为商品销售收入。

（2）现金折扣是指债权人为鼓励债务人在规定的期限内尽早付款，而向债务人提供的债务扣除。现金折扣发生在商品销售之后，是否发生以及发生多少要视客户付款情况而定，企业在确认收入时还不能确定现金折扣的金额。所以，企业应按照未扣除现金折扣的金额确定销售商品收入。现金折扣实际上是企业为尽快回笼资金而发生的理财费用，应在实际发生时直接计入当期财务费用。

【例11-5】6月10日，大明公司销售给科远公司C产品200件，增值税专用发票注明售价为10万元，增值税13 000元。公司为了尽早收回货款，在合同中规定现金折扣的条件为：5/10、3/20、n/30（假定计算折扣时不考虑增值税）。

大明公司6月10日确认收入时，账务处理为：

借：应收账款——科远公司　　113 000
　贷：主营业务收入——C产品　　100 000
　　应交税费——应交增值税（销项税额）　　13 000

如果丙企业在10天内付清款项，则按售价的5%给予5 000元（10万元×5%）的现金折扣，实际收到货款108 000元，其账务处理为：

借：银行存款　　108 000
　财务费用　　5 000
　贷：应收账款——科远公司　　113 000

如果丙企业在10天后20天内付清款项，则按售价的3%给予3 000元（10万元×3%）的现金折扣，实际收到货款11万元；如果丙企业超过20天才付款，则应按全额收款。其账务处理略。

5. 销售折让的账务处理

销售折让是指企业因售出商品的质量不合要求等原因在售价上给予的减让。发生在收入确认之前的销售折让，其处理方法与商业折扣相同；发生在收入确认之后的销售折让，应在实际发生时冲减当期收入，取得增值税专用发票（红字）的，同时转销增值税的销项税额。

【例 11－6】 6 月 12 日，大明公司销售给新风公司 A 产品 100 件，增值税专用发票注明售价为 2 万元，增值税为 2 600 元，收入已确认，款项暂未收到。6 月 28 日新风公司收到产品后检测发现部分商品质量不合格，要求在价格上给予 5% 的折让。经查明，新风公司的要求合理，大明公司表示同意，确认发生销售折让 1 000 元，转销增值税 130 元。当日扣除销售折让后的价税款收存银行。6 月 28 日大明公司的有关账务处理为：

借：主营业务收入——A 产品　　1 000
　　贷：应交税费——应交增值税（销项税额）　　130
　　　　应收账款——新风公司　　1 130
借：银行存款　　21 470（22 600－1 130）
　　贷：应收账款——新风公司　　21 470

6. 销售退回的账务处理

销售退回是指企业售出的商品，由于质量、规格等方面不符合合同条款的要求等原因，客户要求企业予以退货。销售商品发生退货，表明企业履约义务的减少和客户商品控制权的丧失。企业发生销售退回，应办理商品入库手续，同时分别不同情况进行处理：

（1）销售退回发生在确认收入之前的。这种情况会计处理比较简单，只需将记入“发出商品”账户的商品成本，转回“库存商品”账户。

（2）确认收入后，发生的销售退回。这种退回不论是当年销售的，还是以前年度销售的，一般均应冲减退回当月的销售收入，同时冲减退回当月的销售成本。对于退回商品的成本的处理，有两种方法：一是从当月同种类产品销售数量中扣除已退回产品的数量，得出当月销售的净数量，并据以结算销售成本；二是单独计算本月退回商品的成本，退回商品的成本可按销售月份该产品的销售成本计算，也可按退回月份销售同种或同类商品的实际销售成本计算。

企业发生销售退回时，如取得符合要求的增值税专用发票（红字）的，按规定允许冲减当期销项税额的，同时还应进行“销项税额”的结转。

【例 11－7】 大明公司 7 月份销售 A 产品 500 件，单价是 200 元，单位销售成本是 120 元，增值税率 13%，因质量问题该批产品于当年 9 月退回 30 件，价税款以银行存款退还。公司 9 月份销售甲产品 300 件，单位销售成本为 125 元，与退回商品相关的增值税专用发票已正常取得。公司 9 月的账务处理为：

（1）冲减退回 10 件产品的主营业务收入，以存款支付退货价税款：

借：主营业务收入——A 产品　　6 000
　　应交税费——应交增值税（销项税额）　　780
　　贷：银行存款　　6 780

（2）退回商品验收入库，成本 = 30 × 125 = 3 750（元），结转退回产品的成本时：

借：库存商品——A 产品　　3 750

　　贷：主营业务成本——A 产品　　3 750

提示：假定【例 11－7】中大明公司是按当期销售数扣减销售退回数的净销售量计算结转已售产品成本的，则不必进行（2）的账务处理。该公司9月份结转A产品销售成本的账务处理是：公司9月份A产品销售净量＝300－30＝270（件）；A产品销售产品成本＝270×125＝33 750（元）。

借：主营业务成本——A 产品　　33 750

　　贷：库存商品——A 产品　　33 750

（与【例 11－7】300×125－3 750＝33 750（元）是一致的，此方法实际工作中采用较多。）

（3）销售退回属于在资产负债表日及之前销售的，并在资产负债表日至财务报告批准日之间发生退回的，则除应在退回当月进行相关明细核算外，还应按资产负债表日后事项的调整事项的规定进行账务处理，调整报告年度的收入、成本、税费等。

7. 销售材料等存货的账务处理

企业日常活动中会发生对外销售原材料、随同产品出售单独计价的包装物等业务。企业销售原材料、周转材料等存货取得收入的确认与计量比照商品销售进行处理。企业销售原材料、周转材料等存货属于主营业务以外的其他经营活动，其确认的收入列为其他业务收入。结转的相关成本列为其他业务成本。

【例 11－8】 大明公司向前进公司销售一批原材料，售价为3万元，增值税额为3 900元，该批材料的实际成本为25 000元。前进公司收到材料并验收入库，大明公司收到款项存入银行。该项业务为单项履约义务且属于在某一时点履行的履约义务。取得收入的账务处理为：

借：银行存款　　33 900

　　贷：其他业务收入——材料销售　　30 000

　　　　应交税费——应交增值税（销项税额）　　3 900

提示：（1）销售原材料、周转材料等存货的增值税税率及账务处理与销售商品是一致的；（2）其他经营业务应纳的除增值税以外的消费税、城市维护建设税、教育费附加等税费，应计入“税金及附加”账户。

（二）在某一时段内履行的履约义务确认收入

1. 判断条件

满足下列条件之一的，属于在某一时段内履行履约义务：

（1）客户在企业履约的同时即取得并消耗企业履约所带来的经济利益。

（2）客户能够控制企业履约过程中在建的商品。

（3）企业履约过程中所产生的商品具有不可替代用途，且该企业在整个合同期间内有权就累计至今已完成的履约部分收取款项。

> **相关链接**
>
> 根据《企业会计准则第14号——收入》第十一条："具有不可替代用途"是指因合同限制或实际可行性限制，企业不能轻易地将商品用于其他用途。"有权就累计至今已完成的履约部分收取款项"是指在由于客户或其他原因终止合同的情况下，企业有权就累计至今已完成的履约部分收取能够补偿其已经发生的成本和合理利润的款项，并且该权利具有法律约束力。

2. 收入确认

在某一时段内履行的履约义务，企业应按照履约进度确认收入，履约进度不能合理确定的除外。通常的计算公式为：

当期收入＝合同的交易价格总额×资产负债表日履约进度－以前会计期间累计已确认的收入

企业应当考虑商品的性质，采用产出法或投入法确定恰当的履约进度，并且在确定履约进度时，扣除那些控制权尚未转移给客户的商品。

（1）产出法。产出法是根据已转移给客户的商品对于客户的价值确认履约进度的方法。通常可采用实际测量的完工进度、评估已实现的结果、已达到的里程碑、时间进度、已完工或交付的商品等产出指标确定履约进度。

【例11－9】兴隆公司为一般纳税人，2×19年12月1日与常山公司签订一项为期4个月的装修合同，合同总价为300万元，增值税27万元，工程款每月末按完工进度支付。截至2×19年12月31日，经专业人员测量确定，该项目的完工进度为20%；常山公司按完工进度支付工程价税款。至2×19年12月31日，兴隆公司为完成该合同累计发生劳务成本45万元（均为人员薪酬）。该装修业务构成单项履约义务，且该履约义务满足在某一时段内履行的条件，该业务为兴隆公司主营业务。兴隆公司按照实际测量的完工进度确定履约进度，有关账务处理为：

（1）2×19年12月，实际发生劳务成本45万元：

借：合同履约成本——常山公司装修合同	450 000	
贷：应付职工薪酬		450 000

（2）2×19年12月31日，确认劳务收入，价税款收存银行，同时，结转劳务成本：

确认劳务收入＝300×20%－0＝600 000（元）

借：银行存款	654 000	
贷：主营业务收入——装修服务		600 000
应交税费——应交增值税（销项税额）		54 000
借：主营业务成本——装修服务	450 000	
贷：合同履约成本——常山公司装修合同		450 000

产出法是直接计量已完成的产出，一般能够客观地反映履约进度。当产出法所需的信息可能无法直接观察获得，或者获得这些信息需要花费很高的成本时，则应考虑采用其他方法。

（2）投入法。投入法是根据企业为履行履约义务的投入确认履约进度的方法。通常可采用投入材料数量、生产工时或机器工时、发生的成本和时间进度等投入指标确认履约进度。当企业从事的业务或发生投入是在整个履约期间平均发生的，也可以按照直线法确认收入。

【例11－10】 2×19年12月5日，兴隆公司与利民公司签订一项为期3个月的安装合同，合同总价为90万元，增值税81 000元。至年底已预收工程款40万元，实际发生安装工程成本28万元（均为人员薪酬），估计还将发生安装工程成本42万元；至2×20年1月31日实际累计发生安装工程成本49万元（均为人员薪酬），估计还将发生安装工程成本21万元。安装业务为兴隆公司的其他业务。该安装合同构成单项履约义务，且该履约义务满足在某一时段内履行的条件。兴隆公司按照实际发生成本占预计总成本的比例确定安装的履约进度，有关账务处理为：

（1）2×19年12月，实际发生劳务成本28万元：

借：合同履约成本——利民公司安装合同	280 000	
贷：应付职工薪酬		280 000

（2）2×19年12月，预收安装工程款40万元存入银行：

借：银行存款	400 000	
贷：合同负债——利民公司安装合同		400 000

（3）2×19年12月31日，确认履约进度和劳务收入，同时，结转劳务成本：

实际发生成本占预计总成本的比例＝280 000÷(280 000＋420 000)×100%＝40%

确认劳务收入＝900 000×40%－0＝360 000（元）

借：合同负债——利民公司安装合同	392 400	
贷：其他业务收入——安装劳务		360 000
应交税费——应交增值税（销项税额）		32 400
借：其他业务成本——安装劳务	280 000	
贷：合同履约成本——利民公司安装合同		280 000

（4）至2×20年1月31日，累计发生劳务成本49万元，1月份实际发生劳务成本21万元：

借：合同履约成本——利民公司安装合同	210 000	
贷：应付职工薪酬		210 000

（5）2×20年1月31日，确认履约进度和劳务收入（款项未收），同时，结转劳务成本：

实际发生成本占预计总成本的比例＝490 000÷(490 000＋210 000)×100%＝70%

确认劳务收入＝900 000×70%－360 000＝270 000（元）

借：合同负债——利民公司安装合同	7 600	
应收账款——利民公司	286 700	
贷：其他业务收入——安装劳务		270 000
应交税费——应交增值税（销项税额）		24 300
借：其他业务成本	210 000	
贷：合同履约成本——利民公司安装合同		210 000

需要注意：当履约进度不能合理确定，企业已经发生的成本预计能够得到补偿的，应当按照已经发生的成本金额确认收入，直到履约进度能够合理确定为止。

提示：以上所举例题均为一般纳税人确认收入的核算，如果是小规模纳税人企业取得收入，需要按照不含税收入额的3%（征收率）计算应缴纳增值税，其购进项目的增值税是不能予以抵扣的。

例：中瑞公司为小规模纳税人，本月20日销售商品一批，确认货款收入（含税）61 800元，增值税征收率为3%，款已存入银行。账务处理为：

应纳增值税：61 800 ÷（1 + 3%）× 3% = 1 800（元）

借：银行存款　　61 800

　　贷：主营业务收入　　60 000

　　　　应交税费——应交增值税　　1 800

四、合同成本

企业与客户建立合同关系过程中发生的成本主要有合同取得成本和合同履约成本。

（一）合同取得成本

合同取得成本是企业为了取得合同发生的、预期能够收回的增量成本。它应确认为企业的一项资产。增量成本是指企业不取得合同就不会发生的成本，也就是企业发生的与合同直接相关的费用，但又不是所签合同的业务内容本身直接发生的费用，如销售佣金等。

企业为取得合同发生的、预期能够收回的增量成本之外的其他支出，如无论合同是否取得均会发生的差旅费、投标费、投标资料制作的相关费用等，应当在发生时计入当期损益。

企业发生已经确认为资产的合同取得成本，应当采取与该资产相关的商品收入确认相同的基础进行摊销，其摊销计入当期损益。为简化核算，该资产摊销期不超过一年的，可以在发生时计入当期损益。

【例11－11】兴隆公司通过竞标取得美达公司的一项服务期为3年的咨询合同，该项目每年末取得咨询服务收入120万元，增值税率为6%。为取得该项合同发生费用：专用发票所列的律师事务所尽职调查等费用2万元，增值税1 200元；为投标发生的差旅费9 000元；标书印制费1 000元（取得普通发票）；销售人员佣金61 200元。公司预计这些支出未来均能够收回。根据权责发生制基础服务收入按月确认。公司有关账务处理为：

（1）上述费用中销售人员佣金为合同取得成本，其余均不属于增量成本，直接计入当期损益。以存款支付上述各项费用时：

借：合同取得成本——美达公司咨询合同　　61 200

　　管理费用　　30 000

　　应交税费——应交增值税（进项税额）　　1 200

　　贷：银行存款　　92 400

（2）每月确认服务收入，分摊合同取得成本（分36个月摊销）时：

借：应收账款——美达公司　　106 000

　　贷：主营业务收入——咨询服务　　（1 200 000 ÷ 12）100 000

　　　　应交税费——应交增值税（销项税额）　　6 000

借：销售费用　　1 700

　　贷：合同取得成本——美达公司咨询合同　　[61 200÷（3×12）] 1 700

（二）合同履约成本

合同履约成本是指企业为履行当前或预期取得的合同所发生的、满足规定条件的相关成本。它也应确认企业的一项资产。

企业为履行合同可能会发生各种成本，企业在确认收入的同时应当对这些成本进行分析，属于《企业会计准则第14号——收入》准则规范范围且同时满足下列条件的，应当作为 合同履约成本确认为一项资产：

（1）该成本与一份当前或预期取得的合同直接相关。与合同直接相关的成本，包括直接材料、直接人工、制造费用或类似费用、明确由客户承担的成本以及因该合同而发生的其他成本（如支付给分包商的成本、机械使用费、设计和技术援助费用、施工现场二次搬运费、生产工具和用具使用费、检验试验费、工程定位复测费、工程交点费用、现场清理费等）。

（2）该成本增加了企业未来用于履行（包括持续履行）履约义务的资源。即形成未来消耗的一项资产，而不是当期费用。

（3）该成本预期能够收回。即预期会给企业带来经济利益流入，符合资产定义。

提示：企业发生的下列支出，不属于合同履约成本，应在发生时直接计入当期损益：①管理费用，除非明确这些费用由客户承担；②非正常消耗的直接材料、直接人工、制造费用或类似费用，这些支出为履行合同发生，但未反映在合同价格中；③与履行义务中已履行部分相关的支出，即该支出与过去的履约活动相关；④无法在尚未履行的与已履行的履约义务之间区分的相关支出。

企业发生合同履约成本时，借记“合同履约成本”账户，贷记“银行存款”“应付职工薪酬”“原材料”等账户；对合同履约成本进行摊销时，借记“主营业务成本”“其他业务成本”等账户，贷记“合同履约成本”账户。涉及增值税的，还应进行相应处理。

【例11-12】兴隆公司与大润发公司签订合同，由兴隆公司利用已有信息技术平台为其提供管理服务，合同期限3年，服务费总价180万元，增值税率6%；服务费分月计算，按年支付。兴隆公司为提供服务于合同签订月份，向专业机构支付专用发票所列的方案设计及评价费35万元，增值税21 000元；发生的测试费用为：人员薪酬15万元，领用原材料4万元。公司预计这些支出未来均能够收回，不考虑其他因素。兴隆公司有关账务处理为：

（1）合同签订月份发生、以存款支付相关费用时：

借：合同履约成本——大润发公司信息服务合同　　540 000

　　应交税费——应交增值税（进项税额）　　21 000

　　贷：银行存款　　371 000

　　　　应付职工薪酬　　150 000

　　　　原材料　　40 000

（2）每月确认服务收入，分摊合同履约成本（按照36个月摊销）时：

借：应收账款——大润发公司　　53 000

　　贷：主营业务收入——信息技术服务　　（1 800 000÷36）50 000

应交税费——应交增值税（销项税额）　　3 000

借：主营业务成本——信息技术服务　　15 000

贷：合同履约成本——大润发公司信息服务合同

［540 000 ÷（3 × 12）］ 15 000

提示：（1）【例 11－12】合同履约成本未考虑提供服务期间的直接人工、直接材料和因履行合同而发生的其他成本。

（2）注意合同取得成本和合同履约成本分摊列支账户的不同。

（3）资产负债表日合同取得成本和合同履约成本发生减值的，应计提减值准备，确认为“资产减值损失”；以后又恢复的，在已计提减值准备范围内冲回。

五、特定交易的账务处理

（一）附有销售退回条件的销售

企业将商品控制权转让给客户之后，可能会因为各种原因允许客户依照合同、法律要求、以往习惯等选择退货，则此销售为附有销售退回条件的销售。

企业应当在客户取得商品控制权时，按照预期有权收取的对价金额确认收入，按照预期因销售退回而预计退还的金额确认为负债；同时，确认预计退货部分的成本，并将转让商品全部成本与预计退货成本差额确认为销售商品成本。每一资产负债表日，企业应当重新估计未来销售退回的情况，进行相应的账务处理。

【例 11－13】 2×20 年 11 月 1 日，大明公司向宁静公司销售 D 商品 500 件，售价 1 000 元/件，成本 700 元/件，增值税率 13%。商品全部发出，控制权已转移给宁静公司，价税款暂未到。合同约定，宁静公司应于 2×20 年 12 月 15 日前支付价税款，在2×21 年 2 月 28 日之前有权退还商品。大明公司根据以往经验，估计宁静公司该批商品被退货的概率约为 20%。2×20 年 12 月 31 日，大明公司对退货概率重新进行评估认为只有 10%。商品发出时纳税义务已经发生，实际销售退回取得红字的增值税专用发票。大明公司的账务处理为：

（1）2×20 年 11 月 1 日，发售商品，确认收入，结转成本时：

借：应收账款——宁静公司　　565 000

贷：主营业务收入——D 商品　　（500 × 1 000 × 80%） 400 000

预计负债——应付退货款　　（500 × 1 000 × 20%） 100 000

应交税费——应交增值税（销项税额）　　（500 × 1 000 × 13%） 65 000

借：主营业务成本——D 商品　　（500 × 700 × 80%） 280 000

应收退货成本——宁静公司　　（500 × 700 × 20%） 70 000

贷：库存商品——D 商品　　（500 × 700） 350 000

（2）2×20 年 12 月 15 日之前，收到价税款存入银行时：

借：银行存款　　565 000

贷：应收账款——宁静公司　　565 000

（3）2×20 年 12 月 31 日，对退货概率重新进行评估：

借：预计负债——应付退货款　　50 000
　　贷：主营业务收入——D商品　　50 000
借：主营业务成本——D商品　　35 000
　　贷：应收退货成本——宁静公司　　35 000

（4）假定2×21年2月28日实际发生退货为50件，退货价税款以存款汇付：

借：库存商品——D商品　　35 000
　　预计负债——应付退货款　　50 000
　　应交税费——应交增值税（销项税额）　　6 500
　　贷：应收退货成本——宁静公司　　35 000
　　　　银行存款　　56 500

（二）附有客户额外购买选择权的销售

企业在销售商品的同时，有时会向客户授予选择权，允许客户据此免费或者以折扣价格购买额外商品，此种情况称为附有客户额外购买选择权的销售。附有客户额外购买选择权的形式包括销售激励、客户奖励积分、未来购买商品的折扣券等。

客户只有在订立合同的前提下才能取得额外购买选择权的，并且客户行使该选择权购买额外商品时，能够享受到超过正常情况的折扣，则属于该选择权向客户提供了一项重大权利。企业向客户提供这一重大权利，应将其与原购买商品区分，作为单项履约义务，并按照各单项履约义务的单独售价的相对比例，将交易价格进行分摊。

【例11-14】 2×20年1月1日，大明公司开始一项奖励积分计划：客户在本公司每购货10元可获得1个积分，每个积分从次月开始购物时可以抵减1元。截至2×20年1月31日，客户共购货20万元（收存银行），可获得2万个积分，根据以往经验，估计该积分的兑换率为90%。大明公司认为其授予客户的积分为客户提供了一项重大权利，应列为单项履约义务。假定不考虑增值税的影响。有关账务处理为：

销售商品单独售价：200 000元　　积分的单独售价＝1元×20 000×90%＝18 000元

商品分摊的交易价格＝［200 000÷（200 000＋18 000）］×200 000＝183 486（元）

积分分摊的交易价格＝［18 000÷（200 000＋18 000）］×200 000＝16 514（元）

（1）2×20年1月，在商品控制权转移时确认收入183 486元，差额确认为合同负债：

借：银行存款　　200 000
　　贷：主营业务收入　　183 486
　　　　合同负债　　16 514

（2）截至2×20年12月31日，客户共兑换了15 000个积分，公司对该积分的兑换率进行了重新估计，仍然预计客户总共将会兑换90%。当年已兑换的积分确认为收入：

15 000÷18 000×16 514＝13 762（元）

借：合同负债　　13 762
　　贷：主营业务收入　　13 762

第二节　费　用

一、费用的概述

（一）费用的定义

费用作为会计要素是和收入相对应而存在的，它是取得收入所付出的代价。费用是指企业在日常活动中发生的、会导致所有者权益减少的、与向所有者分配利润无关的经济利益的总流出。

（二）费用的特点

（1）费用是企业在日常活动中发生的经济利益的总流出。企业为完成其经营目标所从事的经常性活动以及与之相关的其他活动发生的经济利益的总流出构成费用。企业不属于日常活动发生的经济利益总流出，是企业的损失而不是费用。如企业处置固定资产、无形资产等非流动资产、因违法违约支付的罚款、自然灾害等非常原因造成的财产毁损等方面的经济利益总流出，均不应列为费用。

（2）费用会导致企业的所有者权益减少。费用可能表现为资产的减少，如减少银行存款、存货等；也可能表现为负债的增加，如应付职工薪酬、应交税费等。费用的本质是企业资产的耗费或流出，根据“资产－负债＝所有者权益”的等式，企业的费用最终会减少企业的所有者权益。

（3）费用与向所有者分配利润无关。企业向所有者分配股利或利润属于企业实现利润的去向，不构成企业的费用。

二、费用的分类

（一）按经济用途分类

按经济用途费用可分为成本性费用和期间费用两大类。

（1）成本性费用。包括主营业务成本、其他业务成本、税金及附加等，其中在制造业其主营业务成本是由已销售商品的生产成本结转而来的。

（2）期间费用。期间费用是指企业当期发生的不能归属于某种产品的成本，而应当从当期收入中得到补偿的费用。它与当期生产产品的数量没有直接关系，而只与当期实现的收入相关。期间费用包括管理费用、财务费用、销售费用三大项。

课堂讨论：（1）请说明支出、费用、生产成本、主营业务成本的区别和联系。

（2）“制造费用”和“期间费用”有何区别？

（二）费用按经济内容进行分类

费用按经济内容分类，可分为以下费用要素：

（1）外购材料费用。是指企业为进行生产而耗费的一切从外部购入的原材料、半成品、辅助材料、包装物、修理用备件和低值易耗品等。

（2）外购燃料费用。是指企业为进行生产而耗用的从外部购进的各种燃料费用。

（3）外购动力费用。是指企业为进行生产而耗用的从外部购进的动力费用。

（4）职工薪酬。是指企业应计入生产成本和当期损益的职工工资，以及按照工资总额的一定比例提取或支付的职工福利、社会保险费、住房公积金、职工教育经费等。

（5）折旧和摊销。是指企业为所拥有或控制的固定资产按照使用情况计提的折旧费和无形资产的摊销。

（6）利息支出。是指企业为筹集资金而发生的利息支出。

（7）其他支出。指不属于以上各项目的费用支出。

三、费用的确认和计量

（一）费用确认的要求

企业发生一项支出或耗费，首先应确认它是不是费用，如果是，还需进一步明确它是成本性费用，还是期间费用。因此，确认费用应考虑划分收益性支出与资本性支出、权责发生制和配比要求等。

（1）划分收益性支出与资本性支出。即若一项支出的效益及于几个会计年度（或几个营业周期），该项支出应作为资本性支出予以资本化，不能作为当期费用；若一项支出的效益，仅及于本会计年度（或一个营业周期），则该项支出就应作为收益性支出，在支出期间确认为费用。这一划分为费用的确认给定了一个时间界限。正确的划分收益性支出和资本性支出，保证了正确计量资产的价值和正确计算确定各期的产品成本、期间费用及损益。

（2）遵循权责发生制。权责发生制基础是明确了费用确认的时点要求，只要属于本期的费用，不论其是否支付，均应作为本期费用，如预提银行借款利息；对不属于本期的费用，即使款项已经支付，也不应作为本期的费用，如预付三年的财产租赁费。

（3）配比要求。按照配比要求，为取得当期收入而发生的费用，应当确认为该期的费用。当收入已经实现时，某些资产已被消耗，或已被出售，以及劳务已经提供，这些已被耗用的资产和劳务成本，应当在确认有关收入的期间予以确认，如果收入要到未来期间实现，相应的费用就应递延到未来的实际受益期间。

（二）费用的确认

在确认费用时，一般应遵循以下三个标准：

(1) 按费用与收入的因果关系加以确认。凡与本期收入有因果关系的耗费，都应当确认为本期的费用。如主营业务成本就可以随同本期的收入作为该期的费用。这种因果关系具体表现为以下两方面：一是经济性质上的因果关系，即有所得必有所费；二是时间上的一致性，即收入与费用相配比的过程。

(2) 按合理、系统的分摊方式确认。一些资本性支出的资产在多个会计期间提供收益，应由多个会计期间负担费用，费用就应当按合理的分配方式摊入各个会计期间。如固定资产折旧费用和无形资产摊销等。

(3) 直接确认为当期费用。企业发生的有些支出很难明确今后产生的收益，而且对它们加以分摊也无意义，如销售费用、管理费用等，就在其发生时直接确认为当期的期间费用。

(三) 费用的计量

费用的确认明确了各项支出的归属问题，对于归属于本会计期间的各项费用，应采用的计量标准是实际成本，即企业应当按照实际发生额计量核算成本和费用。采用定额成本、计划成本方法计价核算的，应当合理计算成本差异，月终计算成本费用、编制会计报表时调整为实际成本。

四、成本性费用

(一) 主营业务成本

主营业务成本是指企业销售商品、提供服务等经常性活动所发生的成本。它是企业在确认主营业务收入时或月末时，将已销售商品、已提供服务的成本结转而形成的。具体地说，制造业是由产品的制造成本（生产成本）结转形成；商品流通企业是由商品进价结转而来的；提供劳务企业则由劳务成本等结转形成。此处主要介绍制造业已销售商品的制造成本（生产成本）结转过程。

1. 产品生产过程形成制造成本

制造成本主要包括直接材料、直接人工和制造费用。

(1) 直接材料。指企业在生产产品和提供劳务过程中消耗的直接用于产品生产并构成产品实体的原料及主要材料、外购半成品、修理用备件、包装物、燃料，以及有助于产品形成的辅助材料的成本。

(2) 直接人工。是指企业在生产产品和提供劳务过程中，直接从事产品生产的工人工资以及按生产工人工资总额和规定的比例计提的福利费、社会保险费、住房公积金等。

(3) 制造费用。是指各生产车间（或部门）为产品生产和提供劳务而发生的各项间接费用。包括生产车间（或部门）的管理人员职工薪酬、办公费、设计制图费、试验检验费、机物料消耗、劳动保护费，车间照明用水电费，车间固定资产的折旧费、租赁费和保险费，固定资产的修理费，季节性及修理期间停工损失等。

相关链接

产品成本核算的要求和一般程序

产品成本核算的过程，就是各种要素费用按经济用途进行分配和归集，最后计入本月各种产品成本，按成本项目反映完工产品和期末在产品成本的过程。其要求和一般程序为：

1. 正确划分各种费用支出的界限。正确核算成本，必须正确划分以下几个方面的费用界限：

（1）划清收益性支出与资本性支出、营业外支出的界限；

（2）划清产品制造成本与期间费用的界限；

（3）划期各种产品之间的费用界限；

（4）划清本期完工产品与期末在产品之间的费用界限。

这四个方面界限的划分，都应遵循受益原则，即谁受益，谁负担，多受益多负担。

2. 选择适当的产品成本计算方法。企业应根据生产特点和管理要求来选择产品成本计算方法。产品成本计算方法有品种法、分批法和分步法三个基本方法。

3. 成本核算的一般程序。成本核算的一般程序可以概括为以下几个步骤：

（1）对生产经营过程中发生的费用进行确认，确定产品成本的核算范围；

（2）按照各成本计算对象对本期应计入产品成本的各种费用进行归集和分配，计算各种产品生产成本；

（3）将月初在产品与本月生产费用的合计数在本期完工产品与期末在产品之间进行分配，计算出该种完工产品成本；

（4）结转完工产品成本。

企业进行产品成本核算一般应设置“生产成本”和“制造费用”等账户。

“生产成本”账户。该账户用于核算企业工业性生产所发生的各项生产成本，包括生产各种产品（产成品、自制半成品等）、提供劳务等所发生的各项生产费用。其借方登记企业生产过程中发生的直接材料、直接人工和制造费用，贷方登记生产完成并已验收入库的产品、自制半成品等的实际成本，月末借方余额表示尚未加工完成的在产品成本。该账户可按“基本生产成本”和“辅助生产成本”设置二级账户，“基本生产成本”应按照基本生产车间和成本计算对象进行明细分类核算。

“制造费用”账户。该账户用于核算企业生产车间为生产产品和提供劳务而发生的各项间接费用。其借方登记企业发生的各项制造费用，贷方登记月末分配转入有关成本计算对象的金额。结转后该账户一般无期末余额。该账户应按不同生产车间（或部门）设置明细账，账内按制造费用的项目分设栏目进行明细核算。

企业发生的各项生产费用，属于直接材料、直接人工等直接费用的，应直接计入生产成本，借记“生产成本”账户，贷记“银行存款”“原材料”“应付职工薪酬”等账户；车间发生各项间接费用先通过“制造费用”账户归集，月终，再按一定的分配标准进行分配，计入各成本核算对象的成本，借记“生产成本”账户，贷记“制造费用”

账户。

产品成本核算的详细内容将在《成本会计》课程中专门讲述，在此不再多述。

2. 制造完工入库形成库存商品成本

当产品生产完工，验收入库时，要将汇集制造成本结转计入“库存商品”账户。

【例 11-15】 大明公司 7 月初 A 产品在产品 300 件，成本 35 000 元；本月投产 6 000 件，发生直接材料、直接人工和制造费用共计 745 000 元；月末在产品 200 件，确定的在产品成本为 18 000 元；本月完工产品 6 100 件。月末结转本月完工产品成本的账务处理为：

本月完工产品总成本 = 35 500 + 745 000 - 18 000 = 762 500（元）

借：库存商品——产成品（A 产品）　　762 500

　贷：生产成本——基本生产成本——A 产品　　762 500

3. 商品销售后结转主营业务成本

企业商品销售后结转形成的主营业务成本，应设置“主营业务成本”账户进行核算。

“主营业务成本”账户，核算企业确认销售商品、提供服务等主营业务收入时应结转的成本。其借方登记销售商品、提供服务等主营业务收入时应结转的成本，贷方登记销售退回而冲减的成本和期末转入“本年利润”账户的主营业务成本，结转后该账户应无余额。该账户可按主营业务的种类进行明细核算。

企业销售商品，通常在平时是根据销货发票等有关会计凭证，进行库存商品的明细分类核算。月份终了，编制“销售商品汇总表”，汇总出本月已销售商品数量的基础上，按存货发出的计价方法来计算确定本月已销售商品的实际成本，结转时，借记“主营业务成本”账户，贷记“库存商品”“发出商品”账户。

课堂讨论： 结转已销售商品成本，什么情况下是贷记“发出商品”账户的？为什么？

注：主要有：①委托代销商品实现销售部分的成本；②前期不符合收入确认条件，本期符合收入确认条件确认收入部分的成本。

【例 11-16】 大明公司 8 月末，根据“一般商品销售业务商品发出汇总表”（见表 11-2），结转已销售商品实际成本。

表 11-2　　一般商品销售业务出售商品汇总表

2×20 年 8 月 31 日

产品名称	计量单位	数 量	单位成本（元）	总成本（元）
A 产品	件	5 500	126	693 000
C 产品	件	1 100	350	385 000
合计				1 078 000

借：主营业务成本——A 产品　　693 000

　　　　　　　——C 产品　　385 000

　贷：库存商品——产成品（A 产品）　　693 000

　　　　　　——产成品（C 产品）　　385 000

（二）其他业务成本

其他业务成本是指企业确认的除主营业务以外的其他经营活动所发生的成本。企业其他发生的成本，应设置“其他业务成本”账户进行核算。

“其他业务成本”账户，核算企业其他非经常性活动形成的成本，包括销售材料的成本、出租固定资产的折旧费、出租无形资产的摊销、出租包装物的成本或摊销、提供非工业性劳务的成本等。借方登记发生的其他业务的成本等，贷方登记期末转入“本年利润”账户的金额，结转后该账户无余额。该账户应按其他业务成本的种类进行明细核算。

【例11－17】 大明公司本月销售原料及主要材料一批，售价为1万元，实际成本为9 000元；因商品出销售领用单独计价的包装物一批，计售价2万元，实际成本16 000元。其本月结转上述两项其他业务成本的账务处理为：

借：其他业务成本——材料销售	25 000	
贷：原材料——原料及主要材料		9 000
周转材料——包装物		16 000

【例11－18】 大明公司将一项非专利技术出租给乙企业使用，每月租金3万元，该非专利技术每月的摊销额为5 000元。结转摊销时，记：

借：其他业务成本——商标权出租	5 000	
贷：累计摊销		5 000

提示： ①主营业务成本和其他业务成本构成企业的营业成本。②其他业务成本主要有：销售材料的成本；出租固定资产、投资性房地产的折旧额；出租无形资产的摊销额；出租包装物的成本或摊销额。③主营业务、其他业务增值税以外的应交税费构成“税金及附加”。

（三）税金及附加

税金及附加是指企业经营活动（主营业务、其他经营业务）应负担的增值税以外的相关税费，包括消费税、资源税、城市维护建设税、车船税、土地使用税、房产税、印花税、环境保护税、教育费附加等税费。企业销售商品及其他经营业务应交纳的除交纳增值税外的相关税费，应在确认收入月份的月末，汇总计算结转应交的税费，借记“税金及附加”账户，贷记“应交税费”账户。

【例11－19】 5月末，大明公司根据本月商品销售业务实现的营业收入，计算应交消费税为23 000元，城市维护建设税为8 400元，教育费附加为3 600元，其账务处理为：

借：税金及附加	35 000	
贷：应交税费——应交消费税		23 000
——应交城市维护建设税		8 400
——应交教育费附加		3 600

五、期间费用的核算

（一）期间费用的特点

期间费用是指企业日常活动中发生的不能直接计入特定核算对象成本，而计入当期损益的费用。期间费用与产品生产成本不同，主要有以下特点：

（1）与特定成本核算对象的关系不同。期间费用是企业为组织和管理整个经营活动的费用，与特定成本核算对象的材料采购、产品生产等没有直接关系，因而其不计入有关核算对象的成本，而直接计入当期损益。

（2）与会计期间的关系不同。期间费用只与费用发生的当期有关，不影响或不分摊到以后各期。而产品成本中当期完工验收入库的部分当期转为产成品（存货），未完工部分则结转到下一期继续加工，与前后会计期间都有关系。

（3）与会计报表关系不同。期间费用直接计入当期利润表，抵扣在当期损益之中。而产品成本完工部分转为“库存商品”，已销售产成品的销售成本再转为“主营业务成本”。主营业务成本也直接列入当期利润表，但未销售的产成品成本和未完工的在产品成本都列入资产负债表。期间费用不能提供明确的未来收益，按照谨慎性的核算要求，对期间费用是在发生的当期予以确认，直接计入当期损益。

（二）销售费用

1. 销售费用的内容

销售费用是指企业在销售商品和材料、提供服务的过程中发生的各项费用。具体包括：运输费、包装费、装卸费、保险费、展览费、广告费、委托代销手续费、商品维修费、预计产品质保损失等，以及为销售本企业商品而专设的销售机构（含销售网点、售后服务网点等）的职工薪酬、业务费、折旧费、修理费等经营费用。

提示：（1）销售费用是与企业销售商品活动有关的费用，不包括材料采购过程中发生的费用，也不包括销售商品本身的成本（该成本属于主营业务成本）。

（2）商品流通企业管理费用不多的，可不单独设置“管理费用”账户，其管理费用并入“销售费用”账户进行核算。

2. 销售费用的账务处理

企业发生的销售费用，应设置“销售费用”账户进行核算。该账户借方登记企业发生的各项销售费用，贷方登记期末转入“本年利润”账户的销售费用，结转后该账户应无余额。“销售费用”账户可按费用项目进行明细核算。

【例 11-20】 2×20 年 3 月，大明公司发生有关销售费用的经济业务如下：

（1）以银行存款支付专用发票所列的广告费 5 万元，增值税 3 000 元。账务处理为：

借：销售费用——广告费　　50 000
　　应交税费——应交增值税（进项税额）　　3 000
　　贷：银行存款　　53 000

（2）以银行存款支付专用发票所列的销售商品运输费 2 万元，增值税 1 800 元；支付普通发票所列的销售商品保险费900元。账务处理为：

借：销售费用——运输费　　20 000
　　　　　　——保险费　　900
　　应交税费——应交增值税（进项税额）　　1 800
　　贷：银行存款　　22 700

（3）结转本月专设销售机构人员的职工薪酬57 000元；结转专设销售机构本月应负担的房屋租赁费6 000元（预付3年）。账务处理为：

借：销售费用——职工薪酬　　57 000
　　　　　　——租赁费　　6 000
　　贷：应付职工薪酬　　57 000
　　　　长期待摊费用——预付专设销售机构租赁费　　6 000

（三）管理费用

1. 管理费用的内容

管理费用是指企业为组织和管理生产经营活动而发生的各项费用。包括企业在筹建期间发生的开办费、董事会和行政管理部门在经营管理中发生的或应由企业统一负担的公司经费（包括公司行政管理部门的各项职工薪酬、物料消耗、低值易耗品摊销、办公费和差旅费等）、折旧费、修理费（包括生产车间和行政管理部门）、董事会费（包括董事会成员津贴、会议费和差旅费等）、咨询费（含顾问费）、聘请中介机构经费、诉讼费、业务招待费、技术转让费、无形资产摊销、研发费用等。

课堂讨论：（1）管理费用一定是企业厂部（公司总部）发生的费用或支出吗？

（2）管理费用中业务招待费报支有限额控制吗？企业发生超过控制限额的业务招待费应怎样进行处理？

2. 管理费用的账务处理

企业发生的各项管理费用，应设置“管理费用”账户进行核算。该账户的借方登记企业发生的各项管理费用，贷方登记期末转入“本年利润”账户的管理费用，结转后该账户应无余额。“管理费用”账户可按费用项目进行明细核算。

【例11－21】 2×20年3月，大明公司发生有关管理费用的经济业务如下：

（1）以银行存款向天键会计师事务所支付专用发票所列的咨询服务费3万元，增值税1 800元；支付普通发票所列的公司总部电信网络费用2 500元。账务处理为：

借：管理费用——咨询费　　30 000
　　　　　　——办公费　　2 500
　　应交税费——应交增值税（进项税额）　　1 800
　　贷：银行存款　　34 300

（2）以银行存款支付业务招待费27 200元（含增值税），其中专用发票所列的住宿费2万元，增值税1 200元；普通发票所列的用餐费用6 000元。账务处理为：

借：管理费用——业务招待费　　26 000
　　应交税费——应交增值税（进项税额）　　1 200
　　贷：银行存款　　27 200

(3) 结转公司费用化的无形资产研发费用7万元；摊销本月公司管理部门用无形资产成本5万元。账务处理为：

借：管理费用——研究费用　70 000
　　　　　——无形资产摊销　50 000
　贷：研发支出——费用化支出　70 000
　　　累计摊销　50 000

(四) 财务费用

1. 财务费用的内容

财务费用是指企业为筹集生产经营所需资金等而发生的筹资费用。包括利息支出(减利息收入)、汇兑损益以及相关的手续费、企业发生的现金折扣或收到的现金折扣等。

提示：为购建固定资产的专门借款所发生的借款费用（利息支出、辅助费用等），在固定资产达到预定可使用状态前按规定应予以资本化，计入有关固定资产的入账价值，不计入财务费用，所以，并不是所有借款费用都是财务费用。

2. 财务费用的账务处理

企业发生的财务费用，应设置“财务费用”账户进行核算。该账户的借方登记企业发生的各项财务费用，贷方登记冲减的财务费用（如利息收入、汇兑收益、现金折扣等）和期末转入“本年利润”账户的财务费用，结转后该账户应无余额。“财务费用”账户可按费用项目进行明细核算。

【例11-22】 2×20年3月，大明公司发生有关财务费用的经济业务如下：

(1) 以银行存款支付专用发票所列的商业汇票承兑手续费8 000元，增值税480元。账务处理为：

借：财务费用——手续费　8 000
　　应交税费——应交增值税（进项税额）　480
　贷：银行存款　8 480

(2) 以银行存款75 600元支付一项购买材料附有现金折扣的应付款项79 100元，获得对方给予的现金折扣为3 500元（不考虑增值税）。账务处理为：

借：应付账款　79 100
　贷：银行存款　75 600
　　　财务费用——现金折扣　3 500

(3) 公司向建设银行西湖支行借入本金为90万元的借款，该借款合同约定的期限为6个月，年利率4.8%，到期一次还本付息。现预提本月应计利息。账务处理为：

借：财务费用——利息支出　(900 000×4.8%÷12) 3 600
　贷：应付利息——建设银行西湖支行　3 600

课堂讨论：企业取得银行存款利息5 000元的账务处理是怎样的？

相关链接

企业各项费用的构成和结转可以概括如下：

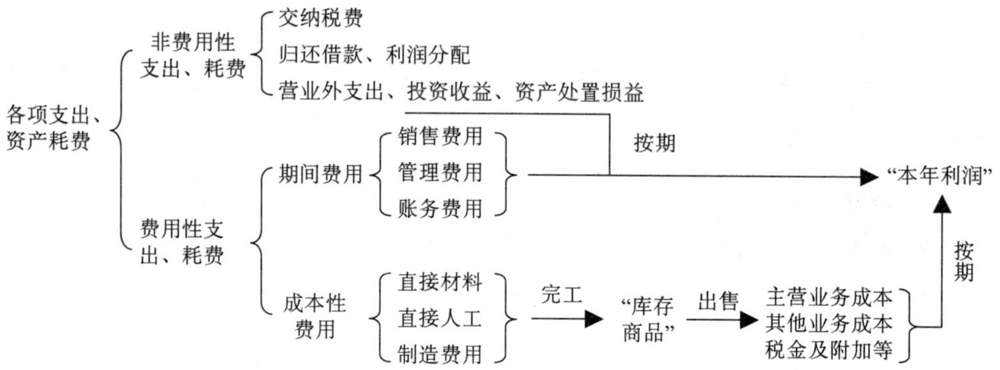

第三节　利润和利润分配

一、利润的构成

（一）利润的定义

利润是指企业在一定会计期间实现的经营成果。如果企业实现利润，表明企业所有者权益的增加；反之，如果企业发生亏损，表明企业所有者权益的减少。所以，利润反映企业在一定会计期间的经营业绩，是考核和评价企业经济效益的一项综合性指标，有助于投资者和债权人根据企业的经营业绩，作出正确的决策。

（二）利润的构成内容

利润包括收入减去费用后的净额、直接计入当期利润的利得和损失等。收入减去费用后的净额是企业日常活动的业绩，是利润的主体和基本来源。利得是指由企业非日常活动形成的、会导致所有者权益增加的、与所有者投入资本无关的经济利益的流入，如营业外收入、投资收益等。损失是指由企业非日常活动形成的、会导致所有者权益减少的、与向所有者分配利益无关的经济利益的流出，如营业外支出、资产处置损失等。利得和损失有直接计入当期利润的，也有计入其他综合收益的。

利润的确认主要依赖于收入和费用，以及利得和损失的确认，其金额的确定也主要取决于收入、费用、利得和损失金额的计量。

相关链接

收入–费用 } 净利润

利得和损失 { 计入当期利润的 } 净利润

净利润、计入其他综合收益的 } 综合收益总额

（所以，收入–费用=利润,是基本来源，不是全部）

（三）利润的计算确定

根据利润表的编制，利润三个项目的计算步骤如下：

1. 营业利润

营业利润的计算公式为：

营业利润＝营业收入－营业成本－税金及附加－销售费用－管理费用－财务费用＋其他收益＋投资收益（－投资损失）＋公允价值变动收益（－公允价值变动损失）－资产减值损失－信用减值损失＋资产处置收益（－资产处置损失）

其中：营业收入是指企业经营业务所实现的收入总额，包括主营业务收入和其他业务收入。

营业成本是指企业经营业务所发生的实际成本总额，包括主营业务成本和其他业务成本。

其他收益主要是指与企业日常活动相关，除冲减相关成本费用以外的政府补助。如企业从政府取得的产业补贴资金（分期摊入）、税款的部分减免、按定额扣减的增值税等。

投资收益（或损失）是指企业以各种方式对外投资所取得的收益（或损失）。

公允价值变动收益（或损失）是指企业交易性金融资产等公允价值变动形成的应计入当期损益的利得（或损失）。

信用减值损失是指企业计提各项金融工具信用减值准备所确认的信用损失。

资产减值损失是指企业计提有关资产减值准备所形成的损失。

资产处置收益（或损失）主要是指企业出售划分持有待售的非流动资产（金融工具、长期股权投资和投资性房地产除外）确认的收益（或损失），以及处置未划分持有待售的非流动资产（除外项目同上）所确认的收益（或损失）。

相关链接

政府补助表现为政府向企业转移资产，通常为货币性资产，也可能为非货币性资产。政府补助的主要形式有：①财政拨款；②财政贴息；③税收返还；④无偿划拨非货币性资产。

政府资本性投入不属于政府补助；税款的直接减征与免征、增加计税抵扣额、出口退税等也不属于政府补助。

企业取得的政府补助主要分两类：①与企业日常活动相关的，计入其他收益（如增值税的即征即退、税款的部分减免）或冲减相关成本费用；②与企业日常活动无关的列为营业外收入（如遭受重大自然灾害收到的政府补助资金）。

2. 利润总额

利润总额也称税前利润，其计算公式为：

利润总额 = 营业利润 + 营业外收入 − 营业外支出

其中：营业外收入和营业外支出是指企业发生的与其日常活动无直接关系的计入当期利润的各项利得和损失。

3. 净利润

净利润也称税后利润，其计算公式为：

利润 = 利润总额 − 所得税费用

其中：所得税费用是指企业确认的应从当期利润总额中扣除的所得税费用。

二、营业外收支

（一）营业外收入

1. 营业外收入的内容

营业外收入是指企业发生的与其日常活动无直接关系的各项利得。营业外收入主要包括非流动资产毁损报废利得、政府补助（与日常活动无关的）、盘盈利得、捐赠利得、债务重组利得等。其中：

（1）非流动资产毁损报废利得，是指企业因自然灾害等发生毁损、已丧失使用功能而报废非流动资产，取得的价款收入、残料价值、保险赔款等扣除被毁损报废非流动资产的账面价值、清理费用、相关税费（不含增值税）后的利得。

（2）政府补助，是指与企业日常活动无关的、从政府无偿取得货币性资产或非货币性资产形成的利得。如企业受到自然灾害造成停工、停产政府给予的补助。

（3）盘盈利得，是指企业对现金等资产清查盘盈的资产，报经批准后计入营业外收入的金额。

（4）捐赠利得，是指企业接受捐赠产生的利得。企业接受股东代为偿债、债务豁免或捐赠的相关利得应当计入资本公积。

（5）债务重组利得，是指企业以现金资产进行债务重组产生的利得。企业债务重组中处置非流动资产产生的利得应列为资产处置收益。

2. 营业外收入的账务处理

企业取得的营业外收入，应设置“营业外收入”账户进行核算。“营业外收入”账户的贷方登记企业确认的各项营业外收入，借方登记期末转入“本年利润”账户的营业外收入，结转后该账户无余额。“营业外收入”账户可按营业外收入的项目进行明细核算。

（1）企业确认非流动资产毁损报废利得时，借记“固定资产清理”“银行存款”等账户，贷记“营业外收入”账户。

【例 11－23】 大明公司本月份经批准报废一项固定资产，账面原值 25 万元，累计折旧 23 万元，取得清理收入 5 万元（不含增值税，不考虑其他税费），支付清理费用 7 000 元，假定无其他税费。结转此项报废固定资产净收益的账务处理为：

借：固定资产清理　　　　23 000

　　贷：营业外收入——非流动资产毁损报废利得　　23 000

（2）企业确认盘盈利得、捐赠利得、政府补助等计入营业外收入时，借记“待处理财产损溢”“银行存款”等账户，贷记“营业外收入”账户。

【例 11-24】 大明公司收到科技研究院捐赠的一批专用原材料，专用发票所列的价款为 3 万元，增值税 3 900 元。材料已验收入库。账务处理为：

借：原材料——原料及主要材料　　30 000
　　应交税费——应交增值税（进项税额）　　3 900
　　贷：营业外收入——捐赠利得　　33 900

提示： 列为营业外收入的盘盈利得，主要是库存现金溢余无法查明原因的部分。存货盘盈一般是冲减管理费用；固定资产盘盈是重大差错，应列为以前年度损益调整。

（二）营业外支出

1. 营业外支出的内容

营业外支出是指企业发生的与其日常活动无直接关系的各项损失。营业外支出主要包括非流动资产毁损报废损失、公益性捐赠支出、盘亏损失、非常损失、罚款支出、债务重组损失等。其中：

（1）非流动资产毁损报废损失，是指企业因自然灾害等发生毁损、已丧失使用功能而报废非流动资产，取得的价款收入、残料价值、保险赔款等，不足以抵补被毁损报废非流动资产的账面价值、清理费用、相关税费（不含增值税）后的净损失。

（2）盘亏损失，主要是指财产清查盘亏的资产，查明原因并报经批准计入营业外支出的损失。

（3）罚款支出，指企业支付的税务罚款、行政罚款，以及其他违反法律法规、合同协议等而支付的罚款、违约金、赔偿金等。

（4）公益性捐赠支出，指企业对外进行公益性捐赠发生的支出。

（5）非常损失，指企业对于因客观原因（如自然灾害等）造成的资产损失，扣除保险赔偿款、残值等后应计入营业外支出的净损失。

（6）债务重组损失，是指企业以现金资产进行债务重组发生的损失。企业债务重组中处置非流动资产产生的损失应列为资产处置损失。

2. 营业外支出的账务处理

企业发生的营业外支出应设置“营业外支出”账户进行核算。“营业外支出”账户的借方登记企业确认的各项营业外支出，贷方登记期末转入“本年利润”账户的营业外支出，结转后该账户无余额。“营业外支出”账户可按营业外支出的项目进行明细核算。

（1）确认非流动资产毁损报废损失时，借记“营业外支出”账户，贷记“固定资产清理”“无形资产”等账户。

【例 11-25】 大明公司一项入账价值为 60 万元的非专利技术，使用满 4 年，累计已摊销 48 万元。因该技术已被其他新技术所替代，公司决定将其予以报废处理。该项非专利技术未计提过减值准备。账务处理为：

借：营业外支出——非流动资产毁损报废损失　　120 000
　　累计摊销　　480 000

贷：无形资产——非专利技术　　600 000

（2）确认计入营业外支出的盘亏损失、非常损失时，借记“营业外支出”账户，贷记“待处理财产损溢”“固定资产清理”等账户。

【例11-26】 大明公司因发生自然灾害，造成90件库存A商品发生毁损。毁损商品实际成本11 250元，无残值，也未计提过跌价准备，上月发生时已核实上报待批准处理。现已批准，其损失予以结转。账务处理为：

借：营业外支出——非常损失　　11 250

贷：待处理财产损溢——待处理流动资产损溢　　11 250

（3）支付罚款支出、公益性捐赠支出时，借记“营业外支出”账户，贷记“银行存款”等账户。

【例11-27】 大明公司以银行存款支付税收滞纳金2万元。账务处理为：

借：营业外支出——罚款支出　　20 000

贷：银行存款　　20 000

三、所得税费用

所得税是指对企业经营所得或其他所得征收的一种税收。它体现了国家与企业之间的分配关系。经营所得是指企业根据税法规定确认的从事生产经营所取得的所得；其他所得是指企业通过非日常活动获得的所得，如股利、利息（不含国库券利息）、租金、处置各类资产收益等。

（一）所得税费用的确认和计量

所得税费用是指与从企业当期利润总额中扣除的，应计入当期利润表的企业所得税。所得税费用包括当期所得税和递延所得税两个部分，但不包括直接计入所有者权益的所得税。计算公式为：

所得税费用＝当期所得税＋递延所得税

提示：需要注意：①企业实现收入涉及增值税、城建税等税费。企业赚钱了，有利润则可能要征收企业所得税；②所得税费用也属于一项费用，不是利润分配；③所得税费用≠当期应交所得税，因为还有递延所得税。

1．当期所得税

当期所得税是指根据企业当期应税所得额和适用税率计算确定的当期应交纳的所得税，也就是应交纳给税务部门的所得税金额。企业所得税的基本计算公式为：

提示：（1）根据税法规定：一般企业所得税税率为25%，税务部门认定的高新技术企业所得税税率为15%，还有小型微利企业的所得税优惠政策。

（2）计算企业当期应交所得税，应先确定应税所得额，应税所得额≠利润总额（也称会计利润）。利润总额是确定应税所得额的基础。

当期应交所得税＝当期应纳税所得额×适用税率

由于财务会计与税收服务的目的和遵循规则的不同，按会计核算方法确定的利润总额与税法规定的应纳税所得额是不一定相同的。所以，在计算确定当期应纳税所得额时，需要在利润总额的基础上进行纳税调整处理，即：

当期应纳税所得额 = 当期利润总额 + 纳税调整增加项目 − 纳税调整减少项目

纳税调整增加项目主要有：①税法规定允许扣除的项目，但企业计入当期费用的金额超过税法规定标准的，如超过税法规定标准的职工薪酬、业务招待费、借款利息、广告费和业务宣传费、公益性捐赠等；②企业已计入当期费用（或利润）但税法规定不允许税前扣除的项目，如税收滞纳金、罚款、罚金等；③税法规定应列为计税收入但企业未确认为收入的，如自产产品用于对外投资、职工福利等企业未计列为收入的。

纳税调整减少项目主要有：①税法规定准予免税的项目，如国债利息收入、无形资产研发费用的加计扣除等；②税法规定准予税前弥补亏损的，如利润弥补以前年度亏损连续弥补期不超过 5 年的。

2. 递延所得税费用

递延所得费用是指按照企业会计准则规定应予确认的递延所得税资产和递延所得税负债在期末应有的金额减去相对于原已确认金额的差额，即递延所得税资产和递延所得税负债的当期发生额。计算公式为：

递延所得税费用 = 递延所得税负债增加额 + 递延所得税资产减少额

= (期末递延所得税负债 − 期初递延所得税负债) + (期初递延所得税资产 − 期末递延所得税资产)

递延所得税收益 = 递延所得税负债减少额 + 递延所得税资产增加额

3. 计税基础

计税基础分为资产的计税基础和负债的计税基础。

(1) 资产计税基础，是指企业收回资产账面价值过程中，计算应纳税所得额时按照税法规定可以自应税经济利益中抵扣的金额，即某一项资产在未来期间计税时按照税法规定可以税前扣除的金额。公式为：

资产计税基础 = 未来可税前列支的金额

如果某项资产所生产的未来经济利益无需纳税，则资产的计税基础即为账面价值。

通常情况下，资产在取得时其入账价值与计税基础是相同的，后续计量过程中因企业会计准则与税法规定不同，可能生产资产的账面价值与其计税基础的差异。

(2) 负债计税基础，是指负债的账面价值减去未来期间计算应纳税所得额时按照税法规定可予抵扣的金额。公式为：

负债计税基础 = 负债的账面价值 − 未来期间按税法规定可予税前扣除的金额

4. 暂时性差异

暂时性差异是指资产、负债的账面价值与其计税基础不同产生的差异。

按照暂时性差异对未来期间应税金额的影响，分为应纳税暂时性差异和可抵扣暂时性差异。

(1) 应纳税暂时性差异。是指在确定未来收回资产或清偿负债期间的应纳税所得额时，将导致产生的应税金额的暂时性差异。一般情况是资产的账面价值大于其计税基础和负债的账面价值小于其计税基础时产生的差异。在应纳税暂时性差异产生当期，应确认为相关的递延所得税负债。

(2) 可抵扣暂时性差异。是指在确定未来收回资产或清偿负债期间的应纳税所得额时，将导致产生可抵扣金额的暂时性差异。一般情况下是资产的账面价值小于其计税基础和负债的账面价值大于其计税基础时产生的差异。在可抵扣暂时性差异产生当期，应确认为相关的递延所得税资产。

（二）所得税费用核算的账户设置

企业应设置“所得税费用”“递延所得税资产”“递延所得税负债”等账户进行所得税费用的核算。

1．“所得税费用”账户

该账户核算企业确认的应从当期利润总额中扣除的所得税费用。借方登记企业按照税法规定计算确定的当期应交所得税和发生的递延所得税费用，贷方登记发生的递延所得税收益和期末转入“本年利润”账户的所得税费用。期末结转后该账户无余额。“所得税费用”账户可按“当期所得税费用”和“递延所得税费用”进行明细核算。

2．“递延所得税资产”账户

该账户核算企业确认的可抵扣暂时性差异产生的递延所得税资产。借方登记企业确认及增加的递延所得税资产，贷方登记减少的递延所得税资产，期末余额在借方，反映企业确认的递延所得税资产。“递延所得税资产”账户，应按可抵扣暂时性差异等项目进行明细核算。

3．“递延所得税负债”账户

该账户核算企业确认的应纳税暂时性差异产生的递延所得税负债。贷方登记企业确认及增加的递延所得税负债，借方登记减少的递延所得税负债，期末余额在贷方，反映企业确认的递延所得税负债。“递延所得税负债”账户，可按应纳税暂时性差异的项目进行明细分类核算。

（三）所得税费用的账务处理

企业按照税法规定计算确定的当期应交所得税，应借记“所得税费用”（当期所得税费用）账户，贷方“应交税费——应交所得税”账户。根据递延所得税资产的应有余额大于其账面余额的差额，借记“递延所得税资产”账户，贷记“所得税费用（递延所得税费用）”账户；递延所得税资产的应有余额小于其账面余额的差额，作相反的账务处理。递延所得税负债的应有余额大于其账面余额的，按其差额，借记“所得税费用（递延所得税费用）”账户，贷记“递延所得税负债”账户；递延所得税负债的应有余额小于其账面余额的差额，作相反的账务处理。

企业发生的所得税费用，应于期末转入本年利润，借记“本年利润”账户，贷记“所得税费用”账户。

企业以存款应纳（或预交）所得税时，应借记“应交税费——应交所得税”账户，贷记“银行存款”账户。

根据税法规定，企业所得税实际分月或分季预缴（预缴申报、预缴纳税），按纳税年度进行汇总结算，并进行全年的汇算清缴。

【例11－28】 大明公司本年度实现利润总额370万元，所得税税率为25%，1～3季度已结转应交所得税65万元，实际已预交所得税60万元。当年因违反税法而支付罚款和滞纳金7万元；销售费用的广告费和业务宣传费中列支非广告性赞助支出15万元；投资收益中有国债利息收入10万元。除上述外无其他纳税调整项目，且假设不存在“递延所得税负债”和“递延所得税资产”。公司年终汇算清缴及其账务处理为：

全年应纳税所得额 = 3 700 000 + 70 000 + 150 000 − 100 000 = 3 820 000（元）

全年（当期）应交所得税 = 3 820 000 × 25% = 955 000（元）

（1）年终结转应交所得税 = 955 000 − 650 000 = 305 000（元）

借：所得税费用——当期所得税费用　　305 000
　　贷：应交税费——应交所得税　　305 000

（2）年终未缴纳所得税 = 955 000 − 600 000 = 355 000（元），以存款实际缴纳所得税时：

借：应交税费——应交所得税　　355 000
　　贷：银行存款　　355 000

（3）年末，将“所得税费用”账户余额转入“本年利润”账户：

借：本年利润　　305 000
　　贷：所得税费用——当期所得税费用　　305 000

大明公司本年度净利润 = 3 700 000 − 355 000 = 2 745 000（元）

【例 11－29】 云创公司本年度实现利润总额 500 万元。当年税法规定税前可列支的业务招待费为 90 万元，实际列支 98 万元；管理费用中列支为投资者支付的商业保险费 20 万元（非社会保险费，不得税前列支）；按照当年发生无形资产研发费用计算税前可加计扣除 12 万元。公司递延所得税负债年初数为 25 万元，年末数为 36 万元；递延所得税资产年初数为 17 万元，年末数为 12 万元。所得税税率为 25%，假定公司本年度内未结算、预缴过所得税。该公司年终计算确定的所得税费用及其账务处理：

全年纳税所得额 = 5 000 000 + (900 000 − 980 000) + 200 000 − 120 000 = 5 160 000（元）

全年（当期）应交所得税 = 5 160 000 × 25% = 1 290 000（元）

递延所得税费用 =（360 000 − 250 000）+（170 000 − 120 000）= 160 000（元）

所得税费用 = 1 290 000 + 160 000 = 1 450 000（元）

（1）结转当期应交所得税时：

借：所得税费用——当期所得税费用　　1 290 000
　　贷：应交税费——应交所得税　　1 290 000

（2）结转递延所得税费用时：

借：所得税费用——递延所得税费用　　160 000
　　贷：递延所得税负债　　110 000
　　　　递延所得税资产　　50 000

（3）以存款交纳本年所得税时：

借：应交税费——应交所得税　　1 290 000
　　贷：银行存款　　1 290 000

（4）将本年度的所得税费用，转入“本年利润”账户：

借：本年利润　　1 450 000
　　贷：所得税费用——当期所得税费用　　1 290 000
　　　　　　　　　——递延所得税费用　　160 000

云创公司本年度净利润 = 5 000 000 − 1 450 000 = 3 550 000（元）

相关链接

根据财税〔2019〕13号文件的规定：2019年1月1日至2021年12月31日，小型微利企业年应纳税所得额不超过100万元的部分，减按25%计入应纳税所得额，按20%的税率缴纳企业所得税；对年应纳税所得额超过100万元但不超过300万元的部分，减按50%计入应纳税所得额，按20%的税率缴纳企业所得税。

例：科发公司为小型微利企业，本年度实现利润总额为90万元，无纳税调整事项。该公司本年度应纳企业所得税为：90×25%×20%=4.5（万元）

假定科发公司本年度实现利润总额为270万元，无纳税调整事项。则其本年度应纳企业所得税为：100×25%×20%+(270-100)×50%×20%=22（万元）

四、本年利润

（一）结转本年利润的方法

结转本年利润的方法有账结法和表结法两种，企业可以根据其实际情况选择采用。

1. 账结法

账结法是每月编制记账凭证，将各损益类账户的余额结转计入“本年利润”账户，以计算确定本年利润（或亏损）的方法。账结法下，损益类账户的余额每月结转一次，“本年利润”账户可反映当月及本年累计的利润（或亏损），并与利润表的反映保持一致，但增加了转账的环节和工作量。

2. 表结法

表结法是平时各月损益类账户的余额不结转计入“本年利润”账户，而是通过利润表计算并反映本年利润（或亏损）的方法。表结法下，各损益类账户余额平时不结转，各月及本年累计的利润（或亏损）仅是通过利润表计算反映的，年终时一次将全年累计余额结转到"本年利润"账户。这样采用表结法可以减少转账的环节和工作量，并不影响利润表的编制及有关指标的利用。

（二）结转本年利润的账务处理

企业应设置“本年利润”账户核算企业本年度实现的净利润（或发生的亏损）。该账户属所有者权益类账户，其结构如图11-2所示。

“利润分配”账户

借方	贷方
①各项利润分配 →②转入全年净亏损	①转入全年实现的利润 ②盈余公积补亏 ③结转本年已分配利润
期末余额：历年累计未弥补亏损	期末余额：历年累计未分配利润

“本年利润”账户

借方	贷方
各项费用、支出、损失转入（损益类账户借余）	各项收入、利得转入（损益类账户贷余）
期末余额：发生的净亏损 年终结转全年净利润	期末余额：实现的净利润 年终结转全年净亏损→

图11-2 “利润分配”和“本年利润”账户结构

会计期末，将本期各项收入、收益转入“本年利润”账户，借记有关损益类账户，贷记“本年利润”账户；将各项成本、费用、支出转入“本年利润”账户的借方，借记“本年利润”账户，贷记有关损益类账户。结转后，“本年利润”账户如为贷方余额，表示企业实现的净利润；为借方余额，则表示企业发生的净亏损。年度终了，应将“本年利润”账户的累计余额转入“利润分配——未分配利润”账户，结转后，“本年利润”账户无余额。

【例 11－30】 2×20 年 12 月 31 日，大明公司结账前各损益类账户的余额见表 11－3。该公司各损益类账户的结转采用表结法。

表 11－3　　损益类账户期末（结账前）余额表

2×20 年 12 月 31 日　　金额单位：万元

账户名称	结账前余额	账户名称	结账前余额
主营业务收入	9 800（贷）	投资收益	150（贷）
主营业务成本	6 300（借）	其他收益	25（贷）
税金及附加	120（借）	资产处置损益	90（借）
销售费用	510（借）	公允价值变动损益	160（贷）
管理费用	1 050（借）	信用减值损失	75（借）
财务费用	470（借）	营业外收入	80（贷）
其他业务收入	1 170（贷）	营业外支出	210（借）
其他业务成本	730（借）	所得税费用	480（借）

（注：全年应税所得额为 1 920 万元，所得税税率为 25%）

营业利润＝(9 800＋1 170)－(6 300＋730)－120－510－1 050－470＋150＋25－90＋160－75＝1 960（万元）

利润总额＝1 960＋80－210＝1 830（万元）

净利润＝1 830－480＝1 350（万元）

根据上述资料，公司结转本年利润的账务处理为：

（1）结转各项收入、利得，将各损益类账户的贷方余额结转至“本年利润”账户的贷方：

借：主营业务收入	98 000 000	
其他业务收入	11 700 000	
投资收益	1 500 000	
其他收益	250 000	
公允价值变动损益	1 600 000	
营业外收入	800 000	
贷：本年利润		113 850 000

（2）结转各项费用、支出、损失，将各损益类账户的借方余额结转至“本年利润”账户的借方：

借：本年利润　　100 350 000
　贷：主营业务成本　　63 000 000
　　其他业务成本　　7 300 000
　　税金及附加　　1 200 000
　　销售费用　　5 100 000
　　管理费用　　10 500 000
　　财务费用　　4 700 000
　　资产处置损益　　900 000
　　信用减值损失　　750 000
　　营业外支出　　2 100 000
　　所得税费用　　4 800 000

“本年利润”账户贷方 11 385 -“本年利润”账户借方 10 035 = 1 350（万元）

五、利润分配

（一）利润分配的内容和程序

利润分配是指企业实现利润的去向。企业取得的净利润并不是全部拿出来分配给投资者，而是按规定的顺序和内容进行分配。一般企业利润分配顺序和内容是：

（1）弥补以前年度亏损。企业实现利润首先应考虑以前年度发生亏损的弥补。也就是企业发生的亏损，可以用以后年度实现的利润进行弥补。连续弥补期不超过5年的是所得税前利润弥补，连续弥补期超过5年的是税后利润弥补。

企业当期实现净利润弥补以前年度亏损后，可以确定可供分配的利润，其计算公式为：

可供分配的利润 = 当期净利润 - 弥补以前年度亏损 + 年初未分配利润（- 年初未弥补亏损）

（2）提取法定盈余公积。企业应按当期净利润的10%提取法定盈余公积，当法定盈余公积达到注册资本的50%以上的，可以不再提取。

企业当可供分配的利润减去提取法定盈余公积后的余额，为可供投资者分配的利润。

（3）提取任意盈余公积。企业提取法定盈余公积后，还可依据需要和可能，按当期净利润提取一定比例的任意盈余公积。

（4）向投资者分配利润。企业应按公司章程以发放现金股利或分配利润的形式向投资者分配利润。

企业可供投资者分配的利润可以向投资者分利，也可用于转增资本。

可供投资者分配的利润减去提取任意盈余公积、向投资者分利和转增资本后的余额为未分配利润。未分配利润可留待以后年度进行分配。未分配利润的计算公式为：

未分配利润 = 可供分配的利润 - 提取法定盈余公积 - 提取任意盈余公积 - 向投资者分配利润

相关链接

外商投资企业不提取盈余公积，而是提取储备基金、企业发展基金、职工奖励及福利基金。

（二）利润分配的账务处理

企业应设置“利润分配”账户核算利润分配的过程和结果。该账户属所有者权益类账户，其结构如图 11－2 所示。“利润分配”账户，应分别“提取法定盈余公积”“提取任意盈余公积”“应付现金股利或利润”“盈余公积补亏”“转作股本的利润”“未分配利润”等进行明细核算。

企业按规定提取盈余公积时，借记“利润分配”账户，贷记“盈余公积”账户；向投资者分配股利时，借记“利润分配”账户，贷记“应付股利”账户；用盈余公积弥补亏损，借记“盈余公积”账户，贷记“利润分配”账户。

年度终了，企业应将本年实现的净利润或净亏损，自“本年利润”账户转入“利润分配——未分配利润”账户；同时，将除“未分配利润”以外的“利润分配”账户所属其他明细账户余额，转入“未分配利润”明细账户。结转后，除“未分配利润”外的其他明细账户均无余额。

【例 11－31】 大明公司 2×20 年年初“利润分配——未分配利润”账户贷方余额为 90 万元，本年实现净利润 1 350 万元，本年度利润分配及年终结转的资料及其账务处理如下：

（1）按当年净利润的 10% 提取法定盈余公积金 135 万元：

借：利润分配——提取法定盈余公积　　1 350 000
　　贷：盈余公积——法定盈余公积　　1 350 000

（2）公司决定，按当年净利润的 15% 提取任意盈余公积 202.50 万元：

借：利润分配——提取任意盈余公积　　2 025 000
　　贷：盈余公积——任意盈余公积　　2 025 000

（3）向投资者分配现金股利 560 万元：

借：利润分配——应付现金股利或利润　　5 600 000
　　贷：应付股利——各股东　　5 600 000

（4）将本年实现净利润 1 350 万元转入“利润分配——未分配利润”账户：

借：本年利润　　13 500 000
　　贷：利润分配——未分配利润　　13 500 000

（5）结转本年已分配利润，将“利润分配”有关明细账户的余额，转入“利润分配——未分配利润”账户：

借：利润分配——未分配利润　　8 975 000
　　贷：利润分配——提取法定盈余公积　　1 350 000
　　　　　　　　——提取任意盈余公积　　2 025 000
　　　　　　　　——应付股利或利润　　5 600 000

根据【例 11－31】的资料及有关账务处理，将“本年利润”和“利润分配”账户的结转关系及其余额以图式表示，如图 11－3 所示。

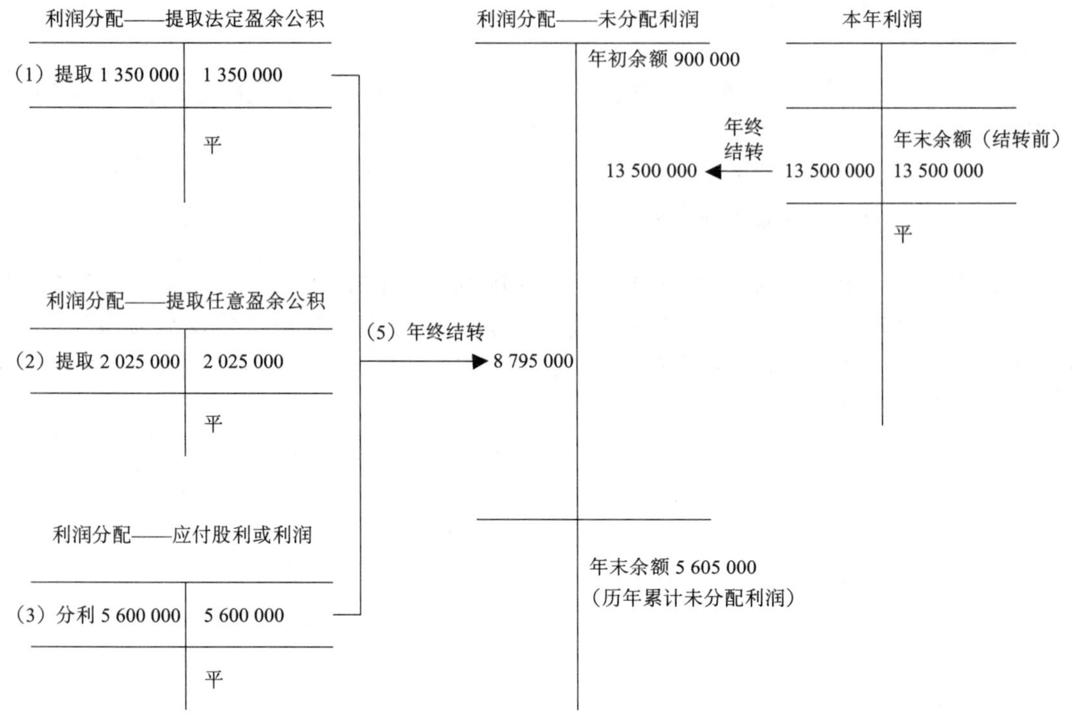

图 11－3 “本年利润”和“利润分配”年终结转列示

由上述可见：年终结转后“本年利润”账户和“利润分配”账户除“未分配利润”明细账户外，各明细账户均无余额。“利润分配——未分配利润”账户期末贷方余额反映历年累计未分配利润，如为借方余额则反映历年累计未弥补亏损，这一结果体现在资产负债表“未分配利润”项目。

提示：企业的利润弥补以前年度亏损，不必进行账务处理，账户上会自动平衡。例大华公司上年度发生亏损 70 000 元，本年实现净利润 50 000 元，按规定本年实现 50 000 元的净利润全部用于弥补亏损（所得税前），当年利润弥补以前年度不必进行账务处理，年终“本年利润”结转后会自动平衡：

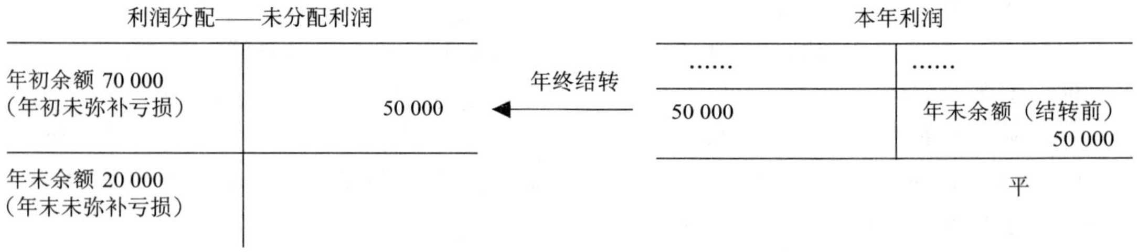

本章知识结构图

收入、费用及利润
收入
收入的概念、特点、分类
收入的确认与计量
主营业务收入的核算
商品销售收入、成本、税金及附加
劳务收入、劳务成本
其他业务收入的核算
其他业务收入
其他业务成本
费用
费用的确认与计量
费用的特点和内容
费用的确认要求和标准
生产成本
产品成本核算的程序
“生产成本”“制造费用”账户
期间费用
销售费用
管理费用
财务费用
利润和利润分配
利润的概念与构成
营业利润
利润总额
净利润
所得税的费用
当期应纳所得税
递延所得税费用
利润分配
程序和内容
账务处理

第十二章
财务会计报告

学习目标

通过本章学习，应了解现金流量表的作用和编制方法；了解所有者权益变动表的内容和作用；了解财务报表附注的主要内容。理解财务会计报告的概念和作用；理解资产负债表的概念和作用；理解利润表的作用和结构；理解现金流量表的内容和结构；理解财务报表附注的作用。掌握财务会计报告的构成内容及编制要求；掌握资产负债表的结构和编制方法；掌握利润表的编制方法。

本章重点：财务会计报告的构成内容，资产负债表和利润表的结构和编制方法。

第一节 财务会计报告概述

一、财务会计报告的概念和作用

财务会计报告是指企业对外提供的反映企业某一特定日期财务状况和某一会计期间经营成果、现金流量的文件。

编制财务会计报告主要是为了满足企业现在和潜在的投资者、债权人、政府以及其他使用者对会计信息的需求，帮助他们对企业的财务状况和经营成果进行合理的评价，以便作出正确决策。财务报告的主要作用有以下几个方面：

（一）为投资者和债权人进行合理的投资决策提供依据

随着市场经济的日益完善，企业的投资、筹资活动日益增加。企业现在和潜在的投资者、债权人通过阅读和分析财务会计报告，可以了解企业的短期和长期偿债能力，了解其债权保障、获利能力、投资报酬和利润分配政策，了解企业经营活动范围及发展趋势，据此作出投资、融资、信贷等决策。

（二）为企业加强和改善经营管理提供信息资料

企业经营管理者通过阅读分析财务会计报告，可以系统全面地了解企业的经营活动、经营成果、财务状况，并能及时发现经营管理中存在的问题和薄弱环节，以便迅速采取改进措施，以加强经营管理，不断提高经济效益。

（三）有助于国家经济管理部门进行宏观调控和管理

国家财政部门利用企业报送的财务会计报告，可以检查监督企业财经纪律执行情况和财务管理情况；税务部门利用企业报送的财务会计报告，可以了解企业有关税法的执行和税收完成情况；国家宏观经济管理部门通过对企业财务会计报告的资料汇总，分析宏观经济的运行情况、社会资源配置情况，评价各项经济政策制定的科学性，为政府进行宏观管理和调控提供决策依据。

二、财务会计报告的构成内容

财务会计报告包括财务报表、报表附注和其他应当在财务报告中披露的相关信息和资料三大部分。其中，财务报表由主表和附表两部分构成。财务会计报告的基本构成内容如图 12－1 所示：

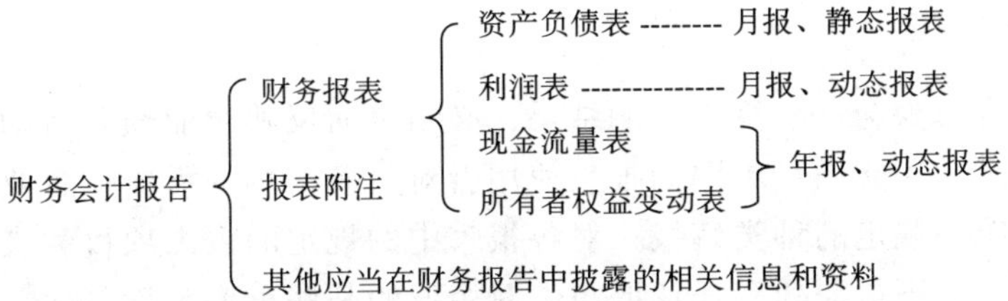

图 12－1　财务会计报告的构成

（一）财务报表

财务报表，也称会计报表，它是财务会计报告的核心，是对企业财务状况、经营成果和现金流量的结构性表述。它以表格的形式向企业及企业外部传递会计信息。财务报表主要是根据账簿记录，按报表的固定格式和项目口径编制。财务报表可以根据需要，按照不同的标准进行分类。

（1）按照反映内容的主次关系分类，可以分为主表和附表；

（2）按照编报的时间分类，可分为月报、季报、半年报和年报；前面三者也统称为中期财务报表（报告）；

（3）按照反映的内容分类，可分为资产负债表、利润表、现金流量表和所有者权益变动表；

（4）按照反映财务活动的方式不同分类，可分为静态报表和动态报表；

（5）按照编报单位分类，可分为单位财务报表和汇总财务报表；

（6）按照编制范围不同分类，可分为个别财务报表和合并财务报表。

（二）财务报表附注

财务报表附注是财务报表的补充或说明，是对财务报表中列示项目的文字描述或明细资料，以及对未能在这些报表中列示项目的说明等。它是财务报告的重要组成部分。

（三）其他应当在财务报告中披露的相关信息和资料

财务会计报告的核心内容是财务报表，但是除了财务报表之外，财务报告还应当包括其他相关信息，具体可以根据有关法律法规的规定和外部使用者的信息需求而定。如企业所承担的社会责任、对社会的贡献、可持续发展能力等信息，尽管属于非财务信息，无法包括在财务报表中，但它们对于信息使用者的决策是相关的，如果有规定或者使用者有需求，企业就应当在财务报告中予以披露，有时企业也可以自愿在财务报告中披露相关信息。

二、财务会计报告的编制要求

为了充分发挥财务会计报告的作用，保证财务会计报告所提供的信息能够满足有关各方的需要，企业编制财务会计报告应符合以下基本要求：

（一）内容完整

财务会计报告作为会计核算工作的结果，必须全面反映企业经营活动的全貌。只有提供完整的会计信息，才能满足不同的报表使用者对财务信息的需要。企业在编制财务会计报告时必须按照统一规定的种类编报；对各报表中的规定的表内项目和表外补充资料，都必须全部完整填列，不得漏列和任意取舍；对企业的某些重要会计事项，应在报表附注中加以说明；企业对外报送的财务会计报告，应当依次编定页码，加具封面，装订成册，加盖公章。封面上应注明：单位名称，单位地址，财务会计报告所属年度、季度、月度，送出日期，并由单位负责人、主管会计工作的负责人、会计机构负责人（或会计主管人员）签名并盖章；设置总会计师的单位，还须由会计师签名并盖章。单位负责人对财务会计报告的完整性、真实性负法律责任。

（二）数字真实

财务会计报告作为一个信息系统，其数字必须真实，否则会导致报表使用者对企业的经营情况作出错误的判断，从而造成经济损失。数字真实是财务会计报告发挥作用的前提条件。因此，编制财务会计报告必须以核对无误的账簿记录、资料为依据，不得任意估计、弄虚作假、篡改伪造数字。为了保证财务会计报告的真实可靠，在编制前要进行财产清查，认真做好对账和结账工作；编制过程中各个指标数字的计算要仔细认真，严防差错的发生；编制结束后要加强表与表、表与账的核对工作，一旦发现不符，应及时查明原因，加以改正。

（三）计算准确

财务会计报告上的各项指标都是反映企业财务状况和经营活动的有关信息。财务会计报告的使用者根据报表的有关项目提供的数据，对编报单位的经营状况作出判断，以便制定投资、信贷决策和进行经营管理的评价。因此，编制财务会计报告时必须根据有关资料正确分析其反映的经济内容，做到计算填列准确。财务报表中各项目的数字必须正确计算、填列；财务报表之间和财务报表各项目之间，凡有对应关系的数据，应当相互一致；财务报表本期与上期的有关数字，应当相互衔接；财务报表中的小计、合计和总计必须计算核对准确，避免出现差错。

（四）编报及时

财务会计报告提供的信息同样具有时效性。财务会计报告使用者通过会计报表及时掌握编报企业的变化情况，及时作出决策。编报不及时的财务会计报告，即使其质量再高，也没有多大使用价值。因此，企业必须在规定的期限编送各期的财务会计报告，不得拖延，以便报告阅读者及时了解情况，发现问题，作出决策。

提示：按现行规定，企业各类财务会计报告对外提供的时间要求是：月报：月度终了后6天（节假日顺延，下同）内；季报：季度终了后15天内；半年报：年度中期结束后60天内；年报：年度终了后4个月内。

第二节　资产负债表

一、资产负债表的概念和作用

资产负债表是反映企业在某一特定日期财务状况的财务报表。由于它反映的是某一时点的财务状况，所以，又称为静态报表。它是根据“资产＝负债＋所有者权益”这一会计等式，按照一定的分类标准和顺序，把企业在一定日期的资产、负债、所有者权益各项目予以适当排列，集中反映企业在该特定日期所拥有或控制的经济资源及其分布情况，所承担的现时义务和所有者权益数额及其结构。资产负债表是企业的主要财务报表之一。

资产负债表的作用，主要体现在以下几个方面：

第一，可以提供某一日期资产总额及其结构，表明企业拥有或控制的资源及其分布情况，据以分析企业生产经营能力。

第二，可以提供某一日期的负债总额及其结构，表明企业未来需要用多少资产或劳务清偿债务以及清偿时间。

第三，反映所有者拥有的权益的情况，表明投资者在企业资产中所占的份额，反映权益的结构情况，并据以判断资本保值、增值的情况以及对负债的保障程度。

第四，可以提供进行财务分析的基本资料，可以计算分析企业的流动比率、速动比率等指标，可以掌握企业的变现能力、偿债能力和资金周转状况等，从而有助于财务报表使用者作出正确的经营决策。

二、资产负债表的结构

资产负债表一般由表首、正表两部分组成。

1. 表首

是表头部分，包括报表名称、编制单位、编制日期、报表编号、金额单位等。

2. 正表

是资产负债表的主体，列示用以说明企业财务状况的各个项目。资产负债表是左右结构，左方列示企业拥有的全部资产项目，右方列示企业的负债和所有者权益项目，根据会计等式的基本原理，左方的资产总额等于右方的负债加所有者权益总额。资产负债表左方的资产各项目是按其流动性排列，反映企业资产的分布和存在状态；右方的负债各项目按其偿还顺序排列，所有者权益各项目是按照永续性递减顺序排列，反映负债和所有者权益的内容及构成。从而，左右两方形成对应和比较，有效反映企业的财务状况。资产负债表的基本结构见下文表12-4所示。

三、资产负债表的编制方法

资产负债表各项目应分别“上年年末余额”和“期末余额”两栏填列。

（一）“上年年末余额”的编制方法

资产负债表中的“上年年末余额”栏的各项数额，应根据上年末资产负债表“期末余额”栏内所列的数额填列；若本年度资产负债表规定的各项目名称与内容与上年不一致，则应对上年末资产负债表各项目的名称和数额，按照本年度的规定进行调整，填入本年度资产负债表的“上年年末余额”栏中。

（二）“期末余额”的编制方法

资产负债表中的“期末余额”栏内各项目编制的基本依据是各账户的期末余额。“期末余额”的填列方法可分为以下几种类型：具体见表12-1。

1. 根据总分类账户期末余额直接填列

资产方的项目有：“其他权益工具投资”“长期待摊费用”“商誉”“递延所得税资产”等。负债及所有者权益方的项目有：“短期借款”“交易性金融负债”“应付票据”“持有待售负债”“递延收益”“递延所得税负债”“实收资本（或股本）”“库存股”“资本公积”“其他综合收益”“专项储备”“盈余公积”等项目。

2. 根据若干个总分类账户期末余额计算填列

采用此类方法主要有以下几项，如图12-2所示。

"货币资金"项目 → ("库存现金"＋"银行存款"＋"其他货币资金") 账户期末余额之和 (借方)

"其他应付款"项目 → ("其他应付款"＋"应付股利"＋"应付利息") 账户期末余额之和 (贷方)

"长期应付款"项目 → ("长期应付款"+专项应付款") 账户期末余额 (贷方) -"未确认融资费用"账户期末余额 (借方) -一年内到期的长期应付款 (列流动负债)

"未分配利润"项目 → {年末 → "利润分配——未分配利润"账户期末余额；平时 (1~11月) → "本年利润"账户期末余额 ±"利润分配"账户期末余额} 未弥补亏损以"－"表示

图 12－2　根据若干总分类账户期末余额计算填列的项目

3. 根据总分类账户期末余额和明细分类账户期末余额分析计算填列

此类项目主要有以下几项，如图 12－3 所示。

"债权投资"项目 → "债权投资"账户期末借方余额-"一年内到期的债权投资" (列流动资产) -"债权投资减值准备"账户期末贷方余额

"其他债权投资"项目 → "其他债权投资"账户期末借方余额-"一年到期的其他债权投资" (列流动资产)

"长期应收款"项目 → "长期应收款"账户期末借方余额-"未确认的融资收益"账户期末贷方余额 -长期应收款已计提的坏账准备

"长期借款"项目 → "长期借款"账户期末贷方余额
"应付债券"项目 → "应付债券"账户期末贷方余额
} -"一年到期的金额" (列流动负债)

图 12－3　根据总分类账户期末余额和明细分类账户期末余额分析计算填列的项目

4. 资产账户期末余额与其备抵账户期末余额计算填列

此类项目主要有以下几项，如图 12－4 所示。

"应收票据"项目 → {"应收票据"账户期末借方余额；减："坏账准备"账户已计提的相关坏账准备} 之差

"其他应收款"项目 → {"其他应收款"+"应收股利"+"应收利息"账户期末借方余额之和；减："坏账准备"账户已计提的相关坏账准备} 之差

"固定资产"项目 {"固定资产"账户期末借方余额+"固定资产清理"账户期末余额；减：{"累计折旧"期末贷方余额；"固定资产减值准备"账户期末贷方余额}} 之差

"无形资产"项目 {"无形资产"账户期末借方余额；减：{"累计摊销"期末贷方余额；"无形资产减值准备"账户期末贷方余额}} 之差

"持有待售资产"项目 → "持有待售资产" 账户期末借方余额
"长期股权投资"项目 → "长期股权投资" 账户期末借方余额
"在建工程"项目 → ("在建工程"+"工程物资") 期末借方余额
"投资性房地产"项目 → "投资性房地产" 账户期末借方余额 -"投资性房地产累计折旧"账户期末贷方余额
} 分别减已计的资产减值准备

图 12－4　根据有关资产账户期末余额与其备抵账户期末余额计算填列的项目

5. 根据有关明细账户期末余额分析计算填列

此类项目主要有以下几项，如图 12－5 所示。

“交易性金融资产”项目→
- “交易性金融资产”账户期末借方余额
- （即根据该账户相关明细账户期末余额分析填列）
- 减：该账户中超过1年到期且持有超过1年的非流动金融资产

“应收账款”项目→（资产）
- “应收账款”账户有关明细账户期末借方余额合计
- 加“预收账款”账户有关明细账户期末借方余额合计
- 减“已计提的坏账准备”

“预付账款”项目→（资产）
- “预付账款”账户有关明细账户期末借方余额合计
- 加“应付账款”账户有关明细账户期末借方余额合计
- 减“已计提的坏账准备”

“应付账款”项目→（负债）
- “应付账款”账户有关明细账户期末贷方余额合计
- 加“预付账款”账户有关明细账户期末贷方余额合计

“预收账款”项目→（负债）
- “预收账款”账户有关明细账户期末贷方余额合计
- 加“应收账款”账户有关明细账户期末贷方余额合计

“开发支出”项目→ “研发支出——资本化支出”明细账户的期末借方余额

“预计负债”项目→
- “预计负债”账户期末贷方余额
- （即根据该账户相关明细账户期末余额分析填列）
- 减:该账户“应付退货款”明细账户中一年或一个营业周期内清偿的部分

图 12－5　根据有关明细账户期末余额计算填列的项

6. 综合运用上述方法分析计算填列的

此类项目主要有以下几项，具体见表 12－1。

表 12－1　资产负债表综合分析计算填列的项目

资产负债表项目	填列计算方法
“存货” 项目	（“材料采购”+“在途物资”+“原材料”+“周转材料”+“生产成本”+“库存商品”+“发出商品”+“消耗性生物资产”）各账户期末余额（借方）+（“受托代销商品” 账户期末余额－“受托代销商品款” 账户期末余额）±“材料成本差异”±“商品进销差价”）账户期末余额（借加贷减）－“存货跌价准备” 账户期末余额（贷方） 加:“合同履约成本” 账户中摊销期限不超过一年或一个营业周期的部分－“合同履约成本减值准备” 账户中相关的期末余额
“应交税费” 项目	该项目不能按 “应交税费” 账户余额直接填列，要根据其明细账户期末余额分析填列： 1. 增值税以外的 “应交税费——应交消费税、应交企业所得税、应交城建税” 等明细账户的期末余额，在 “应交税费” 项目列示（借方余额红字）。 2. 关于增值税： （1）“应交税费” 账户下的 “未交增值税” “简易计税” “代扣代交增值税” 等明细账户的期末贷方余额，在 “应交税费” 项目列示。 （2）“应交税费” 账户下的 “应交增值税” “未交增值税” “待认证进项税额” “增值税留抵税额” 等明细账户期末借方余额应根据情况，在 “其他流动资产”（未超过 1 年的）或 “其他非流动资产”（超过 1 年的）项目列示。 （3）“应交税费——待转销项税额” 等的明细账户期末贷方余额应根据情况，在资产负债表中的 “其他流动负债”（未超过 1 年的）或 “其他非流动负债”（超过 1 年的）项目列示。

续表

资产负债表项目	填列计算方法
"合同资产""合同负债"项目	1. 分别根据"合同资产"账户和"合同负债"账户的相关明细账户的期末余额分析填列。 2. 同一合同下的合同资产和合同负债应当以净额列示： （1）净额为借方余额［（"合同资产"账户期末余额 -"合同负债"账户期末余额）-"合同资产减值准备"账户期末余额］，未超过1年的，在"合同资产"项目列示；超过1年的，在"其他非流动资产"项目中填列 （2）净额为贷方余额（"合同负债"账户期末余额 -"合同资产"账户期末余额）未超过1年的，在"合同负债"项目列示；超过1年的，在"其他非流动负债"项目中填列。
"应付职工薪酬"	该项目应根据"应付职工薪酬"账户有关明细账户的期末余额分析填列。 注意："应付职工薪酬"辞退福利中将于以后会计年度支付的部分、离职后福利中设定受益计划的净负债等，应在"其他非流动负债"项目列示。
"一年内到期的非流动资产"项目	预计自资产负债表日起一年内变现的非流动资产，应根据有关账户的期末余额分析计算填列。如"一年内到期的债权投资""一年内到期的其他债权投资"等。
"一年内到期的非流动负债"项目	反映非流动负债中将于资产负债表日后一年内到期部分的金额。应根据有关账户的期末余额分析计算填列。如"一年内到期的长期借款""一年内到期的长期应付款"等。

【例12－1】大明公司2×20年12月31日，编制资产负债表的有关资料如下：

（1）总分类账户的期末余额见表12－2；

（2）有关明细账户的期末余额见表12－3。

表12－2　　2×20年12月31日大明公司总分类账户余额表　　单位：元

账　户	借方余额	账　户	贷方余额
库存现金	3 000	短期借款	100 000
银行存款	1 611 662	应付票据	200 000
其他货币资金	15 600	应付账款	1 557 600
交易性金融资产	20 000	预收账款	350 000
应收票据	132 000	应付职工薪酬	360 000
应收账款	1 200 000	应交税费	453 462
坏账准备（应收账款）	－3 600（贷方）	应付股利	64 431.70
预付账款	180 000	其他应付款	100 000
应收利息	2 000	合同负债	6 000
其他应收款	8 000	长期借款	1 696 000
材料采购	550 000	长期应付款	600 000
原材料	90 000	实收资本	8 000 000
周转材料	76 100	资本公积	2 000 000
材料成本差异	8 500	其他综合收益	24 000
生产成本	165 000	盈余公积	249 540.80
库存商品	4 200 800	利润分配——未分配利润	436 027.50

续表

账　户	借方余额	账　户	贷方余额
合同资产	85 000		
债权投资	346 000		
长期股权投资	524 000		
固定资产	4 802 000		
累计折旧	-340 000（贷方）		
固定资产减值准备	-60 000（贷方）		
在建工程	856 000		
工程物资	600 000		
无形资产	1 200 000		
累计摊销	-120 000（贷方）		
长期待摊费用	45 000		
合　计	16 197 062	合　计	16 197 062

表12-3　**2×20年12月31日大明公司有关明细账户余额表**　单位：元

账　户	借或贷	金额	账　户	借或贷	金额
应收账款	借	1 200 000	应付账款	贷	1 557 600
——A公司	贷	80 000	——丙公司	贷	1 607 600
——B公司	借	1 280 000	——丁公司	借	50 000
预付账款	贷	180 000	预收账款	借	350 000
——甲公司	借	250 000	——C公司	贷	570 000
——乙公司	贷	70 000	——D公司	借	220 000

（3）其他有关资料如下：①债权投资中一年内到期债券投资为9万元；②一年内到期归还的长期借款50万元；③一年内到期应归还的长期应付款（应付融资租赁费）为10万元；④合同资产和合同负债属同一合同下的，合同期为资产负债表日后1年内；⑤应交税费为应交未交增值税、企业所得税等税费；⑥交易性金融资产无超过1年到期且持有超过1年的非流动金融资产；⑦应付职工薪酬无将于以后会计年度支付的离职后福利、辞职福利等。

根据上述资料，编制大明公司2×20年末的资产负债表，见表12-4。

表12-4　**资产负债表**　会企01表

编制单位：大明公司　2×20年12月31日　单位：元

资　产	期末余额	上年年末余额	负债及所有者权益	期末余额	上年年末余额
流动资产：			流动负债：		
货币资金	1 630 262	2 812 600	短期借款	100 000	600 000
交易性金融资产	20 000	30 000	交易性金融负债		
衍生金融资产			衍生金融负债		
应收票据	132 000	492 000	应付票据	200 000	400 000
应收账款	1 496 400	698 200	应付账款	1 677 600	1 627 600
应收款项融资			预收款项	650 000	280 000

续表

资　产	期末余额	上年年末余额	负债及所有者权益	期末余额	上年年末余额
预付款项	300 000	200 000	合同负债		
其他应收款	10 000	60 000	应付职工薪酬	360 000	220 000
存货	5 090 400	5 160 000	应交税费	453 462	73 200
合同资产	79 000		其他应付款	164 431.70	102 000
持有待售资产			持有待售负债		
一年内到期的非流动资产	90 000	50 000	一年内到期的非流动负债	600 000	1 300 000
其他流动资产			其他流动负债		
流动资产合计	8 848 062	9 502 800	流动负债合计	4 205 493.70	4 602 800
非流动资产：			非流动负债：		
债权投资	256 000	150 000	长期借款	1 196 000	1 200 000
其他债权投资			应付债券		
长期应收款			其中：优先股		
长期股权投资	524 000	700 000	永续债		
其他权益工具投资			租赁负债		
其他非流动金融资产			长期应付款	500 000	700 000
投资性房地产			预计负债		
固定资产	4 402 000	3 500 000	递延收益		
在建工程	1 456 000	1 700 000	递延所得税负债		
生产性生物资产			其他非流动负债		
油气资产			非流动负债合计	1 696 000	1 900 000
使用权资产			负债合计	5 901 493.70	6 502 800
无形资产	1 080 000	1 200 000	所有者权益（或股东权益）：		
开发支出			实收资本（或股本）	8 000 000	8 000 000
商誉			其他权益工具		
长期待摊费用	45 000	50 000	其中：优先股		
递延所得税资产			永续债		
其他非流动资产			资本公积	2 000 000	2 000 000
非流动资产合计	7 763 000	7 300 000	减：库存股		
			其他综合收益	24 000	
			专项储备		
			盈余公积	249 540.80	200 000
			未分配利润	436 027.50	100 000
			所有者权益合计	10 709 568.30	10 300 000
资产总计	16 611 062	16 802 800	负债和所有者权益总计	16 611 062	16 802 800

资产负债表编制有关分析计算填列项目，见表12－5。

表12－5　　资产负债表有关分析计算填列项目　　单位：元

货币资金＝3 000＋1 611 662＋15 600＝1 630 262	在建工程＝856 000＋600 000＝1 456 000
应收账款＝1 280 000＋220 000－3 600＝1 496 400	无形资产＝1 200 000－120 000＝1 180 000
预付账款＝250 000＋50 000＝300 000	应付账款＝607 600＋70 000＝677 600
其他应收款＝8 000＋2 000＝10 000	预收账款＝570 000＋80 000＝650 000
合同资产＝85 000－6 000＝79 000	其他应付款＝100 000＋64 431.70＝164 431.70
存货＝550 000＋90 000＋76 100＋8 500＋165 000＋4 200 800＝5 090 400	一年内到期的非流动负债＝500 000＋100 000＝600 000
债权投资＝346 000－90 000＝256 000	长期借款＝1 696 000－500 000＝1 196 000
固定资产＝4 802 000－340 000－60 000＝4 402 000	长期应付款＝600 000－100 000＝500 000

提示：（1）企业确认为资产的合同取得成本，应根据“合同取得成本”账户有关明细账户期末余额进行处理：初始确认时摊销期限不超过一年的（或一个营业周期），列入“其他流动资产”项目，超过一年的列入“其他非流动资产”项目。已计提减值准备的，还应减去已计提的“合同取得成本减值准备”（确认为资产的应收退货成本的处理基本一致）。

（2）资产负债表的编制日期要写明会计期末的日期；财务报表的金额单位，可以是“元”“千元”“万元”。

课堂讨论： 你从上述大明公司2×20年12月31日的资产负债表中了解到哪些财务会计信息？请对该企业的财务状况作出基本评价。

第三节　利润表

一、利润表的概念和作用

利润表是反映企业在一定时期经营成果的财务报表。它是一张动态报表，其编制的理论依据是“收入－费用＝利润”的会计等式。同时，根据收入确认依据和收入费用的配比性要求编制，即把一定时期的营业收入与同一会计期间的相关成本、费用进行配比，以计算确定企业一定时期实现的净利润或发生的净亏损。利润表反映企业在一定会计期间收入、费用、利润（或亏损）金额及构成情况，其主要作用有以下几个方面：

（1）可以使财务报表使用者全面了解企业的经营成果，据以评价和考核企业的经营业绩。

（2）据以分析和评价企业的利润构成、盈利模式和获得能力。

（3）据以分析和预测企业盈利增长趋势和未来主要的现金流量，为信息使用者的决策提供依据。

二、利润表的结构

利润表一般由表首、正表和补充资料三部分组成。

(1) 表首：是表头部分，包括报表名称、编制单位、编制日期、报表编号、金额单位等。

(2) 正表：是利润表的主体，反映形成经营成果的各个项目和计算过程。

(3) 补充资料：是对正表有关项目的解释或说明。

利润表采用多步式。即是通过对当期的收入、费用、支出项目按性质加以归类，按利润形成的主要环节列示一些中间性利润指标，如营业利润、利润总额、净利润，分步计算当期净损益。同时，每个项目通常又分为“本期金额”和“上期金额”两栏分别填列。

利润表的基本结构见表 12-8。利润表的项目排列顺序实际上反映了净利润形成的过程，具体主要分为四个步骤：

第一步，计算确定营业利润；

第二步，计算确定利润总额；

第三步，计算确定净利润（或净亏损）；

第四步，计算确定综合收益总额。

三、利润表的编制方法

（一）“上期金额”栏的填列方法

利润表“上期金额”（年度报表）栏内各项数字，应根据上年该期利润表“本期金额”栏内所列数字填列。如果上年该期利润表规定的各个项目的名称和内容同本期不相一致，应对上年该期利润表各项目的名称和数字按本期的规定进行调整，填入利润表“上期金额”栏内。

（二）“本期金额”栏的填列方法

利润表是动态财务报表，因而其“本期金额”主要是依据各损益类账户的本期发生额分析填列。一般而言，各收入类项目应根据相应收入类账户的本期贷方发生额分析填列，各费用类项目则应根据相应费用类账户的本期借方发生额分析填列。具体见表12-6。

表 12-6　　利润表本期金额填列说明

项目	本期金额（一般需要分析填列）
一、营业收入	“主营业务收入”账户的发生额+“其他业务收入”账户的发生额
减：营业成本	“主营业务成本”账户的发生额+“其他业务成本”账户的发生额
税金及附加	“税金及附加”账户的发生额（生产经营业务项增值税以外的各项税费）
管理费用	“管理费用”账户的发生额-“管理费用”账户下“研发费用”和“无形资产摊销”项目的发生额

续表

项目	本期金额（一般需要分析填列）
销售费用	“销售费用”账户的发生额
研发费用	“管理费用”账户下的“研发费用”和“无形资产摊销”项目的发生额
财务费用	“财务费用”账户的发生额
其中：利息费用	“财务费用”账户有关明细账户的发生额（筹资发生的费用化的利息支出）
利息收入	“财务费用”账户有关明细账户的发生额（冲减财务费用的利息收入，正号）
加：其他收益	“其他收益”账户的发生额
投资收益 （损失以“－”号填列）	“投资收益”账户的发生额 （贷方发生额为正数，借方发生额为负数）
公允价值变动收益 （损失以“－”号填列）	“公允价值变动损益”账户的发生额 （贷方发生额为正数，借方发生额为负数）
信用减值损失 （损失以“－”号填列）	“信用减值损失”账户的发生额 （借方发生额为负数，贷方发生额为正数）
资产减值损失 （损失以“－”号填列）	“资产减值损失”账户的发生额 （借方发生额为负数，贷方发生额为正数）
资产处置收益 （损失以“－”号填列）	“资产处置损益”账户的发生额 （贷方发生额为正数，借方发生额为负数）
二、营业利润（亏损以“－”号填列）	营业收入－营业成本－税金及附加－销售费用－管理费用－研发费用－财务费用－资产减值损失－信用减值损失＋公允价值变动收益（－公允价值变动损失）＋投资收益（－投资损失）＋其他收益＋资产处置收益（－资产处置损失）
加：营业外收入	“营业外收入”账户的发生额
减：营业外支出	“营业外支出”账户的发生额
三、利润总额（亏损总额以“－”号填列）	营业利润＋营业外收入－营业外支出
减：所得税费用	“所得税费用”账户的发生额
四、净利润（净亏损以“－”号填列）	利润总额－所得税费用
五、其他综合收益的税后净额	根据企业会计准则未在损益中确认的各项利得和损失扣除所得税影响后的净额
……	
六、综合收益总额	净利润＋其他综合收益的税后净额
七、每股收益	略

【例12－2】 大明公司2×20年度，有关损益类和“其他综合收益”账户的本年累计发生净额见表12－7。

表 12－7 **2×20 年度损益类账户本年累计发生额汇总表**

（未结转本年利润以前） 单位：元

账户名称	借方发生额	贷方发生额	备注
主营业务收入		2 200 000	
其他业务收入		300 000	
主营业务成本	1 300 000		
其他业务成本	200 000		
税金及附加	4 000		
销售费用	40 000		
管理费用	287 200		其中：费用 2 万元，无形资产摊销 48 000 元
财务费用	83 000		其中：存款利息收入 5 000 元，利息费用 72 000 元
其他收益		7 000	
投资收益		56 000	
公允价值变动损益	15 000		
信用减值损失	3 600		
资产减值损失	58 200		
资产处置损益	12 000		
营业外收入		100 000	
营业外支出	39 400		
所得税费用	170 600		
其他综合收益		24 000	（不考虑所得税）
合　计	22 130 000	2 687 000	

根据表 12－7 资料，编制该公司 2×20 年度 12 月份的利润表（见表 12－8）。

表 12－8 **利润表** 会企 02 表

编制单位：大明公司 2×20 年 12 月 单位：元

项　目	本期金额	上期金额
一、营业收入	2 500 000	（略）
减：营业成本	1 500 000	
税金及附加	4 000	
销售费用	40 000	
管理费用	219 200	
研发费用	68 000	
财务费用	83 000	
其中：利息费用	72 000	
利息收入	5 000	
加：其他收益	7 000	
投资收益（损失以“－”号填列）	56 000	

续表

项 目	本期金额	上期金额
公允价值变动收益（损失以“-”号填列）	-15 000	
信用减值损失（损失以“-”号填列）	-3 600	
资产减值损失（损失以“-”号填列）	-58 200	
资产处置收益（损失以“-”号填列）	-12 000	
二、营业利润（亏损以“-”号填列）	560 000	
加：营业外收入	100 000	
减：营业外支出	39 400	
三、利润总额（亏损总额以“-”号填列）	620 600	
减：所得税费用	170 600	
四、净利润（净亏损以“-”号填列）	450 000	
（一）持续经营净利润（净亏损以“-”号填列）		
（二）终止经营净利润（净亏损以“-”号填列		
五、其他综合收益的税后利润	24 000	
六、综合收益总额	474 000	
七、每股收益：		
（一）基本每股收益	（略）	
（二）稀释每股收益	（略）	

提示：财务报表之间的勾稽关系：资产负债表、利润表与其他报表之间存在着一定的勾稽关系。年度资产负债中“未分配利润”项目的“期末数”，与所有者权益变动表（利润分配表）中年末“未分配利润”的数额应相等；月度利润表中“净利润”项目的“本年累计数”，与月度资产负债表中“未分配利润”项目的“年初数”加总之和，应等于月度资产负债表中“未分配利润”项目的“期末数”；所有者权益变动表（利润分配表）中“净利润”的数额，应与年度利润表中“净利润”项目的“本年累计数”一致。

第四节　现金流量表

一、现金流量表的概念和作用

现金流量表是反映企业一定会计期间内现金和现金等价物流入和流出信息的财务报表。它是一张动态报表。现金流量表是在资产负债表和利润表已经反映了企业财务状况和经营成果信息的基础上，进一步提供企业现金流量信息，即财务状况变动信息。资产负债表是反映企业在某一特定日期财务状况的报表，它反映企业一定日期所拥有的资产及构成、需偿还的债务金额及时间、投资者所拥有净资产的情况，但它没有说明企业的资产、负债和所有者权益为什么会从期初的总量和结构变化到期末的总量和结构；利润表是反映企业一定时期经营成果的会计报表，即利润或亏损的情况，表明企业运用所拥有或控制的资产的获利能力，但利润表是按权责发生制原则确认收入和费用的，它无法提供现金实际流入和流出的信息。为了全面反映企业财务状况变动的原因及企业现金流入、流出企业等现金流量变化的状况，企业需要编制收付实现制下的现金流量表。

编制现金流量表主要是为了向报表使用者提供企业一定会计期间内现金及现金等价物流入和流出的信息，便于报表使用者了解和评价企业获取现金及现金等价物的能力并据此预测企业未来的现金流量。现金流量表的作用主要表现在以下几个方面：

（1）有助于分析企业财务状况及其变动的原因；

（2）有助于预测企业未来现金流量；

（3）有助于评价企业支付能力、偿债能力和资金周转情况；

（4）有助于分析企业净利润与经营活动产生净现金流量之间差异的原因。

二、现金流量表的编制基础和结构

（一）现金流量表的编制基础

现金流量表是以现金为基础编制的（即以现金收付实现制为编制基础），这里的现金是指企业可以随时支付的货币资金及现金等价物。具体内容包括：

1. 库存现金

库存现金是指企业持有的可以随时支付的现金。它与会计核算中“现金”账户的核算内容一致。

2. 银行存款

银行存款是指存放在金融机构可以随时支付的存款。会计核算中“银行存款”账户所核算的内容中，不能随时支付的存款，不能作为现金流量表中的现金（如定期存款）；但提前通知银行后可支付的定期存款则应属现金流量表中的现金。

3. 其他货币资金

其他货币资金是指企业存放在金融机构有特定用途的资金，如外埠存款、银行本票存款、银行汇票存款、信用证保证金存款、信用卡存款等。

4. 现金等价物

现金等价物是指企业持有的期限短、流动性强、易于转换为已知金额的现金、价值变动风险很小的交易性金融资产。它通常是指购买在3个月或更短时间内即到期或可转换为现金的投资。

（二）现金流量的分类

现金流量是指一定会计期间企业现金及现金等价物流入和流出的数量。反映现金流量的指标有现金流入量、现金流出量及现金净流量。现金净流量是指一定会计期间现金流入量减去现金流出量的差额。现金流量表会计准则将现金流量分为三类：经营活动产生的现金流量；投资活动产生的现金流量；筹资活动产生的现金流量。

1. 经营活动产生的现金流量

经营活动是指企业投资活动和筹资活动以外的所有交易和事项。它是企业运用所拥有或控制的经济资源从事生产经营活动所形成的，主要是与企业营业利润有关的交易和事项所产生的现金流量。通过它可以判断企业在不运用外来筹资的前提下，经营活动产生的现金流量能否足以维持生产经营、偿还债务以及支付股利和对外投资等。

2. 投资活动产生的现金流量

投资活动是指企业长期资产的购建和不包括在现金等价物范围内的投资及其处置活动。这里的"投资"并不仅仅是指企业的对外投资，它还包括企业的长期资产购建和处置，但不含包括在现金等价物中的短期投资。通过它可以判断企业投资活动对现金流量净额的影响程度。

3. 筹资活动产生的现金流量

筹资活动是指导致企业资本及债务规模和构成发生变化的活动。所谓资本是指企业的权益性资本；所谓债务是指企业对外举债所借入的款项（不含与经营活动相关的应付账款、应付票据、应交税费等流动负债）。通过它可以判断企业筹资活动对现金流量的影响程度、吸收投资所收到的现金。

（三）现金流量表的结构

企业现金流量表包括表首、正表和补充资料三个部分。

（1）表首：是表头部分，包括报表名称、编制单位、编制日期、报表编号、金额单位等。

（2）正表：是按直接法（指按现金收入和现金支出的主要类别直接反映企业经营活动产生的现金流量）编制的，即以利润表中的营业收入为起算点的。

（3）补充资料：是按间接法（以净利润为起算点，对不涉及现金收付的业务进行剔除）编制的。正表及补充资料具体结构和内容见表12－9。

表12－9 **现金流量表** 会企03表

编制单位：大明公司 2×20年度 单位：元

项目	行次	本期金额	上期金额
一、经营活动产生的现金流量：	略		
销售商品、提供劳务收到的现金		134 250	
收到的税费返还		0	
收到的其他与经营活动有关的现金		0	
经营活动现金流入小计		134 250	
购买商品、接受劳务支付的现金		39 226.60	
支付给职工以及为职工支付的现金		30 000	
支付的各项税费		20 439.90	
支付的其他与经营活动有关的现金		7 000	
经营活动现金流出小计		96 666.50	
经营活动产生的现金流量净额		37 583.50	

续表

项目	行次	本期金额	上期金额
二、投资活动产生的现金流量：			
收回投资收到的现金		1 650	
取得投资收益收到的现金		3 000	
处置固定资产、无形资产和其他长期资产收回的现金净额		30 030	
处置子公司及其他营业单位收到的现金净额			
收到的其他与投资活动有关的现金		0	
投资活动现金流入小计		34 680	
购建固定资产、无形资产和其他长期资产支付的现金		45 100	
投资支付的现金		0	
取得子公司及其他营业单位支付的现金净额			
支付的其他与投资活动有关的现金		0	
投资活动现金流出小计		45 100	
投资活动产生的现金流量净额		－10 420	
三、筹资活动产生的现金流量：			
吸收投资收到的现金		0	
取得借款收到的现金		40 000	
收到的其他与筹资活动有关的现金		0	
筹资活动现金流入小计		40 000	
偿还债务支付的现金		125 000	
分配股利、利润和偿付利息支付的现金		1 250	
支付其他与筹资活动有关的现金		0	
筹资活动现金流出小计		126 250	
筹资活动产生的现金流量净额		－86 250	
四、汇率变动对现金及现金等价物的影响		0	
五、现金及现金等价物净增加额		－59 086.50	
加：期初现金及现金等价物余额		0	
六、期末现金及现金等价物余额			
补充资料			
1. 将净利润调节为经营活动现金流量：			
净利润		20 790.10	
加：资产减值准备		3 090	
固定资产折旧		10 000	
无形资产摊销		6 000	
长期待摊费用摊销		10 000	
处置固定资产、无形资产和其他长期资产的损失（收益以“－”号填列）		－5 000	
固定资产报废损失（收益以“－”号填列）		1 970	

续表

项目	行次	本期金额	上期金额
公允价值变动损失（收益以“-”号填列）		0	
财务费用（收益以“-”号填列）		2 150	
投资损失（收益以“-”号填列）		-3 150	
递延所得税资产减少（增加以“-”号填列）		0	
递延所得税负债增加（减少以“-”填列）		0	
存货减少（增加以“-”号填列）		530	
经营性应收项目的减少（增加以“-”号填列）		-10 000	
经营性应付项目的增加（减少以“-”填列）		1 203.40	
其他		0	
经营活动产生的现金流量净额		37 583.50	
2. 不涉及现金收支的投资和筹资活动：			
债务转为资本		0	
一年内到期的可转换公司债券		0	
融资租入固定资产		0	
3. 现金及现金等价物净变动情况：			
现金的期末余额		81 543.50	
减：现金的期初余额		140 630	
加：现金等价物的期末余额		0	
减：现金等价物的期初余额		0	
现金及现金等价物净增加额		-59 086.50	

正表与补充资料存在一定的勾稽关系：①正表第一项经营活动产生的现钞充量净额与补充资料第一项经营活动产生的现金流量净额应当一致；②正表中第五项（现金及现金等价物净增加额）与补充资料第三项（现金及现金等价物净增加情况）金额应当一致；③正表中的数字是流入与流出的差额，补充资料中的数字是期末数与期初数的差额，虽然二者计算依据不同，但结果应当一致。

三、现金流量表的编制方法

（一）现金流量表编制的基本方法

企业会计核算所遵循的权责发生制要求，但编制现金流量表时须遵循现金收付实现制。所以，其编制基本方法有两类：

（1）根据企业会计记录直接填列。这种方法需要设置多栏式现金流量账簿，通过分析有关非现金账户引起现金账户的增减变化来填列现金流量表。

（2）根据资产负债表、利润表和有关资料为依据，通过一定的手段，把权责发生制下的数据转换成收付实现制下的现金流量的方法。具体又可以分为：工作底稿法、T形账户法和综合分析法三种方法。

（二）现金流量表编制的具体方法

现金流量表“本期金额”各主要项目的填列具体资料来源和方法见表12－10。

表12－10　　现金流量表主要项目填列的资料来源和方法

项目名称	填列方法
销售商品、提供劳务收到的现金	主营业务收入＋增值税销项税额＋应收账款（期初余额－期末余额）＋应收票据（期初余额－期末余额）＋预收款项（期末余额－期初余额）±特殊调整业务
收到其他与经营活动有关的现金	“库存现金”和“银行存款”等账户的本期发生额分析填列
购买商品、接受劳务支付的现金	主营业务成本＋增值税进项税额＋存货（期末余额－期初余额）＋应付账款本期减少额（期初余额－期末余额）＋应付票据（期初余额－期末余额）＋预付款项（期末余额－期初余额）±特殊调整业务
支付给职工和为职工支付的现金	“库存现金”“银行存款”“应付职工薪酬”账户的本期发生额分析填列
支付的各项税费	“库存现金”“银行存款”“应交税费”等账户的本期发生额分析填列
支付其他与经营活动有关的现金	“库存现金”“银行存款”等账户的本期发生额分析填列
收回投资所收到的现金	“库存现金”“银行存款”“交易性金融资产”“长期股权投资”“债权投资”“其他债权投资”等账户的本期发生额分析填列
取得投资收益所收到的现金	“库存现金”“银行存款”“投资收益”等账户的本期发生额分析填列
处置固定资产、无形资产和其他非流动资产收回的现金净额	“库存现金”“银行存款”“持有待售资产”“固定资产清理”“资产处置损益”“无形资产”“生产性生物资产”等的账户本期发生额分析填列
投资所支付的现金	“库存现金”“银行存款”“交易性金融资产”“债权投资”“其他债权投资”“长期股权投资”等账户的本期发生额分析填列
购建固定资产、无形资产和其他非流动资产支付的现金	“库存现金”“银行存款”“固定资产”“在建工程”“工程物资”“无形资产”“研发支出”“生产性生物资产”“应付职工薪酬”等账户的本期发生额分析填列
取得借款所收到的现金	“库存现金”“银行存款”“短期借款”“长期借款”“应付债券”等账户的本期发生额分析填列
吸收投资者投资收到的现金	“库存现金”“银行存款”“实收资本”“资本公积”等账户的本期发生额分析填列
偿还债务所支付的现金	“库存现金”“银行存款”“短期借款”“长期借款”“应付债券”等账户的本期发生额分析填列
分配股利、利润和偿还利息所支付的现金	“库存现金”“银行存款”“应付股利”“应付利息”等账户的本期发生额分析填列

第五节　所有者权益变动表

所有者权益变动表是指反映企业构成所有者权益各组成部分当期增减变动情况的报表。所有者权益变动表全面反映了企业在一定时期所有者权益的变动情况，不仅包括所有者权益总量的增减变动，还反映所有者增减变动的重要结构性信息，使报表使用者准确理解所有者权益变动的原因。

所有者权益变动表属于按年编报的动态财务报表，通过该表便于信息使用者深入分析企业所有者权益的变化情况，进而对企业的资本保值增值情况作出正确判断，从而提供对决策有用的信息。

一、所有者权益变动表的结构

所有者权益变动表至少应当单独列示反映下列信息的项目：①综合收益总额；②会计政策变更和会计差错更正的累计影响金额；③所有者投入资本和向所有者分配利润等；④提取的盈余公积；⑤实收资本、其他权益工具、资本公积、库存股、其他综合收益、盈余公积、未分配利润的期初和期末余额及其调节情况。

所有者权益变动表以矩阵的形式列示：一方面，列示导致所有者权益变动的交易或事项，即所有者权益变动的来源，对一定时期所有者权益的变动情况进行全面反映；另一方面，按照所有者权益的各组成部分（即实收资本、其他权益工具、资本公积、库存股、其他综合收益、盈余公积、未分配利润）列示交易事项对所有者权益各部分的影响。此外，为比较所有者权益的变动，该表还就各项目再分为“本年金额”和“上年金额”两栏进行列示。

所有者权益变动表的具体内容和结构见表12－11。

二、所有者权益变动表的编制

所有者权益变动表“上年金额”栏内的各项数额，应根据上年度所有者权益变动表“本年金额”栏内的各项数额填列。如果上年度该表各项目的名称和内容与本年度不一致的，应先按照本年度的规定对上年度所有者权益变动表各项目的名称和数额进行调整，然后填入该表的“上年金额”栏内。

所有者权益变动表的“本年金额”栏内的各项数额，一般应根据“实收资本（或股本）”“其他权益工具”“资本公积”“库存股”“其他综合收益”“专项储备”“盈余公积”“利润分配”“以前年度损益调整”等账户的发生额分析填列。

企业净利润及其分配情况已作为所有者权益变动表的组成部分，所以，企业不需要单独编制利润分配表（或将其列为财务报表附注）列示。

表 12－11　　　　**所有者权益(股东权益)变动表**　　　　会企 04 表

编制单位:年度　　　　单位:元

项　目	本年金额											上年金额										
	实收资本(或股本)	其他权益工具 优先股	其他权益工具 永续债	其他权益工具 其他	资本公积	减:库存股	其他综合收益	专项储备	盈余公积	未分配利润	所有者权益合计	实收资本(或股本)	其他权益工具 优先股	其他权益工具 永续债	其他权益工具 其他	资本公积	减:库存股	其他综合收益	专项储备	盈余公积	未分配利润	所有者权益合计
一、上年年末余额	8 000 000				2 000 000				200 000	100 000	10 300 000											
加:会计政策变更																						
前期差错更正																						
其他																						
二、本年年初余额	8 000 000				2 000 000				200 000	100 000	10 300 000											
三、本年增减变动金额(减少以“－”号填列)																						
(一)综合收益总额							24 000			450 000	474 000											
(二)所有者投入和减少资本																						
1. 所有者投入普通股																						
2. 其他权益工具持有者投入资本																						
3. 股份支付计入所有者权益的金额																						
4. 其他																						
(三)利润分配																						
1. 提取盈余公积									49 540.80	－49 540.80	0											
2. 对所有者(或股东)的分配										－64 431.70	－64 431.70											
3. 其他																						
(四)所有者权益内部结转																						

续表

项目	本年金额											上年金额										
	实收资本（或股本）	其他权益工具			资本公积	减：库存股	其他综合收益	专项储备	盈余公积	未分配利润	所有者权益合计	实收资本（或股本）	其他权益工具			资本公积	减：库存股	其他综合收益	专项储备	盈余公积	未分配利润	所有者权益合计
		优先股	永续债	其他									优先股	永续债	其他							
1. 资本公积转增资本（或股本）																						
2. 盈余公积转增资本（或股本）																						
3. 盈余公积弥补亏损																						
4. 设定受益计划变动额结转留存收益																						
5. 其他综合收益结转留存收益																						
6. 其他																						
四、本年年末余额	8 000 000				2 000 000		24 000		249 540. 80	436 027. 50	10 709 568. 30											

第六节 财务报表附注

一、财务报表附注的概述

（一）财务报表附注的作用

财务报表附注是对资产负债表、利润表、现金流量表和所有者权益变动表中所列示项目的文字描述或明细资料，以及对未能在这些报表中列示项目的说明。财务报表附注的主要作用是：

（1）附注的披露是对财务报表列示项目的补充或详细说明，可以帮助财务报表使用者更加准确地理解财务报表。

（2）附注提供了财务报表一些未能列示项目的说明，可以使财务报表使用者全面了解企业的财务状况、经营成果和现金流量等情况。

所以，财务报表附注可以使财务报表信息更为全面、详实，提高了财务报表的可理解性。企业财务会计信息的掌握、分析和运用一定需要结合财务报表附注。

提示：《企业会计准则第30号——财务报表列报》中附注的披露要求是对企业财务报表附注披露的最低要求，应当适用于所有类型的企业，企业还应当按照各项具体会计准则的规定在附注中披露相关信息。

（二）财务报表附注披露的总体要求

（1）附注披露的相关信息应当与财务报表列示的项目相互参照，以有助于使用者联系相关联的信息，并由此从整体上更好地理解财务报表。

（2）企业在披露附注信息时，应当以定性、定量信息相结合，按照一定的结构对附注信息进行系统合理的排列和分类，以便使用者理解和掌握。

二、财务报表附注的主要内容

财务报表附注至少应当披露下列内容：

（一）企业的基本情况

（1）企业注册地、组织形式和总部地址。

（2）企业的业务性和主要经营活动。

（3）母公司以及集团最终母公司的名称。

（4）财务报告的批准报出者和财务报告的批准报出日等。

（5）营业期限有限的企业，还应当披露有关营业期限的信息。

（二）财务报表的编制基础

这是指企业财务报表是在持续经营基础上还是非持续经营基础上编制的。企业一般是在持续经营基础上编制财务报表的，清算、破产属于非持续经营基础。

（三）遵循企业会计准则的声明

企业应当声明编制的财务报表符合企业会计准则的要求，真实、完整地反映了企业的财务状况、经营成果和现金流量等有关信息，以此明确企业编制财务报表的制度基础。

（四）重要会计政策和会计估计

企业应当披露重要的会计政策和会计估计，不重要的会计政策和会计估计可以不披露。在披露重要会计政策和会计估计时，应当披露重要会计政策的确定依据和财务报表项目的计量基础，以及会计估计中所采用的关键假设和不确定因素。

企业应当披露的重要会计政策，如发出存货成本的计量、长期股权投资的后续计量、固定资产的初始计量、无形资产的确认、职工薪酬的确认、收入的确认、合同收入与成本的确认、借款费用的处理、金融工具确认和计量、合并政策等。

企业应当披露的重要会计估计，如存货可变现净值的确定、固定资产的预计使用寿命与净残值、固定资产的折旧方法、无形资产的预计使用寿命与净残值、合同履约进度的确定、金融资产公允值的确定等。

（五）会计政策和会计估计变更以及差错更正的说明

企业应当按照会计政策、会计估计变更和差错更正会计准则的规定，披露会计政策、会计估计变更和差错更正的有关情况。

（六）报表重要项目的说明

企业应当按照资产负债表、利润表、现金流量表、所有者权益变动表及其项目列示的顺序，采用文字和数字描述相结合进行披露。报表重要项目的明细金额合计，应当于报表项目金额相衔接，主要包括以下重要项目：

应收账款、存货、长期股权投资、投资性房地产、固定资产、无形资产、职工薪酬、应交税费、短期借款和长期借款、应付债券、长期应付款、营业收入、公允价值变动收益、投资收益、资产减值损失、营业外收入、营业外支出、所得税费用、其他综合收益、政府补助、借款费用等。

财务报表重要项目的说明，应当尽可能以列表形式披露报表重要项目的构成或当期增减变动情况。

（1）应收账款按账龄结构披露格式见表12－12。

表 12-12

账龄	期末账面余额	年初账面余额
1年以内（含1年）		
1~2年（含2年）		
2~3年（含3年）		
3年以上		
合　计		

（2）存货具体构成的披露格式见表12-13。

表 12-13

存货种类	年初账面余额	本期增加额	本期减少额	期末账面余额
1. 原材料				
2. 在产品				
3. 库存商品				
4. 周转材料（包装物、低值易耗品）				
5. 消耗性生物资产				
……				
合 计				

（3）长期股权投资的披露格式见表12-14。

表 12-14

被投资单位	期末账面余额	年初账面余额
1.		
……		
合　计		

（4）固定资产的披露格式见表12-15。

表 12-15

项目	年初账面余额	本期增加额	本期减少额	期末账面余额
一、原值合计				
其中：房屋建筑物				
机器设备				
……				
二、累计折旧合计				
其中：房屋建筑物				
机器设备				
……				
三、账面价值合计				
其中：房屋建筑物				
机器设备				
……				

（七）其他需要说明的事项

如或有和承诺事项、资产负债表日后非调整事项、关联方关系及其交易，有助于财务报表使用者评价企业管理资本的目标、政策及程序的信息等。

提示：执行《小企业会计准则》的企业在本章内容上的主要不同点有：

（1）小企业财务报表不要求分企业类型确定报表格式，是采用通用格式的；财务报表附注内容上也有所不同；小企业没有所有者权益变动表。

（2）资产负债表格式上基本一致，具体上略有差异："存货"项目有分类别的其中数；"固定资产"部分，是分别反映"累计折旧"和"账面净值"的。

（3）小企业也是有现金流量表的：①现金流量表是月度财务报表；②"现金"范围上不包括现金等价物；③只有正表部分，没有"补充资料"部分。

本章知识结构图

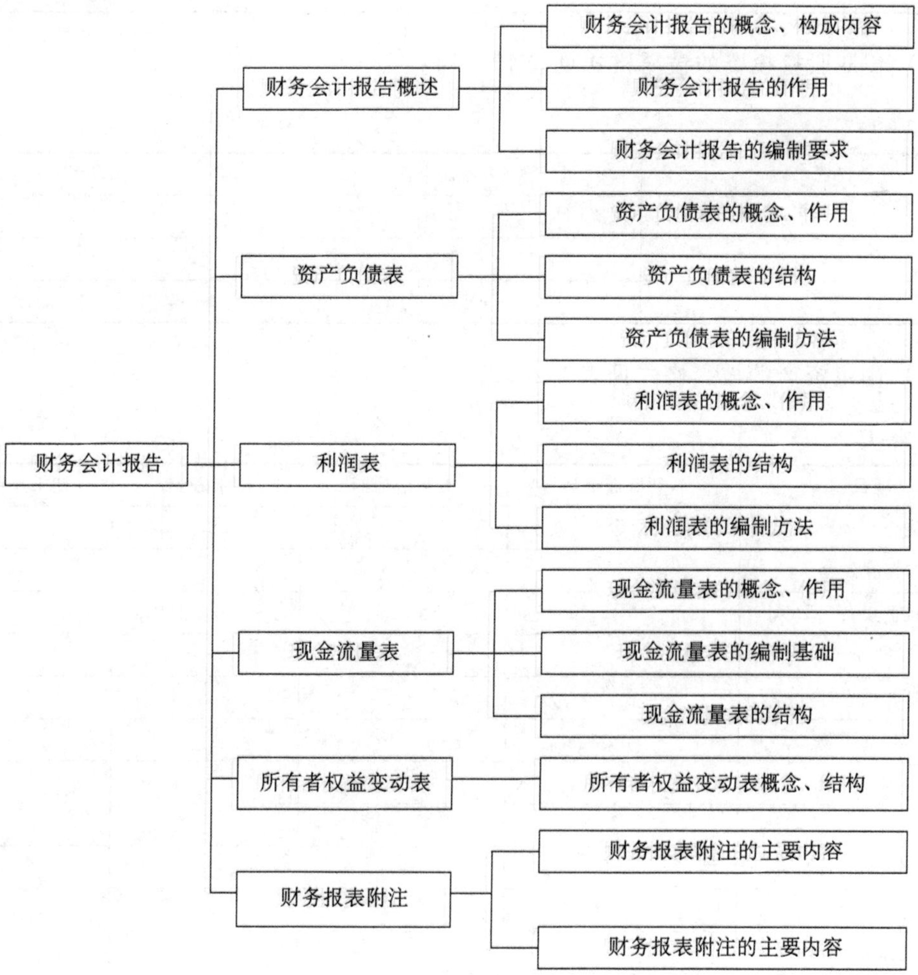